Els Nannen

Carl Gustav Jung –
der getriebene Visionär

Schwengeler-Verlag, CH-9442 Berneck

CIP-Titelaufnahme der Deutschen Bibliothek:

Nannen Els:
Carl Gustav Jung: Der getriebene Visionär / Els Nannen.
– Berneck: Schwengeler, 1991

  Nr. 2816: Leben – Werk – Wirkung
  ISBN 3-85666-296-0

NE: GT

ISBN-Nr. 3-85666-296-0

Reihe «Leben – Werk – Wirkung»
Nr. 2816

© 1991 Schwengeler-Verlag, CH-9442 Berneck
Titelzeichnung: Martha Berndörfler
Gestaltung und Gesamtherstellung:
Cicero-Studio am Rosenberg, Berneck/Schweiz

Große Namen

– manche werden als Vorbilder vor Augen gemalt
– andere beeinflussen immer noch unser Denken
– einige erfreuen sich sogar einer enormen Anhängerschaft

Bekannte Persönlichkeiten

Wie sah ihr Leben wirklich aus? Welche Motive lagen ihrem Handeln und Wirken zugrunde? Wodurch wurde ihr Denken, ihr Glaube, ihre Überzeugung, ihr Schaffen geprägt? Welche Wirkungen gehen noch heute von ihrem Leben und Werk aus?

Die biographische Reihe
«Leben – Werk – Wirkung»

beantwortet diese Fragen, indem sie die «großen Namen» gründlich unter die Lupe nimmt. Die klaren Informationen, aber auch die kritischen Beurteilungen ermöglichen dem Leser eine objektive Sicht und klare Stellung gegenüber diesen bekannten Persönlichkeiten, die für viele immer noch als Vorbilder gelten und bewundert werden.

Inhaltsverzeichnis

Vorwort

Es gibt einen engen Zusammenhang zwischen der *Lebensgeschichte* eines Psychologen (Privatleben, persönliche Erfahrungen, Zeit und Kultur, in der er lebte oder lebt) und seiner *Lebensanschauung* einerseits und seiner *Psychologie* bzw. *Psychotherapie* andererseits. Besonders in der Tiefenpsychologie und Humanistischen Psychologie bilden diese drei Faktoren eine innere Einheit. Infolgedessen trägt eine solche psychologische und psychotherapeutische Richtung den Charakter und das Menschenbild des jeweiligen Begründers. Darum ist es aufschlußreich, die (auto-)biographischen und vor allem weltanschaulichen Aspekte des Begründers zu studieren. Dieser subjektive Hintergrund läßt den spezifischen Ansatz seiner psychologischen und psychotherapeutischen Richtung erkennen.

Die analytische Psychologie Jungs fängt ebenfalls nicht mit objektiver Wissenschaft an, sondern mit seiner Person. Auch seine Psychologie ist nicht objektiv, sondern *projektiv*: sie spiegelt den Menschen Jung und seine rein subjektiven Erfahrungen wider.

Dann ist auch die analytische Psychologie *weltanschaulich* bedingt. Außerdem wird sich herausstellen, daß sie am *Okkultismus* orientiert und zu einem erheblichen Teil *paranormal inspiriert* ist.

Darüber hinaus wird sich zeigen, daß Jungs Psychologie eine *Heilslehre* und seine Psychotherapie ein *Heilsweg* ist. Auseinandersetzung mit der analytischen Psychologie wird somit zur Konfrontation mit einer Religion im psychologischen Gewande.

Es gibt zu denken, daß die meisten Jung-Patienten gebildete Protestanten waren, denen der dreieinige Gott, Gottes Wort und der biblische Glaube nicht (mehr) viel bedeuteten. Sie suchten jedoch nach dem verlorenen Sinn des Lebens, vor allem in der zweiten Lebenshälfte. Ihnen empfahl Jung seinen Weg der «inneren Erfahrung» oder «Selbsterfahrung». Diese «Wendung nach innen» — das Ziel seines Gesamtwerkes — assoziierte und legitimierte Jung gerne mit einem Wort von Augustinus aus dessen Jugendwerk «De vera religione»: «Gehe nicht nach draußen, kehre in dich selbst zurück; im inneren Menschen wohnt die Wahrheit» (1,96).

In zunehmendem Maße gibt es heute religiöse Menschen, die von den Theorien Jungs fasziniert sind. Sie versuchen damit Gottes Wort zu erklären oder zu ergänzen. Letzteres kommt einer Religionsvermischung gleich. Anderen wiederum geht es vor allem um «eine Reise nach innen» im Jungschen Sinne.

Jung war literarisch vielseitig orientiert und hat bei vielen Autoren angeknüpft. Auswahlsweise seien die Ärzte und Psychologen S. Freud, A. Adler, P. Janet, Th. Flournoy und A. Maeder genannt und die Philosophen Fichte, Goethe, Nietzsche, Schelling und Schleiermacher. Jung selbst betrachtete die großen Philosophen des Unbewußten — C.G. Carus, A. Schopenhauer, E. von Hartmann — als seine Vorläufer.

In Gnostikern und Mystikern, in Alchimisten wie Paracelsus und in anderen Okkultisten sah Jung Pioniere seiner Psychologie des Unbewußten. Er kannte H. Silberer, der sich als erster Analytiker mit der «symbolischen» Bedeutung der Alchimie beschäftigte, und die Werke Friedrich Creuzers mit den vielen Mythen und Symbolen samt ihrer Deutung.

«Jung hat — teils unbewußt, teils bewußt — Elemente des Neoplatonismus, der alchemistischen Gnosis, der mystischen Gnosis Jacob Boehmes, indische Yoga-Praktiken und Elemente der chinesischen und indischen Alchemie sowie der geschichtsspekulativen Ideen Nietzsches, Schellings, Bachofens, Eduard von Hartmanns, Carus' u.a. zu einem eklektizistischen Amalgam verschmolzen. Die Koordination der verschiedenen Ideen ist jedoch so unsystematisch und dilettantisch, daß sich der präzise Nachweis der einzelnen Filationen kaum lohnt. Es scheint uns daher wichtiger, den gnostischen Kern der Jungschen Spekulation herauszuarbeiten, der die Symbolanleihen motiviert hat» (2,81).

Jungs Psychologie ist «eine Variante der Gnosis» (2,120) und sieht sich als

«wissenschaftliches Pendant zu den neueren Bewegungen des Spiritismus, der Astrologie, der Theosophie, Anthroposophie und Parapsychologie usw., insofern sie das zentrale Ziel all dieser Bewegungen teilt, nämlich die Zurückwendung zur 'Seele', und zwar 'im gnostischen Sinne'. Alle diese Bewegungen wollen, nach Jungs Interpretation, «Erkenntnis..., und zwar im strikten Gegensatz zur Essenz der abendländischen Religionsformen, nämlich dem Glauben. Das moderne Bewußtsein perhorresziert den Glauben und darum auch die darauf basierten Religionen... Es will wissen, d.h. Urerfahrung haben» (3,372) (2,120).

Auch beschäftigte sich Jung eingehend mit asiatisch-religiöser Literatur. Besonders die Freundschaftsbeziehung zum China-Missionar Richard Wilhelm und zum Indologen Heinrich Zimmer beeinflußte Jung in Richtung asiatischer Fremdreligionen (1). (Für weitere Einflüsse auf Jung, siehe 4,663-669).

Allerdings beschränkte Jung seine Literaturwahl auf solche, die, nach seinem Verständnis, eine geistige Affinität mit seinen persönlichen esoterischen Erfahrungen und Erkenntnissen hatten und sie positiv bestätigten. Die von ihm ausgewählte Literatur mußte als Vergleich, Legitimation und Deutung seiner Erfahrungen und Ideen dienen.

«Innerhalb der Literatur selbst läßt sich wiederum eine gewisse Sterilität der Thematik feststellen. Der größte Prozentsatz derjenigen Bücher, die Jung präferierte, ist gnostischer Herkunft oder steht (wie z.B. Jacob Boehme) in naher geistiger Verwandtschaft zur Gnosis. Der Okkultismus Swedenborgs (Jung brachte es auf 7 Bände Swedenborg-Lektüre) und die mittelalterliche europäische Alchemie sind Varianten der Gnosis, und die meisten Mythen, die Jung interpretiert, sind gnostische Mythen. Goethes Faust, ebenfalls vom Thema Gnosis bestimmt, wurde für Jung zum exemplarischen Dokument seiner eigenen Existenz-Problematik» (2,110).

«Jung hat zugleich gegenüber der für geistige Ordnungsprobleme relevanten europäischen Literatur — der klassischen griechischen und der christlichen Philosophie —, aber auch gegenüber der vor- und nach-kantischen Aufklärungsphilosophie eine erstaunliche geistige Hygiene an den Tag gelegt» (2,109).

Jung hat, auch im Zusammenhang mit seinen Interessensgebieten, über viele Themen geschrieben. Im Rahmen des vorliegenden Buches ist es nicht möglich, alle seine Aussagen zu besprechen oder auf einzelne Themen tiefer einzugehen.

Das Studium der Erfahrungen und Theorien Jungs fordert, wie aus obigem deutlich sein wird, eher gewisse Vorkenntnisse des Okkultismus, der asiatischen Religionen, Gnostik und Mystik, als der Psychologie. Diese Voraussetzung erschwert für den Durchschnittsleser das Verständnis.

Mein Dank gilt allen, die mit ihrer aufbauenden Kritik geholfen haben, im besonderen Herrn Prof. Dr. R. Haupt.

Mai 1990   E. Nannen

TEIL I

Aus dem Leben
C.G. Jungs (1875-1961)

Inhaltsverzeichnis

Kapitel 1

Jungs Vorfahren und Eltern

Zum Teil sind Jungs Leben und somit seine Werke nur auf dem Hintergrund seiner Vorfahren und Eltern zu verstehen. Jung selbst war es wichtig, die eigene historische Vergangenheit zu beleuchten. Gerade weil er sich in seinen Vorfahren, vor allem väterlicherseits, verwurzelt fühlte, drängte es Jung, sich mit diesem ihn prägenden «Mythus» auseinanderzusetzen. So wollen auch wir Jung zunächst auf dem Hintergrund seiner Vorfahren betrachten.

Die väterliche Linie

Jungs Großvater, Prof. Dr. med. *Carl Gustav Jung* (1744-1864) war ein bedeutender Wissenschaftler und lehrte in Basel. Er war auch sehr musikalisch und vor allem ein Mann mit einem weiten Herzen für Kranke und Notleidende.

Als «begeisterter Freimaurer» war er nicht nur acht Jahre Meister vom Stuhl einer Basler Freimaurer-Loge, der er vorher dreizehn Jahre angehörte. Er wurde auch Großmeister der schweizerischen Großloge «Alpina», und war als solcher ein hoher Eingeweihter in esoterischen Praktiken (5,526). Sein Enkel Carl Gustav meint:

> «Diesem Umstand ist wohl die besondere Art der Wappenkorrektur zu verdanken. Ich erwähne diesen an sich unwesentlichen Punkt, weil er in den historischen Zusammenhang meines Denkens und Lebens gehört» (1,236).

Ursprünglich hatte die Familie Jung nämlich einen Phönix als Wappentier, was mit «jung» oder «Jugend» zusammenhänge. Nun aber enthält es ein blaues Kreuz und eine blaue Taube in goldenem Feld — «Symbole des irdischen

und himmlischen Geistes». Dazwischen ist ein Pentagramm
und zwar in Gold, dem «Gold der Alchemisten». Das Pentagramm, das eigentlich ein magisches oder Hexenzeichen
darstellt und der Anrufung oder Bannung von Dämonen
dient, sei hier ein Symbol der «Vereinigung der Gegensätze».

> «Diese aufdringliche Symbolik ist freimaurerisch bzw. rosenkreu-
> zerisch... Die Rosenkreuzer gingen aus der hermetischen bzw. al-
> chemistischen Philosophie hervor... Gerardus Dorneus war ein
> ausgesprochener Paracelsist. Er hat sich am meisten von allen Al-
> chemisten mit dem Individuationsprozeß auseinandergesetzt. In An-
> sehung der Tatsache, daß ein großer Teil meiner Lebensarbeit der
> Erforschung der Gegensatzproblematik und insbesondere der al-
> chemistischen Symbolik gewidmet war, sind diese antizipierenden
> Ereignisse nicht ohne Reiz, weshalb ich sie auch meinen Lesern nicht
> vorenthalten wollte» (1,236-237).

Jung, der dieses alchimistisch-freimaurerische Wappen in
sein *Ex Libris* aufnahm, nahm sich besonders diesen Großvater zum Vorbild. Dieser «C.G.Jung I», wie er scherz-
haft genannt wurde, lehnte jedoch Tischrücken als
«Unsinn» ab — «C.G.Jung II» dagegen wurde ein aktiver
Spiritist. Großvater Jung hatte Goethe heftig kritisiert —
sein Enkel war von ihm fasziniert.

Jung glaubte der Legende, die er schon als Kind von seinen «Eltern und Verwandten gehört» haben soll, daß sein
Großvater «ein natürlicher Sohn Goethes gewesen sei»
(1,41). Schon als Zwölfjähriger erzählte er sie seiner Kusine Luggy Preiswerk, in Gegenwart ihrer Schwester Helly.
Der verstorbene Großvater Jung, «Sohn des großen Goethe», besuche ihn oft. Er, Carl, sei eben «sein besonderer
Liebling» (6,16). Die Person, dessen Liebling er angeblich
war, bezeichnete Jung manchmal als seinen Großvater,
manchmal aber als *Goethe* (6,121).

Ernst Jung tritt in seinem Buch «Aus den Tagebüchern
meines Vaters» (1910) dieser Abstammungslegende entschie-

den entgegen. Denn sein Vater, Carl Gustavs Großvater also, hatte «in all den Aufzeichnungen mit keiner Silbe des Verhältnisses gedacht, das zwischen Goethe und ihm bestanden haben soll». Dennoch erwähnt «C. G. Jung II» diese Legende in seiner Autobiographie, und zwar «nicht ohne ein gewisses Behagen, denn sie eröffnete ihm einen hintergründigen Aspekt seiner Faszination durch Goethes Faust» (1,400).

> «Ich vernahm, daß von meinem Großvater allgemein die Legende ging, er sei ein natürlicher Sohn Goethes. Diese ärgerliche Geschichte schlug bei mir insofern ein, als sie meine merkwürdigen Reaktionen auf «Faust» zugleich bekräftigte und zu erklären schien... Später knüpfte ich in meinem Werk bewußt an das an, was Faust übergangen hatte.» (1,239).

Jung schien dieser Legende zu seiner Profilierung oder Selbstverteidigung zu bedürfen. Als ihm einmal «der Kult» um den Großvater mütterlicherseits (Preiswerk) «offensichtlich zu bunt wurde», führte er seine Kusinen in die alte Universität Basel in der Nähe des Münsterplatzes. Dort wies er auf «seinen» Großvater Prof. Dr. med. Carl Gustav Jung, dessen Namen er trug, hin. «Seht ihr, wem er gleicht? Ja, ihr stellt es leicht fest — Goethe!»

> «Von diesem Zeitpunkt an (1894) waren sämtliche Mitglieder der Familie Preiswerk davon überzeugt, Carl Jung sei Goethes Urenkel. Niemand überprüfte seine Angaben, die ja gar nicht stimmen können» (6,49).

Seine Kusinen verehrten ihn jedoch «in erhöhtem Maße», während sonst der Name «Jung» in Basel im letzten Jahrhundert nicht viel galt (6,113).

Auch bei seinen Freunden im Studentenkreis schien er mit seiner angeblichen Goethe-Abstammung sein Ansehen erhöhen zu wollen. Der Studienfreund *Gustav Steiner* schreibt diesbezüglich über Jung:

«Soviel ist sicher, daß er sein Leben lang an ihr festhielt... In der Studentenzeit kam er, wenn ich ihn heimwärtsbegleitete... mehr als einmal auf die Abstammung von Goethe zurück. Er schätzte sie als Bereicherung seines geistigen Wesens... Wenn Jung das 'irrige Gerücht', wie er die Tradition bezeichnete, wirklich als haltlosen Klatsch mißbilligte, dann mußte er natürlich darauf verzichten, ihn weiterzugeben. Er war aber im Gegenteil dafür besorgt, daß diese Überlieferung nicht der Vergessenheit anheimfalle» (7,149f.).

Sogar im Briefwechsel mit Freud finden sich hier und da Anspielungen Jungs auf den «Herrn Urgroßvater» (Goethe). In einem Brief von 1911 berichtete er, daß sich seine Arbeit am Buch «Wandlungen und Symbole» im Stadium des Abgeschriebenwerdens befindet. Er sei «getröstet über ihren Wert», denn:

«Ich kam zur Überzeugung, daß der Herr Urgroßvater meiner Arbeit sein Placet erteilt hätte... Sie sehen, durch was für Phantasien ich mich gegen Ihre Kritik schützen muß.»

Interessant und humorvoll ist Freuds Antwort vom 20.1.1912:

«Lieber Freund! Wenn Sie Urgroßväterchen nächstens wieder sprechen, sagen Sie ihm doch, daß ich mich längst für das Geheimnis seiner Mignon (Gestalt aus Goethes 'Wilhelm Meister') interessiere und daß er ein verfluchter Kerl im Verstecken ist.»

Zur Rechtfertigung seiner intensiven Beschäftigung mit der (unwissenschaftlichen) Alchimie schrieb Jung, der gerne betont, daß er als «Wissenschaftler» tätig sei:

«In meiner Beschäftigung mit der Alchemie sehe ich meine innere Beziehung zu Goethe. Goethes Geheimnis war, daß er von dem Prozeß der archetypischen Wandlung, der durch die Jahrhunderte geht, ergriffen war... Ich bin vom gleichen Thema ergriffen ...» (1,209-210).

Jung fühlte sich besonders mit den Vorfahren väterlicherseits verbunden. Ihnen meißelte er im Winter 1955-56 denn auch Ahnentafeln in seinem Refugium in Bollingen.

«Als ich an den Ahnentafeln arbeitete, ist mir die merkwürdige Schicksalsverbundenheit deutlich geworden, die mich mit den Vorfahren verknüpft. Ich habe stark das Gefühl, daß ich unter dem Einfluß von Dingen und Fragen stehe, die von meinen Eltern und Großeltern und den weiteren Ahnen unvollendet und unbeantwortet gelassen wurden... So schien es mir immer... als ob ich Dinge vollenden oder auch fortsetzen müsse, welche die Vorzeit unerledigt gelassen hat» (1,237).

Die alchimistische Linie der Vorfahren fand dann ihre Fortsetzung in Jungs analytischer Psychologie, die er als eine alchimistische Psychologie bezeichnete. Auch Jung ging es um *Verwandlung*, nämlich um Transzendierung des Bewußtseins in ein *neues, höheres Bewußtsein.*

Jungs Vater, *Johann Paul Achilles Jung* (1842-1896), war jüngster Sohn aus dritter Ehe. Er hatte nicht nur Theologie, sondern auch semitische Sprachen studiert und darin promoviert. Beides verband ihn mit seinem Schwiegervater, Pfarrer Samuel Preiswerk.

Ob sein «chronisches Gereiztsein» mit seiner Ehe zusammenhing, ist nicht genau festzustellen. Wohl wird die Ehe mit seiner okkult begabten und okkult gesteuerten Frau Emilie ihm, der Gott dienen wollte, Spannungen bereitet haben.

Die mütterliche Linie

Jungs Großvater mütterlicherseits, *Samuel Preiswerk* (1799-1871), war Antistes (Oberpfarrer) des Basler Münsters.

«Er war... ein etwas eigenartiger Mensch, der sich ständig von Geistern umgeben glaubte. Meine Mutter hat mir oft erzählt, wie sie sich hinter ihn setzen mußte, wenn er seine Predigten schrieb. Er konnte es nicht leiden, daß, während er studierte, Geister hinter seinem Rücken vorbeigingen und störten! Wenn ein Lebender hinter ihm saß, so wurden die Geister verscheucht!» (1,406).

Pfarrer Preiswerk meinte nämlich, sein Pfarramt mit Spiritismus vereinigen zu können. «Noch heute» werden in Basel Anekdoten über ihn erzählt:

«In seinem Studierzimmer hatte der Samuel Preiswerk einen besonderen Stuhl dem Geist seiner verstorbenen ersten Frau Magda-
lene, geb. Hopf, reserviert. Jede Woche pflegte Preiswerk, sehr zum
Kummer seiner zweiten Frau Augusta, geb. Faber, zu bestimmter
Stunde mit dem Geiste Magdalenens vertraute Zwiesprache zu halten» (1,405).

Pfarrer Samuel Preiswerk hatte 13 Kinder und 64 Enkel.
Die Ehe seines Sohnes *Rudolf Johannes* mit *Celestine* Al-
lenspach hat er selbst im Münster eingesegnet. Dieser Ehe
wurden 15 Kinder geschenkt. Außerdem nahm Rudolf den
Bruder seines Vaters, Alexander, mehrere Jahre in sein
Haus auf. Wie Rudolfs Vater waren auch dessen Bruder
und Schwester «Geisterseher». Rudolf selbst jedoch «hatte für Übersinnliches kein Verständnis». Daß seine Tochter Helly das Medium seines Neffen Carl wurde, erfuhr er
nicht mehr (6,19). Hellys Mutter Celestine lehnte den Spiritismus ganz ab.

Diese Einstellung der Eltern verhinderte jedoch nicht, daß
Helly (1881-1911) von Kind auf Geister sah und mit ihnen
redete. So sah sie angeblich ihren längst verstorbenen Großvater Samuel Preiswerk, der sie «besuchte», und Engel, darunter ihren Schutzengel, den der Großvater «ihr ausgesucht
und geschickt» habe. Er nahm sie «auf weite Reisen im
Himmel» mit. Gab es Probleme oder Nöte in der Familie,
betete Helly zu Gott und zu ihrem Großvater. Das tat sie
z.B., als ihre Schwester Dini sie bat, zu helfen, die bösen
Geister, die sie fast jede Nacht heimsuchten, aus ihrem Haus
zu bannen (6, 52). Eigentlich war für Helly ihr Großvater
Preiswerk ein «Mittler» zwischen Gott und ihrer Familie
(6,66).

Auch eine andere Schwester, die mit Helly im selben Zimmer schlief, glaubte bis zu ihrem Tode (1952), mit Geistern
in Verbindung zu stehen. Zwei weitere Schwestern hatten
ebenfalls mit Dämonen zu tun, während ihre Schwester

Luggy sogar von Anfang an am Verwandten-Spiritismus teilnahm. Jung verkehrte viel mit diesen seinen Kusinen.

Unter den Theologie-Kandidaten, die Pfarrer S. Preiswerk zu prüfen hatte, war auch sein zukünftiger Schwiegersohn, Jungs Vater, der nach dem Tode seines eigenen Vaters oft im Hause Preiswerk verkehrte. Pfarrer Preiswerk war es auch, der die Ehe seiner jüngsten Tochter *Emilie* mit Paul Achilles Jung im Frühling 1869 im Basler Münster einsegnete. Achtzehn Jahre später sollte ihr Sohn Carl Gustav bei diesem Münster, an dem sein Großvater Preiswerk Antistes gewesen war, ein einschneidendes Erlebnis haben.

Pfarrer Preiswerk war ein Gelehrter, der sich mit großem Eifer der hebräischen Sprache und Literatur widmete. Ende August 1897 fand in Basel der erste *Zionistenkongreß* statt. *Theodor Herzl* gedachte in seiner Ansprache Samuel Preiswerks als eines Wegbereiters der Zionistenbewegung. In der ersten spiritistischen Sitzung nach diesem Zionistenkongreß, die Jung wieder inszenierte, erhielt sein Medium Helly «von ihrem Großvater» den Auftrag, sein begonnenes Werk zu vollenden, die Juden in ihr Land zu führen und sie zu läutern (6,74).

Der «Geisterseher» Samuel Preiswerk dichtete auch mehrere christliche Lieder, darunter die ersten beiden Strophen des Liedes «Die Sach' ist Dein, Herr Jesu Christ» und «Einer nur ist ewig wert».

Jungs Großmutter mütterlicherseits, d.h. die zweite Frau von Samuel Preiswerk, *Augusta* (1805-1865), hatte «das zweite Gesicht», eine mediale Gabe der Wahrsagerei. Bei Gemütsbewegungen hatte sie «Ohnmachtsanfälle, welche fast regelmäßig von einem kurzen Somnambulismus gefolgt waren, in welchem sie prophezeite», schreibt Jung (8,21). Als Jungs Tante Celestine Preiswerk den Spiritismus einmal als «heidnischen Unfug, den Gott verboten hat», bezeichnete, wies der entrüstete Carl zur Verteidigung auf seinen frommen und von allen verehrten Großvater Antistes Samuel hin, der, wie seine Frau Augusta, mit Geistern verkehrt habe (6,37).

Mit den Geistern verstorbener Verwandter (d.h. mit Dämonen, also mit Spiritismus), beschäftigten sich viele Nachkommen der Großeltern Preiswerk, als sei dies «ganz selbstverständlich» (6,36).

Jungs Mutter *Emilie*, geb. Preiswerk (1848-1923) war ebenfalls medial begabt mit dem sogenannten zweiten Gesicht. Wie ihr Vater, konnte auch sie Geister sehen. Jung berichtet:

> «Meine Eltern schliefen getrennt. Ich schlief im Zimmer meines Vaters. Aus der Tür zum Zimmer meiner Mutter kamen beängstigende Einflüsse. Nachts war die Mutter unheimlich und geheimnisvoll» (1,24).

Und weiter schildert Jung:

> «Meine Mutter war eine sehr gute Mutter... Sie hatte alle hergebrachten traditionellen Meinungen, die man haben kann, aber im Handumdrehen trat bei ihr eine unbewußte Persönlichkeit in Erscheinung, die ungeahnt mächtig war — eine dunkle, große Gestalt, die unantastbare Autorität besaß — darüber gab es keinen Zweifel. Ich war sicher, daß auch sie aus zwei Personen bestand: die eine war harmlos menschlich; die andere dagegen schien mir unheimlich. Sie kam nur zeitweise zum Vorschein, aber immer unerwartet und erschreckend. Sie sprach dann wieder zu sich selber, aber das Gesagte galt mir und traf mich gewöhnlich im Innersten, so daß ich in der Regel sprachlos war... Es bestand ein beträchtlicher Unterschied zwischen den beiden Persönlichkeiten in meiner Mutter. So kam es, daß ich als Kind oft Angstträume von ihr hatte. Tags war sie eine liebende Mutter, aber nachts erschien sie mir unheimlich. Sie war dann eine Seherin, die zugleich ein seltsames Tier ist, wie eine Priesterin in einer Bärenhöhle. Archaisch und ruchlos...» (1,54.56).

Die Mutter war leider nicht in Jesus Christus, nicht in Gottes Wort gegründet:

«Meine Mutter war irgendwie in einem unsichtbaren, tiefen Grund
verankert, der mir aber nie als eine christliche Glaubenszuversicht
erschien... Dieser Hintergrund entsprach meiner eigenen Einstellung so sehr, daß keine Beunruhigung von ihm ausging: im Gegenteil gab diese Wahrnehmung mir immer ein Gefühl der Sicherheit
und die Überzeugung, daß hier ein fester Grund vorhanden war,
auf dem man stehen konnte. Es kam mir dabei nie der Gedanke,
wie 'heidnisch' diese Grundlegung war» (1,95-96).

In seiner Kindheit und Jugendzeit war, so glaubte Jung,
die Mutter die einzige Person, bei der er sein Herz ausschüt-
ten und sein Empfinden ausdrücken konnte, eine doppel-
te Persönlichkeit zu sein und dadurch ein Doppelleben zu
führen. Auch seine Träume konnte er ihr anvertrauen.
Von jeher interessierte sich die Mutter für den Okkultismus. Insofern es in den Gesprächen ihres 15jährigen Carl
mit seiner Kusine Luggy um «übernatürliches» ging, beteiligte sie sich meistens daran. Mutter Emilie nahm später auch regen Anteil an den spiritistischen Séancen, die
der noch minderjährige Carl ab Juni 1895 organisierte. Sie
fand nichts Verbotenes dabei, kannte sie doch den Umgang mit Geistern von Jugend auf. Außerdem stellte sich
schon bei der ersten Séance heraus, daß der Geistführer
von Carls Medium, der mit einer Baßstimme durch seine
«Lieblingsenkelin» Helly sprach, ihr eigener verstorbener
Vater und der Großvater von fast allen Teilnehmerinnen
war. Der «Führer und Hüter des Mediums» (6,40) war der
verstorbene Pfarrer Samuel Preiswerk, so glaubten alle irrtümlicherweise. Der alte runde Eßtisch aus Nußbaumholz,
der für die spiritistischen Sitzungen verwendet wurde,
stammte aus Großvater Preiswerks Haushalt. Emilies
Mann, Pfarrer Paul Achilles Jung, verabscheute jeden
«Teufelsspuk». Also wurden die Sitzungen hinter seinem
Rücken durchgeführt.
Jungs Schwester Trudi, die ebenfalls medial begabt, aber
damals erst 11 Jahre alt war, war «noch zu klein», um an

den ersten Séancen teilzunehmen. Mutter Emilie versprach
ihr aber, wenn sie größer sei, dürfe auch sie mitmachen.
1897 war die 13jährige Trudi schließlich «groß genug», um
am Verwandten-Spiritismus teilzunehmen. Ein Jahr später fiel das Kind dann selber in Trance und wurde zum Medium, durch das angeblich ihr zu jener Zeit verstorbener
Vater, Pfarrer Paul Jung, eine Botschaft gab.

Über seine Mutter schreibt Jung rückblickend immer positiv. Beide waren ja auf die gleiche (okkulte) Wellenlänge
abgestimmt. Dabei könnte man die gemeinsame «Person
Nr. 2» als eine Antenne für Inspiration und Steuerung durch
Finsternismächte bezeichnen. Jungs negative Beschreibung
seines Vaters als Diener des Wortes Gottes ist nicht neutral! Das übersehen die Jung-Biographen meistens.

Eine Bewertung

1. Die Bibel sagt: «Was der Mensch sät, das wird er auch
ernten» (Gal. 6,7). Wie groß ist darum die nicht-materielle
Verantwortung von Großeltern und Eltern für ihre Nachkommen! Jung war sowohl väterlicherseits als auch mütterlicherseits zum Okkultismus hin geprägt.

Zunächst ist es von daher verständlich, daß er einen inneren Zwiespalt empfand, als bestünde er aus «2 verschiedenen Personen», die sogar in «zwei verschiedenen Zeiten»
lebten. Schon als Kind empfand er sich als «Person Nr.
1», den äußeren, zeitgebundenen, irdischen Schuljungen,
und als «Person Nr. 2», den «inneren, ewigen, zeitlosen
Menschen» oder auch «den alten Weisen», der «im 18.
Jahrhundert lebt». Nr. 2 nannte Jung später seinen «schöpferischen Dämon», der mit seinen Träumen, Phantasien,
inneren Bildern, Stimmen und gesteuerten Taten und Gedanken zu tun hatte. Nr. 2 war die Triebfeder seines ganzen Lebens und Wirkens. Seine eigene innere Zerrissenheit
wurde der Grund dafür, weshalb Jung später den Menschen

unter dem Blickwinkel von Gegensätzen interpretierte und eine Gegensatzpsychologie verfaßte.

2. Wir erkennen im weitern eine ererbte mantische Begabung, die wiederum seine Tochter ererbt hat. Auch Jungs außerordentliche okkulte Erfahrungen seit dem vierten Lebensjahr werden, wie sein überstarkes Interesse am Okkultismus, im breitesten Sinne verständlich. Was er mit diesem finsteren Erbe gemacht hat, ist, wie auch sein eigener, aktiver Spiritismus, seine persönliche Verantwortung.

Kapitel 2

Das Werden eines Psychologen (1879-1895)

Carl Gustav Jung wurde am 26. Juli 1875 in Kesswil am Bodensee (Schweiz) geboren. Seine Tochter Gret Baumann hat von seiner Geburtszeit ein Horoskop erstellt und eingehend kommentiert.

Obgleich er im Thurgau geboren wurde, war Jung Basler Bürger, weil die Familie seines Vaters Bürgerrecht in Basel besaß.

Jung war erst ein halbes Jahr alt, als sein Vater nach Laufen, und vier Jahre, als dieser zum letzten Male, nämlich nach Klein-Hünigen bei Basel, versetzt wurde. So verlebte er dort seine Kindheit und Jugend.

Seine Schweizer Herkunft, d.h. Elemente der schweizerischen Mentalität, brachte Jung später in einen engen Zusammenhang mit der Astrologie:

> «Da wir in der zentralen Muschel sitzen, sind wir die 'Söhne der Mutter'. Daher sagt die alte astrologische Tradition, daß unser Zodiakalzeichen die Virgo sei. Darüber besteht allerdings keine Einhelligkeit, indem die andere Version lautet, Taurus sei unser Zeichen. Er ist ein männliches, schöpferisches Zeichen, aber irdisch wie die Virgo» (9,III,159).

In den vermeintlichen «Gegensätzen» des Weiblichen und Männlichen, angeblich in den beiden astrologischen Tierkreiszeichen der Schweizer Mentalität ausgedrückt, sah Jung «das Prinzipium individuationis als eine supreme Gegensatzvereinigung» — das zentrale Thema seiner späteren Psychologie.

Paul, der ältere Bruder, war kurz nach seiner Geburt gestorben, zwei Jahre bevor Carl Gustav geboren wurde. Da seine Schwester Trudi erst neun Jahre nach ihm geboren wurde, wuchs Jung wie ein Einzelkind auf. Es waren jedoch vor allem andere Ereignisse, die ihn einsam machten, nämlich seine okkulten Erlebnisse, die er seine «Geheimnisse» nannte.

> «Der Besitz an Geheimnis hat mich damals stark geprägt. Ich sehe es als das Wesentliche meiner frühen Kinderjahre an, als etwas, das für mich höchst bedeutend war» (1,28).

Und an anderer Stelle sagte Jung:

> «Meine ganze Jugend kann unter dem Begriff des Geheimnisses verstanden werden. Ich kam dadurch in eine fast unerträgliche Einsamkeit und ich sehe es heute als eine große Leistung an, daß ich der Versuchung widerstand, mit jemandem darüber zu sprechen. So war damals schon meine Beziehung zur Welt vorgebildet, wie sie heute ist: auch heute bin ich einsam, weil ich Dinge weiß und andeuten muß, die die anderen nicht wissen wollen» (1,47).

Die Einsamkeit war jedoch nicht nur ein Druck. Jung sprach auch von seiner «Passion des Alleinseins». Außerdem faszinierte ihn sein Geheimwissen, das er nicht vermissen mochte.

> «Es ist wichtig, daß wir ein Geheimnis haben und die Ahnung von etwas nicht Wißbarem. Es erfüllt das Leben mit etwas Unpersönlichem, einem Numinosum. Wer das nicht erfahren hat, hat Wichtiges verpaßt. Der Mensch muß spüren, daß er in einer Welt lebt, die in einer gewissen Hinsicht geheimnisvoll ist... Das Unerwartete und das Unerhörte gehören in diese Welt. Nur dann ist das Leben ganz» (1,358).

Ist nur dessen Leben «ganz», der, wie Jung, in Geheimwissen eingeweiht bzw. ein Esoteriker ist?

Welche «Geheimnisse» waren es, die Jungs Jugend, ja sein ganzes Leben und Werk prägten? Wichtig sind drei Grundgeheimnisse:

1. Jungs sogenannte Urerfahrung: Die Einweihung ins Reich des Dunkeln (ca. 1879)

Den ersten Traum, an den sich Jung nach etwa 79 Jahren

noch zu erinnern glaubte und der ihn sein Leben lang beschäftigen sollte, träumte er, als er ungefähr 4 Jahre alt
war. Er stand auf einer Wiese, in der er ein dunkles, recht-
eckig ausgemauertes Loch entdeckte. Eine steinerne Treppe führte in die Tiefe. Zögernd, und mit Furcht erfüllt, stieg
er in die Erde. Drunten befand sich eine Türöffnung mit
Rundbogen, die ein grüner Vorhang abschloß. Als er diesen beiseite schob, sah er einen roten Teppich, auf dem ein
wunderbarer goldener Thronsessel stand. Ein riesiges Ge-
bilde saß darauf, das fast bis an die Decke reichte. Es bestand aus lebendigem Fleisch, mit Haut umgeben. Oben
ging es in eine Art Kopf ohne Gesicht und Haare über. Nur
auf dem Scheitel befand sich ein Auge, das einzige. Es starr-
te unbeweglich nach oben. Über dem Kopf war eine gewisse Helligkeit.

> «Vor Angst war ich wie gelähmt. In diesem unerträglichen Augen-
> blick hörte ich plötzlich meiner Mutter Stimme wie von außen und
> oben, welche rief: 'Ja, schau ihn dir nur an. Das ist der Menschen-
> fresser'... Dieser Traum hat mich Jahre hindurch beschäftigt. Erst
> viel später entdeckte ich, daß das merkwürdige Gebilde ein Phal-
> lus war, und erst nach Jahrzehnten, daß es ein ritueller Phallus war»
> (1,18-19).

So deutete der inzwischen von Freud beeinflußte Jung, des-
sen Kindertraum «eine entscheidende Rolle bei seiner Hin-
wendung zum Freudianismus gespielt hatte» (10,68), diese
Lichtgestalt, den «Menschenfresser», im nachhinein. Das
Ganze erinnert uns eher an Satan als Engel des Lichtes und
Menschenmörder von Anfang (2. Kor. 11,14; Joh. 8,44).

In den alten Religionen des Fernen Ostens, in Ägypten,
bei den Griechen, Kelten und Germanen, waren phallische
Gottheiten Verkörperungen des Schöpferischen und Leben-
schaffenden. Jung sprach später von seinem «schöpferischen Dämon», dem er «ausgeliefert» und von dem er
«gefesselt» war (1,359). Dieser Traum zeige das Ziel des
Lebens und Werkes Jungs an:

«Durch diesen Kindertraum wurde ich in die Geheimnisse der Erde eingeweiht. Es fand damals sozusagen ein Begräbnis in der Erde statt, und es vergingen Jahre, bis ich wieder hervorkam. Heute weiß ich, daß es geschah, um das größtmögliche Maß von Licht in die Dunkelheit zu bringen. Es war eine Art Initiation in das Reich des Dunkeln. Damals hat mein geistiges Leben seinen unbewußten Anfang genommen» (1,21).

Mit diesem Traum hatte jedoch vielmehr Jungs persönliche Verbundenheit mit dem Reich der Finsternis ihren «unbewußten Anfang» genommen. Im Jungschen Sinne wird der Kindertraum so gedeutet:

«Die im Traum erlebte 'Initiation in das Reich des Dunkeln' läßt es wie eine Schicksalsbestimmung erscheinen, daß sich Jungs schöpferischer Impuls in erster Linie dem negativen Pol psychischer Gegensätze (Gut-Böse etc., d. Verf.) zuwandte. Eine Präponderanz der dunklen seelischen Aspekte charakterisierte von Anfang an den Inhalt seiner Forschungen und Schriften» (11,11).

Dieser Initialtraum bedeutet jedoch eher Jungs *dämonisches Berufungserlebnis:* Er wurde vom Reich der Finsternis berufen, eine esoterische Psychologie und Psychotherapie im wissenschaftlichen Gewande zu kreieren. Diese sollte nicht die Sünde vor Gott ins biblische Licht stellen, sondern das vermeintlich «psychische Dunkel» erhellen, und zwar nicht nur im Menschen (der Schatten im sog. kollektiven Unbewußten), sondern angeblich auch in Gott.

Dieser nicht unschuldige Kindertraum, den Jung seine *Uroffenbarung* nannte, hatte ernste Folgen — in erster Linie für seine Einstellung zu Jesus Christus. Jung, der erkannte, daß der «unterirdische Gott» der «Gegenspieler» Jesu Christi ist, beschreibt es so:

«Die Deutung als Auge, und darüber anscheinend eine Lichtquelle, weist auf die Etymologie des Phallus hin (phallus = leuchtend, glänzend). Der Phallus dieses Traumes scheint auf alle Fälle ein unterirdischer und nicht zu erwähnender Gott zu sein. Als solcher ist er mir durch meine ganze Jugend geblieben und jeweils angeklungen, wenn vom Herrn Jesus Christus etwas zu emphatisch die Rede war. Der 'hêr Jesus' ist mir nie ganz wirklich, nie ganz akzeptabel, nie ganz liebenswert geworden, denn (..) immer wieder dachte ich an seinen unterirdischen Gegenspieler als eine von mir nicht gesuchte, schreckliche Offenbarung... In den späteren Jahren bis zur Konfirmation gab ich mir zwar die größte Mühe, das geforderte positive Verhältnis zu Christus zu erzwingen. Aber es wollte mir nie gelingen, mein heimliches Mißtrauen zu überwinden» (1,19-20).

Bezeichnenderweise pflegt Jung den Namen «Herr Jesus» immer mit dem Anführungszeichen und den Titel «Herr» klein zu schreiben.

So sehr der Initialtraum einerseits seit frühester Jugend eine ausgeprägte Abneigung gegen den Herrn Jesus Christus bei Jung auslöste, so weckte er in ihm andererseits ein «unerschöpfliches Interesse» an den asiatischen Religionen.

«Ich erinnere mich an die Zeit, als ich noch nicht lesen konnte, dafür aber meine Mutter plagte, mir vorzulesen, und zwar aus dem 'Orbis pictus', einem alten Kinderbuch, in dem sich eine Darstellung exotischer Religionen fand, insbesondere der indischen. Es gab Abbildungen von Brahma, Vishnu und Shiva, die mich mit unerschöpflichem Interesse erfüllten. Meine Mutter erzählte mir später, daß ich immer wieder auf sie zurückgekommen sei. Ich hatte dabei das dunkle Gefühl von Verwandtschaft mit meiner 'Uroffenbarung', über die ich nie zu jemandem gesprochen hatte. Sie war mir ein nicht zu verratendes Geheimnis» (1,24).

Der früheste Traum, an den man sich erinnern könne, meinte Jung später, enthalte in der Regel das Grundmuster der zukünftigen Persönlichkeit und ihres Schicksals. Das war wenigstens seine Erfahrung. Im Blick auf seine Psychologie und Psychiatrie sollte sich Jung noch intensiv mit den asiatischen Religionen befassen.

2. Das geschnitzte schwarze Männchen mit dem Stein

Jung litt unter seinem inneren Zwiespalt. Dadurch war er bei seinen Dorfkameraden ein anderer als daheim, wo er in seiner Welt, in der Welt seiner Nr. 2, lebte.

Als er erst zehn Jahre alt war, schnitzte er aus seinem Lineal ein Männchen und färbte es mit Tinte schwarz. Er bedeckte es mit einem Mäntelchen aus Wolle und legte es mit einem glatten Rheinkiesel in seine Federschachtel. Dann verbarg er das Ganze auf dem Dachboden, wo es niemand entdecken konnte. In allen schwierigen Situationen dachte er an sein schwarzes Männchen, an sein zweites Geheimnis. Von Zeit zu Zeit kletterte er auf die Balken, öffnete die Schachtel und schaute hinein. Er legte auch ein Papierröllchen dazu, auf das er etwas geschrieben hatte. Diese Prozedur hatte stets den Charakter einer feierlichen Handlung. Die Zeremonie war Jungs erster Versuch, die inneren Gegensätze zu versöhnen.

> «Ich fühlte mich sicher, und das quälende Gefühl der Entzweiung mit mir selber war behoben» (1,27).

Das alles war Jung zunächst «ein großes Geheimnis», von dem er nichts verstand. Im nachhinein meinte er, es sei «ein erster, noch unbewußt-kindlicher Versuch, das Geheimnis zu gestalten» (1,28). Seine Symbolik deutete er folgendermaßen:

> «Das Ganze ist im Grunde genommen ein Kabir, verhüllt mit dem Mäntelchen, verhüllt in der 'kista', versehen mit einem Vorrat an Lebenskraft, dem länglichen, schwarzen Stein» (1,30).

Die Kabiren, auch die «großen Götter» genannt, symbolisieren das Schöpferische und Lebenschaffende wie die phallischen Götter. Der Kabir wurde auch als Phallus dargestellt. Es besteht also eine verborgene, geistige Beziehung zwischen dem frühesten Traum und dieser Zeremonie. Beide weisen auf Jungs «schöpferischen Dämon» hin.

Die Episode mit dem Männchen dauerte etwa ein Jahr. Jung empfand sie als «den Höhepunkt und Abschluß» seiner Kindheit.

Nach 25 Jahren, als er mit den Vorarbeiten zu seinem Buch «Wandlungen» (12) beschäftigt war, mußte er wieder an sein Männchen denken als an einen Telesphoros, einen kleinen verhüllten Gott der Antike, der einem zum Erreichen eines Zieles oder einer bestimmten Wirkung hilft. Mit dieser Wiedererinnerung im Jahre 1910 kam ihm zum ersten Mal die «Überzeugung», daß es «archaische seelische Bestandteile» in der Individualseele gibt. Zu dieser Idee kam Jung also nicht auf dem Wege wissenschaftlicher Arbeit, sondern durch die Selbstdeutung seiner okkult inspirierten kindlichen Handlung aus den Jahren 1885-1886.

Als Jung 1920 in England war, schnitzte er zwei ähnliche Figuren, diesmal aus einem dünnen Ast. Sein «Unbewußtes», bzw. seine Nr. 2, «nannte die Figur Atmavictu — breath of Life». Sie sei eine «Weiterentwicklung jenes quasi sexuellen Gegenstandes aus der Kindheit», ein «Schaffensimpuls». Es war also sein «schöpferischer Dämon». Nach dem visuellen Erlebnis im etwa vierten Lebensjahr wurde er immer wieder getrieben, ihn materiell zu gestalten, zuletzt im Jahre 1950.

Durch seine beiden Geheimnisse war der Knabe «ständig auf der Suche nach etwas Geheimnisvollem». «Im Bewußtsein» war er «christlich-religiös», wenn auch immer mit dem Abstrich: «Aber es ist nicht so sicher!» oder mit der Frage: «Was ist mit dem, was unter dem Boden ist?» Jung fährt fort: «Und wenn mir religiöse Lehren eingeprägt wurden..., dann dachte ich bei mir: 'Ja, aber es gibt noch etwas sehr geheimes Anderes, und das wissen die Leute nicht'» (1,28-29). Solches überlegenes «Ja, aber» des jungen Esoterikers, der angeblich mehr wußte als die Erwachsenen, sollte ihn ab dem 12. Lebensjahr noch tiefer prägen.

3. Jungs sogenannte Gotteserfahrung infolge seiner Gotteslästerung (1887)

Das zwölfte Lebensjahr wurde für Jung «zum eigentlichen Schicksalsjahr». Zunächst produzierte er seine «Jugendneurose». Seine eher hysterischen Ohnmachtsanfälle waren eine Flucht vor der Schule und den Schulaufgaben. Jetzt, da er ein halbes Jahr der Schule fernblieb, konnte er frei und in der Natur sein und träumen. Der Kummer seiner Eltern wegen seiner «Krankheit» brachte ihn jedoch zur Besinnung. Er fing wieder an, konzentriert zu büffeln. Prompt kam ein Ohnmachtsanfall, dem Jung aber widerstand. Dies wiederholte sich noch zweimal, aber Jung blieb dabei, es abzuweisen. Danach war die «Neurose» überwunden.

> «Der ganze Zauber war weg. Daran habe ich gelernt, was eine Neurose ist... Die Neurose war auch wieder mein Geheimnis... Was mich auf den Abweg gebracht hatte, war meine Passion des Alleinseins, die Entzückung der Einsamkeit» (1,38).

Durch seinen Initialtraum bekam und behielt Jung zwar sein ganzes Leben eine ausgeprägte Abneigung gegen den biblischen Herrn Jesus Christus, aber seine alte Natur blieb religiös.

> «Während es mir immer unmöglicher wurde, ein positives Verhältnis zu dem 'hêr Jesus' zu finden, erinnere ich mich, daß vom elften Jahr an die Gottesidee anfing, mich zu interessieren» (1,33).

Auf seinem langen Schulweg nach Basel hatte der Zwölfjährige einmal ein «wichtiges Erlebnis». Plötzlich hatte er «das überwältigende Gefühl, soeben aus einem dichten Nebel herausgetreten zu sein, mit dem Bewußtsein, jetzt bin ich... Dieses Erlebnis schien mir ungeheuer bedeutsam und neu. Es war eine 'Autorität in mir'» (1,38-39). Dann fiel ihm jedoch bald wieder ein, daß er nicht nur Nr. 2, eine «Autorität», sondern auch Nr. 1, der Schuljunge war. Über eine Identitätsfindung und ein wachsendes Selbstbewußtsein hinaus hing Jungs Autoritätsgefühl mit seiner sich immer mehr durchsetzenden Person Nr. 2 zusammen. Wir erinnern uns, wie Jung auch die «unbewußte Persönlichkeit Nr. 2» seiner Mutter als eine «unantastbare Autorität» bezeichnete.

Danach begann Jungs «Phantasie» sich mit der «Einheit und Übermenschlichkeit Gottes» zu beschäftigen. Und dann, an einem strahlenden Sonnentag, überfiel den Schuljungen seine sogenannte *Gotteserfahrung*. Es war ein einschneidendes Erlebnis, das sein ganzes Leben und sein Gottesbild, sein Denken und sein Lebenswerk prägen würde.

«Die Welt ist schön, und die Kirche (das Münster) ist schön, und Gott hat alles geschaffen und sitzt darüber weit oben im blauen Himmel, auf einem goldenen Thron und — ... Hier kam für mich ein Loch und ein erstickendes Gefühl. Ich war wie gelähmt und wußte nur: Jetzt nicht weiterdenken! Es kommt etwas Furchtbares, das ich nicht denken will. Warum nicht? Weil du die größte Sünde begehen würdest. Die größte Sünde ist die wider den Heiligen Geist, die wird nicht vergeben. Wer sie begeht, ist auf ewig in die Hölle verdammt. Das wäre doch für meine Eltern zu traurig... Das kann ich meinen Eltern nicht antun... In der dritten Nacht wurde die Qual so groß, daß ich nicht mehr wußte, was tun... Ich fühlte, daß die Widerstandskräfte nachließen... Ich muß denken... Warum soll ich das denken, was ich nicht weiß? Ich will es bei Gott nicht, das steht fest. Aber wer will es? Wer will mich zwingen, etwas zu denken, das ich nicht weiß und nicht will? Woher kommt dieser furchtbare Wille? Und warum sollte gerade ich ihm unterworfen sein?... Das habe ich nicht gemacht und nicht gewollt. Es ist an mich herangekommen wie ein böser Traum. Woher kommen solche Dinge? Es ist mir passiert ohne mein Zutun. Wieso? Ich habe mich doch nicht selber geschaffen?» (1,42ff.).

Und dann fährt Jung fort, zu philosophieren und zu phantasieren, anstatt den Zwangsgedanken abzuweisen oder Hilfe zu suchen. Er fragt sich, wie es möglich war, daß Adam und Eva, die doch in Vollkommenheit geschaffen wurden, dennoch sündigten.

«Und damit kam der entscheidende Gedanke: Adam und Eva... sind von Gott direkt und absichtlich so geschaffen worden, wie sie waren. Sie hatten keine Wahl, sondern mußten so sein, wie sie Gott geschaffen hatte. Sie waren vollkommene Geschöpfe Gottes... und doch haben sie die erste Sünde begangen, weil sie taten, was Gott nicht wollte. Wieso war das möglich? Sie hätten es gar nicht tun können, wenn Gott die Möglichkeit nicht in sie gelegt hätte. Das geht ja auch hervor aus der Schlange, die Gott schon vor ihnen geschaffen hatte, offenbar zu dem Zwecke, daß sie Adam und Eva überreden sollte. Gott in seiner Allwissenheit hat alles so angeordnet, daß die ersten Eltern die Sünde begehen mußten. *Es war also die Absicht Gottes, daß sie sündigen mußten*» (1,44).

Jung erschrak nicht bei diesem Gedanken, der Gott für den Sündenfall des Menschen verantwortlich macht. Im Gegenteil.

«Dieser Gedanke befreite mich auf der Stelle von meiner ärgsten Qual, denn ich wußte nun, daß Gott selber mich in diesen Zustand gebracht hatte... Ich dachte nicht mehr ans Beten um Erleuchtung, denn Gott hatte mich ohne meinen Willen in diese Situation gebracht und mich ohne Beistand darin gelassen. Ich war sicher, daß ich nach Seiner Meinung selber und allein den Ausweg suchen mußte... Ich war dessen sicher, daß Er der Urheber dieser verzweifelten Schwierigkeit war. Merkwürdigerweise dachte ich nicht einen Moment, daß mir der Teufel einen Streich spielen könnte... So stand es für mich außer Frage, daß es Gott war, der eine entscheidende Probe an mir anstellte, und daß alles darauf ankam, Ihn richtig zu verstehen. Ich wußte zwar, daß mein schließliches Nachgeben erzwungen würde; es sollte aber nicht erfolgen ohne mein Verstehen, denn es ging um mein ewiges Seelenheil: 'Gott weiß, daß ich nicht mehr lange widerstehen kann und hilft mir auch nicht, obwohl ich im Begriff stehe, zu der Sünde, die nicht vergeben wird, gezwungen zu werden. Vermöge Seiner Allmacht könnte er leicht diesen Zwang von mir wegnehmen. Er tut es aber nicht... könnte es sein, daß Gott sehen möchte, ob ich imstande sei, Seinem Willen zu gehorchen, obwohl mich mein Glaube und meine Einsicht mit Hölle und Verdammnis schrecken? Das könnte es wahrhaftig sein! '...Ich kam wieder zum selben Schluß. 'Gott will offenbar meinen Mut', dachte ich. 'Wenn dem so ist und ich tue es, dann wird Er mir Seine Gnade und Erleuchtung geben!'. Ich faßte allen Mut zusammen... und ließ den Gedanken kommen...» (1,44-45).

Nachdem der zwölfjährige Knabe bewußt dem Zwang zu gotteslästerlichen Gedanken nachgab, folgte ein dämonisch imitiertes Gnadenerlebnis. Jung schreibt darüber:

«Ich spürte eine ungeheure Erleichterung und eine unbeschreibliche Erlösung. Anstelle der erwarteten Verdammnis war Gnade über mich gekommen und damit eine unaussprechliche Seligkeit, die ich nie gekannt hatte. Ich weinte vor Glück und Dankbarkeit, daß sich mir Weisheit und Güte Gottes enthüllt hatten, nachdem ich Seiner unerbittlichen Strenge erlegen war. Das gab mir das Gefühl, eine Erleuchtung erlebt zu haben... Gott hat auch Adam und Eva so geschaffen, daß sie denken mußten, was sie nicht denken wollten. Er tat das, um zu wissen, daß sie gehorsam sind. So kann Er auch von mir etwas verlangen, das ich aus religiöser Tradition heraus ablehnen möchte. Aber der Gehorsam ist es gewesen, der mir die Gnade gebracht hat, und seit jenem Erlebnis wußte ich, was göttliche Gnade ist... Es war ein furchtbares Geheimnis, das ich erlebt hatte» (1,45-46).

4. Einige verhängnisvolle Folgen

Dieses dämonisch gesteuerte religiöse Erlebnis hatte solch tiefgreifende Folgen für Jungs Leben und Werk, daß wir einen Augenblick dabei verweilen wollen. Jungs sogenanntes Gnadenerlebnis steht in krassem Widerspruch zum biblischen Zeugnis: Jesus Christus allein, aus Gnade allein, durch Glauben allein und Gottes Wort allein.

Aufgrund seines Erlebnisses meinte und bezeugte Jung fortan, man könne — im Gegensatz zur «kirchlichen Theologie» — *unmittelbar* Gott und seine Gnade erleben. Es ist jedoch ausgeschlossen, daß Gott sich unmittelbar, d.h. «jenseits» von Jesus Christus, dem Mittler, einem Menschen offenbart und ihn begnadigt.

Dann will Jung *durch eigene Leistung* «Gottes Gnade» erlebt haben:

«Der Gehorsam ist es gewesen, der mir die Gnade gebracht hat.»
«... Gott will, daß ich sogar das Unrecht tue, das Verfluchte denke, um (..) seine Gnade zu erleben» (1,48).

Eigene Werke und Gottes Gnade in Jesus Christus schließen sich jedoch völlig aus, noch abgesehen davon, daß Gott nie zur Sünde versucht.

Weiter bezeugt sich Gott nur dem Glaubenden. Jung dagegen will vom biblischen Glauben nichts wissen. Ihm genügt *esoterisches Wissen* aufgrund jener «Gotteserfahrung». In einem BBC-Fernsehinterview (Nov. 1959) fragte ihn John Freeman, ob er an Gott glaube. Jung antwor-

tete: «Ich brauche nicht an Gott zu glauben, ich weiß.»
Auf seine Kindheit zurückblickend schreibt er:

> «Mit der 'Theologischen Religion' konnte ich nichts anfangen; denn
> (..) sie entsprach nicht meinem Gotteserlebnis. Ohne Hoffnung auf
> Wissen forderte sie auf zu glauben» (1,99).

Hier macht Jung fälschlicherweise einen Gegensatz zwischen
Glauben und Wissen in bezug auf Gott und seine Gnade.
Voran steht die Offenbarung Gottes in seinem Wort. Ein
Christ glaubt und weiß aufgrund des Wortes Gottes. Ein
unmittelbares, esoterisches Wissen «jenseits» von Gottes
Wort, das uns die Gnade Gottes in Jesus Christus offen-
bart, und «jenseits» vom biblischen Glauben, ist der Bibel
fremd.

Ein esoterisches Wissen aufgrund einer außerbiblischen
Erfahrung führt zu einem falschen Gottesbild. Gerade Jung
ist ein schlagender Beweis dafür. Eine Reaktion auf jenes
Fernsehinterview beantwortete er in einem Brief vom
5.12.1959 wie folgt:

> «Wohlbemerkt sagte ich nicht: 'Es gibt einen Gott'. Ich sagte: 'Ich
> brauche nicht an Gott zu glauben, *ich weiß*'. Das bedeutet nicht:
> Ich weiß von einem bestimmten Gott (Zeus, Jahwe, Allah, dem tri-
> nitarischen Gott etc.), sondern: ich weiß, daß ich offenbar mit ei-
> ner an sich unbekannten Größe konfrontiert worden bin, die ich
> in consensu omnium 'Gott' nenne. Ich gedenke Seiner, rufe Ihn
> an, wann immer ich mich Seines Namens bediene, in Zorn oder
> in Angst, und wann immer ich unwillkürlich sage: 'O Gott'. Es ist
> das Wort, mit dem ich alles benenne, was meinen vorsätzlich ge-
> planten Weg gewaltsam und rücksichtslos durchkreuzt, alles, was
> meine subjektiven Anschauungen, Pläne und Absichten umstürzt
> und meinen Lebenslauf auf Gedeih und Verderben in eine andere
> Richtung drängt... ich weiß von einem Gott jenseits von Gut und
> Böse, der in mir wohnt wie überall» (9,III,276-277).

Jung pflegte von der «Gotteswelt» zu reden, zu der auch
seine «Urerfahrung», die Einweihung in das Reich des Dunkeln, gehöre! Jung weiter:

«Der Ausdruck 'Gotteswelt', der für gewisse Ohren sentimentalisch klingt, hatte für mich keineswegs diesen Charakter. Zur 'Gotteswelt' gehört alles übermenschliche, blendendes Licht, Finsternis des Abgrunds, die kalte Apathie des Grenzenlosen in Zeit und Raum und das unheimlich Groteske der irrationalen Zufallswelt. 'Gott' war für mich alles, nur nicht erbaulich» (1, 77).

Die paranormale «Gotteserfahrung» besorgte Jung nicht nur ein verschwommenes, sondern auch ein dualistisches Gottesbild. «Gott» habe nicht nur eine «Lichtseite», sondern auch eine «dunkle Seite» mit «dunklen Taten», wie z.B. dem Zwang zur Gotteslästerung. Er sei somit nicht *«summum bonum»*. Denn: «Warum ist Seine Welt, Sein Geschöpf dann so verdorben?» Gott selber habe die «Absicht» gehabt, daß Adam und Eva sündigten.

«Wer ist an dieser Sünde schuld? Letzten Endes ist es Gott, der die Welt und ihre Sünde geschaffen hat und der in Christus das menschliche Schicksal erleiden muß» (1,220).

Gott ist — nach Jung — nicht nur die Ursache des Bösen, der Sünde, sondern auch des Leidens:

«Warum (haderte mein Vater) nicht mit Gott, dem dunklen auctor rerum creatarum, dem Einzigen, der wirklich für das Leiden der Welt verantwortlich ist?» (1,98).

Aufgrund seiner «Gotteserfahrung», wobei ihm die Gotteslästerung «aufgedrängt» und er dazu «mit großer Grausamkeit gezwungen» wurde, glaubte Jung weiter, Gott sei etwas Zwingendes. Der biblische Gott, der Liebe ist, zwingt jedoch keinen, schon gar nicht zur Sünde. Jungs Zwangsdenken kam aus anti-göttlicher Quelle.

Wenn es schon fragwürdig ist, ob man Gott «erleben» kann, so reduzierte Jung darüber hinaus Gott praktisch zu einer Erfahrung:

«Damals wurde mir klar, daß Gott, für mich wenigstens, eine der allersichersten Erfahrungen war» (1,67).

Außerdem wird noch ein weitreichender Irrtum Jungs im Zusammenhang mit seinem «Gnadenerlebnis» offenbar.

Die biblische Reihenfolge lautet: Gottes Wort — Glaube — Erfahrung. Demgegenüber folgte Jung dem sich stets wiederholenden falschen Muster: (subjektive, paranormale) *Erfahrung* — sein *Glaube* daran — seine *Theorie* daraus. Schon als Jüngling behauptete Jung:

> «Als die Erzsünde des (biblischen) Glaubens erschien mir die Tatsache, daß er der Erfahrung vorgriff» (1,99).

Seine subjektiven und z.T. okkulten Erfahrungen waren Jung zeitlebens Autorität und Norm. Leider war er seinen persönlichen Erfahrungen gegenüber nie kritisch. Auch legte er sie niemandem zur Prüfung vor, aus Angst, seine geliebten Geheimnisse durch Kritik zu verlieren. Sogar mit seiner Mutter wagte er nicht, z.B. über seine «Urerfahrung» zu reden, denn

> «Ich wußte, daß sie meine 'Offenbarung' mit Entsetzen abgewiesen hätte. Einer solchen Verletzung wollte ich mich nicht aussetzen» (1,24).

Das ist wohl der eigentliche Grund seiner «großen Leistung», daß er «der Versuchung widerstand, mit jemandem davon zu sprechen» (1,47) — wie Jung im nachhinein sein ängstliches Schweigen über seine ihn prägenden Geheimnisse interpretierte. Diese Flucht vor der Wahrheit war ebenfalls der wahre Hintergrund seiner ständigen Suche nach «historischer Präfiguration», d.h. nach Bestätigung, seiner paranormalen Erfahrungen, und seiner einseitigen Literaturwahl.

Verhängnisvollerweise prüfte Jung weder damals noch später seine paranormale «Gotteserfahrung» an Gottes Wort, das doch die einzige und höchste Autorität ist. Vor allem auf seinen persönlichen Erfahrungen baute er seine religiösen und psychologischen Theorien auf. Wie aber kann aus Erfahrungen aus falscher Quelle eine biblische Vorstellung von Gott oder auch eine richtige Psychologie bzw. Psychotherapie entstehen?

Schließlich folgerte Jung aus seinem «Gnadenerlebnis», Gott habe «seine Kirche zerstört» und sei «in ihr nicht mehr gegenwärtig». Denn ihre Theologie lehrt nicht die unmittelbare Verbindung mit Gott, nicht das Wissen um Gott «jenseits» vom Glauben und nicht die Überordnung der Erfahrung über den Glauben bzw. über Gottes Wort.

> «Jetzt verstand ich zutiefst mein Erlebnis. Gott selber hatte in meinem Traum die Theologie und die darauf gegründete Kirche desavouiert» (1,98).

Parallel dazu empfand Jung, durch seine Gotteslästerung eine besondere *Erleuchtung* erhalten zu haben:

> «Das gab mir das Gefühl, eine Erleuchtung erlebt zu haben» (1,45).

Außerdem fühlte er sich *besonders* erwählt:

> «Ich habe das Erlebnis auch als meine Minderwertigkeit empfunden. Ich bin..., dachte ich, irgend etwas Verworfenes. Aber dann begann ich im Geheimen die Bibel meines Vaters zu erforschen. Mit einer gewissen Genugtuung las ich im Evangelium... und fand, daß gerade die Verworfenen die Auserwählten seien» (1,46).
> «Es ist mir nie gelungen, auch nur eine Spur davon bei anderen aufzufinden. So bekam ich das Gefühl, ausgestoßen oder auserwählt zu sein» (1,47).

Das Empfinden, zu Großem auserwählt zu sein, das er mit 12 Jahren infolge seiner Gotteslästerung zum ersten Male erlebte, brachte Jung später auch in «Septem Sermones» (13) zum Ausdruck. Darin zitierte er den spekulativen Mystiker Meister Eckehard, jedoch nur teilweise. Der Zitatschluß bei Jung lautet:

> «... auch heute erfährt man selten, daß die Menschen es zu großen Dingen bringen, ohne daß sie zuerst fehlgetreten wären.»

Daß Jung hier abbricht, ist bedenklich. Im Zusammenhang mit dem Zitatanfang, daß Gottes Geduld und Vergebung groß sind, heißt es aber weiter bei Eckehard: «Damit beabsichtigt unser Herr, daß wir seine große Barmherzigkeit erkennen und will uns so zu großer und wahrer Demut und Andacht ermahnen.»

Jungs Verhältnis zu Gottes Wort

«Meine ganze Jugend kann unter dem Begriff des Geheimnisses verstanden werden», schreibt Jung (1,47). Nicht nur Jungs Kindheit, sondern sein ganzes Leben und Werk wurde von den obengenannten drei wichtigsten «Geheimnissen» geprägt. Sie immunisierten ihn gegen Gottes Wort. Sowohl Gottes Wort selbst als auch die Verkündigung und die Verkündiger des Wortes Gottes beurteilte Jung seinem «Gnadenerlebnis» gemäß. Diese Zwangserfahrung war sein höchster Maßstab für alles und alle. Sie führte darum zu einem Überlegenheitsgefühl allen Christen gegenüber, die solches «Gnadenerlebnis» nicht nachweisen konnten.

Da zu seiner näheren Verwandtschaft acht Pfarrer zählten, hörte Jung viele Predigten und theologische Gespräche. Aber:

«Dabei hatte ich immer das Gefühl: 'Ja, ja, das ist ganz schön. Aber wie verhält es sich mit dem Geheimnis? Es ist ja auch das Geheimnis der Gnade. Ihr wißt nichts davon. Ihr wißt nicht, daß Gott will, daß ich sogar das Unrecht tue, das Verfluchte denke, um seine Gnade zu erleben'. Alles, was die anderen sagten, traf daneben» (1,47-48).

Hier begegnet uns wiederum Jungs «Ja, aber» aufgrund seiner esoterischen Erfahrung und Erkenntnis.

Zum Leidwesen Jungs handelten die theologischen Gespräche ausschließlich über

«… die biblischen Berichte, die mir wegen der zahlreichen und wenig glaubhaften Wundererzählungen ausgesprochen unbehaglich waren» (1,78).

Auch Jungs Vater und dessen Verkündigung konnten Jungs Prüfung nach dem Maßstab seines Pseudo-Gnadenerlebnisses nicht bestehen. Dies gab ihm das Überlegenheitsgefühl,

«eine Erleuchtung erlebt zu haben. Vieles wurde mir klar. Ich hatte erfahren, was mein Vater nicht begriffen hatte — den Willen Gottes… Darum hatte er auch nie das Wunder der Gnade erlebt, die alles heilt und alles verständlich macht. Er hatte sich die Gebote der Bibel zur Richtschnur genommen, er glaubte an Gott, so wie es in der Bibel steht... Aber er kannte nicht den lebendigen unmittelbaren Gott, der allmächtig und frei über Bibel und Kirche steht, den Menschen zu seiner Freiheit aufruft und ihn zwingen kann, auf seine eigenen Ansichten und Überzeugungen zu verzichten, um Seine Forderung unbedingt zu erfüllen. Gott läßt sich in Seiner Erprobung des menschlichen Mutes nicht beeinflussen durch Traditionen, und wären sie noch so heilig...» (1,46).

Wichtig ist es, Jungs Aussage festzuhalten, daß sein Vater die Bibel zur Richtschnur nahm und glaubte, wie die Schrift sagt. Das mag das Gegenteil von einer «toten Orthodoxie» gewesen sein, wie in manchen Büchern über Jung dem Vater in die Schuhe geschoben wird. Er entsprach nur nicht Jungs Forderung eines von Jesus Christus losgelösten «Gnadenerlebnisses» aufgrund einer Sünde.

«Damals kamen auch profunde Zweifel an allem, was mein Vater sagte. Wenn ich ihn über die Gnade predigen hörte, dachte ich immer an mein Erlebnis» (1,48).

Der von der Finsternis betrogene Jung berichtet weiter:

«Ich wurde immer skeptischer, und die Predigten meines Vaters und anderer Pfarrer wurden mir peinlich. Alle Menschen meiner Umgebung schienen... gedankenlos alle Widersprüche zu schlucken. Gott hat die Menschen so geschaffen, daß sie sündigen mußten, und trotzdem verbietet Er die Sünde und bestraft sie sogar mit ewiger Verdammnis in der Feuerhölle... Es wurde mir zunehmend fragwürdiger und unheimlicher, wenn der 'liebe Gott', die Liebe Gottes zum Menschen und die des Menschen zu Gott in den gefühlvollen Predigten meines Vaters angepriesen und anempfohlen wurden...» (1,52).

Begreiflicherweise wurde ihm die Kirche zur Qual — nicht, weil er hingehen mußte. Sein Vater hatte ihn nie dazu gezwungen. Es war wegen der bibelbezogenen Verkündigung von Gott, von Gottes Willen, von Gottes Liebe und Gnade in Jesus Christus und vom Glauben. Der Heranwachsende war eben «sicher», daß der Weg des biblischen Glaubens «der verkehrte Weg» sei, um zu Gott zu gelangen, «wußte» er es doch «aus Erfahrung» (1,51).

Durch eine religiös getarnte Erfahrung und Erleuchtung gelang es dem Feind Gottes, in Jung schon im 12. Lebensjahr ein Überlegenheitsgefühl und eine *kritische* Einstellung Gottes Wort gegenüber zu bewirken. Hat Gott wirklich gesagt: «Du sollst den Namen des Herrn, deines Gottes, nicht mißbrauchen»? (2. Mose 20,7). Hatte Jung im Zustand der «Unwissenheit» *vor* seiner sogenannten Gotteserfahrung aufgrund der Bibel noch gewußt, daß Gotteslästerung eine Sünde ist, so fühlte er sich nun «erleuchtet» und sei durch «Bewußtseinserweiterung» zur «höheren Erkenntnis» gelangt, nämlich, daß Gotteslästerung gar keine Sünde, sondern «Gottes Wille» für ihn gewesen sei. Wäre es nicht «Ungehorsam», also eine Sünde, gewesen, hätte er Gott nicht gelästert? So wurde die objektive Offenbarung des Willens Gottes in seinem Wort dem subjektiv und sogenannt «unmittelbar» erfahrenen Willen Gottes untergeordnet.

«Keineswegs» werde «der Herr den nicht ungestraft lassen, der seinen Namen mißbraucht», so schien es. Im Gegenteil, Jungs Gotteslästerung wurde mit einem Gefühl einer «unbeschreiblichen Erlösung» und «unaussprechlichen Seligkeit» belohnt. Heißt das nicht, daß die Sünde gerade notwendig gewesen sei, um zur Gnade Gottes und zur höheren Erkenntnis zu gelangen? Jung schrieb in einem Brief (1958):

> «Es scheint sogar, als bestünde eine geheime Verbindung zwischen Sünde und Gnade, so als ob jede Sünde auch den Aspekt der felix culpa trüge» (9,II,215).

Diese Vorstellung einer *felix culpa*, d.h. einer gesegneten und gnadenbringenden Sünde, ist nicht neu. Der Begriff stammt vom Kirchenvater Augustin. Neu ist Jungs psychologische Variante. So wurde Jungs «Gnadenerlebnis» durch die damit verbundene positive Bewertung der Sünde zu einer inneren Vorbereitung auf die Idee der «Rolle des Bösen in der Erlösung der Menschen» in Goethes «Faust», die ihn drei Jahre später so faszinierte. Beides bahnte den Weg für Jungs spätere Orientierung am taoistischen Gegensatzprinzip Yang (gut) — Yin (böse), in dem das Böse ein integrierter, weil notwendiger Teil des Tao oder der «Ganzheit» ist. In Jungs Psychologie und Psychotherapie sollte «das Böse» noch eine entscheidende Rolle spielen.

Jungs «Gnadenerlebnis» und seine Folgerung daraus, daß seine Sünde «Gottes Wille» und notwendig gewesen war, würden die Sühnung der Sünde vor Gott, die Erlösung *von* dem Bösen und die Gnade Gottes durch das Kreuzopfer Jesu überflüssig machen. Anscheinend würden sie Selbsterlösung durch Bejahung und Integration des Bösen ermöglichen. Sie würden sowohl den Glauben an den Erlöser Jesus Christus als auch das Gericht Gottes über die Abweisung dieses Erlösers bedeutungslos machen. Jenes «Gnadenerlebnis» immunisierte Jung dann auch gegen biblische Sündenerkenntnis und gegen ein aufrichtiges, konkretes Sündenbekenntnis. Denn da seine Sünde der Gotteslästerung «Gottes Wille» und «Gottes Weg» für sein «Gnadenerlebnis» gewesen sei, brauche er sie ja auch nicht als Sünde gegen Gott zu erkennen und zu bekennen. Bezeichnenderweise sprach Jung nicht von Sünde, sondern vom «Bösen» oder «Schatten».

Die «Erleuchtung» des Zwölfjährigen hatte unbewußt noch eine Fernwirkung. Wenn nun «Gott frei über der Bibel steht», könne auch er für seine Psychologie auf Gottes Wort verzichten, es durch sie kritisieren, ergänzen oder gar ersetzen. So bahnte jene «Gotteserfahrung» den Weg sowohl für ein autonomes, von Gottes Wort losgelöstes, eigenmächtiges, spekulatives Denken und Deuten — auch im Blick auf die Bibel — als auch für eine paranormale Inspiration.

Sein Leben lang betrachtete Jung «die Aussagen der Heiligen Schrift als Äußerungen des Menschen, d.h. als Formulierung archetypischer Inhalte» (10,110). Da die Archetypen sich «mythisch» ausdrücken, enthalte die Bibel Mythen. Deshalb wandte Jung sich «gegen die Eliminierung des 'mythischen' Elementes in den Evangelienberichten» (10,115), also gegen die theologische «Entmythologisierung», die damit die «Sprache der Archetypen» eliminiere.

Jungs Verhältnis zu Jesus Christus und zum Abendmahl
Leider ist es dem Feind Gottes gelungen, Jung seit etwa dem 4. Lebensjahr gegen Jesus Christus zu immunisieren. Acht Jahre später überkam ihn die sog. Erfahrung der Gnade Gottes ohne den Erlöser und Mittler Jesus Christus. Jener Kindertraum und dieses «Gnadenerlebnis» bedeuteten deshalb auch eine innere Blockade für den Konfirmandenunterricht seines Vaters. Jung berichtet:

> «Mein Vater erteilte mir persönlich Konfirmandenunterricht, der mich maßlos langweilte. Einmal blätterte ich im Katechismus, um etwas anderes zu finden, als die mir sentimental klingenden und im übrigen unverständlichen und uninteressanten Ausführungen über den 'hêr Jesus'...» (1,58).
> «Die Geschichte mit dem 'hêr Jesus' war mir immer verdächtig vorgekommen, und ich habe sie nie wirklich geglaubt» (1,67).

Aus Jungs Einstellung zu Jesus Christus und zu Gottes Wort ist zu begreifen, daß er von der Bedeutung des Abendmahls nichts verstand. Vom Abendmahl erwartete er das gleiche Erlebnis der «Gnade» und «Erleuchtung», wie er es nach seiner Gotteslästerung hatte. Als das nicht geschah, folgerte er fälschlicherweise daraus, Gott sei bei der Abendmahlsfeier «abwesend». Wozu sollte er dann noch dabei anwesend bleiben?

Das erste und gleichzeitig letzte Abendmahl, an dem Jung teilnahm, war das seiner Konfirmation, als er 15 Jahre alt war. Christusfremd und erlebnisorientiert wie er war, berichtet er darüber:

«Ich hatte nichts von 'communio' bemerkt, nichts von Vereinigung oder Einswerden. Einswerden mit wem? Mit Jesus? Er war doch ein Mensch..., der vor 1860 Jahren gestorben war. Warum sollte man mit ihm einswerden? Er wird 'Gottessohn' genannt, war also anscheinend ein Halbgott, wie die griechischen Heroen — wie kann dann ein gewöhnlicher Mensch mit ihm einswerden? Man nennt das 'christliche Religion', aber das hat alles mit Gott, wie ich ihn erfahren hatte, nichts zu tun...
Es wurde mir langsam klar, daß das Abendmahl für mich ein fatales Erlebnis gewesen war. Es war leer ausgegangen, mehr noch, es war Verlust. Ich wußte, daß ich nie mehr an dieser Zeremonie teilnehmen konnte. Für mich war sie keine Religion und eine Abwesenheit Gottes...
Meine Einigkeit mit der Kirche und mit der menschlichen Umwelt, wie ich sie kannte, zerbrach mir. Ich hatte, wie mir schien, die größte Niederlage meines Lebens erlitten... ich konnte am allgemeinen Glauben nicht mehr teilhaben, sondern fand mich verwickelt in ein Unaussprechbares, in 'mein Geheimnis', das ich mit niemandem teilen konnte. Es war schrecklich und — das war das schlimmste — vulgär und lächerlich, ein teuflisches Gelächter... Das Versagen des Abendmahls? War es mein Versagen? Ich hatte mich mit allem Ernst vorbereitet und hoffte auf ein Erlebnis der Gnade und Erleuchtung, aber es war nichts geschehen. Gott blieb abwesend. Um Gottes Willen fand ich mich von der Kirche und dem Glauben meines Vaters und aller anderen getrennt, insofern sie die christliche Religion vertreten. Ich war aus der Kirche herausgefallen...» (1,60-62).

Begreiflicherweise kommt es dann bald zum Bruch mit seinem Vater als Diener des Wortes Gottes und mit der Kirche. Während Jung sich daraufhin immer mehr der Philosophie zuwendet, heißt es im Blick auf seinen Vater:

«In die Jahre 1892-1894 fiel eine Reihe heftiger Diskussionen mit meinem Vater... Es erschien mir fast unvorstellbar, daß er die Gottesoffenbarung, die evidenteste aller Erfahrungen, nicht besitzen sollte... Vielleicht hätte ich es verraten können, wenn er imstande gewesen wäre, die unmittelbare Erfahrung Gottes zu begreifen. Aber ich kam in meinen Gesprächen mit ihm nie so weit...
Diese furchtbaren Diskussionen verärgerten ihn und mich, und wir zogen uns schließlich davon zurück. Die Theologie hatte meinen Vater und mich entfremdet... Ich war erschüttert und empört zugleich, weil ich sah, wie hoffnungslos er der Kirche und ihrem theologischen Denken verfallen war. Sie hatte ihn treulos verlassen, nachdem sie ihm alle Möglichkeiten, unmittelbar (..) zu Gott zu-

gelangen, verrammelt hatte. Jetzt verstand ich zutiefst mein Erlebnis: Gott selber... hatte die Theologie und die darauf gegründete Kirche desavouiert» (1,97-98).

Die Spannungen mit dem Vater betrafen jedoch «nur» das Thema Gottes Wort, Gottes Gnade in Jesus Christus und den biblischen Glauben. 1952 schrieb Jung in einem Brief:

«Nun hatte ich allerdings ein gutes Verhältnis zu meinem Vater, also keinen 'Vaterkomplex' der gewöhnlichen Sorte. Ich liebte allerdings die Theologie nicht» (9,II,278).

Dementsprechend ist seine Einschätzung und Beschreibung des Vaters als Christ und Pfarrer immer negativ: z.B. eine «tragische Gestalt» mit «Gewissensnöten» und «Glaubenszweifeln», ja mit «Verzweiflung» bis zum «religiösen Zusammenbruch». Besonders seit seinem dämonischen «Gnadenerlebnis» ist Jung kein neutraler, zuverlässiger Beobachter und Berichterstatter in bezug auf seinen Vater!

In Zusammenhang mit dem Abschnitt aus dem genannten Brief wie auch an anderer Stelle gibt Jung dagegen einen persönlichen «Mutterkomplex» zu, und zwar in Verbindung mit seiner positiven Einstellung zur «Religion», d.h. zum Metaphysischen. Das, was ihn mit der Mutter so sehr verband, war die Person Nr. 2, die «okkulte Wellenlänge».

«Nr. 2 meiner Mutter war mir die stärkste Stütze in dem anbahnenden Konflikt zwischen der väterlichen Tradition und den seltsamen, kompensatorischen Gebilden, zu deren Erschaffung mein Unbewußtes angeregt wurde» (1,96).

Bedauerlicherweise werden Jungs gefärbte Äußerungen über seinen Vater als Pfarrer in der säkular-psychologischen Betrachtungsweise meistens ohne weiteres geglaubt und wird das christliche Milieu Jungs zum Sündenbock gemacht. Jungs Entfremdung von seinem Vater, von der Kirche und vom Christentum ist jedoch unzertrennlich mit seinen Jugendgeheimnissen, mit seinen paranormalen «inneren» Erlebnissen verbunden. Die Selbstentfremdung durch den inneren Zwiespalt und durch die okkulten Erfahrungen ist Ursache und nicht Folge (2) der Umweltentfremdung.

Jungs Rückblick auf seine Studentenzeit zeigt, daß er seine Einstellung zu Jesus Christus auch später nicht geändert hat.

> «Auch die Theologiestudenten, mit denen ich im Zofinger Verein diskutierte, schienen sich alle mit der Idee des historischen Effektes, der vom Christusleben ausgegangen war, zu begnügen. Diese Anschauung kam mir nicht nur schwachsinnig, sondern auch tot vor. Ich konnte mich auch nicht mit der Ansicht befreunden, die Christus in den Vordergrund rückte und ihn zur allein entscheidenden Figur im Drama von Gott und Menschen machte... der 'hêr Jesus' war mir unzweifelhaft ein Mensch und daher zweifelhaft resp. ein bloßes Sprachrohr des Hl. Geistes» (1,105).

Obwohl Jung schon als junger Mensch dem Christentum bewußt den Rücken kehrte, konnte er seinen christlichen Hintergrund nie loswerden. Immer wieder fühlte er sich gedrängt, in seinen psychologischen Werken etwas über Gott und Jesus Christus wie auch über Religion — zu der er fälschlicherweise auch das Christentum rechnete — auszusagen.

Es ist ein Mißverständnis zu meinen, Jung wäre ein Christ. Zwar bezeichnete Jung sich selbst als Christ, als «Protestanten des linken Flügels». Wer jedoch Jesus Christus nie als Gott anerkennt und Ihn nie in Umkehr und Glauben als seinen Heiland und Herrn aufgenommen hat, ist kein Christ im biblischen Sinne (Joh. 3,36). Und «Wer den Sohn (Gottes) leugnet, hat auch (Gott) den Vater nicht» (1. Joh. 3,23).

5. Jung und die atheistische Philosophie

Jung war erst 15 Jahre alt, als er sich vom Christentum emanzipierte. Der Jüngling meinte, in der christlichen Dogmatik keine ihm wohlgefällige Antwort auf die Frage nach

Gott als dem «summum bonum» und nach dem Ursprung des Bösen und des Leidens gefunden zu haben. Gerade als er in der darauffolgenden Zeit «nach der Wahrheit» suchte, geschah es,

> «daß meine Mutter, nämlich ihre Persönlichkeit Nr. 2 plötzlich ohne weitere Präambeln zu mir sagte: 'Du mußt einmal den Faust von Goethe lesen'... und ich suchte den Faust heraus. Es strömte wie ein Wunderbalsam in meine Seele. Endlich ein Mensch, dachte ich, der den Teufel ernst nimmt und sogar einen Blutpakt abschließt mit dem Widersacher...
> Endlich hatte ich die Bestätigung gefunden, daß es doch Menschen gab oder gegeben hatte, welche das Böse und dessen weltumspannende Macht sahen und noch mehr, nämlich die geheimnisvolle Rolle, welche es in der Erlösung der Menschen aus Dunkelheit und Leiden spielt. Insoweit wurde mir Goethe zum Propheten...» (1,65-66).

Außerdem fühlte sich Jung in Goethes Faust «erkannt», denn in der Zweiteilung Faust — Mephisto fand er seinen inneren Zwiespalt beschrieben.

> «Faust hat in mir eine Saite zum Erklingen gebracht und mich in einer Art und Weise getroffen, die ich nicht anders als persönlich verstehen konnte. Es war vor allem das Problem der Gegensätze von Gut und Böse, von Geist und Stoff, von Hell und Dunkel, das mich aufs tiefste berührte... Meine inneren Gegensätze erschienen hier dramatisiert. Goethe hat gewissermaßen eine Grundzeichnung und ein Schema meiner eigenen Konflikte und Lösungen gegeben. Die Zweiteilung Faust — Mephisto zog sich mir in einem einzigen Menschen zusammen, und das war ich. Mit anderen Worten, ich war betroffen und fühlte mich erkannt, und da es mein Schicksal war, so betrafen auch alle Peripetien des Dramas mich selber» (1,238-239).

Es war dem Fünfzehnjährigen eine Hilfe, seine Nr. 2 mit Faust identifizieren zu können.

> «Nr. 1 sah meine Persönlichkeit als einen wenig sympathischen und mäßig begabten jungen Mann mit ehrgeizigen Ansprüchen, unkontrolliertem Temperament und zweifelhaften Manieren, bald naiv begeistert, bald kindisch enttäuscht, im innersten Wesen als weltabgewandten Finsterling... Nr. 2 dagegen fühlte sich in heimlicher Übereinstimmung mit dem Mittelalter, personifiziert in Faust...,

von dem offenbar Goethe aufs stärkste angerührt war. Also auch ihm — das war mein großer Trost — war Nr. 2 eine Wirklichkeit. Faust — das ahnte ich mit einigem Schrecken — bedeutete mir mehr als mein geliebtes Johannesevangelium. In ihm lebte etwas, das ich unmittelbar nachfühlen konnte. Der johanneische Christus war mir fremd, aber noch fremder war der synoptische Heilbringer. Faust dagegen war ein lebendiges Äquivalent von Nr. 2, welches mich davon überzeugte, daß er die Antwort darstellte, die Goethe auf die Frage seiner Zeit gegeben hatte» (1,91-92).

Über «Faust» gelangte der Gymnasiast in den Sog der säkularen Philosophie, die das Vakuum ausfüllen sollte, das durch den Bruch mit dem Christentum entstanden war.

«Bei meiner Lektüre hatte ich entdeckt, daß Faust eine Art Philosoph gewesen war... Vielleicht, dachte ich, gab es Philosophen, die über meine Fragen nachgedacht hatten und mir Licht aufstecken könnten... So las ich eine kleine Einführung in die Geschichte der Philosophie und gewann dadurch einen gewissen Überblick über all das, was schon gedacht worden war. Ich fand zu meiner Genugtuung, daß viele meiner Eingebungen ihre historischen Verwandten hatten... Erst in Meister Eckhart fühlte ich den Hauch des Lebens, ohne daß ich ihn ganz verstanden hätte...» (1,66.73-74).

«Der große Fund» seiner Nachforschungen war ihm der pessimistische, am Hinduismus und Buddhismus orientierte und am Okkultismus interessierte Philosoph *Arthur Schopenhauer*, ein Schützling Goethes. Dessen düsteres Gemälde von der Welt fand den ungeteilten Beifall des jungen Menschen, jedoch nicht dessen Problemlösung.

«Hier war endlich einer, der den Mut hatte zur Einsicht, daß es mit dem Weltengrund nicht zum Besten stand... Er sagte deutlich, daß dem leidensvollen Ablauf der Menschheitsgeschichte und der Grausamkeit der Natur ein Fehler zugrunde lag, nämlich die Blindheit des weltschaffenden Willens... Es war mir sicher, daß er mit seinem 'Willen' eigentlich Gott, den Schöpfer, meinte und diesen als 'blind' bezeichnete. Da ich aus Erfahrung wußte, daß Gott durch keine Blasphemie gekränkt wurde, sondern sie im Gegenteil sogar fordern konnte, um nicht nur die helle und positive Seite des Menschen, sondern auch dessen Dunkelheit und Widergöttlichkeit zu haben, so verursachte mir Schopenhauers Auffassung keine Beschwerden. Ich hielt sie für ein durch die Tatsachen gerechtfertigtes Urteil» (1,74-75).

Über Schopenhauer landete Jung bei *Kant.* Dessen Erkenntnistheorie bedeutete ihm «eine womöglich noch größere Erleuchtung» als Schopenhauers pessimistisches Weltbild. Er bedauerte es, daß er in seiner Studentenzeit «nur an Sonntagen» Kant studieren konnte. Auch las er «eifrigst» *Eduard von Hartmann.* In seinem Buch «Die Philosophie des Unbewußten» (1869) nahm von Hartmann an, der Urgrund allen Seins sei ein gewaltiger unbewußter Wille, der aus einer ungeheuerlichen Irrationalität heraus handle. Daraus sei sein eigener Feind, ein großer «Oktopus» hervorgegangen. Auf diese Hypothese des Phantasten von Hartmann baute Jahre später Freud, der nicht der Erfinder der Idee eines «Unbewußten» war, seine Persönlichkeitstheorie auf. Schon vor Freuds Traumdeutung (1900) war Jung also mit der Annahme eines Unbewußten bekannt gewesen. Übrigens war auch von Hartmann, der ein Buch über Spiritismus schrieb, dem Okkultismus gegenüber sehr aufgeschlossen.

In seiner Studentenzeit las Jung «Also sprach Zarathustra» von *Nietzsche,* das ihm «wie Goethes Faust ein stärkeres Erlebnis» war. Nietzsches «Unzeitgemäße Betrachtungen» (1873-1886) im Zeichen von Schopenhauers Willensmetaphysik waren es, die Jung «die Augen öffneten». In einem Brief schrieb er später:

> «Alles in allem war Nietzsche für mich der einzige Mensch jener Zeit, der mir einige adäquate Antworten auf gewisse, damals mehr gefühlte als gedachte, dringende Fragen erteilte» (9,III,371).

Friedrich Nietzsche, der 1869-1879 als Professor der klassischen Philologie in Basel lehrte, wo Jung seine Jugend verbrachte, hatte großen Einfluß auf die moderne Philosophie. Er betonte das Irrationale. Jung, der wie Nietzsche aus einer Pfarrfamilie stammte, hatte außerdem mit ihm sowohl eine starke Abneigung Jesus Christus gegenüber als auch eine okkulte Inspiration gemeinsam, die beiden «keine freie Wahl» ließ. Im genannten Brief schrieb Jung: «Ich kann mich dem Eindruck seiner echten Inspiration («Ergriffenheit») nicht entziehen.»

Das Studium der atheistischen Philosophie erstreckte sich vom 17. Lebensjahr bis weit in die Jahre seines Medizinstudiums hinein.

Seit dem Bruch mit dem Christentum und der darauffolgenden Beschäftigung mit den Ideen solcher Philosophen, «hob sich langsam die Wolke» von Jungs «Dilemma», d.h. das seiner inneren Zerrissenheit durch die Spannung zwischen seiner Nr. 1 und Nr. 2.

Kapitel 3

Das Werden einer Psychologie

Es war Jung nicht leicht, herauszufinden, was er werden wollte. Die Naturwissenschaft würde das Bedürfnis seiner Nr. 1, die geisteswissenschaftlichen Disziplinen dagegen dasjenige seiner Nr. 2 befriedigen. So wurde er hin- und hergerissen. Aus dem ständigen Zusammenprall der Nr. 1 mit Nr. 2 entstand damals die erste sogenannte systematische Phantasie seines Lebens. Dabei wurde ihm wieder ein «Geheimnis» zuteil, das nur er wußte. Daraufhin baute der Gymnasiast mehr als zwei Jahre in seiner Freizeit Burgen. Trotz der zunehmenden naturwissenschaftlichen Interessen kehrte er immer wieder von Zeit zu Zeit zu seinen philosophischen Büchern zurück.

Mitten in der Zeit, als sich seine Nr. 1 und Nr. 2 um die Entscheidung über die Berufswahl stritten, hatte Jung zwei *Träume*, die ihn «mit Übermacht für die Naturwissenschaft bestimmten». Jener zweite Traum wird als Jungs «erster bedeutsamer Mandalatraum» angesehen, weil es sich dabei um den Inhalt eines kreisförmigen Weihers handelte. Ein dritter Traum, der ihm «eine große Erleuchtung» war, kam noch dazu. Nun wußte er, daß seine Nr. 1 der «Lichtträger» war, dem seine Nr. 2 im Lichte des Bewußtseins «wie ein Schatten» vorerst zu folgen habe. Er empfand, daß sein Weltbild dabei «eine Drehung um 90 Grad» machte. Denn nun mußte er sich vorerst mit seiner Nr. 1, mit der Außenwelt, beschäftigen und seine Nr. 2, die «Innenwelt» mit ihrer «höheren Intelligenz», hinter sich lassen, jedoch nicht verleugnen. Es war ihm, als sei ein Schnitt zwischen seiner Nr. 1 und Nr. 2 geschehen. Dieser «Schnitt» war jedoch nur relativ, denn auch in den nächsten 13 Jah-

ren blieb seine Nr. 2 ein «Faktor im Hintergrund», sogar
ein entscheidender!

Bis dahin war Jung eher *passiv* in den Machtbereich der
Finsternis hineingeraten. Eine Folge und ein Kennzeichen
okkulter Belastung können sein, daß ein abnormaler Hang
zu okkulter Literatur und sogar zu okkulter Praxis auftritt.
So war es auch bei Jung, der sich gleich nach dem Abitur
nunmehr selbst *aktiv* mit Okkultismus, vor allem Spiritismus, beschäftigte. Da der theoretische und praktische Spiritismus die geistige Wurzel der Jungschen Psychologie ist,
lassen wir den Werdegang der analytischen Psychologie mit
Jungs Studentenzeit und nicht erst mit seiner psychiatrischen Tätigkeit beginnen.

1. Studienjahre in Basel (1895-1900)

Vom Sommersemester 1895 bis zum Wintersemester 1900
studierte Jung Medizin an der Universität Basel, wo einst
sein Großvater Prof. Dr. med. Carl Gustav Jung lehrte.
Jung schloß sich dem Studentenverein «Zofingia» an, wo
er nach Herzenslust an Vorträgen und Diskussionen teilnahm. Auch sonst beteiligte er sich am Studentenleben.

Vom 1. Juni bis Ende Juli 1895 fanden auf Initiative und
unter der Leitung des kaum 20jährigen Jung die ersten drei
spiritistischen Experimente statt, und zwar mit Erlaubnis
seiner Mutter, im Pfarrhaus Kleinhüningen. Die Tischrun-
de bestand damals aus seiner Mutter, seiner Kusine Helly,
ihrer Schwester Luggy und einer Freundin der Helly. Bei
dieser Gelegenheit wurde die erst 13 1/2jährige *Helly* zum
Medium Jungs, der ihren Geistführer, «Großvater Preiswerk», befragte. Die spiritistischen Séancen wurden sorg-
fältig vor den Eltern der Mädchen wie auch vor Jungs Vater
geheimgehalten.

Einige Tage nach dem ersten spiritistischen Experiment

sagte das Medium den beiden anderen jungen Teilnehmerinnen:

> «Meine guten Geister haben mich von Kind auf vorbereitet, meiner Familie, euch allen als Medium zu dienen und euch Nachrichten vom Großvater zu geben. Carl möchte die Seele und das Jenseits erforschen. Ich bin dazu ausersehen, ihm dabei zu helfen. Das ist meine Bestimmung, die mich glücklich macht» (6,55).

Zuvor hatte Hellys Kontrollgeist gesagt:

> «Fürchtet euch nicht! Seht, ich bin bei euch alle Tage, euer Vater Samuel, der bei Gott wohnt. Betet zu ihm, dem Herrn, und bittet ihn darum, daß mein liebes Enkelkind sein Ziel erreicht» (6,54).

Ob dabei vor allem das Fernziel gemeint ist, nämlich die Verschleierung der spiritistischen Wurzel der Psychologie Jungs mit einem wissenschaftlichen Gewand?

Das erste Semester war äußerlich noch sorglos. Doch dann wurde im Spätherbst Pfarrer Jung krank. Anfang Januar 1896 starb er, als Jung erst im zweiten Semester war. Etwa sechs Wochen nach seinem Tode «erschien der Vater ihm» im Traum. Das wiederholte sich nach einigen Tagen. Es war Jung ein unvergeßliches Erlebnis. Es brachte ihn zum ersten Male dazu, über das Leben nach dem Tode nachzudenken.

Einmal sagte die Nr. 2 seiner Mutter zu Jung: «Er ist zur Zeit für dich gestorben» (1,101). Dieses «für dich» traf ihn sehr. Es schien ihm zu bedeuten: Der Vater «hätte dir hinderlich werden können». Mußte aus der Sicht der Finsternis der Vater, der den Spiritismus ablehnte, sterben, damit sein Sohn sich «ungehindert» mit dem Spiritismus beschäftigen konnte? Nachdem das «Hindernis», Pfarrer Paul Jung, der ein Diener Gottes und des Wortes Gottes war, aus dem Wege war, ergriff jedenfalls die Finsternis ihre Gelegenheit, den künftigen Psychiater Carl Gustav Jung immer mehr in ihren Bann zu ziehen, damit dessen «psychologische» Theorien vor allem auf okkulter Inspiration, okkulter Erfahrung und okkulter Literatur statt auf Gottes Wort und Wissenschaft gegründet würden.

Witwe Emilie Jung-Preiswerk mußte im Frühjahr 1896 mit ihrem zwanzigjährigen Sohn Carl Gustav und ihrem elfjährigen Töchterchen Trudi das Pfarrhaus in Kleinhüningen für den Nachfolger ihres Mannes räumen. Sie fand bei ihren Verwandten in Binningen bei Basel Unterkunft. Die Wohnung, die Bottmingermühle, galt als Spukhaus. «Das spürt man gut. Darin ist viel Unheimliches geschehen», empfand Helly. Um die Geister zu vertreiben, versteckte sie überall im Haus mit Bannsprüchen versehene Zettel, die von ihr selbst geschrieben waren. Jung entdeckte sie zufällig und fragte Helly nach dem Zweck.

Einige Onkel rieten, Jung solle sein Studium abbrechen und eine Arbeit suchen, um die Mutter und Schwester unterstützen zu können. Er war darüber sehr erbost:

> «Denn ich will Gelehrter werden. Ich will es ihnen zeigen und beweisen! Sie werden alle staunen, wenn ich später ein berühmter Professor geworden bin!» (6,63).

Ein Onkel gewährte ihm dann ein zinsloses Darlehen, so daß Jung sein Studium fortsetzen konnte. Keiner konnte die Folgenschwere ahnen.

Obwohl sein Medizinstudium in die Zeit des «wissenschaftlichen Materialismus» fiel, beschäftigte sich Jung auch intensiv mit parapsychologischer, vor allem spiritistischer Literatur. Weil Spiritismus zu allen Zeiten und an den verschiedenen Orten der Erde vorkommt, so müsse es doch einen Grund dafür geben. Es müsse mit dem «objektiven Verhalten der menschlichen Psyche zusammenhängen», so philosophierte er. Darum schien ihm eine umfassende Kenntnis der Seele unumgänglich, die er jedoch in seiner medizinischen Ausbildung vermißte. Über die «objektive Natur der Seele» konnte er bis dahin nur erfahren, was die Philosophen sagten. Und das genügte ihm nicht.

Am Ende des 2. Semesters entdeckte Jung beim Vater eines Studienfreundes ein Büchlein über die Anfänge des modernen Spiritismus. Es war von einem Theologen verfaßt. Über die darin beschriebenen spiritistischen Phänomene schrieb Jung:

> «So seltsam und zweifelhaft sie mir auch vorkamen, waren die Beobachtungen der Spiritisten für mich doch die ersten Berichte über objektive psychische Phänomene... Ich las sozusagen die ganze mir damals erreichbare Literatur über Spiritismus... Ich selber fand solche Möglichkeiten überaus interessant und anziehend. Sie verschönerten mein Dasein um ein Vielfaches. Die Welt gewann an Tiefe und Hintergrund. Sollten z.B. die Träume auch mit Geistern zu tun haben? Kants «Träume eines Geistersehers» (Swedenborg) kam mir wie gerufen» (1,106).

Es ist jedoch nicht so, daß Jung erst theoretisch, durch die Literatur, mit dem Spiritismus bekannt wurde. Er verschweigt, daß er ihn schon etwa ein Jahr zuvor aus eigener Erfahrung kennengelernt hatte.

Jung entdeckte die Werke des Schriftstellers, Spiritisten und Mitarbeiters in der Theosophischen Gesellschaft, *Carl du Prel*. Dieser hatte die Ideen Kants über die Träume Swedenborgs philosophisch und psychologisch ausgearbeitet. Beim weiteren Suchen nach Kenntnis der sog. objektiven Natur der menschlichen Psyche beeindruckten Jung die Bücher des Physikers, Astronomen und Spiritisten, *Johann K.F. Zöllner* und ebenso die Literatur des englischen Physikers und Chemikers *William Crookes,* der sowohl Spiritist als auch Mitglied der Theosophischen Gesellschaft war und mit vielen Medien experimentierte. Dann stürzte sich Jung auf die Werke des Schriftstellers und Spiritisten Dr. med. *A.J. Kerner* und auf alle 7 Bände des Hellsehers und Theosophen *Emanuel Swedenborg*. Auch die Werke des Arztes *Joh. Carl Passavant* und die von *Eschmayer* und *J. von Görres* «grub» er «aus». «Schließlich besaß er eine ganze Bibliothek solcher Bücher und lieh sie aus» (6,86).

Die Nr. 2 seiner Mutter war «sehr einverstanden» mit seiner Begeisterung für den Spiritismus. Sein Freund _Albert Oeri_ schreibt über ihn:

> «Ihn empörte, ... daß die damalige ... Wissenschaft die okkulten Phänomene einfach leugnete, statt sie zu erforschen... So wurden Spiritisten wie Zöllner und Crookes, von deren Lehren er einem stundenlang erzählen konnte... zu heroischen Märtyrern» (14,527f.).

Im November 1896 schenkte Jung seiner Kusine zum 15. Geburtstag das damals vielgelesene Buch «_Die Seherin von Prevorst_» des genannten Spiritisten Justinus Kerner, was er in seiner Dissertation verschweigt. Die darin geschilderte Visionärin Friederike Hauffe war von Kerner, der selbst als Junge von einem Hypnotiseur von einer Nervenkrankheit geheilt worden sei, heilmagnetisch behandelt worden.

Nach dem Essen fiel Helly, das Geburtstagskind, plötzlich in Trance, redete mit der Baßstimme ihres Großvaters Preiswerk und von sich selbst in der dritten Person (6,68).

Neben Schule und Konfirmandenunterricht beschäftigte sich Helly während jenes Winters 1896-1897 intensiv mit Kerners Buch. «Die religiöse Besessenheit und die Leiden der Seherin hatten deutlich auf sie abgefärbt und sie betrug sich so würdevoll wie ihr Vorbild» (6,72).

Wenn Helly in ihren Träumen von Stern zu Stern durchs Weltall flog, beschrieb sie die Bilder aus dem populärwissenschaftlichen Buch über Astronomie des an Okkultismus interessierten Astronomen _C. Flammarion_. Sie hatte es im Sommer verschlungen.

Im Herbst 1897 fragte Jung bei den Mädchen an, ob sie wieder Lust hätten, mit ihm spiritistische Experimente durchzuführen. «Mit Begeisterung» sagten sie zu (6,73). Seit dem letzten Spiritismus war ein Jahr vergangen. Helly und ihre Freundin waren nun konfirmiert. Helly meinte, daß das Verbot ihres Konfirmators, Onkel Samuel Gottlob, das er fürs Tischrücken gegeben hatte, nun nicht

mehr für sie gälte. «Von den anderen Séancen oder von
Hellys Weissagungen hatte er keine Ahnung» (6,74).

Wiederum war Jung der Initiant und Leiter der spiritistischen Sitzungen. Sie wurden jeden Samstag in der Bottmingermühle durchgeführt. Nach dem Auftrag des
«Großvaters», sein Werk für die Juden zu vollenden, gab
es ein «banales Zwischenspiel», wobei sich «weltliche» Geister an der Stelle des «frommen» Geistes namens Samuel
Preiswerk meldeten. Danach aber trat die «schneeweiße Seele» der «I..» an, die der «Großvater» Helly verliehen habe. Jung bezeichnete diesen Geistführer des Mediums als
dessen «somnambules Ich» (8,45).

Analog der Seherin von Prevorst versuchte Helly
«schwarze Geister... zu belehren und zu bessern» (8,45) —
etwa 19 Jahre später «belehrte» Jung selbst Geister (13).
Er sah in der «Seherin von Prevorst» ein «historisches Vorbild» des Geistführers «I..», der jedoch «keine Kopie der
Seherin» sei (8,49). Dennoch scheinen sich die Dämonen
zum Teil den vorgeformten Vorstellungen von Helly und
Jung angepaßt und genau das getan zu haben, was sie aus
Kerners Buch und aus dem «Flammarion» kannten, bzw.
was Jung hören wollte. Dieser gesteht auch, daß er «mit
seinen Kusinen über Kants ’Mystische Naturwissenschaft’
sprach, über die ’Naturgeschichte des Himmels’, über ...
Magnetismus und Hypnose... Alle lauschten aufmerksam,
wenn er daraufhin die Trancezustände des Mediums ana-
lysierte» (6,76). Bewußt oder unbewußt registrierte Helly
solche Erläuterungen und Deutungen Jungs, dem sie
«schwärmerisch ergeben» war.

Jungs Kusinen dachten irrtümlicherweise, «sie dürften
wichtigen Ereignissen beiwohnen, die der Erforschung der
menschlichen Psyche dienten» (6,77).

Eines Tages im Sommer 1898, als Jung in seinem Zimmer studierte, geschahen im Nebenzimmer, wo seine Mut-

ter am Stricken war, paranormale Ereignisse. Plötzlich und
mit einem lauten Knall war die Tischplatte des runden Eß-
tisches, den sie fürs Tischrücken verwendet hatten, in der
Mitte durchgerissen. Etwa 10 Tage später war das Brot-
messer aus Stahl, das sich im Buffet befand und wie der
Eßtisch aus dem Nachlaß des Großvaters Preiswerk stammte, in vier Teile gesprungen. Jung hat es aufbewahrt. Die
Nr. 2 seiner Mutter sagte mantisch: «Ja, ja, das bedeutet
etwas.» Sie meinte: «Das bedeutet, daß uns mein Vater wieder Botschaften zusenden möchte. Er fordert uns auf, die
seit langem unterbrochenen Séancen wieder aufzunehmen»
(6,80). Auch Jung dachte sofort an einen Zusammenhang
mit dem Medium Helly. Er erwähnt in seiner Autobiographie nicht, daß diesmal die Séancen auf Wunsch seiner Mutter abgehalten wurden. Er verschweigt seinen Spiritismus
der vergangenen 3 Jahre in seinen «Erinnerungen» und er-
weckt den Eindruck, als ob er erst jetzt vom Verwandten-
spiritismus «gehört» und sich erst jetzt daran beteiligt hätte
(1,113). Es fanden «ergiebige Sitzungen» mit Helly als Medium im Spätsommer und Herbst statt.

> «Ich begann nun, mit ihr und mit anderen Interessenten regelmä-
> ßig jeden Samstagabend (spiritistische) Sitzungen abzuhalten. Die
> Resultate waren Mitteilungen und Klopflaute in den Wänden und
> im Tisch», so berichtet Jung (1,113).

Mit seinen Kusinen führte er wieder philosophische Gespräche. Zu dieser Zeit beschäftigte sich Jung mit Nietzsche.
Doch dann wurde er in zwei Séancen vom «Großvater»
durch Hellys Mund vor der Irrlehre Nietzsches gewarnt.
«Ihr Einfühlungsvermögen und ihr geradezu intellektuell
zu nennendes Verständnis gegenüber C.G. Jungs damaligen Problemen ist unglaublich» (6,82). Oder war es vielmehr das «Einfühlungsvermögen» der Dämonen, die durch
sie redeten?

Hellys Geistführer «I..» trat als «Stammutter» zahlreicher historischer Personen auf, in die sie sich «inkarnierte» — bis hin zur Geliebten Goethes, als «Mutter des unehelich geborenen Großvaters Jungs». Wie sich die Dämonen Jungs ehrgeizigen Wunschträumen anzupassen wußten! In seiner Dissertation jedoch deutete Jung, der dann von Freud beeinflußt war, «das ganze Wesen» dieser «I..» als einen «unerfüllten sexuellen Wunschtraum des Mediums» (6,95).

Jung scheint einigen seiner Studienfreunde von der «phänomenalen Begabung» seines Mediums erzählt und sie eingeladen zu haben, an seinen spiritistischen Séancen teilzunehmen. «Endlich gelang es ihm, zwei seiner etwas zögernden Kollegen dafür zu interessieren und an einem Samstag mitzubringen» (6,86). Als ihre mediale Begabung in Gegenwart dieser neugierigen, aber skeptischen Freunde nicht wirkte, versuchte Helly, paranormale Phänomene selbst zu produzieren. Jung, der sie «beim Betrug ertappte», unterbrach daraufhin seinen Spiritismus für längere Zeit (8,57). Er erkannte aber nicht, daß er die ganzen Jahre von Dämonen betrogen worden war. Er glaubte ihren Äußerungen und nahm sie als «Geisterbotschaft» an.

> «Ich wandte meine ganze Aufmerksamkeit dem Inhalt der Mitteilungen zu. Die Resultate dieser Beobachtungen habe ich in meiner Dissertation dargestellt» (1,113).

Im Herbst 1899 fand der letzte Verwandtenspiritismus statt. Da Hellys Freundin nach Südfrankreich fuhr und somit nicht mehr an den Séancen teilnehmen konnte, die Jung aufs neue veranstaltete, wollte Helly kein Medium sein. Die Séancen mit seiner Schwester Trudi, die daraufhin Jungs Medium wurde, waren nicht so «interessant» und «aufregend» wie die mit Helly. Darum brach Jung sie ab.

Ende August bat Dini, der zum dritten Male ein Kind vor oder nach der Geburt starb, ihre Schwester Helly dringend, sie möge mit «Großvater Samuel» sprechen und alle Geister beschwören. Sie glaubte, ihre Schwiegermutter

habe ihre Kinder umgebracht. Jung war darüber nicht im
Bilde. Nun war es Helly, die, um Dini zu helfen, ihn um
Séancen bat. Ihre Freundin war zu jener Zeit wieder im
Lande. Als Hellys Geistführer «Großvater Samuel» offen-
barte, Dinis Schwiegermutter sei die Hexe, war Jung er-
staunt. Seine Gedanken erratend sagte der Kontrollgeist
«I..» sofort: «Warum glaubst du deinem Großvater nicht?»
(6,89). Es ist ein Beispiel dafür, wie Dämonen mit ihren
Botschaften jeden gesunden Zweifel oder jede berechtigte
Kritik im Keim ersticken wollen und können.

Den Höhepunkt der dämonischen Manifestationen bildete ein *Mandala,* das das Medium Jung diktierte. Helly
bezeichnete es als «eine Offenbarung der Geister über die
Kräfte der Welt und des Jenseits».

Zum Leidwesen von Jung, den Hellys sogenannte Nr.
2 faszinierte, nahmen die dämonischen Kundgebungen bald
ab, und zwar, wie Jung schreibt, «nach» dem von ihnen
inspirierten und von Helly diktierten Mandala. Die Wahrheit jedoch ist, daß Hellys Mutter Celestine Verdacht
schöpfte. Sie sah mit Besorgnis, wie ihre 17jährige Tochter meistens abgespannt und krank nach dem samstägli-
chen Besuch bei Familie Jung nach Hause kam. Als sie
Helly fragte, was sie bei Tante Emilie tue, kam sie dem
dortigen Spiritismus auf die Spur. Begreiflicherweise war
sie entsetzt. «Das ist lauter Blendwerk», sagte sie. Die ir-
regeführte Helly aber meinte: «Carl betreibt ernsthaft Studien über die menschliche Seele. Ich darf ihm dabei helfen,
weil ich soviele Träume habe und weil mich der Großvater
oft besucht... Es war mein eigener Wunsch, ihm als Ver-
mittlerin zu dienen» (6,91).

Als Mutter Celestine Frau Jung und ihren Sohn ohne
Ergebnis zur Rede gestellt hatte, beschwerte sie sich bei
Jungs Vormund, Pfarrer Samuel Gottlob. Daraufhin setzte
dieser jenem Spiritismus abrupt ein Ende. Das Ausmaß des

Spiritismus jener Jahre lernte er jedoch erst kennen, als er Jungs Dissertation (1902) las. Jungs Zurückführung des Abbruchs seines Spiritismus auf «Betrug des Mediums» stimmt also nicht mit der Wahrheit überein.

Das gleiche gilt von seiner negativen Beschreibung der letzten Monate seines damaligen Mediums, das 1911 an Tuberkulose starb. Ob ein Zusammenhang mit Hellys baldiger distanzierter Einstellung Jung gegenüber besteht? Anfang 1900 antwortete sie nämlich ihrer Freundin in bezug auf Jung: «Er ist mir absolut gleichgültig geworden. Ich will weder von ihm noch von meinen Geistern irgend etwas wissen. Ich fühle mich wie erlöst und denke nie an das, was uns damals so wichtig war. Ich träume nicht mehr» (6,95).

Bald nach jenem plötzlichen Ende seines Spiritismus legte Jung sein Staatsexamen ab. Als er sich auf die Prüfung in Psychiatrie vorbereitete, las er das Lehrbuch der Psychiatrie von R. von Krafft-Ebing. Es faszinierte ihn zunehmend. Schon bei der Vorrede wurde ihm «durch eine blitzartige Erleuchtung klar», daß es für ihn «kein anderes Ziel geben konnte als Psychiater. Hier war endlich der Ort, wo der Zusammenstoß von Natur und Geist zum Ereignis wurde» (1,115-116). Der «Zusammenstoß der Gegensätze Natur und Geist» sollte — wie ihre «Vereinigung» — das Thema der Jungschen Psychologie werden.

Eine Bewertung

1. Der langjährige Spiritismus in seiner Studentenzeit wurde der Beginn von Jungs lebenslänglicher Beschäftigung mit dem Okkultismus in Theorie und Praxis. In bezug auf Jungs Psychologie gilt: Am Anfang ... der Spiritismus.

«Die Keimzelle analytischer Psychologie Jungs ist in seinen Versuchen mit seiner jungen, medial begabten Kusine Helene Preiswerk zu suchen» (15).

Jungs Karriere fing nicht mit wissenschaftlicher Empirie an:

> «Die wissenschaftliche Karriere Jungs begann mit spiritistischen Sitzungen» (16).

Jungs Dissertation, die den Keim seiner späteren Theorien über das sogenannte kollektive Unbewußte enthält, beruht nicht auf objektiver wissenschaftlicher Forschung, sondern auf von ihm selbst geleitetem Spiritismus. Spiritistische bzw. dämonische Erfahrungen haben mit wissenschaftlicher Empirie nicht das geringste zu tun. Darüber hinaus hat Gott den Spiritismus in seinem Wort verboten. Deswegen kann und darf der Spiritismus nie eine Erkenntnisquelle sein. Jung dagegen schreibt im Schlußwort seiner Dissertation:

> «Den Anstoß zu dieser Arbeit gab mir die Überzeugung, daß auf diesem Gebiet (des Spiritismus, d.V.) eine reiche Ernte für die Erfahrungswissenschaft reift».

Nach der atheistischen Philosophie wurde nun der *Okkultismus* im weiten Sinne eine entscheidende Erkenntnisquelle Jungs für seine Psychologie. Er setzte sich über Gottes Verbot hinweg. So war er blind für die Tatsache, daß hinter dem Okkultismus Lügenmächte stehen, die jeden Menschen, der ihnen glaubt, irreführen und beherrschen wollen.

2. Jungs Irrtum war ein vierfacher:
a) Zunächst nahm er an, daß die menschliche Psyche *objektiver* Natur und somit neutral, wahr sei. Darum sei ihr Verhalten «objektiv». Die Seele und das Verhalten des gefallenen Menschen stehen jedoch unter dem Gesetz der Sünde. Es ist die alte Natur, die beide regieren will; außerdem ist sie Anknüpfungspunkt für Beeinflussung und Steuerung durch Finsternismächte. Jungs Ansatz der «objektiven Natur» der «unbewußten Seele» ist weder wissenschaftlich noch biblisch. Er hatte aber entscheidende Folgen für die Entwicklung seiner Psychologie.

b) Dann schrieb Jung *okkulte* (spiritistische) Phänomene und Gaben der menschlichen Psyche zu und bezeichnete sie als «objektiv psychisch», so auch die sog. Persönlichkeit Nr. 2. Im Zusammenhang mit seinem Spiritismus schreibt er:

> «Dies war nun alles in allem eine große Erfahrung, welche meine ganz frühe Philosophie aufhob und mir einen psychologischen (..) Standpunkt ermöglichte» (1,114).

Der Bibel nach gehört dagegen die Dämonie, das Gebiet der gefallenen Engel, nicht zur Psychologie des Menschen. Jungs «psychologischer Standpunkt» bzw. sein Psychologismus, seine Zurückführung der Dämonie auf die Psychologie des Menschen, ist eine der größten Gefahren und Verführungen der analytischen Psychologie und Psychotherapie.

Jung ließ die Frage offen, ob die Stimme durch sein Medium mit der seines verstorbenen Großvaters identisch sei, oder ob es sich um eine «psychische Projektion» handle. Jedoch weder die eine noch die andere Vermutung ist richtig. Insofern nicht menschlicher Betrug im Spiel ist, sind es im Spiritismus Dämonen, die sich in die Gestalt eines Verstorbenen verlarven und sich der Stimme des Mediums bedienen.

c) Weiter glaubte Jung irrtümlicherweise, der *Spiritismus* könne etwas «Objektives», etwas «Wahres» über die Beschaffenheit der menschlichen Seele lehren: «Ich hatte etwas Objektives über die menschliche Seele erfahren» (1,114).

Jung war von der Persönlichkeit Nr. 2 seines Mediums, die er auch bei seiner Mutter und bei sich selbst beobachtet hatte, in den Bann gezogen. Er lernte den Kontrast zwischen ihrer gewöhnlichen Persönlichkeit Nr. 1 und der «Autonomie» und «Autorität» ihrer Persönlichkeit Nr. 2 kennen. Außerdem war ihre Nr. 2 im medialen Zustand

Dinge zu tun imstande, zu denen ihre Nr. 1 im Wachzustand nicht in der Lage gewesen wäre. Er habe am Beispiel der Helly «gelernt, wie eine Nr. 2 entsteht, wie sie in ein kindliches Bewußtsein eintritt und es diese schließlich in sich integriert» (1,114). Am Medium «lernte» Jung weiter, daß das (kollektive) Unbewußte, dem er später die Nr. 2 zuordnete, weit mehr enthalte als aus dem Bewußtsein verdrängtes Material, wie Freud annahm. Nun sei das Rätsel der Persönlichkeit Nr. 2 gelöst, so glaubte Jung.

Nie jedoch kann der Spiritismus etwas «Objektives», etwas «Wahres» über die Seele des von Gott geschaffenen, aber in Sünde gefallenen Menschen oder über eine okkulte Begabung wie die «Nr. 2» enthüllen. Das kann nur Gottes Wort, das allein absolute Autorität und Wahrheit ist.

d) Schließlich «wußte» Jung «aus seiner philosophischen Lektüre», daß *alle Erkenntnis psychisch* ist, weil sie «der Psyche zugrunde liegt». Demnach sei auch «Erkenntnis» aufgrund dämonischer Aussagen, z.B. im Spiritismus, und durch dämonische Inspiration eine «psychische» anstatt einer paranormalen, esoterischen «Erkenntnis» aus dem Reich der Finsternis. Diese letztere hat mit Erkenntnis aufgrund wissenschaftlicher Forschungs- und Denkarbeit nichts zu tun.

Alle diese Irrtümer haben sich verhängnisvoll auf seine Psychologie ausgewirkt. Auch durch ihre spiritistische Wurzel wurde sie dazu bestimmt, Dämonisches *psychologisch* zu interpretieren und pseudowissenschaftlich zu legitimieren und zu integrieren.

2. Klinisch-psychiatrische Tätigkeit und Lehrtätigkeit (1900-1913)

Vom 10.12.1900 bis 1905 war Jung, der erfahrene Spiritist, Assistent an der kantonalen Psychiatrischen Klinik

Burghölzli in Zürich. Sein Chef war Prof. Dr. med. *Eugen Bleuler,* der schon vor Jung zu ergründen suchte, was in den Geisteskranken vorgeht, «statt ihre Wahnvorstellungen als ein körperliches Leiden zu betrachten. Bleuler war damit außerordentlich erfolgreich» (10,41). Er erkannte, daß psychische «Krankheit im Grunde eine Frage des eigenen *Willens* des Patienten oder dessen Fehlen ist... Auch auf dem Gebiet der Beschäftigungstherapie war Bleuler ein Pionier» (10,43). Jung hatte also in dieser Hinsicht Prof. Bleuler viel zu verdanken, erwähnt ihn in seiner Autobiographie jedoch nicht.

Der Umzug von Basel nach Zürich bedeutete für Jung eine schmerzliche Trennung von der Mutter und Schwester. Andererseits fühlte er, daß er in Zürich sich selbst sein konnte. In Basel galt er immer als Sohn des Pfarrers Dr. Paul Jung und Enkel des Großvaters Prof. Dr. med. Carl Gustav Jung. 1904 siedelten aber auch die Mutter und Schwester nach Zürich über.

Zürich bedeutete in persönlicher und beruflicher Hinsicht auch ein intensives, konsequentes und zielbewußtes Fortschreiten auf dem in Basel eingeschlagenen Weg des Okkultismus, und zwar in seinen verschiedenen Variationen.

Aber zunächst lernte Jung in Zürich die *Psychoanalyse Freuds* kennen. Prof. Bleuler, der als Schüler seines Vorgängers A.H. Forel die Psychoanalyse in die Schweiz importiert hatte, bat den 25jährigen Jung schon Ende 1900, über die gerade erschienene *«Traumdeutung»* Freuds ein Referat zu halten.

In seine Assistentenzeit fiel auch die genannte Dissertation, die Jung auf Antrag und durch Förderung seines Chefs, Prof. E. Bleuler, 1902 schrieb. Sie enthält Jungs Sicht seines Spiritismus der vergangenen Jahre. Seine Kusine Helly nennt er darin «S.W.». Jungs Beschreibung von ihr und von den gemeinsamen Großeltern mütterlicherseits ist darin anders, negativer als die in seiner Autobiographie.

In der Dissertation mußte nun der jahrelange Spiritismus in «wissenschaftlicher Distanz» und «wissenschaftlich» formuliert und «psychologisch», d.h. in Freuds Begriff der «hysterischen Identifizierung», interpretiert werden. In Wirklichkeit aber war Jung kein objektiver, wissenschaftlicher Beobachter — falls das beim Spiritismus je möglich ist —, sondern ein faszinierter Betroffener, der beim Medium seine eigene Problematik der inneren Gespaltenheit wiedererkannte. In seiner Dissertation nahm Jung zum ersten Male Bezug auf Freud.

Es war auch Prof. E. Bleuler, der Jung freigab, um das Wintersemester 1902-1903 in Paris bei Prof. *Pierre Janet* theoretische Psychopathologie zu studieren. Janet war ein Schüler von Prof. J.M. Charcot, bei dem auch Freud (1885-1886) studiert hatte. Janets Einfluß reicht bis in Jungs spätere Theorie der psychologischen Typen.

In Jungs Pariser Zeit erschien das Buch «L'étude expérimentale de l'intelligence« (1903) von *Alfred Binet.* Dieser französische Psychologe behandelt darin gründlich die typologischen Leitbegriffe der «introspection» und «externospection». Achtzehn Jahre später sollte Jung die Begriffe «Introversion» und «Extraversion» prägen, die sich zufälligerweise mehr durchsetzten.

Sowohl theoretisch als auch praktisch stellte sich Jung ganz auf sein neues Tätigkeitsfeld in der psychiatrischen Klinik ein.

> «Im Vordergrund meines Interesses und meines Forschens stand die brennende Frage: Was geht in den Geisteskranken vor? ... unter meinen Kollegen befand sich niemand, der sich um dieses Problem gekümmert hätte» (1,121).

Hier übergeht Jung die wichtige Vorarbeit von Prof. E. Bleuler. Er fährt fort:

«Vom sogenannten klinischen Standpunkt aus, der damals vorherrschte, ging es den Ärzten nicht um den Geisteskranken als Menschen, als Individualität, sondern man hatte den Patienten Nr. X mit einer langen Liste von Diagnosen und Symptomen zu behandeln. Man 'etikettierte' ihn, stempelte ihn ab mit einer Diagnose, und damit war der Fall zum größten Teil erledigt. Die Psychologie des Geisteskranken spielte überhaupt keine Rolle. In dieser Situation wurde Freud wesentlich für mich, und zwar vor allem durch seine grundlegenden Untersuchungen über die Psychologie der Hysterie und des Traumes ... Freud brachte die psychologische Frage in die Psychiatrie...» (1,121).

Der «klinische Standpunkt» oder das «medizinische Modell» in der Psychiatrie ist die Annahme, daß «psychische» Probleme «Krankheiten» seien. Es war jedoch gerade Freud, der dieses «medizinische Modell» prägte und damit «psychische» Probleme medikalisierte. Der metaphorische Begriff «Krankheit», wie man auch von einer «kranken» Wirtschaft spricht, wurde zum wörtlichen.

Jung ahnte einen nicht-medizinischen, geheimen Sinn in den scheinbar sinnlosen psychiatrischen Phänomenen und suchte beharrlich nach ihm. Darum beschäftigte er sich eingehend mit der Vergangenheit der Geisteskranken, um ihre Lebensgeschichte kennenzulernen. So wollte er die «psychologischen» Hintergründe der Psychosen und vor allem der Wahnideen verstehen.

«In vielen psychiatrischen Fällen hat der Patient eine Geschichte, die nicht erzählt wird, und um die in der Regel niemand weiß. Für mich beginnt die eigentliche Therapie erst mit der Erforschung dieser persönlichen Geschichte. Sie ist das Geheimnis des Patienten, an dem er zerbrochen ist. Zugleich enthält sie den Schlüssel zu seiner Behandlung. Der Arzt muß nur wissen, wie er sie erfährt. Er muß Fragen stellen, die den ganzen Menschen treffen und nicht nur sein Symptom» (1,123-124).

Jungs diagnostische Verfahren

Bei der Suche nach dem «Geheimnis» — ein Grundbegriff in seinem eigenen Leben — benutzte Jung während der ersten Jahre seiner psychiatrischen Tätigkeit die aus dem Mesmerismus (Okkultismus) stammende sogenannte medizinische *Hypnose*. Einige negative Erfahrungen veranlaßten ihn aber, die Hypnose wieder aufzugeben.

Aus Paris zurückgekehrt, widmete sich Jung etwa 1903-1905 dem *Wortassoziationsexperiment*. Es stammte von Sr. Francis Galton, einem Vetter von Charles Darwin, und war vom deutschen Arzt und Philosophen Wilhelm Wundt bearbeitet worden, um verschiedene Arten von Intelligenz zu unterscheiden. Es wurde danach von anderen, darunter Jung, verfeinert. Die Versuchsperson bekam eine Liste mit bestimmten Reizwörtern, auf die sie spontan und möglichst schnell assoziativ zu reagieren hatte. Die Reaktionszeit, Reaktionsart und Antwort wurden dann psychologisch ausgewertet. Eine längere Reaktionszeit bedeute Verdrängung einer unangenehmen Assoziation.

Jung entwickelte Versuche mit einem *Galvanometer,* das an der Haut befestigt wurde, womit die Schwankungen des elektrischen Hautwiderstandes während des Experiments gemessen wurden. Das Galvanometer funktionierte wie eine Art Lügendetektor. Dieser Test mit seiner exakten Zeitmessung und statistischen Berechenbarkeit war damals der Psychologie «wissenschaftlicher» als eine willkürliche Deutung nebelhafter Träume, die aber gerade für Freud die «via regia» zum «Unbewußten» waren.

So wissenschaftlich war Jungs Technik jedoch nicht:

> «Aufgrund der gemessenen Hautpotential- und Widerstandsveränderungen Aussagen über den psychischen Zustand der betreffenden Person zu machen, ist fragwürdig, da eine Widerstandsveränderung bei verschiedenen Personen aus verschiedenen Gründen zustande kommen kann» (17,140).

Diese Tests führten zur Annahme von verdrängten *Komplexen,* die Jung im «Unbewußten» von Neurotikern und Psychotikern gefunden zu haben glaubte. Diese «Komplexe» wirkten sich als «Störfaktor» aus.

Damals sah Jung in seinen Wortassoziationsexperimenten eine Bestätigung von Freuds Traumtheorie bzw. von dessen Theorie der Verdrängung. Im Gegensatz zu Freuds Hypothese des unbewußten Vorgangs liegt nach Jung die entscheidende Pathogenese in der *bewußten* Geheimhaltung oder halb-bewußten Verdrängung. Auch brauche die Ursache nicht unbedingt sexueller Art zu sein oder in frühen Kindheitserlebnissen zu liegen, wie Freud annahm.

Danach nahm die *Traumanalyse* einen immer größeren Platz in Jungs diagnostischen Verfahren ein. Er übernahm Freuds Auffassung, daß der Traum die via regia zum «Unbewußten» sei. Anfänglich benützte er die Traumdeutung vor allem bei jener Kategorie von Analysanden, bei denen es sich nicht um ein Geheimhalten eines besonderen Erlebnisses handelte, sondern um eine allgemeine Lebenseinstellung unbewußten Versteckspielens — später aber bei allen Patienten.

Seit den zwanziger Jahren kamen Methoden wie Analyse von *Phantasien und Symbolen,* z.B. sogenannten Mandalas, *aktive Imagination* und manchmal sogar Wahrsagerei mit Hilfe des chinesischen Orakelbüchleins *I Ging* dazu.

Jungs Einstellung zu den Träumen, Visionen, Stimmen und Mandala-Zeichnungen seiner Patienten war die gleiche wie zu den seinigen: Er überprüfte sie weder nach Ursprung und Kontext noch nach Inhalt kritisch. Auch bei seinen Patienten ging es nicht um die Wahrheit.

«Es hat den Anschein, als ob die Träume 'gedeutet' würden, ohne die leiseste Rücksicht auf den Kontext. In der Tat habe ich nirgends den Kontext aufgenommen;... Ich verfahre gewissermaßen so, wie wenn ich selber die Träume gehabt hätte und deshalb imstande wäre, den Kontext selber zu liefern. Dieses Vorgehen wäre, auf *isolierte* Träume eines mir so gut wie Unbekannten angewandt, ein grober Kunstfehler. Hier handelt es sich aber nicht um isolierte Träume, sondern um zusammenhängende *Serien,* in deren Verlauf sich der Sinn allmählich von selber gewissermaßen herausentwickelt. Die Serie nämlich ist der Kontext, den der Träumer selber liefert» (18,7).

Nachdem Jung dem «Geheimnis» seiner Analysanden auf die Spur gekommen war, konfrontierte er sie, wo immer möglich, mit der Realität. Sein Bewußtmachen der «Komplexe» hatte bei Neurotikern Erfolg, nicht so sehr aber bei Psychotikern. Wohl gelang es ihm mit Hilfe des Wortassoziationstests, scheinbar wahnsinnige Ideen und Äußerungen von Schizophrenen zu entschlüsseln. Er erkannte, daß die Verfolgungsideen und Halluzinationen nicht sinnlos sind, sondern «einen Sinnkern enthalten. Eine Persönlichkeit steht dahinter» (1,137).

Jungs psychologischer Ansatz

Jungs Nachweis eines *Sinnkerns* im Wahnsinn war in jener Zeit, in der man glaubte, daß alle Geisteskrankheiten im Grunde organische bzw. Gehirnkrankheiten seien, revolutionär. Das psychiatrische Dogma von der primär organischen Ursache von Geisteskrankheiten wurde seitdem immer mehr in Frage gestellt.

Jungs neuer, d.h. psychologischer Ansatz machte eine *neue Sicht psychiatrischer Probleme* erforderlich, nämlich daß sie eher auf moralisch-religiöser als auf somatischer Ebene liegen. In einer Abhandlung aus dem Jahre 1935 schreibt Jung:

> «Der klinische Standpunkt allein wird dem Wesen der Neurose nicht gerecht, kann ihm nicht gerecht werden, da die Neurose mehr ein psychosoziales Phänomen ist, als eine Krankheit sensu strictiori. Die Neurose zwingt uns, den Begriff 'Krankheit' über die Vorstellung eines in seinen Funktionen gestörten Einzelkörpers hinaus zu erweitern und den neurotischen Menschen als ein erkranktes soziales Beziehungssystem zu betrachten» (19,25).

Jungs psychologische statt medizinische Orientierung erforderte außerdem eine *neue Sicht der Therapie,* des Psychiaters und des Analysanden. Aufgrund der zu behandelnden sozial-religiösen Probleme war die Psychiatrie für Jung nicht länger eine rein medizinische Angelegenheit. So sagt er in einer Schrift:

> «Es tut mir leid, aber die Psychotherapie ist eine sehr verantwortungsvolle Angelegenheit und alles eher denn unpersönliche Anwendung einer passenden medizinischen Methode... Aus diesem Grunde bin ich gegen jedes Vorurteil im psychotherapeutischen Herangehen» (20).

Psychiatrie bzw. Psychotherapie bedeutete für Jung eigentlich nur ein *Gespräch* zwischen dem Analytiker und seinem Analysanden, und zwar auf gleicher Ebene.

> «Der entscheidende Punkt ist, daß ich als Mensch einem anderen Menschen gegenüberstehe. Die Analyse ist ein Dialog, zu dem zwei Partner gehören. Analytiker und Patient sitzen einander gegenüber — Auge in Auge. Der Arzt hat etwas zu sagen, aber der Patient auch» (1,137).

Auch mit dem Geisteskranken solle sich der Therapeut auf eine menschliche Begegnung einlassen. Diese Begegnung setze allerdings den Arzt dem nicht unbeträchtlichen Risiko der «psychischen Infizierung» aus. Doch dieses sei ein Risiko, das der seinem Beruf verpflichtete Therapeut auf sich nehmen müsse, meinte Jung. Dabei wäre zu bemerken, daß geistige Infizierung im psychiatrischen und psychotherapeutischen Bereich kein «Einbahnverkehr» ist. So ist eine theoretisch-psychologische Indoktrination nachgewiesen, gerade in den psychoanalytischen Richtungen (21). Auch ist es sogar so, daß Patienten im Sprachstil ihres Psychiaters träumen. Forschungen zeigten, daß der Patient Freudsche Träume für eine Freudsche Analyse und Jungsche Träume für einen Jungschen Analytiker produziert (21). Schlimmer jedoch sind psychiatrogene Schäden durch ethische, weltanschauliche oder gar okkulte Infizierung seitens des Psychiaters oder Psychotherapeuten (22).

Weil es in der Psychotherapie um eine Begegnung mit einem Individuum mit einer persönlichen Problematik geht, muß, so sagte Jung, die therapeutische Methode dem Patienten angepaßt sein.

> «Die Therapie ist bei jedem Fall verschieden... Die Psychotherapie und die Analysen sind so verschieden wie die menschlichen Individuen. Ich behandle jeden Patienten so individuell wie möglich, denn die Lösung des Problems ist stets eine individuelle» (1,137).

Auch können psychologische und psychiatrische *Theorien* keine entscheidende Rolle spielen, obgleich sie alle behaupten, allgemeingültig zu sein.

> «Theoretische Voraussetzungen sind nur mit Vorsicht anzuwenden. Heute sind sie vielleicht gültig, morgen können es andere sein. In meinen Analysen spielen sie keine Rolle. Sehr mit Absicht bin ich nicht systematisch. Für mich gibt es dem Individuum gegenüber nur das individuelle Verstehen. Für jeden Patienten braucht man eine andere Sprache. So kann man mich in einer Analyse auch adlerianisch reden hören oder in einer anderen freudianisch. Der entscheidende Punkt ist, daß ich als Mensch einem anderen Menschen gegenüberstehe» (1,137).

Daß Psychotherapie nicht aufgrund einer besonderen Theorie oder besonderen Methode wirkt, ist inzwischen von vielen Fachleuten erforscht und bewiesen worden (21;22). Ganz andere Faktoren spielen dabei eine Rolle. Jung weiter:

> «Da es in der Psychotherapie nicht darum geht, eine 'Methode anzuwenden', genügt das psychiatrische Studium allein nicht... Schon 1909 sah ich ein, daß ich latente Psychosen nicht behandeln kann, wenn ich deren Symbolik nicht verstehe. Damals fing ich an, Mythologie zu studieren» (1,137).

Um 1909 schrieb er darum Freud:

> «Das Letzte der Neurose und Psychose werden wir ohne Mythologie und Kulturgeschichte nie lösen, das ist mir klar geworden... Daher meine Anläufe gegen 'kasuistische Terminologie'» (23,307).

Um seine Patienten besser verstehen und ihnen besser helfen zu können, meinte Jung nicht nur Mythologie (ab 1909), sondern auch u.a. Religionsgeschichte und Gnostik (1918-1926), die asiatischen Religionen und schließlich die Alchimie (1928-1938) intensiv studieren zu müssen. Leider studierte er alles Mögliche — nur nicht Gottes Wort als verbindlichen Ausgangspunkt und Maßstab.

Auch übersah er, daß er selbst im Laufe der Zeit nicht nur von einer bestimmten Theorie und Methode ausging, sondern sie sogar schuf.

Jungs genannte Verfahren, die nichts mit Anamnese und Therapie in medizinischem Sinne zu tun haben, zeigen, daß er sich des metaphorischen Charakters des Begriffs «Krankheit» und «Kranker» oder «Patient» in der Psychiatrie bzw. Psychotherapie mehr und mehr bewußt wurde. Das beweisen auch seine weiteren, nicht-medizinischen Studien. In einigen Briefen spricht er von einer *cura animarum* anstatt von Heilung eines kranken Körpers. Er erkannte, daß die psychotherapeutischen Probleme im tiefsten Grunde religiöser Art sind. «Die meisten Menschen über 35», so sagte er, haben «religiöse Probleme» und sind auf der Suche nach dem Sinn des Lebens (10,133). Er stellte fest:

> «Es scheint mir, als ob parallel mit dem Niedergang des religiösen Lebens die Neurosen sich beträchtlich vermehrt hätten» (24,360).

In einem Brief von 1910 erklärte er Freud:

> «Religion kann nur durch Religion ersetzt werden» (23).

Viktor von Weizsäcker bemerkt:

> «C.G. Jung sollte als erster begreifen, daß Psychoanalyse zum Bereich der Religion gehört, genauer gesagt, zur Auflösung der Religion in unserer Zeit. Für ihn war die Neurose ein Symptom des Menschen, der seinen Halt in der Religion verliert. Öffentlich sprach er darüber erst später, aber einmal sagte er zu mir im Gespräch: 'Alle Neurotiker suchen das Religiöse'... Später wurde er durch ein altes Ressentiment gegen das Christentum und vermutlich durch taktische Erwägungen davon abgehalten, offener darüber zu sprechen — er fürchtete, mit einer oberflächlichen pastoralen Haltung ausgewiesen zu werden» (25,72).

In einer Abhandlung schrieb Jung:

> «Das Problem des seelisch Leidenden ginge eigentlich den Seelsorger in viel höherem Maße an als den Arzt. Aber der Kranke sucht

wohl in den meisten Fällen zunächst den Arzt auf, weil er meint, er sei körperlich krank, und weil gewisse neurotische Symptome durch Medikamente wenigstens gelindert werden können» (24,360).

Weil das «psychische» Problem im Grunde ein religiöses ist, ist die Therapie eigentlich eine religiöse Angelegenheit:

> «Das Problem der Heilung ist ein religiöses Problem... Darum zwingen die Kranken den Seelenarzt in eine priesterliche Rolle, indem sie von ihm erwarten und verlangen, von ihren Leiden erlöst zu werden. Darum müssen wir Seelenärzte uns mit Problemen beschäftigen, die, streng genommen, eigentlich der theologischen Fakultät zufielen» (24,396.372).

Allerdings könne der Psychiater diese Probleme «nicht der Theologie überlassen», da er Tag für Tag mit «seelischer Not» konfrontiert wird. Jung hoffte irrtümlicherweise, daß «aus der Tiefe der Seele, aus der alle Zerstörung kommt, auch das Rettende wachse» (24,373).

In bezug auf Psychosen war Jungs Haltung manchmal schwankend.

> «Mit gewissen Schrecklichkeiten des Lebens konfrontiert, verfiel er darauf, sie eher 'Psychosen' als 'Besessenheit' zu nennen und eher mit medizinischen als mit theologischen Mitteln Schutz vor ihnen zu suchen — das heißt, eher den Äskulapstab vorzuhalten als ein Kreuz» (26,195).

Vorerst wurde Jung Oberarzt in Burghölzli (1905-1909) und Leiter der poliklinischen Kurse über Hypnotherapie, während er sich 1905 für Psychiatrie habilitierte. Neben der Klinikarbeit wurde Jung gleichzeitig Privatdozent an der Medizinischen Fakultät der Universität Zürich (1905-1913). Dort las er zunächst über Psychopathologie, danach auch über die Grundlagen der Freudschen Psychoanalyse und die Psychologie der Primitiven.

3. Jung und sein «Anima-Problem»

Gleich nach seiner Rückkehr aus Paris verheiratete sich Jung 1903 mit *Emma Rauschenbach* (1882-1955). Die erste Begegnung mit ihr fand in seiner Studentenzeit nach dem Tode seines Vaters statt. Auf die Bitte seiner Mutter hin besuchte er die begüterte Familie Rauschenbach in Schaffhausen, als er dort einen Freund aufsuchte. Als Jung ins Haus trat, sah er die etwa 14jährige Emma auf der Treppe stehen. «Plötzlich» wußte er «mit absoluter Gewißheit: 'Das ist meine Frau!' Jedoch, als Jung sechs Jahre später um sie warb, erhielt er zunächst einen Korb. Nach einigen Wochen aber wurde durch die Vermittlung von Emmas Mutter aus dem Nein ein Ja. Auch diese rein persönliche Erfahrung einer «schicksalhaften Fügung» projizierte Jung später in seine Psychologie: Die Wahl des Ehepartners ist nicht so frei, wie man glaubt. Sie werde «von unbewußten Faktoren», später «Archetypen» genannt, diktiert, vor allem bei der Liebe auf den ersten Blick.

Sowohl Prof. E. Bleuler als auch die Mitarbeiter wohnten in der psychiatrischen Klinik. Somit war auch Jung intern, auch am Anfang seiner Ehe. Nachdem dort drei Kinder geboren waren, beschloß das Ehepaar Jung, ein eigenes Haus nach eigenen Ideen und mit Emmas Geld zu bauen. Der Architekt war Jungs Vetter, Anthroposoph und persönlicher Schüler Rudolf Steiners, *Ernst Fiechter,* der gegen Ende seines Lebens als Priester im Dienste der anthroposophischen Christengemeinschaft stand (27,383). So wurde ein stattliches Landhaus in Küsnacht, unmittelbar am Zürichsee, gebaut. Dort wurden noch zwei Töchter geboren. Das Ehepaar Jung bekam neunzehn Enkel.

Emma Jung war nicht nur eine tüchtige Hausfrau und gute Gastgeberin. Sie war auch intellektuell begabt, durfte aber nicht studieren. Dennoch lernte sie Griechisch, Latein und Mathematik, während sie sich Jahrzehnte dem Studium altfranzösischer Texte widmete, wie auch der Gralslegende (28). Im Laufe der Zeit leistete sie selbst analytische Arbeit und war als Lehranalytikerin im Jungschen

Sinne tätig. Auch hielt sie Seminare und Vorlesungen. So war sie eine eifrige Schülerin und Propagandistin der Theorien ihres Mannes. Auch trug sie u.a. mit ihrer Studie zum Problem des Animus (29) zur Psychologie Jungs bei. Emma Jung war 1916-1920 die erste Präsidentin des von Jung gegründeten Psychologischen Klubs in Zürich.

Wenn auch Jung fast 60 Jahre mit Emma verheiratet war, heißt das nicht, daß sich die Ehe problemlos gestaltete. Nach der Illusion kam «die brutale Realität der Ehe», wie er sie bezeichnete. Unterschwellige Probleme und Konflikte kamen zum Vorschein, es gab «unvermeidliche» Ehekrisen. Jung war zum Beispiel sehr empfindlich und notorisch ungeduldig, er konnte aufbrausen und hart sein — Emma dagegen war schüchtern und mütterlich. Alles drehte sich um Jung — Emma aber war unbeachtet, außer von «einigen langweiligen und mir gänzlich uninteressierten Leuten», wie sie in einem Brief Freud heimlich anvertraute. Auch könne sie mit ihrem Mann «niemals konkurrieren». In einem Brief von November 1911 an Freud äußerte Frau Jung ihre Not:

> «Von Zeit zu Zeit plagt mich der Konflikt, wie ich mich neben Carl zur Geltung bringen könne; ich finde, daß ich keine Freunde habe, sondern daß alle Menschen, die mit uns verkehren, eigentlich nur zu Carl wollen... Die Frauen sind natürlich alle verliebt in ihn, und bei den Männern werde ich als Frau des Vaters oder Freundes sowieso sofort abgesperrt. Ich habe aber doch stark das Bedürfnis nach Menschen» (23,515).

Jung war zunächst blind gegenüber der Not seiner Frau, obwohl er sie in seine Analyse nahm. Später aber wandelte sich seine idealistische Vorstellung der Ehe im allgemeinen und der seinigen im besonderen, bis dahin, daß er von der «Brutalität der Ehe» sprach.

Als Jung Ende vierzig war, verfaßte er den Aufsatz *«Die Psychologie der Ehe»*. Er spiegelt sowohl seine eigene Einstellung zur Ehe als auch seine Erfahrung derselben wider.

Im Grunde beschrieb er darin nicht so sehr die Problematik einer Ehe als vielmehr die seines eigenen Herzens, dem e i n e Lebenspartnerin nicht genügte. *Aus rein subjektiver Einstellung und Erfahrung machte Jung eine allgemeingültige Ehetheorie. Diese ist ein Beispiel für Jungs Gewohnheit, zu versuchen, durch eine «psychologische» Theorie die persönlichen Probleme in den Griff zu bekommen und zu legitimieren.*

Obwohl Jung die ersten Jahre seiner Ehe als glücklich bezeichnete, stellte sich bald heraus, daß er in bezug auf das andere Geschlecht ein gefährdeter Psychiater war. *Sabine Spielrein* (geb. 1886), eine begabte russische Jüdin, studierte seit 1905 Medizin in Zürich. Sie wurde Patientin Jungs und verliebte sich in ihn. Als sie 1909 mit einem unerfüllbaren Wunsch an ihn herantrat, beendete Jung die Behandlung sofort. Er schrieb deswegen ihrer Mutter einen Brief, indem er außerdem ein Honorar für die bis dahin gratis erfolgte Behandlung abverlangte (30). Frl. Spielrein wurde jedoch nicht nur Jungs Schülerin, sondern trug 1911 mit ihrer Dissertation auch zu seiner Psychologie bei (31). Sie schrieb noch eine Reihe von anderen Arbeiten, die Jung mehrfach in seinen Büchern erwähnt. Ende 1911 fuhr sie nach Wien.

Eine «Übertragung», wie solche Liebesaffären im psychiatrischen Jargon verschleiernd genannt werden, ermangele «selten oder nie des erotischen Aspektes oder eigentlich sexueller Substanz», erklärte aus Erfahrung Jung später (32,190). Erst durch diese Sache habe er von seinen «polygamen Komponenten» erfahren, schrieb er an Freud. Diese seine «Gegenübertragung» bezeichnete er nachher als «das *Animaproblem des Mannes*» oder als eine «Anima-Projektion als Schicksalsproblem des Mannes». Wie bei Freud diente auch hier bei Jung eine «psychologische» Theorie der Rechtfertigung des Psychologen.

Das Verhältnis zu einer anderen Analysandin, *Toni Wolff* (1888-1953) dauerte Jahrzehnte. Wegen ihrer Depression, die sich nach dem plötzlichen Tod ihres Vaters sehr verschlimmert hatte, wurde die damals 21jährige Toni von ihrer Mutter zu Jung gebracht. Nach der Analyse, die etwa drei Jahre dauerte, sank sie «unweigerlich in ihre ursprüngliche Depression zurück» (33,144).

In einem Brief an Freud nannte Jung sie «eine neue Entdeckung ... eine remarkable Intelligenz mit ausgezeichneter Einfühlung ins Philosophisch-Religiöse». Schon beim dritten Psychoanalytischen Kongreß, 1911 in Weimar, an dem zum ersten Male Frauen teilnahmen, durfte auch Toni Wolff dabei sein. Jahrelang war sie Präsidentin des Psychologischen Klubs in Zürich, als Nachfolgerin von Jungs Frau Emma.

Daß Jung sie allmählich in seine Familie integrierte, war für seine Frau bzw. für die Ehe und Familie nicht unproblematisch. Auch jetzt mußte eine «wissenschaftliche» Theorie nachhelfen, um die wachsende Bindung an Toni Wolff vor sich und der Welt zu rechtfertigen. Jung schuf eine *«Typologie der Frau»,* die besagt, daß es im Grunde zwei Frauentypen gibt: einmal die Frau, die zur Ehe und Mutterschaft bestimmt ist und darin aufgeht, und dann die «Hetaira» oder geistige Gefährtin, die in erster Linie dazu da ist, den geistig tätigen Mann zu inspirieren und zu stimulieren. Beide Frauentypen bzw. «Natur und Geist» seien eine «natürliche» und «notwendige» Ergänzung zueinander. Sie würden dem «Doppelbedürfnis» des Mannes entsprechen. Gehörten auch nicht Elias, der alte Mann, und Salome, das schöne junge Mädchen, die Jung in einer seiner Visionen sah, «von Ewigkeit her» zusammen? Und sei jene Verbindung nicht «durchaus natürlich«»? (1,185).

«Nur» die junge Toni vermochte Jung in jenen Jahren seiner sogenannten Konfrontation mit seinem Unbewußten (1912-1918) zu begleiten und ihm hindurchzuhelfen. Nach alchimistischer Formulierung war sie Jungs «soror mystica». «Ich werde ihr in alle Ewigkeit dankbar sein», meinte Jung. Gerade in jenen Jahren kam ihm die esoterische Einsicht in den sogenannten «Archetypus Anima», die Personifikation der angeblich weiblichen Natur im «kollektiven Unbewußten» des Mannes und eine unentbehrliche Säule des Menschenbildes der Jungschen Psychologie.

Etwa 40 Jahre lang war Toni Wolff Jungs engste Mitarbeiterin. Auch sie trug zu seiner Psychologie bei (34). In ihrer vierteiligen Psychologie unterscheidet sie die «Mutter-Gattin», die «Mediale», die «Hetäre» und die «Amazone». Toni Wolff wurde Analytikerin im Jungschen Sinne und begleitete noch andere Männer auf ihrem Okkulttrip, der «nicht führer- und beziehungslos» sein solle.

Die Beziehung zwischen beiden wurde vor allem problematisch, als Toni Wolff sich später in Jungs Familie einmischte und auf eine Ehe mit Jung drängte. Jung, dessen Glaube an seine Typologie der Frau dadurch erschüttert wurde, wies Tonis Wunsch ab. Sie resignierte schließlich in ihrer Rolle als «Hetäre» oder geistige Gefährtin Jungs.

«Es ist wohl kein Zufall, daß Emma Jung dem Anima-Animus-Problem eine Studie gewidmet hat. Es war für sie gewiß eine Möglichkeit, die diesbezüglichen Schwierigkeiten ihrer eigenen Ehe zu verarbeiten» (35,132). Das sogenannte Doppelbedürfnis des innerlich zerrissenen Psychiaters erforderte für seine Nr. 1 die Emma, die «Gattin-Mutter» und für seine Nr. 2 die Toni Wolff, die «Hetäre» und vielleicht «Mediale». Beide seien «notwendig» für Jungs Individuation oder «psychische Ganzwerdung» mit ihrer «Vereinigung der Gegensätze» Natur und Geist.

Nach dem Tode von Toni Wolff im Jahre 1953 vernichtete Jung den ganzen Briefwechsel mit ihr. Auffallend ist, daß er sie, die ihm so viel bedeutet hatte, nirgends in sei-

ner Autobiographie erwähnt. Dennoch beschäftigte Jung
seine langjährige Doppelbeziehung noch im hohen Alter.
So griff der 83jährige, fünf Jahre nach dem Tode von Toni Wolff und drei Jahre nach dem seiner Frau, zu seiner
Rechtfertigung das Hetaira-Thema in einem Brief von 1958
aufs neue auf:

> «Wer Frau und Mutter ist, kann nicht zugleich Hetaira sein, das
> ist eine betrübliche Wahrheit (..). Umgekehrt ist es das geheime Lei-
> den der Hetaira, nicht Mutter zu sein. Es gibt Frauen, die nicht
> dazu bestimmt sind, leibliche Kinder zu gebären; aber sie sind es,
> die den Mann geistig wiedergebären, womit sie eine bedeutsame
> Funktion erfüllen» (9,III,197).

Sowohl durch seine Arbeiten über den Assoziationstest, die
er zum Teil in amerikanischen Zeitschriften veröffentlichte, als auch durch seine Vorlesungen seit 1909 in den USA
und durch sein Buch «Psychologische Typen» (36) verbrei-
tete sich Jungs Ruhm. Sie führten zu einem besonderen Zu-
lauf aus der amerikanischen und englischen Oberschicht,
die sich von Jungs Geistigkeit angezogen fühlte, besonders
des anderen Geschlechtes.

> «Jungs Anziehungskraft auf Frauen war eine Konstante seines
> Privat- und Berufslebens ... waren Frauen seine ersten, ergeben-
> sten und fanatischsten Jünger. In Züricher Ärzte-Kreisen wurden
> diese häufig recht schwärmerischen und mänadenhaften weiblichen
> Apostel mit dem unvermeidlichen Etikett 'die Jung-Frauen' belegt»
> (10,67).

Jung ist in dieser Hinsicht jedoch keinesfalls eine Ausnahme. Ein klinischer Psychologe berichtet: «Eine Umfrage
bei sieben medizinischen Berufsgruppen ... stellte fest, daß
Psychiater an der Spitze in verschiedenen Kategorien von
Eheproblemen, auch bei sexuellen Schwierigkeiten, stehen,
viel häufiger als Angehörige anderer Berufe» (37).

4. Jung und Sigmund Freud (1906-1913)

Der persönliche Kontakt mit Freud entstand und endete

auf dem Weg der Korrespondenz. Anfang und Ende der siebenjährigen Freundschaft wurde jeweils durch ein Buch Jungs ausgelöst. Persönliche Begegnungen waren selten und kurz, mit Ausnahme ihrer gemeinsamen USA-Reise im Jahre 1909. Es war Jung, der den Kontakt suchte, indem er 1906 Freud seine *«Diagnostischen Assoziationsstudien»* (1905) sandte. Freud, der darin seine Ideen bestätigt glaubte, reagierte mit einem kurzen, aber warmen Dankesbrief. Damit fing der Briefwechsel an, der 259 Briefe enthält (23).

Nach einigen Monaten sandte Freud seinerseits sein Buch zur Neurosenlehre. Schon im ersten Dankesbrief, der darauf folgte, schrieb Jung offen über seine von Freud abweichende Einstellung zu dessen Sexualtheorie. Freud, nur zu froh, einen ausländischen Anhänger gefunden zu haben, beantwortete Jungs Brief postwendend; er erwarte, Jung werde ihm in Zukunft noch näher kommen. In den ersten Jahren verging kaum eine Woche ohne einen Brief zwischen Wien und Zürich und zurück.

Natürlich sandte Jung 1907 sein neues Buch (38) nach Wien. Es war das Ergebnis dreijähriger experimenteller Untersuchungen und klinischer Beobachtungen. Im Vorwort von 1906 präzisierte Jung seine Stellung zu Freud: er habe «den genialen Konzeptionen Freuds» viel zu verdanken. Das frühkindliche Sexualtrauma jedoch, das Freud postulierte, habe für ihn nicht die ausschließliche Bedeutung wie für Freud. Wie zu erwarten, nahm Freud diese Schrift nicht mit kritikloser Begeisterung auf. So lassen schon die ersten Briefe die latenten theoretischen Differenzen und Spannungen erkennen. Wenn auch in ihrem Briefwechsel Freud mit abfälligem Ton und Jung mit massiven Schimpfwörtern über Nicht-Freudgläubige herzogen, ging es Jung doch zu weit, jede Kritik an Freuds Lehre psychologisch als «inneren Widerstand» zu verdächtigen, wie Freud es gerne tat.

Im März 1907 kam es zur ersten Begegnung mit Freud

in Wien. Jungs Frau und Ludwig Binswanger waren dabei. «Dreizehn Stunden lang sprachen wir sozusagen pausenlos», berichtet ein begeisterter Jung. «Freud war der erste wirklich bedeutende Mann, dem ich begegnete... Und doch blieben meine ersten Eindrücke von ihm unklar, zum Teil auch unverstanden» (1,154).

Auch konnte Freuds Erklärung seiner Sexualtheorie Jungs Bedenken nicht beheben. Besonders schien ihm Freuds Einstellung zum Geist als «Psychosexualität», die die gesamte menschliche Kultur auf verdrängte oder sublimierte Sexualität zurückführt, sehr fragwürdig. Würde das schließlich nicht zu einem vernichtenden Urteil über die Kultur führen? — fragte sich der durch eine ganz andere kulturelle Tradition geprägte Schweizer. Freud bejahte es. Im Gegensatz zu Freud ging Jung gerade vom Primat des Geistes aus. Dennoch sah er damals in Freud einen geistigen Mentor mit Autorität, was Bleuler nicht mehr für ihn bedeutete. Auch für Freud, der von Kollegen verlacht und isoliert und nach dem Bruch mit seinem Intimus Wilhelm Fließ einsam war, bedeutete diese Begegnung mit dem «geistigen Sohn» viel. So war er am Anfang Jungs theoretischen Abweichungen gegenüber tolerant, und es wurden bei dieser ersten Begegnung die theoretischen Konfliktpunkte durch Begeisterung füreinander überspielt. Vom Oktober 1908 an ist Jung für Freud der «liebe Freund», während Jung die Anrede «Lieber Herr Professor» verwendet, nachdem Freud ihm im September im Burghölzli einen Gegenbesuch abgestattet hatte.

Auf dem Höhepunkt von Jungs Verehrung für Freud organisierte er den ersten, aber noch informellen Kongreß für Psychoanalyse, und zwar im April 1908 in Salzburg. Dort wurde beschlossen, ein psychoanalytisches Jahrbuch ins Leben zu rufen. Freud und E. Bleuler waren die Herausgeber, Jung wurde der verantwortliche Redakteur, bis

Oktober 1913.

1909 war für Jung ein ereignisvolles Jahr. In jenem Jahr beendete er die Behandlung der Sabine Spielrein, während die der Toni Wolff ihren Anfang nahm.

Ein einschneidendes Ereignis war, daß Jung 1909 seine Stelle als Oberarzt aufgab, weil seine Privatpraxis zu groß geworden war. Damit war die neunjährige Arbeit unter Prof. E. Bleuler zu Ende. Im Laufe der Zeit war es zu fachlichen und persönlichen Kontroversen mit Bleuler, dem sich Jung weit überlegen fühlte, gekommen. Der Bruch mit seinem Chef war ihm jedoch nicht egal. Wieder einmal habe er seinen «Vaterkomplex» unterschätzt, so schrieb er Freud. Im Herbst 1909 verließ er mit seiner Familie die psychiatrische Klinik und zog in sein neugebautes Haus in Küsnacht ein.

Vor allem wurde 1909 zum entscheidenden Jahr für die Beziehung zu Freud. Bei Jungs zweitem Besuch in Wien im März jenes Jahres sagte Freud:

> «Mein lieber Jung, versprechen Sie mir, nie die Sexualtheorie aufzugeben. Das ist das Allerwesentlichste. Sehen Sie, wir müssen ein Dogma daraus machen, ein unerschütterliches Bollwerk.»

Etwas erstaunt fragte ihn Jung: «Ein Bollwerk — wogegen?» Darauf antwortete Freud: «Gegen die schwarze Schlammflut des Okkultismus.» Jungs Reaktion lautete:

> «Zunächst war es das 'Bollwerk' und das 'Dogma', was mich erschreckte; denn ein Dogma, d.h. ein undiskutables Bekenntnis, stellt man ja nur dort auf, wo man Zweifel ein für alle Mal unterdrücken will. Das hat mit wissenschaftlichem Urteil nichts mehr zu tun, sondern nur noch mit persönlichem Machttrieb. Es war ein Stoß, der ins Lebensmark unserer Freundschaft traf. Ich wußte, daß ich mich nie damit würde abfinden können. Was Freud mit 'Okkultismus' zu verstehen schien, war so ziemlich alles, was Philosophie und Religion, einschließlich der ... Parapsychologie über die Seele auszusagen wußten. Für mich war die Sexualtheorie genauso 'okkult', d.h. unbewiesene, bloß mögliche Hypothese, wie viele andere spekulative Auffassungen» (1,155).

Während Freud seine Argumente vorbrachte, gab es einen gewaltigen Krach im Bücherschrank. Jung sagte eine Wiederholung jenes Spukereignisses voraus, die auch sofort eintraf. Obwohl Freud ihn «förmlich als ältesten Sohn adoptierte, zum Nachfolger und Kronprinzen salbte», fühlte Jung sich seit jenem Abend befreit vom «drückenden Gefühl der (Freudschen) Vaterautorität».

1909 machte Jung seine erste USA-Reise. Er war anläßlich der 20jährigen Gründungsfeier von dem Präsidenten der Clark Universität in Worcester, dem Psychologen Prof. *Stanley Hall,* eingeladen worden. Er sollte Vorlesungen über das Assoziationsexperiment und dessen kriminalistische Nutzanwendung halten. Auch Freud war eingeladen. So beschlossen beide, gemeinsam zu reisen. Freud hatte auch seinen ungarischen Schüler *Sandor Ferenczi* zur Mitreise ermutigt.

In Amerika verstand sich Jung gut mit dem Philosophen und Psychologen Prof. *William James.* Was beide miteinander verband, war einerseits ihre Kritik an der gängigen akademischen Psychologie und andererseits ihr gemeinsames großes Interesse an der Parapsychologie. Auch William James hatte Experimente mit einem spiritistischen Medium (Eleonore Piper) durchgeführt, wie Jung zehn Jahre zuvor mit Helly Preiswerk.

Während der neuntägigen Überfahrt von Bremen nach New York analysierten Freud und Jung gegenseitig ihre Träume. Obwohl beide von einer Analyse verlangten, daß sie wahrhaftig sei, waren sowohl Freud als auch Jung bewußt unwahrhaftig. Freud hatte einen Traum, den Jung meinte nur genügend deuten zu können, wenn Freud ihm noch einige Details aus seinem Privatleben mitteilen wolle. Freud verweigerte es und sagte: «Ich kann doch meine Autorität nicht riskieren!» Darauf reagierte Jung: «In diesem Augenblick hatte er sie verloren... In diesem Satz lag für mich das Ende unserer Beziehung bereits beschlossen. Freud stellte persönliche Autorität über Wahrheit» (1,162). Jung war aber nicht weniger unwahr Freud gegenüber, der durch seine doktrinäre Voreingenommenheit Jungs Träume «nur unvollständig oder gar nicht deuten konnte».

Auf jener Schiffsreise überkam Jung sein *entscheidender Traum*. Er brachte ihn «zum ersten Male auf die Idee des kollektiven Unbewußten» und bildete «darum eine Art Vorspiel» zu seinem Libido-Buch von 1911-1912 (1,162-163). Dieser Traum war es, der beide Männer künftig noch mehr auseinandertreiben würde.

Jung träumte von einem alten Haus, das er dann als sein «psychisches» Haus im besonderen und ein Symbol der menschlichen Psyche im allgemeinen verstand. Das Haus hatte zwei Stockwerke, einen Keller und eine Höhle darunter. Laut Jung ist das Bewußtsein des Menschen durch das Wohnzimmer im obersten Stock charakterisiert, während das Unbewußte schon im Erdgeschoß begann. Der Keller stelle die Römer-Zeit und die Höhle darunter die Prähistorie dar. Die Überreste einer primitiven Kultur in der Höhle bedeuten «die Welt des primitiven Menschen in mir». Es lagen dort auch zwei sehr alte menschliche Schädel, in denen Freud, seinem Vorurteil gemäß, «unbewußte Todeswünsche» Jungs zu entdecken glaubte. Jung aber verneinte diese typisch Freudsche Interpretation. Er vermutete eine andere Deutung, die aber auf «Unverständnis und heftigen Widerstand Freuds» stoßen würde. Um Freuds Freundschaft nicht zu verlieren, entschloß sich Jung, ihn «im Sinne seiner Doktrin hinters Licht zu führen. So erzählte ich ihm eine Lüge» (1,164): die beiden Totenköpfe seien die seiner Frau und seiner Schwägerin. Und wiederum war Jung über Freud enttäuscht.

Freud, der anscheinend blind für Jungs abweichende Ideen war, zeigte ihm weiterhin sein Wohlwollen. Entgegen der Wiener Anhängerschaft bestand er auf dem Psychoanalytischen Kongreß in Nürnberg (1910) darauf, daß Jung zum Präsidenten der eben gegründeten *Internationalen Psychoanalytischen Vereinigung* gewählt wurde. Wenn er auch anscheinend für diesen Posten mit seinen administrativen Aufgaben ungeeignet war, blieb Jung vom Frühjahr 1910 bis April 1914 Präsident. Er leitete die Psychoanalytischen Kongresse von 1910, 1911 und 1913. In München (1913) ging Jung zum ersten Male auf die Frage der psychologischen Typen mit ihrer «entgegengesetzten Libido» ein.

Allmählich aber kam Jung brieflich in Auflehnung gegen Freud. Trotz Besänftigungs- und Verständigungsversuchen gab es im Briefwechsel immer mehr gegenseitige Beschuldigungen, die die Freundschaft vergifteten. Von den Faktoren, die schließlich zum Bruch führten, seien hier einige genannt.

Zunächst gab es *theoretische Differenzen,* z.B. in bezug auf die Funktion der Sexualität und des Traumes, die sexuelle Ätiologie, den «Ödipuskomplex» und das «Unbewußte». Es gab weiter Meinungsverschiedenheiten über Mythologie, Religion und Okkultismus. In einem Brief vom Januar 1911 an Jung schrieb Freud: «Ich weiß nicht, warum Sie meine Kritik an Mythologics so sehr fürchten. Ich werde mich freuen, wenn Sie dort die Fahne der Libido und der Verdrängung aufpflanzen und dann als siegreicher Eroberer in unser medizinisches Mutterland zurückkehren» (23,428).

Freud war der Auffassung, Religion habe eine «biologische» Wurzel; sie sei eine Sublimation sexueller Triebe. Jung dagegen nahm eine «psychische» Wurzel an; Religion sei eine *psychische* Realität. Es verursachte Jung dann auch «einiges Unbehagen», daß Freud im Sommer 1911 die Absicht äußerte, sich künftig mit der Religionspsychologie —

Jungs Spezialgebiet — befassen zu wollen. Jung fürchtete eine Freudsche Interpretation. Er ging zur Gegenoffensive über und schrieb Freud, er beschäftige sich jetzt mit einer gründlichen Arbeit über das Libidoproblem — Freuds Spezialgebiet!

Freuds Denk- und Erklärungsweise war rein kausalreduktiv. Jung, der einem «Sinnkern» auf die Spur gekommen war, betonte dagegen die _finale_ Interpretationsmethode.

Dann bedachte Jung, daß Freud selbst eine Neurose mit «sehr peinlichen Symptomen» habe, wie er auf der Amerikareise entdeckt hatte. Wenn nicht einmal der Meister mit der eigenen Neurose fertig wurde, welche Konsequenzen hat das dann für die Theorie und Praxis der Psychoanalyse?

Daß Freud die Psychoanalyse bzw. seine Sexualtheorie dogmatisieren wollte, konnte Jung nicht mitmachen. Auch war er bezüglich des Kampfes gegen Adlers Theorie des Machtstrebens, die Freud eine «Ketzerei» nannte, zurückhaltend. Schon durch Nietzsche, der das Machtstreben betont hatte, waren Jung Zweifel an Freuds Sexualtheorie gekommen.

Jung bekam eine zweite Einladung nach Amerika, diesmal von der Jesuiten-Universität _Fordham_ in New York, um im September/Oktober 1912 einige Vorlesungen über Psychoanalyse zu halten. Kurz vor der Abreise schrieb er Freud, seine Fordham-Vorlesungen würden «Vorschläge zur Abänderung gewisser theoretischer Formulierungen» der Psychoanalyse enthalten. So trug Jung, der acht Wochen unterwegs war, eine von ihm _modifizierte_ Version der Psychoanalyse vor, wodurch er «sehr viele Freunde» für sie gewonnen habe. Es war die erste öffentliche Kritik an Freud, der von dieser Jungschen Verwässerung seiner Sexualtheorie nun nicht gerade begeistert war.

Dazu kam, daß Frau Jung an Freud den 2. Teil des Libido-Buches ihres Mannes sandte, als dieser in Amerika war. Den 1. Teil (1911) konnte Freud noch mehr oder weniger akzeptieren, obwohl Jung den Libido-Begriff zu einer «allgemeinen psychischen Energie» oder «Lebensenergie», die wandlungsfähig sei, erweitert hatte, statt ihn einseitig auf sexuelle Motiviertheit zu beschränken, wie es Freud tat. Der 2. Teil (1912) aber, den Jung übrigens unter Depressionen und von bösen Träumen verfolgt geschrieben hatte, führte zum endgültigen Bruch mit Freud. Auch begann Jung Ende 1912, seine Vorwürfe gegenüber Freud offen in einigen sogenannten Geheimbriefen zu äußern.

Freuds Abschiedsbrief mit dem Vorschlag, die Privatbeziehung aufzugeben, kreuzte sich mit einem Brief Jungs, der Neujahrswünsche für 1913 enthielt. Er wäre bereit, mit dem Briefwechsel aufzuhören, betonte aber, daß Freuds Theorien einem Verständnis für seine Ideen im Wege stünden. Freud duldete eben keine Abweichung seiner Libido- und Inzest-Theorien. Jungs briefliche Reaktion auf Freuds Abschiedsbrief war gelassener als seine innere. Er füge sich Freuds Wunsch, denn er wolle niemandem seine Freundschaft aufdrängen. Mit einem Hamlet-Zitat: «Der Rest ist Schweigen» und mit einer Dankesbezeugung verabschiedete sich Jung von Freud.

Der Bruch mit Freud brachte Jung in eine große Einsamkeit und Krise, aber er wußte, daß er seiner Überzeugung treu bleiben mußte. Den Bruch mit Freud versuchte Jung zu rechtfertigen, indem er eine Typologie entwarf, die diesen mit der «schicksalhaften Gegensätzlichkeit der Charaktertypen» erklären sollte (36).

Jungs Trennung von Freud und der Psychoanalytischen Bewegung führte zu einer eigenen Psychologie, in der er Freuds Ansatz der Analyse mit dem neuen Paradigma der

Integration und Synthese (Psychosynthese) erweiterte. Bei seinen Vorträgen in England, im August 1913, benannte Jung seine Psychologie zum ersten Mal *«analytische Psychologie»*.

In den dreißiger Jahren erklärte sich Jung ausdrücklich nicht als Schüler Freuds, sondern als Schüler Bleulers. Aber als Greis beantwortete er in einem Brief an eine Würzburger Ärztin ihre Frage, wie er zu Freud stehe, folgendermaßen:

> «Trotz der eklatanten Verkennung, die ich von seiten Freuds erfahren habe, kann ich seine Bedeutung als Kulturkritiker und Pionier auf dem Gebiet der Psychologie, auch angesichts meines Ressentiments, nicht verkennen... Ohne Freuds 'Psychoanalyse' hätte mir der Schlüssel überhaupt gefehlt» (9,III,90).

Eine Bewertung

1. Zunächst ist zu bedenken, daß nicht wissenschaftliches Arbeiten, sondern der *Traum* von 1909 zur Vorstellung eines «kollektiven Unbewußten» führte.

> «Der Traum wurde mir zu einem Leitbild, das sich in der Folgezeit in einem mir unbekannten Maße bestätigte. Er gab mir die erste Ahnung eines kollektiven a priori der persönlichen Psyche» (1,165).

Freud hatte eine «geschichtete» Seele mit einem Kellerraum, dem «persönlichen Unbewußten», postuliert. Seine Tiefenpsychologie ging Jung aber nicht tief genug. Er grub noch tiefer. Er wurde zum «archäologischen Psychologen» und glaubte, eine noch tiefere Schicht entdeckt zu haben, die von «unpersönlicher, kollektiver, historischer Natur» und die Voraussetzung des Bewußtseins sei. Jung nahm die metaphorische Vorstellung einer geschichteten Psyche so wörtlich, daß er sagte, der Traum habe sein altes archäologisches Interesse wieder wachgerufen. So las er bei seiner Rückkehr nach Zürich ein Buch über babylonische Ausgrabungen, und zwar im Blick auf das Verstehen der menschlichen Seele!

Jener Traum vom «psychischen» Haus hatte die «eigenartige Wirkung», daß sie Jung zunächst zum Studium der Archäologie und dann der Mythologie führte, womit er glaubte, «alle Tore zur unbewußten menschlichen Psyche öffnen» zu können. Dazu kamen «gnostisches Material» und ein intensives Studium der «Primitiven». Bedeutete die «Höhle des Seelenhauses» nicht «die Prähistorie mit primitiver Kultur»? Dazu kam das «Phantasiematerial» einer Jung völlig unbekannten Amerikanerin (Miss Miller), das er als eine Bestätigung seines Traumes von 1909 bzw. seiner Vorstellung eines unpersönlichen, kollektiven Unbewußten ansah. Dieses Material hatte er von seinem «verehrten väterlichen Freund» *Théodore Flournoy*, Professor der Philosophie und Psychologie in Genf, bekommen. Bei ihm hatte Jung «eine Art Gegengewicht zu Freud» gefunden, mit ihm konnte er über seine Themen wie Spiritismus und Religion reden. Über das Phantasiematerial jener Amerikanerin schreibt Jung:

> «Ich war sofort vom mythologischen Charakter der Phantasien beeindruckt. Sie wirkten wie ein Katalysator auf die in mir aufgestauten, noch ungeordneten Gedanken. Allmählich formte sich aus ihnen und aus der von mir erworbenen Kenntnis der Mythologie das Buch über die 'Wandlungen und Symbole der Libido'» (1,167).

So entstand Jungs Libido-Buch: Aus der Selbstdeutung eines eigenen Traumes, aus den von ihm mythologisch gedeuteten Phantasien einer ihm völlig unbekannten Frau und aus dem Material der genannten nicht-psychologischen Literatur. «Jungs Interpretation des Falles 'Miss Miller' ist symptomatisch: Er interpretiert ihn, ohne 'Miss Miller' und ihre Biographie zu kennen — allein aufgrund ihrer Tagebuchnotizen während eines kurzen Zeitabschnittes» (2,51).

2. Es gibt nicht nur Differenzen, sondern auch *Übereinstimmungen zwischen Jung und Freud*. Beide suchten sich von ihrem religiösen Hintergrund zu lösen, konnten es aber

nicht. Jung meinte, den Hintergrund von Freuds Einseitigkeit, bzw. von seinem sexuellen Dogma, durchschaut zu haben:

> «Freud, der stets mit Nachdruck auf seine Irreligiosität hinwies, hatte sich ein Dogma zurechtgelegt, oder vielmehr, anstelle eines ihm verloren gegangenen, eifersüchtigen Gottes hatte sich ein anderes zwingendes Bild, nämlich das der Sexualität, unterschoben; ein Bild, das nicht weniger drängend, anspruchsvoll, gebieterisch, bedrohlich und moralisch ambivalent war ... hatte die «sexuelle Libido» bei ihm die Rolle eines deus absconditus, eines verborgenen Gottes, angenommen. Der Vorteil dieser Wandlung bestand für Freud anscheinend darin, daß das neue numinose Prinzip ihm als wissenschaftlich einwandfrei erschien und befreit von aller religiösen Belastung... Bloß die Benennung hatte sich geändert und damit allerdings auch der Gesichtspunkt: nicht oben war das Verlorene zu suchen, sondern unten» (1,156).

Diese nicht unrichtige Beurteilung Freuds machte Jung aber nicht fähig, den Balken im eigenen Auge zu sehen. Verlegte er nicht genauso Gott ins Unbewußte, bzw. ins kollektive Unbewußte, das, wie der Gott seiner «Gotteserfahrung», etwas «Drängendes» und «moralisch Ambivalentes» sei? *Erich Fromm* stellt fest: «Jung reduzierte die Religion zu einem psychologischen Phänomen, während er gleicherzeit das Kollektivunbewußte zu einem religiösen Phänomen erhob» (39). Auch für Jung bestand der «Vorteil» darin, daß ihm seine eigene Theorie «wissenschaftlich einwandfrei» vorkam, was auch er immer wieder zu betonen wünschte.

Jung wie Freud schufen mit ihrer Psychologie einen Ersatz für Gottes Wort, dessen Sicht des Menschen und dessen Botschaft von Erlösung und Glauben. Beide erlaubten sich, in ihren psychologischen Werken Gott und Jesus Christus zu lästern — der «religiöse» Jung nicht weniger als der «irreligiöse» Freud! Für Freud war das Thema «Psychologie contra Seelsorge?» (40), in der Christus Mitte und Ziel, und Gottes Wort Autorität und Norm sind, keine Frage. Für Jung, der sich ebenfalls nie dem dreieinigen Gott und seinem Wort beugen wollte, galt nicht weniger Psychologie contra (biblisches) Christentum, von dem er außerdem überzeugt war, daß es mit dem astrologischen Zeitalter der Fische bald dem Ende zugehe (41).

Obwohl sie Ärzte und nicht Psychologen waren, erkannten beide, daß ihre Psychotherapie mit Medizin im wörtlichen Sinn nichts zu tun hat, sondern daß es sich um «Krankheiten» und «Kranke» im metaphorischen Sinn handelt. Sogar Freud, der das Krankheitsmodell oder die Medikalisierung der Moral in der tiefenpsychologischen Psychiatrie so stark prägte, schrieb, «daß die Psychoanalyse kein Spezialfach der Medizin ist. Ich sehe nicht, wie man sich sträuben kann, das zu erkennen» (42,289). Und sagte nicht Jung, daß das Problem des Heilens ein «religiöses Problem» sei? Außerdem stellten beide Psychiater fest, daß ihre Psychotherapie ein säkularer Ersatz für biblische Seelsorge ist. Sogar Freud erklärte: «Mit der Formel 'Weltliche Seelsorge' könnte man überhaupt die Funktion beschreiben, die der Analytiker dem Publikum gegenüber zu erfüllen hat... Was wir treiben, ist Seelsorge im besten Sinne» (42,292-293). Und sprach nicht Jung von der Psychotherapie als von «cura animarum» und vom Psychotherapeuten als vom «Seelenarzt», der mit den gleichen (Lebens-) Problemen zu tun habe wie der Theologe? Jedoch waren beide säkularen «Seelsorger» inkonsequent, d.h. ihrer Erkenntnis gegenüber nicht treu, und in ihren Aussagen widersprüchlich — nicht nur Freud, der seine Psychoanalyse nur zu gerne als «medizinische, wissenschaftliche Disziplin» definiert und praktiziert haben wollte. Darum erklärte er nach der Trennung, daß Jungs Methode der «moralischen Belehrungen» «auf den Namen einer Psychoanalyse keinen Anspruch mehr hat» (43,199).

Manche denken, Jungs analytische Psychologie sei eine

Weltanschauung, Freuds Psychoanalyse aber eine Wissenschaft. Freuds Psychologie ist jedoch nicht weniger Weltanschauung: Sie ist atheistisch, evolutionistisch, materialistisch und positivistisch orientiert. Da beide Psychologien nicht objektive Wissenschaft, sondern projektiv sind, tragen sie außerdem den Charakter ihres Schöpfers. Für Freud bedeutete die Sexualität ein «Numinosum» — dementsprechend ist seine Psychologie. Jung war religiös-okkult orientiert — dementsprechend ist seine Psychologie. Die unterschiedliche Grundeinstellung, die sie absolut setzten, mußte zu theoretischen Differenzen führen. *Aniela Jaffé* meint außerdem, daß Freud wie Jung «vom schöpferischen Dämon Ergriffene» waren, die «ihrem eigenen Gesetz zu folgen hatten. Letzten Endes hatten beide nicht bedacht, daß der schöpferische Mensch seinem eigenen Dämon dienen muß... Das bis zu ihrem Tode nie ganz erlöschende gegenseitige Ressentiment hat wohl seine Wurzeln in der Nicht-Beachtung dieses psychischen Gesetzes» (11,8-10). Die theoretischen Unterschiede hatten ihre Wurzel gewiß nicht nur in der unterschiedlichen Ausprägung der alten Natur. Darüber hinaus wurden Freud und Jung von verschiedenartigen Dämonen inspiriert. Jung nannte seinen Dämon den «Geist aus der Tiefe», mit dem er auf Du stand (44).

5. Wie Jungs sogenannte Nr. 2 die Oberherrschaft gewann (1913-1918)

So wie der Vater «für Jung» starb und ihm nicht mehr im Wege war, so war auch der Bruch mit Freud, nur einige Jahre nach dem Bruch mit E. Bleuler, für Jung «notwendig», damit seine Nr. 2, sein schöpferischer Dämon, die Gelegenheit bekäme, sich ungehindert durch Wahrnehmungen (Bilder, Visionen, Phantasien, Träume) und Eingebungen (Gedanken, Einsichten, Inspiration) zu manifestieren

und Jung zu beherrschen. Er glaubte und gehorchte ihnen
ja. Er nannte diese 6 Jahre seine «Auseinandersetzung mit
dem Unbewußten». Im nachhinein meinte er, es seien «Archetypen» aus seinem «Kollektivunbewußten», die sich damals sicht- und hörbar machten. Jungs «Höllenfahrt der
Selbsterkenntnis» werden manchmal diese Jahre genannt.
Jedoch lernte er nicht sich selbst, schon gar nicht im Lichte der Bibel, sondern die Machenschaften der Finsternis
kennen, ohne es zu ahnen.

Um die Weihnachtszeit 1912 hatte Jung einen *Traum.*
Es handelte sich um eine weiße Taube, die mit menschlicher Stimme sprach und sich in den ersten Stunden der
Nacht in einen Menschen verwandeln konnte. Inzwischen
beschäftigte sich der Tauber mit zwölf Toten. Da er den
Traum nicht verstand, glaubte Jung, daß ihm nichts anderes übrig bliebe, als zu warten und auf seine Phantasien
zu achten. Eine erschreckende Phantasie über Leichen, die
wieder lebendig wurden, wiederholte sich und gipfelte in
einem weiteren Traum über Tote aus vergangenen Jahrhunderten. Sie wurden plötzlich lebendig, «weil» Jung sie
anschaute. Jung glaubte, daß die Träume über Verstorbene bzw. das «Erleben des Unbewußten» ihm die «Einsicht»
gab, daß solche unpersönlichen, historischen «Relikte» zur
«lebendigen Psyche gehören». «Im Laufe der Zeit entwickelte sich daraus (..) die Archetypenlehre» (1,176).

Schon 1911 hatte Jung einen *Traum* über ihm unbekannte Verstorbene. Er befand sich in einer Versammlung «erleuchteter Geister aus früheren Jahrhunderten». Einer von
ihnen, «eine Art Ahnen- oder Totengeist», stellte Jung Fragen, wie es 5 Jahre später viele «Totengeister» tun sollten
(1,310).

Auch 1913 wurde zu einem entscheidenden Jahr für Jung
und somit für seine Psychologie und Psychotherapie. Der
fachliche Austausch mit Freud war zu Ende. Dann gab Jung

seine akademische Stelle als Privatdozent und damit seine Lehrtätigkeit auf. Auch war es ihm drei Jahre unmöglich, auch nur e i n wissenschaftliches Buch zu lesen, weil die paranormalen Erlebnisse jener Jahre ihn «aufs Äußerste hemmten». Schließlich legte Jung im Oktober 1913 die Schriftleitung des Psychoanalytischen Jahrbuches nieder. Außerdem trennte er sich von der Psychoanalytischen Bewegung und somit von seinen Kollegen. Ihm blieben nur seine Privatpraxis und seine Familie. Vor allem aber beschränkte und konzentrierte er sich nun auf sich selbst, d.h. auf seine Nr. 2. Die normale intellektuelle Beschäftigung seitens seiner Nr. 1, die während etwa 13 Jahren «alles bekommen hatte, was sie sich wünschte — Ruhm, Macht, Reichtum und Wissen» —, mußte nun zugunsten der paranormalen Interessen seiner Nr. 2 den Platz räumen. Nur so könne er seine Seele wiederfinden, die er verloren habe, als er sie zum wissenschaftlichen Objekt gemacht hatte. Die sogenannte Auseinandersetzung mit dem Unbewußten wurde der Anfang von Jungs lebenslänglicher Ausrichtung auf seine Nr. 2 statt auf Vernunft und wissenschaftliche Denkarbeit. Seit 1913 hat Jung «den Habitus des Irrationalismus angenommen und ihn zum Dogma erhoben» (2,112).

Zwar beeindruckten Jung seine Träume, aber sie konnten ihm nicht über das Gefühl der Desorientiertheit hinweghelfen, das nach dem Bruch mit Freud über ihn gekommen war. Auch litt er immer noch unter Depressionen, die ihn schon seit den Vorarbeiten des Libido-Buches plagten. Dazu kam, daß Jung unter einem Druck lebte, der manchmal so stark war, daß er meinte, es müsse eine psychische Störung vorliegen. Eine psychologische Selbstanalyse brachte jedoch nichts ein.

«Ich weiß so gar nichts, daß ich jetzt einfach das tue, was mir einfällt», schreibt Jung. «Damit überließ ich mich bewußt den Impulsen des Unbewußten.»

Daraufhin erinnerte sich Jung, wie er als 11-Jähriger lei-
denschaftlich mit Bauklötzen gespielt hatte. Bewußt knüpfte
er als 38-Jähriger das Band mit der kindlichen Vergangenheit wieder an, indem er zum Spielen mit Steinen zurück-
kehrte. Das war mehr als eine Spieltherapie. Jung verstand
das *Bauen als Kontaktmittel* mit dem «Unbewußten». Auf
diese Weise meinte er das Hindernis zu beseitigen, das ihn
hindern wolle, den Weg seines schöpferischen Dämons zu
gehen. Das Bauen löste einen Strom von Phantasien aus.
Auch in Zukunft blieb das Arbeiten mit Steinen und später das Malen eines Bildes ein «rite d'entrée» für neue Gedanken und Erkenntnisse, die ihm auf paranormalem Wege
kamen. Dieses rituelle Bauen wurde der «Wendepunkt» in
seiner Lage.

Im Herbst 1913 und im Frühjahr 1914 hatte Jung verschiedene furchtbare *Träume,* die auf den ersten Weltkrieg
hinwiesen, wie er sie im Rückblick gedeutet haben wollte.
Da er unbedingt «den Sinn der Phantasien verstehen» statt
diese überprüfen wollte, spielte er weiter mit Steinen, wodurch wieder ein Strom von «Phantasien» ausgelöst wurde, von denen er Erleuchtung erwartete.

«Es war eine dämonische Kraft in mir... Das Gefühl, einem höheren Willen zu gehorchen, wenn ich dem Ansturm des Unbewußten
standhielt, war unabweisbar und blieb richtunggebend in der Bewältigung der Aufgabe. Ich war oft so aufgewühlt, daß ich die Emo-
tionen durch Yogaübungen ausschalten mußte... Sobald ich das
Gefühl hatte, wieder ich selbst zu sein, gab ich die Kontrolle auf
und ließ den Bildern und inneren Stimmen erneut das Wort» (1,180).

Jung, schon ein Seh- und Hörmedium, wurde außerdem
zum Schreibmedium:

«Ich schrieb die Phantasien auf, so gut ich konnte... Doch konnte
ich das nur in sehr unbeholfener Sprache tun. Zuerst formulierte
ich die Phantasien, wie ich sie wahrgenommen hatte, meist in 'ge-
hobener Sprache', denn sie entspricht dem Stil der Archetypen. Die
Archetypen reden pathetisch und sogar geschwülstig. Der Stil ihrer Sprache ist mir peinlich und geht gegen mein Gefühl. Aber ich

> wußte nicht, um was es ging. So hatte ich keine Wahl. Es blieb mir nichts übrig, als alles in dem vom Unbewußten gewählten Stil aufzuschreiben. Manchmal war es, wie wenn ich es mit den Ohren hörte. Manchmal fühlte ich es mit dem Munde, wie wenn meine Zunge Worte formulierte; und dann kam es vor, daß ich mich selbst Worte flüstern hörte... Ich überließ mich freiwillig den Emotionen, die ich doch nicht billigen konnte. Ich schrieb Phantasien auf, welche mir oft wie Unsinn vorkamen und gegen die ich Widerstände empfand» (1,181).
>
> «Eine der größten Schwierigkeiten lag für mich darin, mit meinen negativen Gefühlen fertig zu werden» (1,180).

Jung, der erkannte, seiner selbst nicht mächtig, sondern ein Spielball zu sein, bekennt:

> «Von Anfang an hatte ich die Konfrontation mit dem Unbewußten als wissenschaftliches Experiment aufgefaßt, das ich mit mir selber anstellte... Heute könnte ich allerdings auch sagen: es war ein Experiment, das mit mir angestellt wurde» (1,180).

Leider aber blieb Jung blind für die Geisterwelt, die hinter diesem «Experiment» stand.

Bis dahin war Jung ein passiver Beobachter seiner Visionen und Auditionen gewesen. Seit Dezember 1913 jedoch benutzte er die Methode der *«aktiven Imagination»* als nächstes Kontaktmittel mit dem «Unbewußten» — im Grunde aber mit dem Reich der Finsternis. Die Halluzinationen überfielen Jung nicht nur, sondern er suchte sie nun zielbewußt und bahnte ihnen aktiv, technisch-methodisch den Weg. Bei der aktiven Imagination entscheidet man sich aktiv, also bewußt, die Kontrolle des klaren Denkens aufzugeben und sich in die «Phantasien» und Bilder «hinunterfallen» zu lassen. Dabei stellt man sich aktiv einen «Abstieg in die kosmische Tiefe» vor, versenkt sich in seine «Innenwelt» und konzentriert sich gedanklich und willentlich gezielt auf das, was man zu sehen und zu hören bekommt. Den Begriff «aktive» oder «schöpferische Imagination» (imagination créatrice) übernahm Jung von seinem väterlichen Freund Prof. Th. Flournoy.

Anfänglich hatte Jung gegen diesen «Abstieg» gesunde Widerstände und fühlte Angst. Er glaubte aber, es dennoch tun zu müssen, um sich der «Bilder des Unbewußten bemächtigen zu können». Im nachhinein gab er außerdem als Grund an, daß er von seinen Patienten nichts erwarten könne, was er selber nicht zu tun wagte.

Den Dämonen war eine solche bewußte Öffnung für ihre Manipulationen natürlich sehr willkommen. Sie belohnten sie mit vielerlei Träumen, Bildern, Stimmen, Einsichten und mit Erscheinungen, welche Jung verschleiernd «Phantasiegestalten» zu nennen pflegte, wie damals bei seinem Medium Helly. Es erschienen Dämonen in der Gestalt eines alten weisen Mannes, der sich selbst «Elias» nannte. Mit ihm war ein schönes, junges Mädchen namens «Salome» — eine Verbindung, die Jung «durchaus natürlich» vorkam, als er später herausfand, daß es in den gnostischen Überlieferungen mehrfach derartige Paare gibt. Bemerkenswert ist, daß hier die Dämonen sich selbst einen Namen geben, wie Jung es schon bei seinem Medium Helly erlebt hatte. Da sie jedoch Lügengeister sind, kann man nicht wissen, ob diese Namen der Wahrheit entsprechen. Jung aber nahm die Dämonen ernst und führte mit «Elias» ein längeres Gespräch. In ihm sah er den «weisen Propheten», der verborgene, esoterische Kenntnis vermittelt und in «Salome» das Erotische — beide zusammen «eine Verkörperung von Logos und Eros». Am Anfang spielten «Elias» und «Salome» bei Jung «eine große Rolle» (1,309). Mit diesen beiden Dämonen lebte noch eine dritte Gestalt, eine schwarze Schlange, die «offensichtlich Zuneigung» für Jung hatte und ihm «einen Heldenmythos ankündigte».

Bald tauchte eine andere Geistergestalt auf. Diesmal war es Jung, der ihr einen Namen gab. Goethes «Faust II» in Erinnerung, nannte er sie «Philemon», der mit Baucis Gastgeber der antiken Götter Zeus und Merkur gewesen sei. Der

Dämon «Philemon» kam Jung wie «ein Heide» vor, «der eine ägyptisch-hellenistische Stimmung mit einer gnostischen Färbung» brachte. «Philemon» erschien ihm zuerst in einem Traum, auch als alter Mann, aber mit Stierhörnern und einem Bund mit vier Schlüsseln. Er «stellte eine Kraft dar, die ich nicht war ... ich verstand, daß etwas in mir ist, was Dinge aussprechen kann, die ich nicht weiß und nicht meine», bekannte Jung. «Philemon» bedeutete für Jung eine «überlegene Einsicht»; er habe ihm «erleuchtende Gedanken vermittelt», die er später in seiner Psychologie verarbeitete.

Eine andere Geistergestalt, die Jung als «Ka» bezeichnete, kam «von unten aus der Erde». Es erinnert uns an den «Menschenfresser» aus Jungs Initialtraum. «Der Ausdruck des Ka hat etwas Dämonisches, man könnte sagen Mephistophelisches», beschreibt Jung. Mit der Zeit, so behauptete er, konnte er «Philemon» und «Ka» mit Hilfe alchimistischer Kenntnisse integrieren.

Anfänglich war Jung ein solcher direkter Verkehr mit Geistergestalten und eine Erleuchtung von ihnen unbekannt. Jahre später erfuhr er von einem Inder, einem Freund Gandhis, daß es nicht nur Leute mit einem lebenden Guru gibt, sondern auch solche, welche — wie er — «einen Geist zum Lehrer haben». Diese schockierende Erklärung war Jung «ebenso tröstlich als erleuchtend». Sie war ihm eine Bestätigung und Legitimation seiner eigenen Geistlehrer bzw. Kontrollgeister.

Einmal fragte sich Jung, was die Phantasien seines «Unbewußten» zu bedeuten hätten. Daraufhin sagte eine Stimme in ihm: «Es ist Kunst». Die Stimme glich der einer seiner Patientinnen, die, wie Jung im analytischen Jargon formulierte, «eine starke Übertragung» auf ihn habe. Resolut verneinte Jung, was «die weibliche Stimme in ihm» behauptete: «Nein. Im Gegenteil, es ist Natur». Das heißt: Es ist «spontan» und «objektiv», also nicht mit Absicht selbst produziert, z.B. aus dem Drang heraus, sich mit seinem Konzept des religiösen Triebes eindeutig von Freud und dessen Sexualtheorie abzusetzen.

Jungs Protest war verständlich. Nach dem Bruch mit Freud wurde sein Libido-Buch als «Schund» erklärt, und er selbst galt als «Mystiker». Das war noch nicht so lange her. So war es lebensnotwendig für Jung, mit krampfhafter Hartnäckigkeit an die «Objektivität» seiner Träume, inneren Bilder und Phantasien, die er darum später «Projektionen» des «objektiven Unbewußten» nannte, und an den Wissenschaftscharakter seiner daraus entstandenen Psychologie zu glauben und glauben zu lassen.

Auf Jungs «Nein» entstand eine Diskussion und danach ein Dialog zwischen Jung und dem unsichtbaren Geist mit der weiblichen Stimme. Als er erkannte, daß «die Frau in ihm» kein eigenes Sprachorgan besaß, schlug er ihr vor, sich seines Mundes zu bedienen. So wurde Jung auch noch zu einem Sprechmedium. Er geriet sogar in Korrespondenz mit der «inneren Frauenstimme», die er *Anima* benannte. Jung kam sich vor «wie ein Patient in Analyse bei einem weiblichen Geist».

Die «Anima» habe eine negative Seite, «denn was sie sagt, ist oft von einer verführerischen Kraft und einer abgründigen Schlauheit». Wie der Taoismus, an dem er später orientiert war, so schrieb auch Jung negative Eigenschaften der Frau statt der sündigen Natur in jedem Menschen zu. Die «Anima» sei aber dualistisch. Sie habe auch eine positive Seite. Sie sei nämlich das Medium zwischen dem Mann und seinem «Unbewußten». Sie sei es, die die «Bilder des Unbewußten vermittelt und deutet».

Nach jahrzehntelangem Befragen dieses «weiblichen Geistes», ersetzte Jung seine spiritistische Analyse und Deutung durch die ebenso unwissenschaftliche Selbstdeutung der eigenen Träume.

> «Jahrzehnte habe ich mich immer an die Anima gewandt... Was siehst Du? Ich möchte das wissen. Nach einigen Widerständen produzierte sie regelmäßig das Bild, das sie schaute... Dann sprach ich mit der Anima über die Bilder; denn ich mußte sie so gut wie möglich verstehen... Heute brauche ich die Gespräche mit der Anima nicht mehr... Heute sind mir die Ideen unmittelbar bewußt, weil ich gelernt habe, die Inhalte des Unbewußten anzunehmen und zu verstehen. Ich weiß, wie ich mich den inneren Bildern gegenüber verhalten muß. Ich kann den Sinn der Bilder direkt aus meinen Träumen ablesen und brauche darum keine Vermittlerin mehr» (1,191).

Die Bilder, die Erlebnisse und Gespräche mit den Dämonen konnten Jung «bisweilen außer Rand und Band bringen». Indem er die «Phantasien» im von den Geistern gewählten Stil aufzeichnete, meinte Jung, über jene «Impulse aus dem Unbewußten» Herr zu werden. So entstand zunächst *«Das Schwarze Buch»* und dann *«Das Rote Buch»* (44). Dieses «Rote Buch» beginnt mit der Gegenüberstellung eines «Geistes der Zeit» und eines anderen, ihm überlegenen Geistes, der «die Tiefe alles Gegenwärtigen beherrscht». Jung schreibt:

> «Der Geist der Tiefe nahm meinen Verstand und alle meine Kenntnisse und stellte sie in den Dienst des Unerklärbaren und des Widersinnigen... Er raubte mir Sprache und Schrift für alles, was nicht im Dienste des Einen stand, nämlich der Ineinanderverschmelzung von Sinn und Widersinn».

Im zweiten Kapitel mit der Überschrift «Die Wiederfindung der Seele» spricht Jung die «unbewußte» Seele mit Du an, womit er sie personifiziert und verselbständigt. Weil die Seele nicht Gegenstand «meines Urteilens und Wissens sein kann»,

> «Darum zwang mich der Geist der Tiefe zu meiner Seele zu reden, sie anzurufen als ein lebendiges und in sich selber bestehendes Wesen».

Die Vorstellung, daß die menschliche Seele kein Objekt des
Urteilens und Wissens sein könne, «weil» Urteilen und Wissen ihrerseits «Gegenstand der Seele» seien, ist «eine der
wesentlichsten Denkgrundlagen des späteren Jungschen
Werkes» (11,30). Aniela Jaffé meint: «Es ist der Geist der
Tiefe, der die lange Serie der aus dem Unbewußten auf-
steigenden Bilder eröffnet. So kehrte nach einem Menschen-
alter der Dämon zurück, welcher einst im Kindertraum als
ein die Bewußtseinswelt kompensierender Gott erschienen
war...» (11,30). Ob der «Geist der Tiefe» mit Jungs «Anima» identisch ist?

Bis er sich ganz der Alchimie widmete, hat Jung etwa
16 Jahre am «Roten Buch» gearbeitet. Im Herbst 1959
schrieb er jedoch wieder einmal darin. Es war ein längeres
«Phantasiegespräch» mit seinen Kontrollgeistern Elias, Salome und der Schlange.

Jung schrieb eine Phantasie auf, in der «die Seele ihm
entflohen» sei. Das war für ihn ein «bedeutendes Ereignis», wenigstens als Rechtfertigung der darauffolgenden
«Totenerscheinungen» im nachhinein. Anfänglich bedeutete ihm sein Spiritismus noch Erscheinungen von Geistern,
mit denen er sich sogar unterhielt. Dann aber deutete er mit
Hilfe seiner späteren spekulativen Theorien über das «kollektive Unbewußte» seinen «Seelenverlust» so: Die «Anima» sei das Sprachrohr des «kollektiven Unbewußten», das
dem Land der Ahnen bzw. der Toten entspreche. Wenn
die «Anima» verschwunden sei, habe sie sich ins «kollektive Unbewußte» bzw. ins Totenland zurückgezogen. Wie
ein Medium gebe die «Anima» den «Toten» die Möglichkeit, sich zu manifestieren. «Von da an» galten Jung die
«Totenerscheinungen» als «die Stimmen des Unbeantwor-
teten und Nicht-Erlösten» aus dem Unbewußten. Denn «die
Fragen und Anforderungen» aus dem «Kollektivunbewußten», d.h. aus dem «Totenland», die er «schicksalsmäßig

zu beantworten» habe, «kamen aus der inneren Welt», nahm Jung an (1,195).

Nach all jenen Gesprächen mit einzelnen Dämonen geschah es, daß Jung 1916 sogar eine regelrechte Geisterinvasion in seinem Haus erlebte. Es fing mit Spukphänomenen an, wovon auch einige seiner Kinder betroffen wurden.

> «Das ganze Haus war angefüllt wie von einer Volksmenge, dicht von Geistern ... man hatte das Gefühl, kaum atmen zu können. Natürlich brannte in mir die Frage: 'Um Gottes Willen, was ist denn los?' Da riefen sie laut im Chor: 'Wir kommen zurück von Jerusalem, wo wir nicht fanden, was wir suchten'. (Sie begehrten bei mir Einlaß und verlangten bei mir Lehre und so lehrte ich sie)... Dann fing es an, aus mir herauszufließen, und in drei Abenden war die Sache geschrieben. Kaum hatte ich die Feder angesetzt, fiel die ganze Geisterschar zusammen... Bis zum nächsten Abend hatte sich wieder etwas angesammelt, und dann ging es von neuem so» (1,194).

Rückblickend schreibt Jung, er fühlte sich beim Schreiben jener «*Septem Sermones*» (13)

> «von innen gezwungen, das zu formulieren und auszusprechen, was gewissermaßen von Philemon hätte gesagt werden können. So kamen 'Septem Sermones ad Mortuos' mit ihrer eigentümlichen Sprache zustande» (1,193).

Die «Toten» waren angeblich verstorbene Christen, die nicht wußten, wo Gott ist und ob Er überhaupt lebt. Denen hatte Jung seine «Predigten» zu halten. Die «Septem Sermones» scheinen ein Gemisch von Jungs eigenen spekulativen Gedanken und denen der Gnostik über «die Gegensatzpaare», z.B. Gott und den Teufel, Gut und Böse, Leben und Tod, zu sein, zusammen mit esoterischen Ideen der hermetischen Schriften und direkter Okkultinspiration. Die Sprache soll ungefähr derjenigen des «Roten Buches» entsprechen. Jung hat die «Septem Sermones» mit einem Anagramm und nicht mit seinem eigenen Namen unterschrieben, denn sie seien «von einer Geisterschar diktiert» worden und also nicht sein eigenes Verdienst. Bedenklich ist, daß sie «bildhafte Andeutungen oder Vorwegnahmen von Gedanken» enthalten, die eine Rolle in Jungs späterem Werk spielen (1,388). Sie seien sowohl eine «Rückschau» auf die Jahre 1912-1916 als auch eine «Vorschau» auf das kommende Werk (11,33).

Gleich nachdem Jung als Schreibmedium seine «Sieben Reden» zu Papier gebracht hatte, wurde er auch zu einem Malmedium. Hatte vor etwa 16 Jahren seine Kusine Helly ihm in Trance ein Mandala diktiert, zeichnete Jung nun selbst sein erstes Mandala, dem noch viele folgen sollten.

Durch seine Beschäftigung mit seiner Nr. 2 spürte er sein inneres Gespaltensein wie nie zuvor.

> «In schärfster Weise erlebte ich den Gegensatz zwischen der äußeren und inneren Welt... Ich sah nur einen unversöhnlichen Gegensatz zwischen Innen und Außen» (1,198).

Jung hatte das Gefühl, erst aus der Dunkelheit herausgekommen zu sein, als er Ende 1918 die sogenannte Beziehung zu der Patientin mit der Übertragung «abbrach» und seine Mandalazeichnungen zu «verstehen» begann. Das Mandala sei das Symbol des «Selbst» oder der «Ganzheit» der Persönlichkeit, in der der Gegensatz zwischen Nr. 1 und Nr. 2, zwischen Außenwelt und «Innenwelt» aufgehoben sei. Als Symbol dieser Ganzheit habe es eine kreisförmige oder viereckige Gestalt. Fortan wird die Zahl *Vier* als Zahl der «Ganzheit» oder «Totalität» zur heiligen Zahl Jungs, die *Quaternität* zum absoluten Ordnungsschema seiner Psychologie.

Eine Bewertung

1. Es gibt einige auffallende Parallelen zwischen Jung und einem Schamanen. Zunächst wäre da eine ausgeprägte *Medialität* zu nennen, die Fähigkeit, mit der übersinnlichen Welt zu verkehren, wie auch eine Begabung zur Wahrsagerei. Beide sind, wie bei Jung, meistens ererbt (45).

Ein Schamane wird *von Geistern berufen,* und zwar in

jungen Jahren und oft in einem Traum. Wenn er sich wehrt, wird er gezwungen.

Dann folgt eine Vorbereitungszeit: eine *«seelische Höllenfahrt»* mit okkulten Erlebnissen, die Einwohnung von Geistern und das Auftreten von Geistlehrern. Manchmal lernt er, wie Jung, ihre Namen kennen.

Solche treibenden Geister können sich als Tyrannen benehmen. Es ist bezeichnend, wie oft Jung vom *«inneren Zwang»* in seinem Leben sprach. Es fing mit seinen Jugenderlebnissen an, mit dem Zwang zur Gotteslästerung. Bezüglich seiner Krisenjahre 1913-1918 sagte Jung: «Ich wurde gezwungen, den Prozeß des Unbewußten selber durchzumachen» (1,200). Im Zusammenhang mit seinen «Septem Sermones» schrieb er: «Ich wurde sozusagen von inner her gezwungen, das zu formulieren...». Rückblickend stellte er als Greis fest:

> «Der Dämon und das Schöpferische haben sich bei mir unbedingt und rücksichtslos durchgesetzt» (1,359).

Eine langjährige Mitarbeiterin berichtet:

> «Wenn Jung vor der Niederschrift eines Buches stand, so plagte ihn fast jedesmal sein schöpferischer Dämon. War die Zeit für das neue Buch reif, drängte ihn dieser Dämon vorwärts und ließ ihm keine Ruhe, bis er zu schreiben begonnen hatte. Die meisten seiner Bücher sind unter großem Druck entstanden» (33,118).

Dazu kommen plötzliche Gedankengänge und das Ausgestattetwerden mit übersinnlichem *Geheimwissen*. Jung erklärte:

> «Es ist mir in meinem Leben öfters passiert, daß ich plötzlich etwas wußte, das ich doch gar nicht wissen konnte... Ähnlich war es auch bei meiner Mutter» '(1,57).

In bezug auf seinen «geistigen Guru» (Kontrollgeist) «Philemon», der ihm «erleuchtende Gedanken vermittelt» hatte, schrieb er:

«... und ich verstand, daß etwas in mir ist, was Dinge aussprechen kann, die ich nicht weiß und nicht meine...» (1,187).

Jung wird deshalb von manchen als Esoteriker oder Gnostiker betrachtet. Er selbst sagte von seiner «Urerfahrung» der Jahre 1912-1918, daß sie «durchaus als ... Gnosis bezeichnet werden kann» (11,31).

Der Schamane ist ein Außenseiter, der sich seinen Träumen und Visionen hingibt. In seinem Rückblick schreibt Jung:

«... die frühen Träume. Sie haben mich von Anfang an bestimmt... Die Einsamkeit begann mit dem Erlebnis meiner frühen Träume und erreichte den Höhepunkt in der Zeit, als ich am Unbewußten arbeitete. Wenn ein Mensch mehr weiß als andere, wird er einsam...» (1,357-358).

Es gibt Dämonen, die den *Tod eines Angehörigen* des Schamanen verlangen; erst nachdem dieser gestorben ist, erreicht er die volle Schamanenkraft. Sprach nicht die Nr. 2 von Jungs Mutter vom zeitgerechten Tod seines Vaters?

Schließlich kommt es zu *Aufträgen,* die durch Träume, Visionen und Geisterverkehr empfangen werden — für den Schamanen auf physischem, für Jung auf geistigem Gebiet. Er enthüllt:

«All (..) meine Schriften sind sozusagen Aufträge von innen her; sie entstanden unter einem schicksalhaften Zwang. Was ich schrieb, hat mich von innen überfallen. Den Geist, der mich bewegte, ließ ich zu Worte kommen... Die Hauptsache war mir immer, daß das, was ich sagen mußte, gesagt worden ist» (1,225-226).

Die paranormale Berufung, Zurüstung und Beauftragung bringen ein besonderes Selbst- und Sendungsbewußtsein mit sich. Als Kompensation für den ständigen Zwang geben die Geister das Gefühl, «etwas Großes» zu erleben, zu sein und zu tun. Das war, seit seinem 12. Lebensjahr, auch bei Jung der Fall. Und kündigte die Anwesenheit der schwarzen Schlange bei «Elias» nicht einen «Heldenmythos» an? Über die entscheidenden Jahre 1912-1918 urteilte Jung:

> «Ich spürte, es war etwas Großes, das mir widerfuhr» (1,197).
> «Ich hatte gewußt, daß ich mit etwas Bedeutendem beschäftigt war»
> (1,202).

Welch ein tragischer Irrtum!

So wie der Schamane mit Hilfe von Geistern heilt, so schrieb Jung oft unter Inspiration aus der gleichen okkulten Quelle seine Werke. Jungs Nr. 2, seine Psychologie und Psychotherapie sind nicht voneinander zu trennen.

> «Es war eine dämonische Kraft in mir...» (1,180).
> «Es war ein Dämon in mir, und der war in letzter Linie ausschlaggebend. Er überflügelte mich, und wenn ich rücksichtslos war, so darum, weil ich vom Dämon gedrängt wurde ... ist man ausgeliefert, nicht frei, sondern gefesselt und getrieben vom Dämon... Wo das Daimonion am Werke ist, ist man immer zu nah und zu fern. Nur wo es schweigt, kann man mittleres Maß bewahren» (1,358-359).

Die nächsten gut vier Jahrzehnte hatte und behielt Jungs Nr. 2, sein schöpferischer Dämon, die Oberherrschaft:

> «In meinem Leben hat Nr. 2 die Hauptrolle gespielt, und ich habe immer versucht, dem freien Lauf zu lassen, was von Innen her an mich heranwollte» (1,51).

Jungs Nr. 1 und sein Körper waren lediglich Werkzeuge seiner Nr. 2. Schon in seiner Jugendzeit sprach er davon, daß seine Nr. 2 «sehnsuchtsvoll sich selber durch das dichte und dunkle Medium von Nr. 1 auszusprechen» suchte (1,91).

Der Schamane ist nicht nur ein Gesundmacher, sondern auch quasi ein *Missionar* mit einer ganz bestimmten Botschaft. So war auch Jung nicht nur Arzt-Psychiater, sondern vor allem auch ein «Missionar». Seine Psychologie und Psychotherapie enthalten eine ganz bestimmte Botschaft:

> «Die Gespräche mit den Toten, die «Septem Sermones» bildeten eine Art Vorspiel zu dem, was ich der Welt über das (kollektive) Unbewußte mitzuteilen hatte...» (1,195).

«Wenn ich heute zurückschaue und den Sinn bedenke, was mir in
der Zeit meiner Arbeit an den Phantasien widerfuhr, kommt es mir
vor, als sei eine Botschaft mit Übermacht an mich gekommen. Es
lagen Dinge in den Bildern, die nicht nur mich angingen, sondern
auch viele andere. Damit hat es angefangen, daß ich nicht mehr
nur mir selber gehören durfte. Von da an gehörte mein Leben der
Allgemeinheit» (1,195-196).

Die «Botschaft», die in jenen Jahren «mit Übermacht» aus
seinem «Kollektivunbewußten» zu Jung kam, umfaßt u.a.
die sogenannte Wirklichkeit der (unbewußten) Seele und
ihre «objektive» Natur, die «Archetypen», die «Gegensatzvereinigung» und die «Ganzheit». Träume, Visionen (Phantasien, innere Bilder, Erscheinungen) und Stimmen weisen
angeblich auf die «objektive Psyche» hin und seien auf sie
zurückzuführen und somit auch «objektiv». Auch Geistlehrer (Kontrollgeister) und «Verstorbene» sollen zur vermeintlichen «objektiven Psyche» gehören. Sie seien
«projizierte Teilaspekte der Persönlichkeit» bzw. «Archetypen». Durch die Gespräche mit der Geistergestalt «Philemon» habe Jung den Unterschied zwischen sich, d.h.
zwischen seinem Bewußtsein, und diesen «objektiv gegen-
übertretenden Phantasiegestalten» aus seinem «kollektiven
Unbewußten» erkannt. Da die unbewußte Seele auch «autonom» sei, sei sie ganz begrenzt oder überhaupt nicht be-
einflußbar.

Der Pfarrersohn, der Gottes Wort kannte, jedoch ablehnte, «C.G. Jung — Prophet des Unbewußten» (15), von
der Finsternis erwählt, berufen, erleuchtet und beauftragt
— welch eine Tragik!

2. Der Raum, den die «Anima» in Jungs «Unbewußtem»
und die Animatheorie in seiner Psychologie einnehmen,
wird von einigen zum Teil auf die große Rolle der Frau(en)
in Jungs Leben, vor allem die der Toni Wolff, zurückgeführt. Andererseits ist im Okkultismus bekannt, daß aus
besessenen Frauen eine Männerstimme (wie bei Helly) und

aus besessenen Männern eine Frauenstimme reden kann.
Zwar behauptete Jung, er habe schon 1918 mit seiner genannten Patientin gebrochen. Er sagte im Widerspruch dazu
andererseits, er habe sich «während Jahrzehnten» immer
an seine Anima gewandt. Sie habe außerdem «kein eigenes Sprachorgan» und durfte sich Jungs Mundes bedienen.
Das ist bei einer Patientin nicht recht denkbar. Auch sagte Jung im Vorwort zu *«Gott und das Unbewußte»* von
Victor White: «Theologisch gesehen ist mein Animabegriff
blühender Gnostizismus». Die «Anima» ist viel eher ein
Dämon, der die Stimme jener Patientin imitierte, als die
Patientin selbst. Wenn das zutrifft, sind auch «Anima» und
«Animus» Geistlehrer, also Dämonen, und zwar im psychologischen Gewande, ebensosehr wie «der alte Weise
Elias», «Philemon» und «Ka». Der Jungschen Theorie und
Therapie nach solle man sich mit dem kollektiven Unbewußten versöhnen und alle Archetypen integrieren, um zur
psychischen Ganzheit zu gelangen. Das impliziert denn auch
die Integration des möglichen Dämons «Anima».

3. Es war nicht das erste Mal, daß Jung «in die Tiefe» hin-
abstieg. Schon als Vierjähriger stieg er in seinem Initialtraum «in die Tiefe» hinab. Dort begegnete er dem
«Menschenfresser» auf dem Thron. Dreißig Jahre später
gab es wiederum im Traum einen Abstieg Jungs, diesmal
in das «unterirdische Gewölbe» des angeblichen psychischen
Hauses. Vier Jahre danach stieg er zum dritten Mal «in
die Tiefe» — nun jedoch nicht mehr im Traum, unbewußt,
sondern bewußt durch aktive Imagination, und zwar in die
Tiefe seines sogenannten kollektiven Unbewußten. Bemerkenswert ist, daß der Kontrollgeist «Ka», der «etwas Dämonisches» hatte, ebenfalls aus der Tiefe, «unten aus der
Erde» kam. Außerdem nannte Jung den ihn treibenden Dämon einen *«Geist aus der Tiefe»*. Er ist der tiefere Hintergrund der Tiefenpsychologie Jungs.

4. Daß Jung berufen wurde, Geister der Verstorbenen zu belehren, habe er, wie bereits erwähnt, schon durch einen Traum aus dem Jahre 1911 erkannt.

> «Schon früh hatte ich die Erfahrung gemacht, daß ich die Gestalten des Unbewußten, oder von ihnen oft ununterscheidbar, die 'Geister der Abgeschiedenen' zu belehren hatte... Als ich später die 'Septem Sermones' schrieb, waren es wiederum die Toten, welche die entscheidenden Fragen an mich richteten... Oft habe ich das Gefühl, als stünden sie direkt hinter uns und warteten darauf, zu vernehmen, welche Antworten wir ihnen ... geben... Zu dieser Ansicht bin ich durch die Beobachtung von Träumen über Verstorbene gekommen» (1,309-312).

Der Psychiater C.G. Jung — ein Schüler seiner Geistlehrer, ein Analysand bei einem weiblichen Geist und ein Lehrer der Totengeister, alle angeblich in seinem «Kollektivunbewußten»!

Die *«Verstorbenen»* nehmen einen auffallend großen Raum in Jungs Leben und Werk ein. Schon im Traum vom «psychischen» Haus (1909) war die Rede von zwei Totenschädeln. Dann die vielen Träume über Verstorbene aus vorigen Jahrhunderten in der Weihnachtszeit des Jahres 1912. Zudem ist für Jung das kollektive Unbewußte «das Land der Toten» in wörtlichem Sinne. Im Blick auf die Bilder, die er irrtümlicherweise dem «kollektiven Unbewußten» zurechnete, fielen Jung immer wieder die Worte aus Jes. 26,19 ein: «Deine Toten werden leben». Das ist eine übel angebrachte Auslegung. Der Bibeltext ist eine Prophetie für Israel (vergl. Hes. 37) und hat mit okkulten Phänomenen nicht das geringste zu tun. Ist vielleicht Jungs jahrzehntelange Beschäftigung mit dem «Kollektivunbewußten» im Grunde Beschäftigung mit Dämonen in der Gestalt von Geistlehrern und Verstorbenen — also *Spiritismus?*

5. Um seine (okkulten) Erlebnisse der Jahre 1912-1913 in den Griff zu bekommen, wandte Jung folgende praktische

und theoretische Kunstgriffe an. Vor allem seine Methode der aktiven Imagination mußte dazu dienen. Im Grunde war sie aber gerade eine aktive Öffnung für die Geisterwelt. Dazu kamen die schriftliche Fixierung jener «inneren» Erlebnisse im von Geistern gewählten Stil im «Roten Buch» wie auch das Malen der «Impulse aus dem Unbewußten», die Mandalazeichnungen. Auch meinte Jung, sie bewältigen zu können, indem er sie rational einordnete, personifizierte, benannte, zu verstehen suchte und «daraus die ethischen Konsequenzen» zog. «Nur so kann man ihnen die Macht entziehen, die sie sonst auf das Bewußtsein ausüben», so glaubte er. Aus diesen rein persönlichen Selbsthilfeversuchen machte Jung eine psychotherapeutische Methode der Selbsterlösung aus der «Umklammerung des Kollektivunbewußten» für die Allgemeinheit.

Durch den Rückgriff auf die Mythologie und Märchen, dann auf die Gnostik und Mystik und schließlich auf die asiatischen Religionen und die Alchimie versuchte Jung darüberhinaus «objektive» und «allgemeine» Belege für seine persönlichen und besonderen Erlebnisse zu finden und sich so ihrer zu bemächtigen. Solche «objektiven» und «historischen» Parallelen wurden dann ihrerseits manches Mal im Sinne seiner subjektiven Erlebnisse und zu ihrer Rechtfertigung neu interpretiert.

Last but not least schuf Jung seine analytische Psychologie, um seine strikt persönlichen Erlebnisse zu objektivieren und zu fundieren. Zwar sollte Jungs Psychologie eine von der Geisterwelt inspirierte Botschaft an die Menschheit sein. In erster Linie jedoch diente sie einem rein *persönlichen* Ziel. Die eigene Lebenskrise, seine «Bausteine einer Psychose» mußten vor allen Dingen «objektiv wissenschaftlich» interpretiert und normalisiert, legitimiert und generalisiert werden.

«Es ist natürlich eine Ironie, daß ich als Psychiater bei meinem Experiment sozusagen auf Schritt und Tritt demjenigen Material begegnet bin, das die Bausteine einer Psychose liefert, und das man darum auch im Irrenhaus findet» (1,192).

Eine eigene Psychologie zu kreieren, war für Jung selbst lebensnotwendig:

«Meine Wissenschaft war das Mittel und die einzige Möglichkeit, mich (..) aus jenem Chaos herauszufinden» (1,196).

Schon seit seiner Studentenzeit hatte Jung «eine geheime Angst», er könnte wie Nietzsche werden. Vor allem darum mußte eine analytische Psychologie mit der These einer «objektiven» und «unpersönlichen Kollektivseele» erfunden werden, um all seine (paranormalen) Erlebnisse unterzubringen. Somit konnte er sie als von «objektiver», «wirklicher» und «psychischer» Natur bezeichnen.

«Es war mir von Anfang an klar, daß ich (..) den Anschluß an die äußere Welt und die Menschen nur finden würde, wenn ich mich aufs Intensivste bemühte zu zeigen, daß die Inhalte der psychischen Erfahrung 'wirklich' sind, und zwar nicht nur als meine persönlichen Erlebnisse, sondern als kollektive Erfahrungen... Das habe ich später in meiner wissenschaftlichen Arbeit nachzuweisen versucht... Ich wußte, daß ich (..) zu absoluter Einsamkeit verdammt wäre, wenn mir das nicht gelänge» (1,198).

Die Inhalte dieser Kollektivseele seien, wie ihre Symbole, bei psychisch Gesunden die gleiche wie bei Geisteskranken, behauptet Jung. Der einzige Unterschied liege in der «Einstellung» zu und im «Umgang» mit dem Material aus dem «Unbewußten». Der Geisteskranke läßt sich davon überwältigen — der «psychisch Gesunde» aber versteht «den rechten Umgang» mit seinen Träumen, Halluzinationen, Auditionen und Geistern, wie angeblich Jung selbst.

Jungs spekulative Theorie der sogenannten objektiven Wirklichkeit der (unbewußten) Seele, auf die alles zurückgeführt wird, blockiert das biblische Verständnis für die Wirklichkeit der alten Natur und für die der dämonischen Steuerung und Inspiration.

6. Jungs Reisejahre (1920-1926)

Nachdem die Arbeit an seinem ersten großen Werk (36) beendet war, machte Jung im März 1920 auf Einladung des Geschäftsmannes Hermann Sigg eine Reise nach _Nordafrika_ (Tunesien und Algerien). Er wollte schon lange das «christliche» Europa von einem nicht-europäischen und vor allem nicht-christlichen Standpunkt aus beobachten und beurteilen.

> «Ich war nun endlich dort, wohin ich mich oft gesehnt hatte, nämlich in einem nicht-europäischen Land, wo ... keine christlichen Voraussetzungen herrschten, wo ... eine andere historische Tradition und Weltanschauung das Gesicht der Menge prägte» (1,242).

Auch diese Reise diente eigentlich einem rein persönlichen, nicht einem wissenschaftlichen Ziel. Jung war eben auf der Suche nach jenem Teil seiner «unbewußten Seele», der — dem Traum von 1909 gemäß — «die Welt des primitiven Menschen» enthalte. Ihn habe er durch seine christliche Erziehung und wissenschaftliche Arbeit sowie durch die europäische Kultur «verloren».

> «So will ich unbewußterweise jenen Persönlichkeitsteil in mir auffinden, welcher unter dem Einfluß und Druck des Europäerseins unsichtbar geworden ist. Dieser Teil steht in unbewußter Opposition zu mir, weil ich ihn nicht gelten lasse» (1,248).

So versuchte Jung bei den Arabern, die er intensiv beobachtete — ihre Sprache konnte er nicht verstehen —, und in der äußeren primitiven Welt Widerspiegelungen dieser «archaischen Tiefenschicht» seines «kollektiven Unbewußten» zu finden.

Wie jene paranormalen Erlebnisse der vorangegangenen Jahre hatte auch die arabische Kultur ihn «offenbar überwältigend getroffen». Er drohte seine europäische Identität zu verlieren. Kennzeichnend für Jung war, daß ihn daraufhin ein Traum überkam. Es war ein _Warntraum_ in Mandalaform. Er deutete ihn selbst, seinem Vorverständnis gemäß. Der dunkle Araber, der ihm im Traum erschien, mit ihm rang und ihn zu töten suchte, sei eine «arabische Einwirkung des Unbewußten», d.h. ein «Abgesandter des Selbst» und zwar dessen «Schattenseite». Als Symbol der «Ganzheit» müsse das Selbst sowohl positiv als auch negativ sein. Da Jung die «Schattenseite des Selbst», den dunklen Araber, nicht habe gelten lassen, sei sie, bzw. der Araber, sein Feind, der mit ihm kämpft. Jung habe also für sich zu lernen und anderen zu verkündigen, daß es gilt, die primitive Seite des kollektiven Unbewußten, ihre positive und ihre negative Seite, zu integrieren. Man solle weder sich von ihr überwältigen lassen noch sie verdrängen.

Jung scheute sich nicht, diesen geträumten und selbstgedeuteten Kampf mit dem wirklichen Kampf Jakobs in Pniel zu vergleichen. Jakob kämpfte jedoch nicht mit einem fiktiven ignorierten, primitiven Teil seines «Kollektivunbewußten» und schon gar nicht mit «Jahwes dunkler Seite», sondern mit einem Engel Gottes. Jakob machte dann auch nicht eine «archetypische Erfahrung» in Pniel.

Andererseits konnte Jung nach jenem Araber-Traum nicht wie Jakob in Pniel sagen: «Ich habe Gott von Angesicht zu Angesicht gesehen und meine Seele ist gerettet worden» (1. Mose 32,31). Übrigens zeigen die Bilder aus Jungs Traum eine deutliche Parallele zu den Bildern im «Arabischen Buch des Ostanes, des ältesten bekannten alchemistischen Autoren, den Jung später in einer Arbeit erwähnt» (33,179).

Dieser Traum von 1920 sei «ein erstes Nachspiel der Auseinandersetzung mit dem Unbewußten» (33,180). Er hinterließ bei Jung, der sich von Afrika «psychisch infiziert» fühlte, den «lebhaften Wunsch», bei nächster Gelegenheit wieder nach Afrika zu reisen.

Im Sommer 1920 hielt Jung sein erstes psychologisches Seminar in England (Cornwall). Dort machte er eine Spukerfahrung. Auch schnitzte er dort zwei Figuren, dem schwarzen Männchen ähnlich, das er 35 Jahre zuvor gemacht hatte. Es war wiederum eine Gestaltung seines schöpferischen Dämons.

In die frühen zwanziger Jahre fallen auch Jungs *parapsychologische Experimente* mit dem österreichischen Medium Rudi Schneider, dem jüngeren Bruder des Mediums Willy Schneider. Er führte sie mit dem bekannten Parapsychologen Dr. Albert Freiherr von Schrenck-Nötzing und Prof. E. Bleuler in der psychiatrischen Klinik Burghölzli durch.

Jungs Interesse galt jedoch vor allem außersinnlicher Wahrnehmung wie Wahrsagerei, Proskopie, Astrologie und Telepathie. So experimentierte er seit 1920 mit dem chinesischen Orakelbüchlein *«I Ging»,* als er sich auch mit asiatischer Philosophie, vor allem dem Taoismus beschäftigte. Die Frage nach der Einheit der Gegensätze in seiner polaren Typologie führte ihn dann ebenfalls zum Tao-Begriff (1,211).

Jung konnte sich oft «stundenlang» in diese Form der Wahrsagerei vertiefen. Er glaubte «sinnvolle Zusammenhänge» mit seinen eigenen Gedanken zu finden. Das läßt sich bei seiner ständigen Selbstdeutung verstehen. Außerdem konnten die Wahrsagegeister bei seiner ererbten Medialität anknüpfen.

Den «psychophysischen» und «akausalen» Parallelismus bei Wahrsagerei, z.B. Astrologie, Kartenlesen, Präkognition, Telepathie, wie auch bei Magie und außerkörperlichen Erfahrungen nannte Jung 10 Jahre später *Synchronizität.* Erst 1952 «gab Jung zu, daß Synchronizität und Magie im Grunde dasselbe sind» (10,138). Vielleicht sollte man eher sagen, daß Synchronizität und okkulte Steuerung dasselbe sind. Als Vorläufer der Vorstellung einer Synchronizität nennt Jung u.a. Hippokrates, Agrippa von Nettesheim und Paracelsus. Sie alle waren Männer, die im Okkultismus verstrickt waren.

Der «psychologische» Begriff Synchronizität verschleiert den kausalen Zusammenhang zwischen dem von Gott verbotenen Okkultismus und seinen Folgen.

Jung war von seiner I Ging-Wahrsagerei «dermaßen fasziniert», daß er sie auch in seiner psychiatrischen Praxis anwandte. So gab er einmal einem jungen Patienten den Rat, ein bestimmtes Mädchen nicht zu heiraten, weil dessen Hexagramm angeblich lautete: «Das Mädchen ist mächtig. Man soll ein solches Mädchen nicht heiraten».

Auch in wichtigen Entscheidungen seines Lebens pflegte er mit I Ging Wahrsagerei zu treiben, ebenso in bezug auf seine nächste Afrika-Reise.

Nicht lange nachdem Jung sich mit dieser Wahrsagerei beschäftigte, erschien die deutsche Übersetzung von I Ging mit einem Kommentar von *Richard Wilhelm,* einem ehemaligen Chinamissionar. Er war damals Rektor des chinesischen Instituts in Frankfurt-M. und Lehrer. Jung lernte ihn bei einer Tagung der «Schule der Weisheit» in Darmstadt kennen, die 1920 vom ehemaligen Theosophen und Freund von Annie Besant, Hermann Graf Keyserling, gegründet worden war. Danach lud er 1923 Wilhelm zum Vortrag über I Ging in seinen Psychologischen Klub ein. Bei dieser Gelegenheit bat Jung ihn, ein Hexagramm über seinen Psychologischen Klub auszuarbeiten. Die Diagnose und Prognose waren «verblüffend». Er informierte Jung über die praktische Auswertung des Hexagramms.

Es gab intensive Gespräche zwischen beiden Männern über die chinesische Philosophie und Religion. Sie gaben Jung Antwort auf «einige der schwierigsten Probleme» in bezug auf das «Unbewußte».

Wilhelm betonte: «Meine große Befriedigung ist, daß ich nie einen Chinesen getauft habe». Stattdessen hatte er sich von einem alten chinesischen «Weisen» in den I Ging einführen lassen. Er praktizierte diese Orakeltechnik auch selbst. Jung bedauerte jedoch, daß Wilhelm, der sich in China dem Geist und Denken des Taoismus geöffnet hatte, sich bei seiner Rückkehr nach Europa wieder dem europäischen Denken angepaßt hatte. Er war der Auffassung, Wilhelm sei damit seiner «Aufgabe», dem Westen «die geistigen Schätze Chinas» zu übermitteln, «untreu» geworden. Ganz im Sinne seines Vorverständnisses, faßte er Wilhelms Haltung als einen Konflikt zwischen dessen Bewußtsein (d.h.West) und dessen kollektivem Unbewußten (d.h.Ost) auf.

Nicht ganz überraschend bekam Jung eine *Vision* eines Chinesen, der sich tief vor ihn neigte, wie wenn er ihm «eine Botschaft überbringen» wollte. Jung «wußte», um was es sich handelte, nämlich daß er mit seiner Psychologie die Aufgabe übernehmen sollte, dem christlichen Westen taoistisches Gedankengut aus China zu übermitteln. Die komplexe Psychologie wurde eine *taoistisch-orientierte Psychologie,* mit einem «ganzheitlichen» Welt- und Menschenbild.

Um die Tiefen des europäischen «Kollektivunbewußten» noch mehr erforschen zu können, wollte Jung wiederum außerhalb der europäischen Kultur, aber «auf ein noch tieferes Kulturniveau» als in Nordafrika hinuntersteigen. So reiste er mit dem Sohn des Ehepaars Mc. Cormick Ende 1924 zu den *Pueblo-Indianern* in Neu-Mexiko. Dort hatte Jung, der Europa als «unser größtes Problem» ansah, das erste mal «das Glück», zu einem Nichteuropäer im Sinne eines nicht-weißen Menschen zu reden. Kennzeichnend für Jung ist, daß er empfand, «daß er zum Häuptling dieser Indianer wie noch selten zu einem Europäer hatte sprechen können». Dieser Häuptling war davon überzeugt, daß «alle Weißen verrückt sind, weil sie mit dem Kopf denken», während sie, die Indianer, «mit dem Herzen denken». Damit habe Jung «zum ersten Mal» in seinem Leben jemand ein Bild des «wirklichen» weißen Menschen und «seinen verwundbaren Flecken» gezeichnet, wofür dieser aber blind sei. Daraufhin sah Jung vor seinem inneren Auge, wie Columbus und andere Eroberer die «friedlich in der Sonne, ihrem Vater, träumenden Pueblos mit dem Feuer, Schwert und Christentum erschreckt» hatten.

Noch etwas meinte Jung von diesem Indianerstamm gelernt zu haben. Als er mit dem Häuptling auf dem Dach des Hauses den Sonnenaufgang betrachtete, sagte dieser: «Ist nicht der, der dort geht, unser Vater? Wie kann ein anderer Gott sein? Nichts kann ohne die Sonne. Die Sonne ist Gott». Allerdings sei dieser «Gott» hilfsbedürftig, denn auf die Hilfe des Menschen angewiesen. Ohne die Religion dieser Indianer könne er eben «nicht über den Himmel gehen». Ihr Leben ist also «kosmologisch sinnvoll», folgerte Jung. Demgegenüber zeige der europäische, «von der Vernunft formulierte» Lebenssinn, «wie verarmt und heruntergekommen wir sind». Jung beneidete diese Heiden, denn

«Gott eine Rückleistung geben zu können ist ein stolzes Gefühl, welches das menschliche Individuum zur Würde eines metaphysischen Faktors erhebt. 'Gott und wir'. Ein Mensch ist im vollsten Sinne des Wortes an seinem Platz» (1,256).

Auch mit den Schwarzen wollte Jung in Berührung kommen, um deren Beitrag zur Psychologie seiner amerikanischen Patienten zu verstehen. Deshalb fuhr er noch nach New Orleans.

Im Frühjahr 1925 begann Jung nach seiner Rückkehr mit dem ersten langen Seminar in englischer Sprache im Psychologischen Klub. Aber bald danach fuhr der reiselustige Jung im Sommer 1925 nach England für ein weiteres Seminar. Beim Besuch einer Ausstellung in London entschloß er sich, eine Reise ins tropische Afrika zu unternehmen. Solch eine Reise erforderte viel größere Vorbereitungen als die Nordafrikareise. Als diese nicht so problemlos verliefen, suchte Jung eine «direkte Botschaft aus dem Unbewußten», indem er das Wahrsagerei-Büchlein *I Ging* befragte. Da hieß es: «Der Mann zieht aus und kommt nicht wieder.» Daraus schloß Jung, daß sein «Unbewußtes» zwar mit der Afrikareise einverstanden sei, er jedoch von dieser Reise nicht zurückkehren würde. Als sich herausstellte, daß die Wahrsagerei eine «Lügensagerei» war, interpretierte Jung sie im nachhinein in seiner typischen Selbstdeutung um.

Im Herbst 1925 reiste der 50jährige mit zwei Freunden nach *Kenia und Uganda*. Schon lange hatte Jung der Wunsch beschäftigt, längere Zeit in einem Land und unter Menschen zu verbringen, die «möglichst wenig mit Europa zu tun hatten». In Uganda nahmen die drei Männer die Engländerin Ruth Baily dazu, so daß Jungs heilige Vierer-Zahl, die Zahl der «Ganzheit», erreicht war. Seinem Vorverständnis getreu deutete Jung es folgendermaßen: der «Archetypus der Triade», der sie zur Aufnahme des Fräuleins Baily beeinflußt hatte, «ruft nach dem Vierten».

In Zentralafrika hatte Jung, als er eine braun-schwarze Gestalt auf einen langen Speer gestützt sah, ein intensivstes «sentiment du déjà vu» seitens seiner «zeitlosen Nr. 2» — ein Gefühl, wie wenn er jenen Augenblick schon einmal erlebt und jene Welt schon immer gekannt hätte. «Ich wußte, daß seine Welt die meine war seit ungezählten Jahrtausenden», behauptete Jung im Sinne seiner These des kollektiven Unbewußten. Der Gefühlston dieses «wunderlichen Erlebnisses» begleitete ihn sogar auf der ganzen Reise — ein Gefühl, das er «schon einmal vorher gekannt» hatte, nämlich als er mit dem Medium Rudi Schneider parapsychologische Experimente durchführte.

Ein weiteres Erlebnis war Jung unvergeßlich. Es war der Besuch eines großen Wildreservates, das er deutete als «die Welt, wie sie immer schon gewesen war, im Zustand des Nicht-Seins; denn bis vor kurzem war niemand vorhanden, der wußte, daß es «diese Welt war». Noch im Banne der vermessenen Vorstellung «Gott und wir», folgerte Jung:

> «Da war ich nun der erste Mensch, der erkannte, daß dies die Welt war und sie durch sein Wissen in diesem Augenblick erst wirklich erschaffen hatte. Hier wurde mir die kosmische Bedeutung des Bewußtseins überwältigend klar... Der Mensch, ich, gab der Welt im unsichtbaren Schöpferakt erst die Vollendung, das objektive Sein. Man hat diesen Akt dem Schöpfer allein zugeschrieben und nicht bedacht, daß wir damit Leben und Sein als auskalkulierte Maschine ansehen, die sinnlos ... nach vorbekannten und bestimmten Regeln weiterläuft. In einer solchen trostlosen Uhrwerkphantasie gibt es kein Drama von Mensch, Welt und Gott» (1,259).

Bemerkenswert ist Jungs Reihenfolge «Mensch, Welt und Gott». Schon vor etwa zwölf Jahren bekannte er, nicht «im christlichen Mythus» zu leben (1,174). Darum beneidete er die Pueblo-Indianer um ihre «Sinnerfülltheit» und schaute sich nach einem «eigenen Mythus» um. Hier und jetzt habe er nun den Sinn seines Lebens, ja des Lebens überhaupt gefunden:

> «Jetzt wußte ich ihn und dazu noch mehr: der Mensch ist unerläßlich zur Vollendung der Schöpfung, ja er ist der zweite Weltschöpfer selber, welcher der Welt erst das objektive Sein gibt... Menschliches Bewußtsein erst hat objektives Sein und den Sinn geschaffen, und dadurch hat der Mensch seine im großen Seinsprozeß unerläßliche Stellung gefunden» (1,259).

Das *Bewußtsein des Menschen* sei also *sinngebend*. Jungs Jugendbild eines übermächtigen, überwältigenden, zwingenden Gottes wich dem der alten Natur angemesseneren Bild eines hilfs- und ergänzungsbedürftigen Gottes, der sowohl für sich selbst als auch für seine Schöpfung des menschlichen Zu-Hilfe-Kommens bedürfe.

Wie zu erwarten, interessierte sich Jung sehr für die Träume der Schwarzen. Sie wollten sie aber nicht preisgeben, auch nicht für Jungs materielle Belohnungen. Als er einmal einen Medizinmann des Laibonstammes nach seinen Träumen fragte, antwortete dieser, «mit Tränen in den Augen»: «Früher» hätten die Laibons Träume gehabt. Aber seit die Weißen in Afrika sind, habe niemand mehr solche Träume. Man brauche auch keine Träume mehr, denn jetzt wüßten es die Engländer. Wie zu erwarten, bedauerte Jung es, daß der Medizinmann mit seinen wahrsagenden Träumen nun auch «seine raison d'être verloren» hatte.

Natürlich wollte Jung auch die heidnische Religion der Schwarzen mit ihren Riten und Zeremonien kennenlernen. Die Schwarzen des Elgonyi-Stammes kamen jeden Morgen, um die Nacht, d.h. den «Teufel», und die Sonne, d.h. «Gott», anzurufen und die Sonne zu verehren. Die Morgenzeremonie der «Darbringung an die Sonne» «könnte ebensogut lauten: 'Herr, in Deine Hände befehle ich meinen Geist'», deutete Jung. Was ihn beeindruckte, war die «Vereinigung» der Gegensätze Sonne und Finsternis, Tag und Nacht bzw. Gott und Teufel im Totenritual der Schwarzen, indem sie gleichzeitig beiden opferten. Beide sind «von gleicher Macht und Bedeutung», denn «Tag und Nacht dauern sichtbar je 12 Stunden».

Das allmorgendliche Sonnenritual oder der Horuskult dieser Schwarzen, welchen man in verschiedenen okkulten Systemen und Religionen kennt, wurde Jung zum Symbol eines *psychischen* Geschehens. Die Finsternis sei ein Symbol der «psychischen Urnacht» des «kollektiven Unbewußten». Die Sehnsucht nach dem Licht sei «die Sehnsucht der unbewußten Seele nach Bewußtsein».

«Damals verstand ich, daß in der Seele von Uranfang her eine Sehnsucht nach Licht wohnt und ein unabdingbarer Drang, aus ihrer uranfänglichen Dunkelheit herauszukommen» (1,273).

«Bewußtwerdung», nämlich des eigenen «Kollektivunbewußten», sei darum «unerläßlich zur Vollendung der
Schöpfung», zur Individuation oder Ganzwerdung. Sie erfordere somit Bewußtseinserweiterung.

Jung genoß den angeblichen «Gottesfrieden» eines noch
«urweltlichen», heidnischen Landes, weit weg vom zivilisierten «Europa, der Mutter aller Teufel... Meine befrei-
ten seelischen Kräfte strömten beseligt zurück in
vorweltliche Weiten» (1,268). Aber schließlich war der Augenblick gekommen, daß er «mit Trauer» die Zelte abbrechen und «diese ungeahnte Herrlichkeit» von Zentralafrika,
wie er sie erlebt hatte, verlassen mußte. Als die Reise in
Ägypten endete, wollte er noch den «hamitischen Beitrag
zur ägyptischen Kultur» kennenlernen. Jedoch,

> «Meine Erleuchtung in dieser Hinsicht bildete das Horuserlebnis
> der Elgonyi... Der Mythus von Horus ist die Geschichte des neu
> entstandenen göttlichen Lichtes... So wurde die Reise aus dem In-
> neren Afrikas nach Ägypten für mich zu einem Drama der Licht-
> geburt, welches mit mir, mit meiner Psychologie, aufs innigste
> verbunden war» (1,277).

Im nachhinein erkannte Jung, daß vielmehr der *subjektive* Umstand, nämlich daß ihm «in Europa die Luft zu dick»
geworden war, also eine Flucht, der eigentliche Grund für
diese Reise gewesen war. Es war «nicht so sehr eine objektive, wissenschaftliche als vielmehr eine intensiv persönliche Frage... Ich wollte wissen, wie Afrika auf mich wirkte,
und das habe ich erfahren» (1,277).

Diese Afrikareise bedeutete eine wesentliche Episode in
Jungs Leben. Die Vorstellung eines *hilfs- und ergänzungsbedürftigen Gottes* wurde eine religiöse Säule in Jungs
Werk. Die Vollendung der Schöpfung Gottes, d.h. die Ver-
vollkommnung des Menschen durch das Bewußtwerden des
«Kollektivunbewußten» und durch das «Vereinen» der Gegensätze Licht und Finsternis, Bewußtsein und Kollektivun-

bewußtes, wurde der neue Sinn, die religiöse *raison d'être* von Jungs Leben und Lebenswerk.

7. Bollingen — das Refugium für Jungs sogenannte Nr. 2

Im Jahre 1922 kaufte Jung ein Stück Land in Bollingen, um sich einen Zufluchtsort zu bauen. Nach den überwältigenden Eindrücken der ersten Afrikareise mit ihrer «naturnahen Kultur», war es zu erwarten, daß Jung das Haus einfach haben wollte, ohne fließendes Wasser, ohne Elektrizität und ohne Telefon. Die «einfachen Dinge machen den Menschen einfach», glaubte er. Bis 1931 kam er mit gefiltertem Seewasser zurecht. Dann entdeckte Jung mit Hilfe eines *Rutengängers* einen eigenen Brunnen (33,189-190).

Kurz nach dem Tode seiner Mutter im Jahre 1923 begann Jung einen Turm zu bauen. Ein Jahr nach dem Tode seiner Frau im Jahre 1955 war der ganze Gebäudekomplex fertig. Diese Daten nannte Jung «sinnvoll», weil «der Turm mit den Toten verbunden ist». Als er im Jahre 1923 zu bauen anfing, sagte z.B. seine älteste Tochter hellseherisch: «Was, Du baust hier? Hier sind ja Leichen.» Vier Jahre später fand er beim Bauen tatsächlich ein Skelett. Jung erklärte den Umstand, daß seine Tochter die Anwesenheit von Leichen gespürt hatte, aus dem Erbe seiner Großmutter mütterlicherseits — eine Medialität über vier Generationen.

Außerdem war der Turm den Ahnen, also den Verstorbenen, geweiht. Im Winter 1955/56 meißelte Jung die Reihe seiner väterlichen Vorfahren auf drei Steintafeln und brachte sie in der Loggia an. Er fühlte eine «Schicksalsverbundenheit» mit ihnen, besonders mit seinem angeblichen Urgroßvater Goethe wegen «Faust». Im Gegensatz zu seiner Jugendzeit, wo er sich mit Faust identifizierte, ergriff er mit etwa vierzig Jahren die Partei des Alten. So nannte Jung die «Phantasiegestalt» des alten Weisen Philemon. Einige Jahre später meinte er die Schuld von Faust, der den Tod von Philemon und Baucis veranlaßt hatte, sühnen zu müssen. Er empfand sie als seine eigene Schuld, etwa wie wenn er am Mord der beiden teilgehabt hätte (1,238). In einem Brief aus dem Jahre 1942 schrieb Jung:

> «Es ist mir einmal mit Schrecken und urplötzlich klar geworden, daß ich *Faust als Erbschaft übernommen* habe, und zwar als Anwalt und Rächer von Philemon und Baucis, welche, unähnlich Faustens Übermenschentum, die Gastgeber der Götter sind zu einer Zeit der Ruchlosigkeit und Gottverlassenheit. Das ist mir zu einer persönlichen Angelegenheit zwischen mir und dem proavus Goethe geworden» (9,I,385).

Deswegen schrieb Jung als Inschrift über dem Eingang des Turms in Latein: «Das Heiligtum Philemons — Fausts Sühne». In Bollingen sei «Philemon lebendig».

Der Turm sollte nicht nur Zufluchtsstätte, sondern vor allem Ausdruck von Jungs «Innenleben» sein, wie er es erlebte und deutete. Wort und Papier waren ihm dazu «nicht real genug». Er mußte seine «inneren Erfahrungen und Gedanken» in Stein darstellen, als ein *Bekenntnis in Stein*. Jung baute am Wasser, das ihm das Hauptsymbol für das «kollektive Unbewußte» war. Im Jahre 1923 entstand das erste Haus, selbstverständlich rund, als Symbol des «Selbst» oder der «psychischen Ganzheit».

Aber Jung fühlte, noch mehr in Stein sagen zu müssen. So entstand im Jahre 1931 ein zweiter Turm, den Jung «in einer Art Traum gebaut» habe. Mit der Kreisform seines Grundrisses sei auch dieser Turm ein Ausdruck von Jungs «Selbst», ein Mandala in Stein. In den rauhen Mauersteinen «sah» Jung Umrisse von Gestalten, die er dann in Relief meißelte und mit Inschriften versah. So entstand eine Frau, die er in einem Brief aus dem Jahre 1960 folgendermaßen deutete: «Die Frau bedeutet offenbar meine Anima in Gestalt einer vieltausend-jährigen Ahnfrau.» Dann meißelte er ein Pferd, dem er die Inschrift gab: «Pegasus, lebendiger Quell, das Wasser, das der Aquarius ausgießt», und weiter eine Bärin und das lachende Gesicht des Mercurius. Die Darstellungen sollen auf das kommende astrologische Zeitalter des Wassermanns hinweisen, in dem die Frau, die Anima, eine große Rolle spiele.

Ein Raum im Turm war ausschließlich für Jung bestimmt. Er bedeutete eine Stätte der «Introversion», Imagination, Konzentration und somit der Inspiration, vor allem seitens seiner Nr. 2. Der «eigentliche schöpferische Teil seiner Arbeit» wurde darum «immer in Bollingen vollbracht» (33,192).

1950 setzte der 75jährige Jung dem, was der Turm ihm bedeutete, ein steinernes Denkmal in Würfelform. Auf der Vorderfläche meißelte er ein kleines Männchen, eingehüllt in ein Mäntelchen. Es war das dritte Mal, daß er seinen «schöpferischen Dämon» als Kabir oder Homunculus gestaltete. Jetzt brachte er auf dem Kapuzenmäntelchen das Merkurzeichen an, das die «Vereinigung der Gegensätze» oder den «Inbegriff der Ganzheit» darstellen soll. Jung meißelte das Männchen ins Zentrum eines kleinen Kreises, den er auf dem Wege der Imagination paranormal sah. Er widmete ihm, der «den Weg zum Land der Träume weist», ein paar Sätze, die Jung «kamen», während er am Stein arbeitete. Jungs «schöpferischer Dämon», Inspirator seiner ganzheitlichen Psychologie, vorne und im Mittelpunkt seines Denkmals — welch ein «Bekenntnis in Stein»!

Auf der Rückseite meißelte Jung «Der Ruf von Merlin». Merlin war ein Zauberer, ein «Sohn des Teufels und einer reinen Jungfrau». Das Geheimnis dieses Schamanen sei «vor allem in der Gestalt des Mercurius weitergeführt worden. Dann ist er von meiner Psychologie des Unbewußten aufgegriffen worden», erklärt Jung, und zwar als Symbol des Selbst. Gibt Jung damit nicht selbst einen Hinweis auf einen Zusammenhang zwischen seiner Psychologie des Selbst und des Schamanentums oder der Zauberei?

Auf einer anderen Seite ließ er «den Stein sozusagen selber in einer lateinischen Inschrift sprechen. Alle Sätze sind Zitate aus der Alchemie», so sagt er.

Im Blick auf seine ganze Arbeit an diesem Gedenkstein schrieb Jung 1950 in einem Brief: «Als ich den Stein meißelte, habe ich nicht nachgedacht, ich formte nur das, was ich auf seiner Oberfläche sah.»

Dieses «Sehen» und Formen entstammten nicht nur einer kreatürlichen künstlerischen Begabung. Auch Jungs Steinarbeit war ja ein *rite d'entrée*, ein Kontaktmittel, für paranormale Inspiration. Als der Stein fertig war, wunderte sich Jung selbst darüber und fragte sich, «was es heiße, daß man so etwas überhaupt macht».

Im Laufe der Zeit entstanden vier verschiedene Gebäudeteile, also eine Vierheit als Symbol der Ganzheit. Als seine Frau 1955 starb, fühlte der 80jährige Jung die innere Verpflichtung, zu dem zu werden, der er selber sei. So «vollendete» er seine Bauten, indem er den mittleren Gebäudeteil als Symbol für sein Bewußtsein bzw. sein Ich durch ein oberes Stockwerk erhöhte. Damit sei die Entwicklung seiner Persönlichkeit, seine Individuation, zum Abschluß gekommen. Der Turm sei «Gehäuse» und «Ausdruck» von Jungs «Selbstwerdung» — eine «Wiedergeburt in Stein», wie er empfand.

> «Von Anfang an wurde mir der Turm zum Ort der Reifung — ein Mutterschoß oder eine mütterliche Gestalt, in der ich wieder sein konnte, wie ich bin, war und sein werde. Der Turm gab mir das Gefühl, wie wenn ich in Stein wiedergeboren wäre. Er erschien mir als Verwirklichung des vorher Geahnten und als eine Darstellung der Individuation» (1,229).

In Bollingen, wo seine Werke entstanden, war Jung in seinem «eigentlichen Wesen», in seiner Nr. 2, d.h. ein Esoteriker — kein Wissenschaftler. Der würfelförmige Stein und die vier Gebäude sind ein «Denkmal» von Jungs irrationaler, mythologischer und okkulter Orientierung und Prägung.

8. Jung und die Alchimie

Besonders in den zwanziger Jahren war Jung ständig auf der Suche nach historischen «Belegen» für seine paranormalen Erlebnisse der Jahre 1912-1918. Wenn ihm der «Nachweis der Präfiguration der inneren Erfahrungen» nicht gelingen würde, hätte er sie «nie zu bestätigen vermocht». Wie wir bereits sahen, beschäftigte sich Jung vorerst intensiv mit gnostischen Irrlehrern und ihren spekulativen, intuitiven Vorstellungen und mystisch-okkulten Erfahrungen und Symbolen. «Denn auch die Gnostiker waren der Urwelt des Unbewußten begegnet und an den Archetypen interessiert», interpretierte er die Gnostiker seinem Vorurteil gemäß.

Zwar habe er in der Gnostik eine «Vergleichsmöglichkeit» mit seinen Erlebnissen mit dem «Unbewußten» gefunden. Aber er empfand, für eine historische Grundlage nicht bei ihnen anknüpfen zu können. Die Gnostiker waren ihm «zeitlich zu weit entfernt». So war Jung auf der Suche nach einem historischen Pfeiler für die Brücke vom Gnostizismus zu seinen esoterischen Erfahrungen und Einsichten. Da wurde ihm die Begegnung mit der Alchimie «zum entscheidenden Erlebnis».

> «Erst als ich anfing die Alchemie zu verstehen, erkannte ich, daß sich durch sie die historische Verbindung zum Gnostizismus ergibt, daß durch die Alchemie die Kontinuität von der Vergangenheit zur Gegenwart hergestellt ist. Als eine Naturphilosophie des Mittelalters schlug sie eine Brücke sowohl in die Vergangenheit, nämlich zum Gnostizismus, als auch in die Zukunft, zur modernen Psychologie des Unbewußten» (1,204-205).

Der «entscheidende» *Traum,* der sein Studium der Alchimie vorwegnahm, überkam Jung schon im Jahre 1926. Darin rief ein Bauer: «Jetzt sind wir im 17. Jahrhundert gefangen». Das sei der Höhepunkt der Alchimie gewesen. Daraufhin wälzte Jung zunächst dicke Bücher über Philosophie- und Religionsgeschichte. Dieses Studium erstreckte sich über viele Jahre.

Bevor er 1928 die «überwältigende Bedeutung der Alchemie» für seine Psychologie und Psychotherapie entdeckte, hatte Jung, wie üblich, wiederholt *Träume.* Darin handelte es sich immer um das gleiche Motiv: neben seinem Haus stand ein ihm fremder Anbau. Damit ist «der unbekannte Teil meiner Persönlichkeit gemeint», verstand Jung seinem Vorurteil gemäß. Durch einen anderen Traum gelangte er in jenen bis dahin unbetretenen Anbau, in dem er eine «wunderbare Bibliothek» mit Büchern aus dem 16. und 17. Jahrhundert mit «Abbildungen wunderlicher Symbole» entdeckte. Später «erkannte» Jung, daß die Bibliothek auf die Alchimie hinwies und daß die Symbole alchimistisch waren. Diese Bibliothek übte begreiflicherweise eine «unbeschreibliche Faszination» auf ihn aus. Etwa 15 Jahre danach hatte Jung eine ähnliche Bibliothek in seinem Haus aufgebaut.

Worauf die Träume hinauswollten, verstand Jung nicht sofort. Ein Traum in Liverpool im Jahre 1927 veranlaßte ihn, ein «besonders wichtiges» Mandala zu malen. Es wurde das vorletzte von seiner Hand. Der Traum enthielt einen blühenden Baum auf einer kleinen zentralen Insel, die im Sonnenlicht erstrahlte. Alles andere war mit Nacht und Nebel bedeckt. Darüber hinaus gab es ein zweites, aber sekundäres Zentrum, eine kleine Nachbildung jener Insel. Dieses Mandala sei Jungs «erste lebendige Veranschaulichung der Natur des Selbst». Im «kollektiven Unbewußten» sei *das Selbst das Zentrum,* versinnbildlicht in der strahlenden zentralen Insel. Das individuelle Ich stehe nur am Rande. Die Sehnsucht nach dem Tag bzw. dem Licht, die Jung vor zwei Jahren in Afrika miterlebte, sei demnach eine Projektion der Sehnsucht nach dem «Selbst», dem «inneren Licht». Seitdem begann Jung, zwischen dem «Mythus der Menschheit» und «seinem eigenen Mythus» zu differenzieren. Er glaubte, an seinen Mandalazeichnungen, die er seit seinen «Sieben Belehrungen der Toten» im Jahre 1916 malte, seine «psychische Wandlung», seine «Entwicklung (Evolution) des Bewußtseins» ablesen zu können.

> «Meine Mandalazeichnungen waren Kryptogramme über den Zustand meines Selbst, die mir täglich zugestellt wurden. Ich sah, wie das Selbst, d.h. meine Ganzheit, am Werke war» (1,199).

So zeige auch dieses Mandala von 1928, das «eins seiner bedeutendsten Mandalas» sei, seine damalige «psychische» Situation: Hier sei das Ziel seiner «psychischen Evolution» — ein Kernbegriff der Jungschen Psychologie — d.h. das «Selbst» als das Zentrum ausgedrückt.

Der Traum mit diesem Mandala, das Jung mit dem alchimistischen Ausdruck für die sogenannte Vereinigung der Gegensätze «Fenster der Ewigkeit» nannte, hatte eine größere Auswirkung. Zunächst sei er ihm eine erste *Bestätigung* seiner Ideen über das «Selbst» als dem «Zentrum». Nicht durch wissenschaftliche Arbeit, sondern:

> «Durch den Traum verstand ich, daß das Selbst ein Prinzip und ein Archetyp der Orientierung und des Sinnes ist... Der Traum drückte den Gipfel der Bewußtseinsentwicklung aus. Er befriedigte mich restlos, denn er gab ein vollständiges Bild meiner Situation. Ohne eine solche Vision hätte ich vielleicht die Orientierung verloren und meine Unternehmung aufgeben müssen. Aber hier war der Sinn ausgedrückt» (1,202).

Dieser Mandalatraum war es also, der Jung enthüllte, er habe sein «Selbst» als den Sinn und das Ziel seines Lebens gefunden; er habe seine «inneren Gegensätze» miteinander versöhnt und vereint und somit seine Selbsterlösung vollbracht. Er war «restlos befriedigt» — jedoch für wie lange?

Dann war Jung dieser Mandalatraum vor allem deshalb wichtig, weil er den Sinn seines Werkes und seiner Therapie *über Freud hinaus* zeige, nämlich Verwirklichung des Selbst über Auseinandersetzung mit dem kollektiven Unbewußten und somit Bewußtseinserweiterung, kurzum «Psychosynthese» oder «Ganzheit». 15 Jahre nach dem Bruch mit Freud wurde dem bereits 52jährigen Jung endlich und zwar durch einen Traum klar, daß und was er mehr als sein Lehrmeister wußte und tat. Er war ihm ein «Gnadenakt», ähnlich dem, den er 40 Jahre zuvor (nach seiner Gotteslästerung) erlebt habe.

Außerdem war jener Traum vom «Selbst» eine *Quelle der Hoffnung* für Jung, ja für die ganze Welt. Nach seiner Rückkehr aus Afrika überfiel ihn nämlich ein Gefühl der Depression und Hoffnungslosigkeit wegen der Weltlage nach dem Ersten Weltkrieg. Durch den Traum aber kam er «nie wieder in Versuchung zu verzagen». Denn wenn auch die persönliche und die Weltlage noch so hoffnungslos sind, so leuchte doch im Innern eines jeden Menschen «eine Insel im Sonnenlicht», nämlich das «Selbst», in dem «die Gegensätze harmonisch vereint» seien. Aber wieviel Menschen erkennen ihr «inneres Licht»? Eine Jungianerin meint: «Es scheint fast, als ob die Zukunft der ganzen Welt von der Beantwortung dieser Frage abhängt» (33,229).

Obwohl Jung behauptete, nach diesem Traum mit Mandalazeichnungen aufgehört zu haben, berichtet er selbst von seinem Mandala aus dem nächsten Jahr. Im Traum sah er ein goldenes Schloß, das im Zentrum stand. Jung war «beeindruckt» von der Form und Farbenwahl, die ihm «chinesisch» erschienen. Beim genaueren Hinschauen jedoch zeigt sich, daß es eine Zeichnung seiner Heimatstadt Basel ist (46). Dennoch solle dieser Mandalatraum einen «Wendepunkt» in Jungs Leben festhalten. Er sei mit dem «Archetypus der Ganzheit» der «Höhepunkt» und die «Krone» von Jungs «Auseinandersetzung mit dem Unbewußtsein», die in Wirklichkeit jedoch leider seine Ganzhingabe an die Finsternismächte bedeutete.

Ausgerechnet in jener Zeit sandte ihm Richard Wilhelm das Manuskript einer chinesischen taoistisch-alchimistischen Schrift, *«Das Geheimnis der Goldenen Blüte»*. Sie enthält einen «tausend Jahre alten Text vom gelben Schloß, dem Keim des unsterblichen Körpers». Diese Schrift, die ein Gemisch von chinesischem Yoga, chinesischer Religion und Alchimie darstellt, weise auf das Lebenselixier als das Ziel der Meditation hin. Sie wurde für Jung von größter Bedeutung.

Zunächst fand er in ihr eine Parallele und Bestätigung seiner paranormalen Erfahrungen aus den Jahren 1912-1918 und eine Erklärung seiner genannten Mandalaträume aus den Jahren 1927 und 1928. «Dort fühlte ich Verwandtes, und dort konnte ich anknüpfen», schrieb Jung erleichtert.

Auch war ihm die «Goldene Blüte», die ein Mandalasymbol enthält, eine weitere Bestätigung seines Verstehens der Mandala bzw. des «Selbst», auf das sich alles hin zentriere. Mehr als 10 Jahre hatte er über seine Entdeckung im Jahre 1916, daß das Mandala ein «Ausdruck des Selbst» ist, geschwiegen, bis er sie durch die «Goldene Blüte» bestätigt sah. Auch erkannte er erst durch diese Schrift, daß das «Selbst» nicht nur für ihn persönlich «letzte Wirklichkeit» sei, sondern es auch «kollektive Gültigkeit» besitze. Darum erweiterte Jung sein rein subjektives Erleben, das er selbst deutete und in dieser alten taoistischen Schrift bestätigt sah, zu einer «allgemeingültigen» Theorie: *Das Ziel des Lebens ist die größtmögliche Verwirklichung des «Selbst»*. Im Gegensatz zur Bibel (Gal. 4,19) heißt dieses Ziel quasi: Daß euer Selbst in euch Gestalt gewinne.

Die «Goldene Blüte» brachte vor allem Jung dazu, sich
fortan intensiv mit der europäischen Alchimie, im besonderen mit ihrer angeblich «geistigen» Seite, die im christlichen und gnostischen Mystizismus verwurzelt sei, zu
beschäftigen. Er schreibt, daß er dabei «eine ideale Entdeckung» gemacht habe:

> «Sehr bald hatte ich gesehen, daß die Analytische Psychologie mit
> der Alchemie merkwürdig übereinstimmt. Die Erfahrungen der Al-
> chemisten waren meine Erfahrungen, und ihre Welt in gewissem
> Sinn meine Welt» (1,209).

So glaubte Jung, in der Alchimie eine «historische Entsprechung» seiner subjektiven Erfahrungen der Jahre 1912-1918
und damit seiner darauf gegründeten Psychologie gefunden zu haben. Dieser «geschichtliche Boden» betraf sowohl
die durch die okkulte Methode der Imagination herbeige-
führten Bilder und das Material seiner psychiatrischen Patienten als auch die Schlüsse, die Jung daraus gezogen hatte.
So war ihm die europäische Alchimie eine dritte Bestätigung seiner Ideen über den «Archetypus Selbst» als Zentrum und Ziel. Er wurde fortan der Angelpunkt seiner
Psychologie. Auch die anderen sogenannten Archetypen
rückten mehr in den Mittelpunkt.

Zudem habe die Alchimie ihm klar gemacht, daß es sich
um einen psychischen «Prozeß» handelt, ausgelöst durch
die Beziehung des Ich zum «kollektiven Unbewußten» mit
seinen Inhalten. Im persönlichen Fall sei diese «psychische
Evolution», auch «Individuation» genannt, an Träumen,
Phantasien und Mandalazeichnungen und im allgemeinen
an den verschiedenen Religionssystemen und ihren Symbolen abzulesen.

Im Jahre 1929 erschien in Deutschland «Das Geheimnis
der Goldenen Blüte» von Heinrich Zimmer und Jung gemeinsam herausgegeben. Seinen Kommentar dazu, um den
Zimmer ihn gebeten hatte, qualifizierte er als einen Ver-

such eines *Brückenbaus* zwischen Ost und West. Er gibt einen Überblick über das, was der (christlich geprägte) Westen vom Osten, d.h. von seinen Religionen, lernen könne. So z.B. das «Gleichgewicht der Gegensätze», wie wir sie seit Jahrtausenden im Taoismus finden. Im Gegensatz dazu trennt das Christentum Gut und Böse voneinander und versucht, das Böse zu besiegen, damit das Gute herrsche. Es sei aber «illusorisch», zu glauben, daß der eine Faktor den anderen dauernd «unterdrücken» könne. Das müsse unweigerlich zur Entladung und schließlich zur Herrschaft des Bösen führen, behauptete Jung. Denn «auch das Böse will leben» und müsse darum, wie das Gute, «angenommen» werden. Durch den Taoismus sei er zur Einsicht gekommen, daß die Lösung darin liege, das «Gleichgewicht» zwischen den Gegensätzen wie Bewußtsein und Unbewußtem, Gut und Böse herzustellen. In diesem Kommentar beschreibt Jung auch seine Methode der aktiven Imagination.

In der «psychischen Pyramide» gebe es zwar unterschiedliche Erfahrungen bei der «psychischen Schicht der Großgruppe» (z.B. Großgruppe Asien, Europa), so daß der westliche Mensch die asiatischen Erfahrungen nicht einfach nur so übernehmen könne, um nicht seinem eigenen Erbe Gewalt anzutun. Aber «alle elementarsten Erfahrungen der Menschen» sollen aus den «tiefsten Schichten des kollektiven Unbewußten», zu denen auch die «Goldene Blüte» gehöre, stammen. Sie sei darum sowohl für Asien als auch für den Westen «gültig».

Wie die Alchimie in das Geheimnis der Materie, so suchte Jung in das Geheimnis der Persönlichkeit einzudringen:

«Ich bin vom gleichen Traum ergriffen und habe ein Hauptwerk, das in meinem 11. Jahre angefangen hat. Mein Leben ist durchwirkt und zusammengefaßt durch ein Werk und ein Ziel, nämlich in das Geheimnis der Persönlichkeit einzudringen. Alles ist aus diesem zentralen Punkt zu erklären und alle Werke beziehen sich auf dieses Thema» (1,210).

Im Zusammenhang mit seiner Orientierung an der Alchimie nennt Jung ausdrücklich Goethes *«Faust»,* der ihn seit seinem 15. Lebensjahr begleitet hat. Faust sei ihm aber erst deutlich geworden, als er Mitte der dreißiger Jahre J.V. Andreas «Chymische Hochzeit Christiani Rosenkreutz» gelesen hatte. Im Jahre 1955 bezeichnete er Faust als Goethes «opus alchymicum im besten Sinne», mit der «Vereinigung der Gegensätze» als Leitmotiv. Im gleichen Jahr beendete Jung den ersten Teil seines eigenen «opus magnum» im alchimistischen Sinne, nämlich sein Buch «Mysterium Coniunctionis». Er hatte mehr als 10 Jahre daran gearbeitet. Jungs Psychologie gleicht dem alchimistischen Opus in bezug auf die «esoterischen Bedingungen und Verschleierungen des Werkes, die Prämissen und Prinzipien der Methode, sowie das Ziel der Verwandlung» (2,91). Die sogenannte Individuation oder «psychische Verwandlung» ist darin das Kernstück.

9. Die Jahre 1928-1938

Diese Zeit ist vor allem von der intensiven Beschäftigung mit der europäischen Alchimie geprägt. Die genannte taoistisch-alchimistische Schrift führte Jung nicht nur zur lebenslänglichen Orientierung an der Alchimie, sondern auch zur weiteren Beschäftigung mit den asiatischen Religionen.

Im Jahre 1932 lud Jung den Indologen Prof. W. Hauer zu einem Seminar über *Kundalini-Yoga* in seinen Psychologischen Klub in Zürich ein. Kundalini sei die «Schlangenkraft» oder «latente göttliche Kraft» unten am Rückgrat des Menschen. Kundalini-Yoga soll diese «unbewußte, kosmische Energie» wecken, um «kosmische» Erfahrung und Erkenntnis zu erlangen. Dabei erlebe man u.a. eine gewaltige Bewußtseinserweiterung, komme in Kontakt mit «höheren Wesen» (Dämonen), bekomme von ihnen Aufträge und höre «kosmische» Musik. Dieser Kundalini-Yoga nun, der zu den am meisten okkulten Yogaformen gehört, sei eine «Parallele» zu Jungs Individuationsprozeß. Zwar sei er ein anderer Weg. Aber das Ziel, das eigene «Selbst» und schließlich die «Mystische Vereinigung» des «individuellen Selbst» (Atman) mit dem «kosmischen Selbst» (dem Brahman), sei das gleiche.

Im gleichen Jahr hielt Jung selbst ein *Tantra-Yoga* Seminar. Im Jahre 1935 schrieb er Geleitwort und Kommentar zum *«Bardo Thödol» (Das Tibetanische Totenbuch)* und im folgenden Jahr einen Artikel über *«Yoga and the West»*. Im Jahre 1939 folgte sein Geleitwort zu *«Das tibetische Buch der großen Befreiung»*, einer Einführung zum Buddhismus von D.T. Suzuki. «Die Befreiung durch Hören im Nach-Tod-Zustand» wird den Verstorbenen vorgelesen, um sie «auf die Gefahren im Jenseits aufmerksam zu machen» und «ihnen zu einer günstigen Wiederverkörperung zu verhelfen». Im Jahre 1943 schrieb Jung einen Aufsatz *«Zur Psycholologie östlicher Meditation»* und im nächsten Jahr das Vorwort zum Buch des Indologen Heinrich Zimmer über den indischen Heiligen *«Der Weg zum Selbst»*.

Schließlich war die «Goldene Blüte» das «erste Ereignis», das Jungs «Einsamkeit durchbrach». «Erst danach», nach etwa 16 Jahren, fand er «den Weg in die Welt zurück» und begann wieder Vorträge und Vorlesungen zu halten. 1930 bis Februar 1939 hielt Jung aufs neue regelmäßig seine englischen Seminare im Psychologischen Klub. Die Vorträge der ersten vier Jahre kreisten meistens um *Träume und Visionen*. Anschließend gab er 1934-1939 Seminare über die psychologischen Aspekte von Nietzsches *«Also sprach Zarathustra»*. Darin sah Jung das Nazi-Deutschland vorgebildet. Nietzsche sei «zum großen Propheten für das geworden, was sich gegenwärtig in Deutschland begibt», meinte er damals. Im Jahre 1936 charakterisierte er in seinem Aufsatz «*Wotan*» den Nationalsozialismus als «Aufbruch des Archetypus Wotan».

Im Jahre 1933 begann Jung seine Vorlesungen über Moderne Psychologie an der Eidgenössischen Technischen Hochschule (ETH) in Zürich. 1935-1942 war er dort Titularprofessor. Er lehrte u.a. über die nicht-psychologischen Themen: «Die Seherin von Prevorst» von Justinus Kerner, über Klaus von der Flüe, Goethe und Nietzsche.

Im Jahre 1934 gründete Jung die *Internationale Gesellschaft für ärztliche Psychotherapie* mit ihren jeweiligen nationalen Landesgruppen. Bis 1939 war er ihr Präsident und damit Herausgeber ihres Zentralblattes.

In den Jahren 1927-1935 blieb Jung meistens in der Schweiz und widmete sich seiner Praxis und der Gruppe von Schülern und Patienten, die sich um ihn gebildet hatte. Die zweite Hälfte der dreißiger Jahre aber wurde eine Zeit internationaler Vortragsreisen: die *Tavistock Lectures* an der Tavistock Clinic in London (1935) und die drei *Terry Lectures* an der Yale-Universität (USA) im Sommer 1937. Ein Seminar in New York schloß diesen letzten Besuch Jungs in Amerika ab. Diese Jahre waren auch eine Zeit wachsender Berühmtheit und Ehrendoktorate: in Cambridge (1936), in Kalkutta, Benares und Allahabad in Indien (1938) und in Oxford (1938).

Anfangs der dreißiger Jahre fanden Jungs *parapsychologische Experimente* mit dem Medium O. Schl. statt, an denen wiederum Prof. Eugen Bleuler teilnahm.

Aufgrund des Kontaktes mit dem amerikanischen Parapsychologen Prof. J.B. Rhine, der vor allem die außersinnliche Wahrnehmung erforschte, fing Jung Ende 1934 an, sich mit der *Astrologie* zu beschäftigen. So deutete er die Ereignisse der Jahre 1940 und 1945 nicht nur archetypisch, sondern betrachtete sie auch in astrologischkosmischen Zusammenhängen.

10. Die Eranos-Tagungen in Moscia (1933-1951)

Es versteht sich, daß der mystisch-asiatisch-okkult orientierte Jung eingeladen wurde und sich von gleichorientierten Personen und Tagungen angezogen fühlte. Im Greisenalter sagte er selbst einmal bezeichnenderweise: «Der Geist zieht den Geist an»!

Der Tod von Richard Wilhelm (1930) verstärkte Jungs Band zum Theosophen *Hermann Graf Keyserling.* Dieser suchte mit den Vorträgen in seiner «Schule der Weisheit» in Darmstadt und mit seinem Schrifttum asiatisch-religiöse, mystische Philosophie und westliches Gedankengut in einer Synthese zusammenzufassen. Das lag schon in den zwanziger Jahren in der Luft.

Seit 1933 gab es Tagungen in der Casa Eranos neben der Villa der Initiatorin, Frau *Olge Fröbe-Kapteyn,* in Moscia bei Ascona. Die Vorträge dieser sogenannten Eranos-Tagungen wurden in Eranos-Jahrbüchern herausgegeben. Das ursprüngliche Ziel war eine Vermittlung zwischen der Religiosität des Fernen Ostens und der des Westens. Deshalb war das Hauptthema im Jahre 1933 «Yoga und Meditation in Ost und West» und «Ost-Westliche Symbolik und Seelenführung» mit Vorträgen über religiöse Hindusymbolik, Zahlensymbolik des Tarotsystems, astrologische Symbolik, usw. Im Jahre 1934 hielt der Indologe Prof. J.W. Hauer, der in einem Artikel von 1933 den Nationalsozialismus wie «einen neuen Glauben» begrüßt hatte, Vorträge. Auch Martin Buber, der übrigens Jungs gnostische Gottesvorstellungen, d.h. den «inneren» statt personalen Gott, scharf kritisierte, war einmal zum Vortrag dort.

Die Vorträge und persönlichen Begegnungen vor allem der ersten Eranos-Tagungen trugen dazu bei, Jungs Interesse an asiatischen Religionen, das schon durch ein Vorlesebuch im Vorschulalter, durch das Orakelbüchlein I Ging, durch «Das Geheimnis der Goldenen Blüte» und das Kundalini-Yoga Seminar mit Prof. Hauer geweckt worden war, zu intensivieren.

Jung, dem seine eigenen unmittelbaren Erfahrungen der Jugend- und Krisenzeit zu prägend und zu unaufgebbar waren, empfand jedoch, daß «durch zuviel östliches Wissen» die persönliche «innere Erfahrung ersetzt und damit der Zugang zur Psychologie verbaut» wurde. *«Das Wesentliche kann nur aus uns selbst kommen»*, glaubte er. Daraufhin wurden die geistige Linie und die Programmgestaltung der Eranos-Tagungen fortan von Jung geprägt, der bis 1951 fast jährlicher Referent war. Unter Einfluß von Jung schrieb Frau Fröbe im Vorwort des Eranos-Jahrbuches von 1934: «Der Aufbau des westlichen Heilsweges muß auf westlichem Boden heranwachsen, mit westlichen Symbolen arbeiten und mit westlichem Material geformt werden». Damit ist das Ziel der Eranos-Tagungen klar ausgesprochen: Der Aufbau eines Heilsweges für den Menschen im christlich geprägten Westen!

Im Laufe der Jahre wurde Eranos zur Stätte eines Gedankenaustausches von Natur- und Geisteswissenschaft, von Religion und Mystik, Psychologie und Gnosis (47). Die damaligen Eranos-Tagungen waren vor allem eine Plattform, und ihre Jahrbücher sind eine Dokumentation der werdenden Psychologie Jungs. Seine Vorträge kreisten immer wieder um alchimistische Themen oder Personen wie Zosimus. Als Jung 1936 über «Erlösungsvorstellungen in der Alchemie» referierte, war auch Paul Tillich dort Referent.

11. Jungs Indienreise (1937)

Jungs Reise nach Indien, die ab Dezember 1937 etwa drei

Monate dauerte, fand aus einem ganz anderen Grund statt als die nach Nord- und Zentralafrika. Diesmal war der Anlaß eine Einladung der Britisch-Indischen Regierung, um an den Feierlichkeiten anläßlich des 25jährigen Jubiläums der Universität Kalkutta teilzunehmen. Bis dahin hatte Jung viel über indische Philosophie und Religionsgeschichte gelesen. Er war «vom Wert östlicher Weisheit zutiefst überzeugt». Darum war ihm die Einladung eine willkommene Gelegenheit, Indien einmal an Ort und Stelle kennenzulernen. Aber sogar auf dieser langen Reise ließ sich Jung das intensive Studium der Alchimie nicht nehmen. Er studierte ein alchimistisches Buch vom Jahre 1602 mit den wichtigsten Schriften von Gerardus Dorneus als Reiselektüre. Beide, das hinduistisch-philosophische Gedankengut und die europäische Alchimie, seien «in ungebrochener Linie» aus den «seelischen Urerfahrungen des Unbewußten» hervorgegangen, so interpretierte Jung seinem Vorurteil gemäß.

Zum ersten Male stand Jung unter dem unmittelbaren Eindruck einer fremden, hochzivilisierten Kultur und konnte sich mit ihren Vertretern unterhalten. Das war ihm von größter Bedeutung. Was Jung hauptsächlich beschäftigte, war «die psychologische Natur des Bösen». Es beeindruckte ihn sehr, wie auch im Hinduismus «das Böse integriert» wird — etwas, was ihn schon in Gesprächen mit gebildeten Chinesen bzw. im Taoismus fasziniert hatte. Das vermißte er beim «westlichen» Menschen. In den asiatischen Religionen seien

> Gut und Böse «sinngemäß in der Natur enthalten und im Grunde nur graduelle Unterschiede ein und derselben Sachen. Es machte mir tiefen Eindruck, als ich sah, daß die indische Geistigkeit ebensoviel vom Bösen hat wie vom Guten. Der christliche Mensch strebt nach dem Guten und verfällt dem Bösen» (1,279).

Dann beeindruckte Jung, daß der Inder «spürt», daß die Sexualität nicht «nur» eine persönliche Angelegenheit zwischen Mann und Frau sei, sondern auch ein wichtiges Symbol für die «Vereinigung der Gegensätze» darstelle. Im christlich geprägten Westen dagegen «bleiben die Gegensätze auseinandergerissen».

Ein «ergreifendes Erlebnis» hatte Jung am Grabe Buddhas, bei den Stupas von Sanchi. Ihr Rundbau repräsentiere die «Ganzheit». Nie zuvor sei er von einem Ort «dermaßen verzaubert» worden. Jung trennte sich von seinen Gefährten und «versank in die überwältigende Stimmung».

> «Meine Ergriffenheit zeigte mir, daß der Hügel von Sanchi etwas Zentrales für mich darstellte. Es war der Buddhismus, der mir dort in einer neuen Wirklichkeit erschien. Ich verstand das Leben Buddhas als die Wirklichkeit des Selbst... Für Buddha .. stellt das Selbst die Essenz der menschlichen Existenz und der Welt überhaupt dar ... Buddha hat die kosmogonische Würde des menschlichen Bewußtseins wohl gesehen und verstanden. Auch Christus ist — wie Buddha — eine Verkörperung des Selbst» (1,282-283).

Man vergleiche Jungs Ergriffensein vom verstorbenen Menschen Buddha im Lotussitz — Symbol für erreichbare Selbsterlösung — mit seiner lebenslänglichen Abneigung gegen den lebendigen Sohn Gottes, Jesus Christus, der am Kreuz die Erlösung für uns vollbracht hat.

Jung wäre nicht Jung, wenn er nicht auch in Indien einen «charakteristischen» *Traum* gehabt hätte. Er nennt ihn einen «ureuropäischen Traum». Darin suchte er nach dem Gral, den er in eine Burg auf einer Insel bringen sollte. Schon vor 10 Jahren habe er festgestellt, daß in England vielerorts der Traum vom Gral nicht ausgeträumt ist. Es beeindruckte ihn um so mehr, als ihm die Übereinstimmung der Gralslegende mit den Aussagen der Alchimie, z.B. über den «unus lapis» deutlich geworden war. Aus diesem Traum folgerte Jung, daß nicht Indien, sondern «das vernachlässigte Anliegen des Abendlandes» seine Aufgabe sei, nämlich die Suche nach der verborgenen «Kostbarkeit», dem alchimistischen «Stein der Weisen» oder «Gold», nach dem «Gral» der Gralslegende. Dieser «Stein» und dieser «Gral» sind zu vergleichen mit dem «Selbst» in Jungs Psychologie und dem «Atman» im Hinduismus.

> Indien sei «nur ein Stück des Weges — wenn auch ein bedeutendes —, der mich meinem Ziel annähern sollte. Es war, als ob der Traum mich fragte: 'Was tust du in Indien? Suche lieber für deinesgleichen das heilende Gefäß, den salvator mundi, dessen ihr dringend bedürft. Ihr seid ja im Begriff, alles zu ruinieren, was Jahrhunderte aufgebaut haben'» (1,286).

War nicht Jung von Kindheit an dazu «berufen», der vom Christentum geprägten westlichen Welt eine Ersatz-Erlösung im psychologischen Gewande anzubieten? Darum ging er den indischen «Heiligen» aus dem Wege, denn:

> «Ihre Weisheit gehört ihnen, und mir gehört nur das, was aus mir selber hervorgeht. In Europa kann ich keine Anleihen beim Osten machen, sondern muß aus mir selber leben — aus dem, was mein Inneres sagt...» (1,279).

Jung erkannte nicht, daß sein westlich-psychologischer Heilsweg der gleichen falschen Quelle entsprang wie die asiatisch-religiösen Formen der Selbsterlösung.

Trotz jenes Warntraumes und Jungs Folgerung daraus begann er im Herbst 1938, an der ETH Zürich Vorlesungen über indische Texte zu halten. Auch verglich er seine Methode der aktiven Imagination mit dem Yoga des Hinduismus. Wie erwähnt, schrieb er 1939 das Geleitwort zu Suzukis Einführung zum Buddhismus. Außerdem entlehnte er dem Hinduismus-Buddhismus den Begriff Mandala. Die bedeutendsten Mandalas befinden sich im Tibetanischen Buddhismus. Obwohl Jung nicht einfach alles aus den asiatischen Religionen integrierte, hat er sich wohl für seine Psychologie und Psychotherapie stark an ihnen orientiert. Das betrifft vor allem das sogenannte ganzheitliche Welt- und Menschenbild, die Vorstellung des Gleichgewichts und der Vereinigung der Gegensätze und die Idee des Selbst.

Auch war Indien nicht spurlos an ihm vorübergegangen
— im Gegenteil. In seinem Aufsatz *«Was Indien uns lehren kann»* (1939) meinte Jung u.a.:

> «Ich finde, eine Reise nach Indien ... ist im ganzen höchsterbau-
> lich und, vom psychologischen Standpunkt aus, äußerst ratsam.»

Andererseits schrieb der von seinen okkulten Erfahrungen
geprägte und von seiner Nr. 2 gesteuerte Jung:

> «Indien hat mich wie ein Traum berührt, denn ich war und blieb
> auf der Suche nach mir selbst, nach der mir eigenen Wahrheit»
> (1,278).

Trotz seiner Mandalaträume der Jahre 1927 und 1928, die
ihn damals «restlos befriedigten», war der 63jährige Jung
immer noch auf der Suche nach seiner «persönlichen Wahrheit». Er suchte sie überall — nur leider nicht in Gottes
Wort, das doch die absolute, objektive Wahrheit, und nicht
in Gottes Sohn, der die Wahrheit in Person, ist.

12. Die Jahre 1939-1944

Seit etwa den dreißiger Jahren behandelte Jung in Vorträgen und ab 1939 auch in Buchform immer mehr religiöse
Themen. Seine Terry Lectures an der Yale-Universität
(1937) z.B. handelten über *Psychologie und Religion*. Sie
wurden 1940 in Buchform herausgegeben (48). Vor allem
aus den letzten etwa 22 Jahren seines Lebens gibt es kaum
ein Werk Jungs, in dem nicht die Religion eine wichtige
Rolle spielt. Das war eigentlich schon in «Psychologische
Typen» (1921) der Fall.

Wichtig war Jung allerdings bloß eine *religiöse Einstellung.* Sie habe «nichts mit Dogmen, Glaubensbekenntnis-
sen, Konfessionen oder Kirchenzugehörigkeit» zu tun. Die
religiöse Einstellung führe zu einer religiösen Erfahrung,
wie z.B. zu seiner sogenannten Gotteserfahrung, die ihm
«sein ganzes Leben ein Wegweiser war» (33). Später ord-

nete Jung die religiöse Erfahrung der sogenannten Kollektivseele zu. Danach bedeutet für Jung Religion eine der frühesten und allgemeinsten «Erfahrungen» der «Tiefenschichten» der eigenen «Kollektivseele». Durch diese Zurückführung der Religion auf ein *psychisches* Phänomen konnte Jung seine eigenen «religiösen» Erfahrungen, die er nie verleugnen wollte, scheinbar wissenschaftlich unterbringen und rechtfertigen, und die Religion in seiner Psychologie ernst nehmen.

Seit etwa 1938 nimmt der religiöse Aspekt auch in Jungs Psychotherapie zu. In einem Brief schrieb er:

> «Das Hauptinteresse meiner Arbeit liegt nicht in der Behandlung von Neurosen, sondern in der Annäherung an das Numinose. Es ist jedoch so, daß der Zugang zum Numinosum die eigentliche Therapie ist, und insoweit man zu den numinosen Erfahrungen gelangt, wird man vom Fluch der Krankheit erlöst» (9,I,465).

Das «Numinose» ist ein Begriff, den Jung von *Rudolf Otto* übernahm. Dieser verstand darunter das Unaussprechliche, Geheimnisvolle, Erschreckende, das «ganz andere», eine «unmittelbare» Eigenschaft des «Göttlichen». Das sogenannte Numinose ist also nicht zu verwechseln mit dem Gott der Bibel und Jungs Bemühen um «Zugang zum Numinosum» nicht mit dem biblischen Zeugnis vom gekreuzigten und auferstandenen Herrn Jesus Christus, durch den allein ein Mensch Zugang zu Gott haben kann.

Seit Juni 1939 befaßte sich Jung etwa ein dreiviertel Jahr mit den *«Exercitia Spiritualia»* von Ignatius von Loyola, einem Mann, der in der Gegenreformation eine große Rolle spielte und Gründer des Jesuitenordens war. Ende des Sommersemesters 1939 hielt Jung darüber Vorlesungen an der ETH Zürich im Hinblick auf asiatisch-religiöse und alchimistische Parallelen. Auch sah Jung in Loyolas «Geistige Übungen» ein westliches Beispiel seiner eigenen Methode der aktiven Imagination.

In jener Zeit sah Jung plötzlich das Christusbild seines Kruzifixes in einem hellen Licht und in den besonderen Farben der Alchimie Grün und Gold.

«Eines Nachts erwachte ich und sah in helles Licht getaucht den Cruzifixus am Fußende des Bettes ... ich sah, daß sein Leib aus grünlichem Gold bestand... Visionen als solche sind mir sonst nichts Ungewöhnliches, denn ich sehe öfters plastische, hypnagogische Bilder. Damals hatte ich viel über die 'Anima Christi', eine Meditation aus den 'Exercitia', nachgedacht... Als ich verstand, daß das Bild auf die zentralen alchemistischen Symbole grün und gold hinwies, daß es sich also eigentlich um eine alchemistische Christusvision handelte, war ich getröstet» (1,214).

Wie listig passen sich die Finsternismächte mit ihren Visionen dem jeweiligen Interesse an! Nach dieser «Christusvision», geprägt von Jungs Beschäftigung mit der Alchimie und den «Exercitien», interessiere ihn «Christus» mehr und mehr. Das fand seinen Niederschlag in einigen Vorträgen und Büchern.

Während der Eranos-Tagung von 1940 referierte Jung über das Thema *«Zur Psychologie der Trinitätsidee».* Den Vortrag revidierte und erweiterte er 1958 unter einem anderen Titel (49). Jung wandte seine Theorie der Quaternität oder Vierheit als Inbegriff der Vollständigkeit und Ganzheit auf die göttliche Trinität an. Der dreieinige Gott sei ergänzungsbedürftig, denn Ihm fehle der Vierte, d.h. der Teufel. Erst durch den Teufel könne die göttliche Trinität ihre Vollständigkeit oder Ganzheit bzw. Quaternität erlangen. Damals rief sein Referat noch Opposition hervor.

Im nächsten Jahr war Jungs Eranos-Thema *«Das Wandlungssymbol in der Messe»* (50). Interessant wäre einmal der Vergleich der Vorstellung der metaphysischen Wandlung in der römisch-katholischen Lehre von der Messe (Transsubstantiation), in der Alchimie (Transmutation), in der Homöopathie (das Umsetzen der Materie in geistige Energie durch Dynamisation bzw. Potenzierung), in der

Analytischen Psychologie (Individuation) und in der New-Age-Bewegung (Transformation).

Danach aber kehrte Jung wieder zu seinen alchimistischen Themen zurück. Sein Eranos-Vortrag aus dem Jahre 1942 handelte über *«den Geist des Mercurius»,* die Zentralgestalt des alchimistischen Wandlungsprozesses. Jung identifiziert diesen Mercurius mit Gott.

Durch die Beschäftigung mit der Alchimie vertiefte sich Jung nach 1940 noch mehr in die Schriften des Naturarztes, Chemikers und Mystikers *Paracelsus* (1493-1541). Dieser war außerdem Naturphilosoph und Theosoph. Er nahm eine übernatürliche Kraft in der Natur und im menschlichen Körper an. Diese sogenannte kosmische Kraft, die im Hinduismus «prana» und bei Mesmer «fluidum» heißt, nannte Paracelsus «Arkanum». Paracelsus war vom Kabbalisten und Spiritisten Johannes Abt von Trittheim (1462-1516) in die Magie eingeweiht worden und als Astrologe, Handleser und Kristallseher auch ein aktiver Wahrsager. Sein Hauptanliegen war es, den sogenannten Stein der Weisen zu erlangen, ähnlich wie Jungs Suche nach dem «Selbst». Auch von diesem Okkultisten meinte Jung für seine Psychologie etwas lernen und übernehmen zu können.

Jungs erster Vortrag über Paracelsus fand schon 1929 bei dessen Geburtshaus bei der Teufelsbrücke in Einsiedeln (Schweiz) statt. Anläßlich dessen 400jährigen Todestages hielt er zwei weitere Paracelsus-Vorträge (51). Darin äußerte er sich zum Thema Alchimie und Religion. Die Beschäftigung mit Paracelsus veranlaßte Jung, das Wesen der Alchimie darzustellen, und zwar in ihrem vermeintlichen Verhältnis zur Psychologie und Religion. So entstand Jungs zweites größeres Werk, das 1944 veröffentlicht wurde (18). Es enthält zum Teil überarbeitete und erweiterte Eranos-Vorträge. Seit 23 Jahren, seit seinen «Psychologische Typen», hatte Jung kein größeres Werk in Angriff genommen. Er schrieb nur viele Aufsätze.

Jungs alchimistische Werke sind allerdings eher «ein bedeutender Beitrag seiner Grundüberzeugungen als einer zum besseren Verständnis der Alchimie» (10,129). Denn

> Jung hat «wahrscheinlich die Texte des Paracelsus und anderer Alchemisten mißverstanden und in einem ihm genehmen Sinn mißdeutet. Aber diese Mißverständnisse wurden ihm zur Quelle der Inspiration... Zahlreiche Fachleute auf diesem Gebiet bestreiten, daß die von Jung beschriebene «geistige» Alchemie je existiert hat. Sie beschuldigen Jung, er habe fälschlich die von den Alchemisten beschriebenen stofflichen Vorgänge ins Symbolisch-Geistige sublimiert... Um die Alchemie seinen Zwecken dienstbar zu machen, mußte Jung ihren symbolischen Gehalt betonen: die Alchemisten projizierten unbewußte Inhalte ihres Seelenlebens in die beobachteten stofflichen Prozesse... Die vermeintliche Transmutation sei gleichzeitig innere mystische Verwandlung, mit dem Ziel der Selbstfindung und Selbstveredelung» (15,203-204).

Aber in seiner jahrzehntelangen ruhelosen Suche nach historischen Belegen für seine (okkulten) Erfahrungen schrieb Jung unbekümmert bezüglich der Alchimie:

> «Damit war ich endlich auf dem Boden angelangt, der meinen eigenen Erfahrungen der Jahre 1913-1918 zugrunde lag; denn der Prozeß, durch den ich damals gegangen war, entsprach dem alchemistischen Wandlungsprozeß, von dem in 'Psychologie und Alchemie' die Rede ist» (1,213).

Mehr als 30 Jahre nach der Trennung von Freud habe der 68jährige Jung nun «endlich» den «historischen Beleg» für seine esoterischen Erfahrungen gefunden. Die mißverstandene Alchimie wurde die wichtigste theoretische Quelle seiner Psychologie und Psychotherapie.

Ende September 1939 starb Freud in seinem Londoner Exil, wohin er vor den Nazis flüchten mußte. Jung widmete ihm einen ausführlichen Nachruf mit Würdigung und Kritik in den «Basler Nachrichten» unter dem Titel «*Sigmund Freud*».

Im Oktober 1943 erhielt Jung einen Lehrstuhl an der Philosophischen Fakultät der Universität in Basel und wurde ordentlicher Professor der medizinischen Psychologie.

Durch eine ernste Krankheit, anfangs Februar 1944, konnte er diese Lehrtätigkeit nur sehr kurze Zeit ausüben. Aufs neue hatte Jung einschneidende persönliche Erlebnisse, die ihm wiederum Inspiration für eine Reihe von Hauptwerken wurden.

13. Jungs mystische «Gipfelerlebnisse» (1944)

Bei einem Spaziergang brach sich Jung den Fuß und landete in einer Privatklinik. Seine Spitallektüre bestand aus seinen ihm unzertrennlichen alchimistischen Büchern. Übrigens las er zu seiner Entspannung auch gerne Detektivromane und Sciencefiction-Literatur. Nach zehn Tagen traten eine Embolie im Herzen und zwei weitere in den Lungen auf. Während einiger Wochen schwebte Jung in Lebensgefahr.

Die Visionen und außerkörperlichen Erfahrungen jener Krankheitszeit sind jedoch mehr als rein somatisch begründet und erklärbar. Zum Teil waren sie von seiner Indienreise, vor allem aber von der Kabbala und der Alchimie mit ihrem Ziel der «Mystischen Vereinigung der Gegensätze» oder «Mystischen Hochzeit» zur «unio mystica» geprägt. Zum Teil waren sie von Finsternismächten, denen er sich ja ergeben hatte, gesteuert.

Diese Gipfelerlebnisse werden als «vielleicht der wichtigste Meilenstein auf dem Weg der Ganzheit» verstanden (33). Auf die «Reise nach innen» (1913-1918) folgte nun Jungs «Reise nach oben», auf jene sogenannte Höllenfahrt eine kurze «Himmelfahrt». Solche Erlebnisse gibt es auch im Hinduismus und Okkultismus, in der Gnostik und Mystik.

Jung schreibt, daß er nicht wußte, ob er sich in einem Traum oder in Ekstase befand, als er «höchst eindrucksvolle Dinge» erlebte. Es war, als befände er sich oben im Weltraum und sähe auf die Erde herab. Während Jung so

im Weltall herumschwebte, sah er dort einen großen, ebenfalls schwebenden Stein. Dieser Stein enthielt einen Tempel, so wie er ihn auf seiner Indienreise gesehen hatte. Ein
Inder saß in der Vorhalle im Lotussitz. Als Jung sich den
Stufen zum Eingang des Tempels näherte, geschah etwas
Seltsames: Er hatte das Gefühl, von allem Irdischen beraubt zu werden. «Aber etwas blieb ... das war ich... Ich
hatte alles, was ich war, und nur das» (1,294). Das, was
Jung in sich selbst zu haben glaubte und aus sich selbst gemacht zu haben schien, sei demnach unverlierbar oder quasi
ewigkeitsbeständig. Zu diesem autarkischen Empfinden gehörte auch das Gefühl, sich «jenseits» aller Wünsche und
Verlangen zu befinden. Er sei sich selbst genug.

Dann bekam der 68-Jährige «die Gewißheit», daß er in
jenem Steintempel «endlich verstehen» würde, in welchen
«geschichtlichen Zusammenhang» sein Leben gehöre, was
sein «Vorher» und «Nachher» sei. Aber da tauchte das Bild
seines Arztes auf, mit dem «eine stumme Gedankenüber-
mittlung» stattfand. Seine Botschaft war, daß Jung nicht
in den Tempel hineingehen dürfe, sondern zur Erde zurückkehren müsse. Als er das erfuhr, hörte die Vision auf. Es
dauerte dann drei Wochen, bis Jung «sich entschließen»
konnte, wieder zu leben. So sehr sehnte er sich nach jener
Vision und ihrer Fortsetzung zurück. Nach dieser Krankheit lebte er noch 17 Jahre.

Am Tage war Jung meistens deprimiert. In der Nacht
dagegen befand er sich «in einer Ekstase oder in einem Zustand größter Seligkeit». Aufs neue fühlte er sich schwe-
ben, als ob er «im Schoß des Weltalls geborgen wäre». «Das
ist die ewige Seligkeit», nahm Jung irrtümlicherweise an.

Dann erlebte er *mystische Hochzeiten,* so wie er sie aus
der Kabbalistik und Mythologie kannte, und zwar vier, nach
seiner Zahl der «Ganzheit». Zuerst erlebte Jung die Hochzeit von zwei der angeblich zehn Sphären göttlicher Mani-

festationen (Sephiroth), wie in einem kabbalistischen Traktat beschrieben. In jenen zwei Emanationen trete Gott aus seiner Verborgenheit hervor. Sie repräsentieren «das männliche und weibliche Prinzip» der Gottheit, dessen Hochzeit also Jung angeblich erlebte. Auch die nächste Vision betraf eine mystische Hochzeit aus der Kabbala. «Ich kann nicht sagen, wie wunderbar das war», schreibt Jung begeistert. «Im Grunde genommen war ich es selber: ich war die Hochzeit. Und meine Seligkeit war die einer seligen Hochzeit». Danach wandelte sich das Bild:

> «Es folgte 'die Hochzeit des Lammes' im festlich geschmückten Jerusalem... Es waren unbeschreibliche Seligkeitszustände. Engel waren dabei und Licht. Ich selber war die Hochzeit des Lammes» (1,298).

Die «Hochzeit des Lammes», die Jung in seiner Trance zu erleben glaubte, war erst die dritte und somit nicht die letzte Feier. Schließlich «sah» er die «Heilige Hochzeit» oder «Höchste Einung» des Hauptgottes, des «Allvaters Zeus, und der Hera» der griechischen Mythologie, wie er sie in der Ilias von Homer gelesen hatte.

Bemerkenswert ist die Stellung von Jungs «Hochzeit des Lammes» zwischen der Hochzeit aus der okkulten Kabbalistik und der aus der griechischen Mythologie. Deutlich ist die Quelle der Vorwegnahme der biblischen Hochzeit Jesu Christi, des Lammes Gottes, mit seiner bluterkauften Gemeinde und gotteslästerlich ihre Gleichstellung mit dem mythologischen Hierosgamos oder der Mystischen Vereinigung mit der Weltseele, dem «kosmischen Selbst».

Jung dagegen fühlte sich Nacht für Nacht «in lauterste Seligkeit eingetaucht». Diese Visionen seien «das Ungeheuerste», was er je erlebt habe. Zwar sei sein Krankenzimmer von einem «Pneuma» von «unaussprechlicher Heiligkeit» erfüllt, von einem «Geist des Mysterium Coniunctionis». Aber danach «der Kontrast, der Tag». Dann irritierte ihn alles, denn alles war «zu materiell, räumlich und zeitlich begrenzt».

Jung hatte sogar ein «Ewigkeitserlebnis», in welchem Gegenwart, Vergangenheit und Zukunft «eines» gewesen seien. Die Zeit sei dabei in eine «objektive Ganzheit» zusammengefaßt, die er «mit völliger Objektivität» wahrzunehmen glaubte. Dieses Erlebnis der Objektivität habe er später noch einmal gehabt, nämlich als ihm seine verstorbene Frau in einem vom spiritistischen Medium, Helly, angefertigten Kleid in einer Vision erschien. Ihr Bild sei «objektiv wissend und erkennend, jenseits der Gefühlswelt mit ihren Projektionen» gewesen. Die «objektive Erkenntnis» stehe jenseits der gefühlsmäßigen Bezogenheit und sei «das zentrale Geheimnis», wodurch «wirkliche coniunctio» möglich sei.

Diese Vision erinnert uns an den Inder im Lotussitz in der Vorhalle des Tempels in einer vorigen Vision. Denn der Lotussitz ist die Krone des hinduistischen Yoga und die beste Meditationshaltung, um, mit Ausschaltung von Verstand, Willen und Gefühl, höhere Erkenntnis und mystische Vereinigung mit der Weltseele zu erlangen.

Solche Erlebnisse der «Objektivität» sollen «zur vollendeten Individuation» gehören. Sie bedeuten «eine Loslösung von Wertungen und von dem, was wir als gefühlsmäßige Verbundenheit bezeichnen», meinte Jung.

Eine Bewertung

1. Seiner alchimistischen Orientierung und seinen paranormalen Visionen gemäß deutete Jung das römisch-katholische *«Dogma der Himmelfahrt Mariens»* (1950) als ein Hochzeitsfest, als eine christliche Version des mythologischen Hierosgamos und der alchimistischen «Chymischen Hochzeit» von Materie (Maria) und Geist. Die Assumptio bedeute «eine Vorbereitung zur Quaternität. Zu-

gleich wird der Stoff in den metaphysischen Bereich gerückt und mit ihm ... das Böse» (49,187). Die Alchimie habe die Grundlage für dieses Dogma vorbereitet.

2. Während seiner Rekonvaleszenz spürte Jung in einer Vision, wie sein Körper zerschnitten, zerstückelt und alles danach wieder zusammengesetzt wurde. Eine Jungianerin sieht darin eine Parallele, sogar «eine hochinteressante Parallele zu den Erlebnissen von Schamanen oder Medizinmännern» (33,352). Jung, ein westlicher Schamane im psychiatrischen Gewande!

3. Neben dem Initialtraum, der Pseudo-Gotteserfahrung und den vielen okkulten Erlebnissen der Jahre 1912-1918 sind die der Krankheitszeit im Jahre 1944 die Grundpfeiler von Jungs Leben und Werk.

> «Nach der Krankheit begann eine fruchtbare Zeit der Arbeit für mich. Viele meiner Hauptwerke sind erst danach entstanden... Ich versuchte nicht mehr, meine eigene Meinung durchzusetzen, sondern vertraute mich dem Strom meiner Gedanken an» (1,300).

Zu diesen Hauptwerken nach den Visionen von 1944 gehören auch «Aion» und «Antwort auf Hiob». Diese gottfeindlichen Bücher schrieb Jung, als er über 70 Jahre alt war, im gleichen Alter wie Freud die Seinigen verfaßte.

4. Nicht wissenschaftliche Arbeit, sondern wiederum rein persönliche, außerordentliche Erlebnisse führten Jung «zum Bewußtsein der ganzen Wirklichkeit der Mystischen Vereinigung der Gegensätze» — Erlebnisse, die ihrerseits von seinem alchimistischen Vorverständnis geprägt waren. So ist der Kreis geschlossen. Nach seiner Krankheit sagte Jung einmal zu seiner Schülerin und Mitarbeiterin, der Altphilologin Frau Dr. Marie-Luise von Franz, daß diese Krankheit für ihn «notwendig» gewesen sei, um sich «der ganzen

Wirklichkeit des Mysterium Coniunctionis bewußt zu werden». Vor und nach dieser Krankheit arbeitete sie mit am Mysterium-Buch Jungs.

5. Jungs mystisch-okkulte «ganzheitliche» Gipfelerlebnisse hatten weitreichendere Folgen, auch für seine Psychologie, als seine «ganzheitlichen» Träume und Mandalazeichnungen der Jahre 1927-1928. Sie führten zu einigen bedenklichen *Grenzüberschreitungen.*

Gott setzte dem Menschen eine Grenze von Zeit, Raum und Materie. Nur der dreieinige Gott ist ewig und nicht an Zeit, Raum und Materie gebunden. Jungs Erlebnisse «jenseits» von Zeit, Raum und Materie bedeuten, daß er sich dieser kreatürlichen Begrenzung entriß und sie überstieg. Damit stünde er ja *jenseits des Geschöpflichen!*

Auch schuf Gott den Menschen nicht zu einem autonomen Wesen, das in sich selbst alles ist und alles hat, und das Beste und Höchste aus sich selbst machen kann. Wenn schon der geschaffene Mensch von Gott abhängig war, wievielmehr ist es der gefallene Mensch! Jungs *Selbstwerterlebnis* nach der «totalen Beraubung des Irdischen» ist ein Übersteigen dieser Abhängigkeitsgrenze des Geschöpfs vom Schöpfer und des Sünders vom Erlöser. Dem Erlebnis Jungs quasi «in mir und durch mich bin ich, was ich bin» steht das Zeugnis des Apostels Paulus gegenüber: «Durch Gottes Gnade bin ich, was ich bin» (1. Kor 15,10)! Nur das, was der Herr Jesus in einem und durch ein Gotteskind tun konnte, hat Ewigkeitswert, wenn ihm beim Tode alles Irdische entfällt.

Weiter hat Gott in seiner Weisheit dem menschlichen Erkennen und Wissen eine Grenze gesetzt (1. Mose 2,16-17). Darüberhinaus ist Christus, in dem alle Schätze der Weisheit und Erkenntnis verborgen sind, dem Gotteskind von Gott zur Weisheit gegeben, während der Heilige Geist durch das Wort Gottes in alle Wahrheit führt (Kol. 2,3; 1. Kor. 1,30; Joh. 16,13-15). Der Umgang mit dem Herrn und der an Gottes Wort orientierte Verstand, den Gott uns gab, sollten uns genügen. Jungs esoterisches, unmittelbares Erkennen und Wissen mittels Visionen, Träumen, Stimmen und Eingebungen sind wie sein *Objektivitätserlebnis* «jenseits» aller Wertung ein Übersteigen der von Gott gegebenen Erkenntnisgrenzen und Normen. Jungs Theorie, daß die (paranormale) «objektive Erkenntnis» gerade «das zentrale Geheimnis» sei, das die «Vereinigung der Gegensätze» erst ermögliche, ist darum sehr bedenklich. Erinnert es uns nicht an die Versuchung im Paradies, das Wort Gottes zu ignorieren und eine von Gott verbotene Erkenntnisquelle anzuzapfen, als das «zentrale Geheimnis», um eine «höhere Stufe» zu erreichen, nämlich «Gott gleich» zu sein?

Jung meinte, bei Alchimisten wie Paracelsus eine Bestätigung seiner Vorstellung einer zweiten, ebenbürtigen Erkenntnisquelle zu haben. Jedoch glaubten sie, daß dieses «Licht der Natur» wie das «Licht der Offenbarung» von dem einen Gott herrühre. Bei Jung dagegen entstammt das «Licht der Natur» dem hypothetischen kollektiven Unbewußten.

Außerdem gab Gott uns sein Wort zur Richtschnur, Norm und Grenze unseres Lebenswandels. Jungs *Selbstannahme,* zu der jene Krankheit führte, ist darum eine Überschreitung dieser biblisch-moralischen Grenze.

> «Es war noch ein anderes, das sich mir aus der Krankheit ergab. Ich könnte es formulieren als ein Ja-sagen zum Sein — ein unbedingtes 'Ja' zu dem, was ist... Und mein eigenes Wesen akzeptieren, so wie ich eben bin. Zu Beginn der Krankheit hatte ich das Gefühl, einen Irrtum in meiner Einstellung begangen zu haben und darum für den Unfall gewissermaßen selber verantwortlich zu sein. Aber wenn man den Individuationsprozeß geht, ... muß man auch den Irrtum in Kauf nehmen, sonst wäre das Leben nicht vollständig» (1,300-301).

Die Selbstannahme, die Annahme seines Selbst mit seinen sogenannten positiven und negativen Seiten, ist ein bekanntes humanistisches Prinzip, und zwar im Blick auf die «Selbstverwirklichung». Außerdem war Jung am Ganzheitsprinzip des Taoismus orientiert, in dem das Böse, das Negative, der Irrtum usw. «notwendig» sind und das Gute ergänzen, damit das Leben «vollständig» oder «ganz» sei. Jungs Selbstbejahung implizierte zunächst das Ja zu seinem «Schatten» mit seiner Ungeduld und Empfindlichkeit, seinem Meckern und Zorn, seinen Schimpfereien usw. Er ließ diesen in ihrer «natürlichen» Ausdrucksweise freien Lauf. Aber «diejenigen Schwächen des andern, die auch die eigenen waren», konnte er «am schwersten ertragen» (52,122).

Jungs Selbstannahme bedeutete jedoch mehr, nämlich auch ein Ja zu seiner okkulten Begabung, ein Ja zu seiner «Kollektivseele» mit all ihren paranormalen Visionen, Auditionen und Eingebungen. Auch, ja vor allem die Selbstannahme in dieser Hinsicht sei «notwendig» für seine Individuation oder «Ganzwerdung». Sie implizierte dann die Bejahung, nicht jener wissenschaftliche Empiriker zu sein, für den er so ausdrücklich gehalten werden wollte, sondern ein Esoteriker mit paranormalem Geheimwissen!

Schließlich hat der heilige Gott dem irdischen Leben des gefallenen Menschen eine Grenze gesetzt (Hebr. 9,27). Gottes Wort offenbart, daß der Tod ausschließlich der Sünde Lohn ist (Röm. 6,23). Deshalb «gehört» der Tod niemals «natürlicherweise» zum Leben, niemals zur Natur, wie z.B. der Evolutionismus, dem Jung anhing, annimmt. Jungs «Ganzheitserfahrung» führte zur Theorie, daß das Leben ohne den Tod nicht «vollständig» sei. Nicht nur das kollektive Unbewußte, das Land der Totengeister, sondern auch der eigene Tod müsse im Blick auf die «psychische Ganzheit» voll bejaht und integriert werden. Jung behauptete:

«Der Tod ist auch eine furchtbare Brutalität ... ein Mensch wird weggerissen, und was bleibt, ist eisige Totenstille... Unter einem anderen Gesichtspunkt aber erscheint der Tod als ein freudiges Geschehen. Sub specie aeternitatis ist er eine Hochzeit, ein Mysterium Coniunctionis. Die Seele erreicht sozusagen die ihr fehlende Hälfte, sie erlangt Ganzheit» (1,317).

Jung glaubte, der Mensch brauche den Tod, um ganz Mensch zu werden. Gottes Wort offenbart jedoch: Der gefallene Mensch braucht Jesus Christus, der das Leben ist, um wirklich Mensch, ein Mensch nach Gottes Plan zu werden. Die Bibel sagt, daß der Tod der letzte Feind ist. Jung dagegen behauptete, der Tod sei die letzte Freude, das Sterben eine Hochzeit. Bei Jung heißt es demnach nicht nur «felix culpa», sondern auch «felix mors», der gesegnete, gnadenbringende Tod. Beides würde aber das Kreuzesopfer Jesu überflüssig machen!

Im Ganzheitskonzept sollen sich auch das Diesseits und das Jenseits zur Ganzheit ergänzen. Jung schrieb:

«Was ich Ihnen über das Jenseits und über ein Leben nach dem Tode erzähle, sind alles Erinnerungen. Es sind Bilder und Gedanken, in denen ich gelebt habe... In gewisser Hinsicht gehören sie auch zum Fundament meiner Werke; denn sie sind im Grunde genommen nichts anderes als immer erneute Versuche, eine Antwort auf die Frage nach dem Zusammenspiel von 'Diesseits' und 'Jenseits' zu geben» (1,302).

Jungs Leben ist ein Beispiel dafür, wie sogenannte Ganzheitserfahrungen zu einem Überlegenheitsgefühl gegenüber Gottes Wort führen oder es verstärken.

14. Die letzten 17 Lebensjahre (1944-1961)

Wie Freud war auch Jung sein Leben lang ein starker Raucher. Trotz seiner Embolien wollte er das Rauchen nicht aufgeben. So bat er seine Ärzte, sie sollten ihm doch wenigstens drei Pfeifen und eine oder zwei Zigarren pro Tag bewilligen. Tabak helfe ihm zur Konzentration und trage zu seinem Seelenfrieden bei, rechtfertigte er sich einmal seinem Arzt gegenüber. Die Mandalazeichnungen und Gipfelerlebnisse, die doch Ausdruck seiner «Ganzheit» seien, genügten ihm anscheinend doch nicht, um zur Ruhe zu kommen. Erst durch einen *Warntraum* hörte Jung mit dem Rauchen auf, aber nur für 2 Monate.

Nach seinen Embolien von 1944 war Jung gesundheitlich ein gebrochener Mann. Zum ersten Male fühlte er einen Konflikt zwischen seiner zeitraubenden analytischen und seiner schriftstellerischen Arbeit. Daraufhin beschränkte er seine Praxis auf ein Minimum, um sich um so mehr seinem «schöpferischen Dämon» hingeben zu können. Seine ausgedehnte Korrespondenz erledigte Jung aber weiterhin. Dadurch blieb er in Verbindung mit der Außenwelt. Weiter gab es Gespräche mit Schülern und Besuchern, und Interviews.

Im November 1946 bekam Jung erneut eine Herzembolie und wieder einen «wunderbaren» Traum. Im gleichen Jahr formulierte er seine Auffassungen über *«Übertragung»* in der analytischen Therapiesituation (32). Zur Grundlage nahm er die Bildserie der alchimistischen Schrift «Rosarium Philosophorum» aus dem Jahre 1550. Jung, dem die lebendige Beziehung zu Gott in Jesus Christus unbekannt war, behaupte: «Die Seele lebt nur aus der menschlichen Beziehung.» Ohne diese menschliche Beziehung gäbe es keine Individuation, keine «psychische Ganzheit». Die menschliche Beziehung nimmt darum eine zentrale Stellung in Jungs Therapie ein, mit der entsprechenden Gefahr der Übertragung. Analytiker und Analysand stellen sich «in den Dienst der Individuation als einem unpersönlichen Ziel». Letzten Endes müsse jede Begegnung zweier Menschen, also auch in der Therapiesituation, als ein «mysterium coniunctionis» aufgefaßt werden.

Eine solche intensive Beziehung zu einem Psychiater wie Jung, bei dem nicht nur die Übertragung seines Welt- und

Menschenbildes, sondern auch eine okkulte Infizierung denkbar ist, ist folglich nicht ohne Gefahr.

1947 rief Jung persönlich das *C.G. Jung-Institut* in Küsnacht ins Leben. Die Idee dazu kam von Jolande Jacobi. Die Gründung fand im April 1948 statt. Bis 1950 war Jung Präsident des Instituts. Jungs spätere autorisierte Biographin, Aniela Jaffé, wurde die erste Sekretärin. 1986 besuchten 430 Studenten die Seminare und Vorlesungen und absolvierten ihre 300 Stunden Lehranalyse. Bei den deutschen C.G. Jung-Instituten werden sogar 600 Lehranalysestunden gefordert. Das C.G. Jung-Institut in Küsnacht ist die größte Ausbildungsstätte für Jungs analytische oder komplexe Psychologie. Das Stoffangebot ist breit. Der Schwerpunkt liegt aber auf dem Jungschen Verständnis der Symbolik von Träumen, Märchen und Mythen, und auf der Arbeit damit (53,41). Die Klinik und das Forschungszentrum für analytische Psychologie, welche 1964 eröffnet wurden, erlebte Jung nicht mehr.

1950 war es, daß Jung seinem Turm in Bollingen ein steinernes Denkmal setzte. Wenn auch die Meißelarbeit unter Inspiration seiner Nr. 2 getan wurde, wird sie dem geschwächten Greis doch auch viel Kraft gekostet haben. Wie wichtig müssen ihm dieses Refugium für seine Nr. 2 und sein «Bekenntnis in Stein» gewesen sein.

Wie bereits erwähnt, interessierte sich Jung nach seiner «alchemistischen Christusvision» von 1939 für «Christus», jedoch nur psychologisch, d.h. archetypisch, und symbolisch.

> «In Aion griff ich das Problem des Christus wieder auf. Hier ging es mir ... um eine Konfrontation seiner Gestalt mit der Psychologie» (1,215).

Für Jung ist Christus bloß ein archetypisches Symbol, z.B. ein Symbol für das «Selbst» oder die «Ganzheit».

Dann sah Jung in Christus eine Parallele zum sogenannten Stein der Weisen der Alchimie. Heißt er nicht in der Bibel der Stein? Diese Wortgleichheit ist jedoch irreführend. Die alchimistische Vorstellung vom «Stein der Weisen», der als Materie einen verborgenen «Lebensgeist», eine heilende und verwandelnde metaphysische Kraft enthalte, hat nichts zu tun mit der Person Jesu Christi, den Gott zur Erlösung, zur Verwandlung (Heiligung) und zum Eckstein der Gemeinde gegeben hat.

Den Hauptgedanken in «*Aion*» (1951), nämlich diese vermeintliche «Lapis-Christus-Parallele», hatte Jung bereits sieben Jahre zuvor in «Psychologie und Alchemie» entfaltet. Das grüne Gold des Christus-Körpers in jener «Christusvision» sei nicht nur Ausdruck für den «Lebensgeist», sondern auch für «den in der ganzen Welt lebendigen Anthropos», dessen Symbol Christus sei.

Bevor er sein großes Werk über die «Vereinigung der Gegensätze» vollendete, wollte Jung zuerst «die Geschichte der Gegensätze» begreifen, die mit der Geschichte des Christentums zusammenhänge. So setzte sich Jung in «Aion» mit Christus und dem Christentum auseinander.

Im nächsten Jahr wurde Jung erneut schwer krank. Auch diesmal ließ er sich aber nicht von Gott heimsuchen, im Gegenteil. Er wollte endgültig mit Gott wegen der «von Ihm erzwungenen» Gotteslästerung vor 65 Jahren, bzw. mit Gottes «dunkler Seite» abrechnen. So entstand Jungs Buch «*Antwort auf Hiob*» (54), die Fortsetzung von «Aion». Seine Wurzel lag bereits in «Aion», in dem Jung auf die vermeintlich dunkle Seite Gottes hinwies.

Jungs innere Einstellung Gott gegenüber war ein geeigneter Nährboden für einen dementsprechenden *Traum,* den Jung wie üblich subjektiv und spekulativ deutete.

«Auch das Problem des Hiob hatte sich mit allen seinen Konsequenzen in einem Traum angekündigt» (1,221).

Der Traum, in dem Jung seinen längst verstorbenen Vater

«besucht», ist von Eindrücken seiner Indienreise geprägt und mit einer eigenmächtigen Deutung des biblischen Feldherrn Uria vermischt. Die Halle Urias, den er «plötzlich» hinter einer verschlossenen Tür «wußte», stelle «das genaue Abbild» der Ratshalle des Sultans Akbar des Großen dar, die Jung in Indien gesehen hatte. Uria wohne in einem «höheren» Gemach als dieser Sultan, der wie David «Herr dieser Welt sei». Uria symbolisiere,

> «wie der Traum sagt, die höchste Gegenwart — ein Ausdruck, den man eigentlich nur von Gott gebraucht... Ich kann nicht umhin, hier an Buddha und sein Verhältnis zu den Göttern zu denken... Vermöge der Macht der Götter ist der Mensch befähigt, eine Einsicht über seinen Schöpfer zu erlangen... Der Traum enthüllt einen Gedanken und eine Ahnung, die schon längst in der Menschheit vorhanden sind, die Idee vom Geschöpf, das den Schöpfer um ein Weniges, aber Entscheidendes überragt» (1,224).

Der Vergleich der Menschen David und Uria mit dem Schöpfer und seinem Geschöpf ist exegetische Spekulation. Die Deutung der Figur des Uria, der angeblich den Thron Davids überrage als den Menschen, der Gott überrage, spiegelt die Gesinnung des gefallenen Menschen und die des Feindes Gottes wider (Röm. 8,6-7; Jes. 14,13-14).

Jung bezeichnete außerdem Uria, das «schuldlose Opfer» des Königs David, als eine «Präfiguration Christi, des Gottmenschen, der von Gott verlassen wurde». Durch diese Anspielung, so sagt er,

> «... sah ich mich gezwungen, über das ambivalente Gottesbild des Alten Testaments und dessen Konsequenzen öffentlich ... zu reden... Dies waren die Dinge, die im Unbewußten verborgen auf mich warteten. Diesem Schicksal mußte ich mich beugen» (1,223).

Seit jener «Gotteserfahrung» im Jahre 1887 bemühte sich Jung sein Leben lang, zu beweisen, daß das Böse sowohl ein Teil des Wesens Gottes als auch des Willens Gottes sei. Es wäre ein «Dualismus», wenn man Gott und einen Widersacher annähme. Nein, der *eine* Gott sei «ambivalent» und habe sowohl ein Lichtseite als auch ein «dunkle Seite» mit «dunklen Taten». Das sei der wahre Monotheismus.

Laut Jung war aber das das Problem, daß Gott sich seiner dunklen Seite nicht bewußt war — bis zu Hiob. Hiob war Gott «moralisch überlegen», denn er litt ungerechterweise. Hiob sei «der leidende Gottesknecht», eine «Präfiguration Christi».

Außerdem war Hiob, wie Jung weiter spekulierte, Gott «an Bewußtheit überlegen»: Er «kannte» Gott, wie Hiob 42,5 zeige. Gott jedoch handelte, als ob er Hiob nicht kennen würde. Auch kannte Er seine eigene dunkle Seite nicht. Hiob aber hatte Gottes Polarität erkannt (Hiob 16,21). Hiobs Einsicht durch sein reflektierendes Bewußtsein mußte wohl zur Wandlung Gottes führen: «Wer Gott erkennt, wirkt auf Ihn» (54,420). So bekam Gott den Wunsch, seiner Selbst, seiner dunklen Seite bewußt zu werden. Deswegen inkarnierte er sich in Jesus. Dies sei der Hintergrund von Weihnachten.

> «Nach all diesen Überlegungen bin ich zum Schluß gekommen, daß die Ebenbildlichkeit nicht nur für den Menschen gilt, sondern auch für den Schöpfer. Er ist dem Menschen ähnlich oder gleich, das heißt, Er ist ebenso unbewußt wie er oder noch unbewußter, da Er entsprechend dem Mythus der incarnatio sich sogar veranlaßt fühlt, Mensch zu werden und sich dem Opfer anzubieten» (1,376-378).

Sagt die Bibel, der gefallene Mensch braucht Gott bzw. das Wort Gottes, um sich seiner Sünde bewußt zu werden, so behauptet Jung, Gott, der jahrhundertelang «unter seiner Unbewußtheit gelitten» habe, brauche den Menschen, um sich seiner dunklen Seite, seines Doppelaspektes bewußt zu werden. In einem Brief schrieb Jung:

> «Das ist, was in Hiob geschah: *Der Schöpfer sieht sich selbst durch die Augen des menschlichen Bewußtseins,* und hier liegt der Grund, warum Gott Mensch wurde» (9,III,178).

Und an anderer Stelle schrieb er:

«Der Mensch ist der Spiegel, den Gott sich vorhält oder das Sinnes-
organ, mit dem Er Sein Sein erfaßt» (9,II,328).

Dies ist Jungs Antwort auf Hiob, der angeblich Gott an
Moral und an Bewußtheit überlegen gewesen sei. Aus der
Bewußtwerdung Gottes seiner Gegensatznatur

«ergab sich eine Spaltung der Ganzheit. Es entstand ein helles und
ein dunkles Reich... Auch im Christentum bestand diese metaphysische Spaltung ebenso deutlich weiter: Satan, der sich im Alten
Testament noch in der unmittelbaren Gefolgschaft Jahwes befand,
bildete nunmehr den diametralen und ewigen Gegensatz zur Gotteswelt... Die geniale Vision Jacob Boehmes hat die Gegensatznatur des Gottesbildes erkannt und damit am Weiterbau des
(christlichen) Mythus gearbeitet... Im Gegensatz zum Boehmeschen
Mandala strebt das moderne zur Einheit, d.h. es stellt eine Kompensation der Spaltung dar, bzw. eine antizipierte Überwindung derselben» (1,336-337).

Die «Geschichte der Gegensätze» fange demnach nicht erst
mit Christus und dem Christentum an, sondern mit dem
angeblich gegensätzlichen Wesen Gottes, bzw. mit seiner
«Bewußtwerdung» durch Hiob.

Christus sei nur die Inkarnation der guten, hellen Seite
Gottes, also nur eine einseitige, unvollständige. Die «dunkle» Seite Gottes sei der Teufel, der im Blick auf die «Überwindung des Dualismus der christlichen Tradition»
integriert werden solle. Die Konsequenz dieser Integration
sei klar: «Damit erhielte auch der Gedanke einer Erlösung
des Teufels (Origenes) einen neuen Sinn» (11,127).

Da Gott bei Jung identisch mit dem menschlichen
«Selbst» ist, bedeutet die Überlegenheit Hiobs gegenüber
Gott die Überlegenheit des Bewußtseins gegenüber dem kol-
lektiven Unbewußten, bzw. dem Selbst. Die «Hiob-
Erzählung» bezeichne die Begegnung eines Menschen mit
seinem Archetypus Selbst, der «von dem Archetypus der
Gottheit nicht unterschieden werden kann» (11,116). Der
«Mythus von der notwendigen Menschwerdung Gottes» sei
«als schöpferische Auseinandersetzung mit den Gegensät-

zen und ihre Synthese im Selbst, der Ganzheit der Persönlichkeit, zu verstehen» (1,341).

Die Inkarnation Gottes in Jesus Christus sei also das Symbol der Individuation oder der evolutionären Selbstverwirklichung des Menschen und deshalb eine «fortschreitende» Angelegenheit (9,III,178). Die biblisch bezeugte Inkarnation Gottes sei demnach nicht einzigartig und nicht einmalig. Sie findet ihre Fortsetzung in gewöhnlichen Menschen. Darüberhinaus können

> «die notwendigen inneren Gegensätze im Bilde eines Schöpfergottes in der Einheit und Ganzheit des Selbst versöhnt werden als coniunctio oppositorum der Alchemisten oder unio mystica. In der Erfahrung des Selbst wird nicht mehr, wie früher, der Gegensatz 'Gott und Mensch' überbrückt, sondern der Gegensatz im Gottesbild. Das ist der Sinn des 'Gottesdienstes', d.h. des Dienstes, den der Mensch Gott leisten kann, daß ... der Schöpfer seiner Schöpfung und der Mensch seiner selbst bewußt werden» (1,341).

Jung bekannte, daß er in seinem Hiob-Buch seiner «emotionalen Subjektivität ihren freien Lauf» gelassen habe. Seine Sekretärin kommentiert: «Die tiefe Emotion ... läßt keinen Zweifel darüber bestehen, ... daß uns ein religiöses Bekenntnis vorliegt, eine wahrhaft erschütternde Auseinandersetzung mit dem Unaussprechlichen... Es war Jungs Zorn ... gegen jene unerforschliche dunkle Macht, den er in harten und oftmals ungerechten Worten herausschrie» (11,110-111). Jungs Zorn galt nicht nur dem Gott des Alten Testaments, sondern im 2. Teil des Hiob-Buches ebenfalls dem der Apokalypse. Seine Kritik galt darum dem «christlichen Bild» vom gerechten und guten Gott.

Der 77jährige Jung, der dieses Buch «wie nach einem inneren Diktat» geschrieben hatte, enthüllt:

> «Wenn es etwas wie ein gewaltsames Erfaßtsein von einem Geist gibt, so war es gewiß die Art und Weise, wie diese Schrift zustande gekommen ist» (9,II,226-227).

«Antwort auf Hiob» ist «ein Werk, das im Dienste und im Zeichen des Geistes der Tiefe steht» (11,46).

Weder seine Träume, Visionen, Auditionen und «ganzheitlichen» Gipfelerlebnisse noch sein Tabak vermochten Jungs innere Zerrissenheit zu heilen — ebensowenig seine Abrechnung mit Gott. So schrieb er in einem Brief aus dem Jahre 1952:

> «Ich suche immer die Stille. Ich bin ein Bündel von Gegensätzen und kann mich nur ertragen, wenn ich mich als ein objektives Phänomen betrachte» (9,II,293).

Zwei Jahre später schrieb der nun 79jährige:

> «Ich betrachte mich selber in der Stille von Bollingen und mit der Lebenserfahrung von bald acht Jahrzehnten und muß gestehen, daß ich keine runde Antwort auf mich selber gefunden habe. Ich bin nach wie vor im Zweifel über mich selbst, umsomehr, je mehr ich versuchte, Bestimmtes auszusagen» (9,II,386).

Und in seinem «Rückblick» in seinen «Erinnerungen» bekannte Jung etwa 2 Jahre vor seinem Tode:

> «Je älter ich werde, destoweniger verstand oder erkannte oder wußte ich mich» (1,360).

Welch eine Tragik für einen alten Psychiater, der nicht nur sich selbst, sondern auch die Menschheit, ja sogar Gott mit seiner Psychologie zu erlösen und zu heilen suchte. War er nicht etwa 50 Jahre zuvor über Freud enttäuscht, daß der «Meister» der Psychoanalyse nicht einmal mit der eigenen Neurose fertig wurde? Hatte er nicht 18 Jahre danach durch einen Traum erkannt, was er «über Freud hinaus» wußte und zu geben vermochte? Mußte nun nicht der 84jährige Jung, 32 Jahre nach jenem «Gnadenakt», über sich selbst enttäuscht sein und zugeben, daß auch er, der «Meister» der analytischen Psychologie, nicht einmal sich selber kannte und mit sich selber fertig wurde?

Zeigen nicht diese beiden Meister der Psychotherapie, wie sinnlos und aussichtslos Selbsterlösungs- und Selbstverbesserungsversuche sind — auch im Gewande der Psychologie und Psychotherapie? Welche Erkenntnis und Hilfe

will und kann ein Christ von solcher gott- und christuslo-
sen Psychologie und Psychotherapie erwarten und erhalten?

Aufgrund seiner enttäuschenden Erfahrungen in der Psychiatrie, denen dann eine Theorie zu Hilfe kam, folgerte
Freud, daß eine echte Heilung durch Psychotherapie nicht
möglich sei. Diesen Standpunkt Freuds nennt man «therapeutischen Nihilismus». Im Grunde ist Jungs taoistisch-
alchimistisch monistischer Ansatz einer Einheitswelt mit ihrer «Gegensatznatur» ein theoretischer Nihilismus, der
ebenfalls zum therapeutischen Nihilismus führen oder ihn
im nachhinein rechtfertigen kann. Denn Jung behauptete:

> «Wenn ich dem folge was es in mir denkt, so erscheint mir die Welt
> in viel zu hohem Maße einheitlich, als daß es ein 'Jenseits' geben
> könnte, in welchem die Gegensatznatur völlig fehlt. Auch dort ist
> 'Natur', die auf ihre Weise Gottes ist. Die Welt, in die wir nach
> dem Tode kommen, wird großartig sein und furchtbar, so wie die
> Gottheit und die uns bekannte Natur» (1,323).

Wozu sollte man sich im Diesseits therapeutisch bemühen,
die inneren Gegensätze harmonisch zu vereinigen, wenn sie
nicht einmal im Jenseits aufgehoben sind?

Im Frühjahr 1953 starb unerwartet Jungs langjährige
Mitarbeiterin und Freundin Toni Wolff. Er ging nicht zu
ihrer Beerdigung. Sie hatten sich anscheinend auseinander-
gelebt. Jung überwand den Schock ihres Todes durch einen *Traum,* in dem ihm die «Verstorbene» in einer
größeren, jüngeren und wunderschönen Gestalt erschien.

Nach mehr als 10 Jahren Arbeit wurde 1955 der erste
Teil von Jungs Hauptwerk fertig (55).

Ende November 1955 wurde Jung durch den Tod seiner
Frau Emma, vier Monate nach seinem 80. Geburtstag, tief
getroffen. Kurze Zeit danach schrieb er seinem Freund
Erich Neumann in Tel Aviv:

> «Die Erschütterung, die ich erlebte, ist so groß, daß ich mich we-
> der konzentrieren noch meine Ausdrucksfähigkeit wiederfinden
> kann» (9,II,525).

Um diesen Verlust zu verarbeiten und das innere Gleichgewicht zu erlangen, fing Jung wieder an, Steine zu bearbeiten. Im Winter 1955-1956 meißelte er die Namen seiner Vorfahren väterlicherseits auf drei Steintafeln, während er in Bollingen auch seine Gebäude «vollendete», als Zeichen der Vollendung seiner Individuation. Im Jahre 1956 vollendete Jung auch sein «opus magnum», den 2. Teil des «Mysterium Coniunctionis», der in pseudowissenschaftlichem Gewande eine Heilsbotschaft und einen Heilsweg enthält.

Im Frühjahr 1957 fingen die wöchentlichen Sitzungen für die (Auto-)Biographie Jungs an, die «eher ein esoterisches Buch als eine äußere Beschreibungsweise» wurde (35,178).

Alle drei Schriften, die im Jahre 1957 entstanden, sind «herausgewachsen aus der Steinarbeit», die Jung nach dem Tode seiner Frau machte (1,178).

Aufgrund einer Anfrage eines Verlegers über den Journalisten John Freeman und eines Traumes arbeitete Jung 1959 an seinem Essay *«Zugang zum Unbewußten»,* das ein populäres Buch über sein Werk werden sollte (56). Darin schildert er die allmähliche Evolution des menschlichen Bewußtseins, dann die Spaltung zwischen Bewußtsein und Unbewußtem als Folge dieser Evolution, und schließlich «die Heilung der Spaltung».

> «Unsere tatsächliche Kenntnis des Unbewußten zeigt, daß es sich dabei um ein natürliches, *neutrales* Phänomen handelt, das alle Aspekte der menschlichen Natur — Hell und Dunkel, Gut und Böse — enthält» (57,102).

Im Jahre 1960 stellten sich Träume ein, die auf ein nahes Ende hin zu deuten schienen. Es trat aber eine baldige Genesung ein. Noch in den letzten Wochen vor seinem Tode las Jung asiatisch-religiöse Literatur. Auf einem Tisch neben ihm lag auch «Der Mensch im Kosmos» von dem Naturphilosophen und Mystiker, dem französischen Jesuiten P. Teilhard de Chardin.

Vor seinem Tode hatte Jung wiederum Visionen, Tag- und Nachtträume. Einmal sah er einen riesigen, runden Stein auf einem hohen Sockel mit der Inschrift eingraviert: «Zum Zeichen deiner Ganzheit und Einheit». So ließ sich Jung bis an sein Lebensende irreführen, jetzt in der Gestalt des zentralen Bildes der Alchimie, des «Steins der Weisen», als Symbol vollendeter Selbstwerdung. Er erkannte nicht einmal, daß diese Vision im Widerspruch zu seiner eigenen Theorie der «Vereinigung der Gegensätze» stand: Erst im Tode erreiche die Seele die ihr fehlende Hälfte, erlange sie «Ganzheit». Und er lebte ja noch!

Am 6. Juni 1961 starb Jung. Manche Freunde und Bekannte sollen seinen Tod vorausgewußt haben. Ihr «Unbewußtes» habe es ihnen mitgeteilt, noch bevor die Todesnachricht veröffentlicht worden sei. Nach seinem Tode fuhr «Jung» fort, in Träumen und in aktiver Imagination vieler Menschen zu erscheinen — wie er es zu Lebzeiten getan habe (33,435).

Literaturverzeichnis Teil I

1. *Jaffé, Aniela* (Hrsg.): Erinnerungen, Träume, Gedanken von C.G. Jung. Zürich, Stuttgart (1984)
2. *Herwig, Hedda J.*: Therapie der Menschheit. Studien zur Psychoanalyse Freuds und Jungs. München (1969)
3. *Jung, C.G.*: Das Seelenproblem des modernen Menschen (1928). Gesammelte Werke (GW.) X. Olten, Freiburg/Br.
4. *Rode, Christian*: C.G. Jung — seine geistigen Quellen. In: Dieter Eicke (Hrsg.): Die Psychologie des 20. Jahrhunderts Bd.III, Freud und die Folgen II. Kassel (1977).
5. *Bauer, Wolfgang*: Lexikon der Symbole. Mythen, Symbole und Zeichen in Kultur und Religion. Wiesbaden (1978/3)
6. *Zumstein-Preiswerk, Stefanie*: C.G. Jungs Medium. Die Geschichte der Helly Preiswerk. München (1975)
7. *Steiner, Gustav*: Erinnerungen an Carl Gustav Jung aus der Studentenzeit. Zur Entstehung der Autobiographie. Basler Stadtbuch (1965) S. 117-163
8. *Jung, C.G.*: Zur Psychologie und Pathologie sog. okkulter Phänomene (1902), G.W.I
9. *Jaffé, Aniela und Adler, Gerhard (Hrsg.):* C.G. Jung-Briefe. Bd. I-III. Olten, Freiburg/Br. (1972-1973)
10. *Wilson, Colin*: Herr der Unterwelt — C.G. Jung und das 20. Jahrhundert. München (1987)
11. *Jaffé, Aniela*: Aus C.G. Jungs Welt. Gedanken und Politik. Vier Aufsätze. Zürich (1979)
12. *Jung, C.G.*: Wandlungen und Symbole der Libido (1911-1912). Im Jahre 1950 teils wesentlich verändert, teils erweitert unter dem neuen Titel «Symbole der Wandlung», G.W.V
13. *Jung, C.G.*: Septem Sermones ad Mortuos (1916). In: 1.
14. *Oeri, Albert*: Ein paar Jugenderinnerungen. In der Festschrift zum 60. Geburtstag (1935)
15. *Stern, Paul*: C.G. Jung — Prophet des Unbewußten. München (1977)
16. *Baseler Magazin* 23.10.1982: Das Medium C.G. Jung
17. *Michel, Christian und Novak, Felix*: Kleines Psychologisches Wörterbuch. Freiburg/Br., Basel, Wien (1975)
18. *Jung, C.G.*: Psychologie und Alchemie (1944), G.W.XII
19. *Jung, C.G.*: Was ist Psychotherapie? (1935). In: Praxis der Psychotherapie, G.W.XVI
20. *Jung, C.G.*: Antworten auf Fragen an Freud (1953). In: Freud und die Psychoanalyse, G.W.IV
21. *Groß, Martin*: Die psychologische Gesellschaft. Berlin (1984)
22. *Nannen, Els*: Psychologie im Lichte der Bibel I-III. Bibel und Gemeinde, Nr. C. 27, 31 und 32. Waldbronn (1986-1987).

23. *Mc. Guire, William und Sauerländer, Wolfgang:* Briefwechsel S. Freud — C.G. Jung. Frankfurt/M. (1974)
24. *Jung, C.G.:* Über die Beziehung der Psychotherapie zur Seelsorge (1932), G.W.XI
25. *Weizsäcker, Victor von:* Reminiscenses of Freud and Jung. In: B. Nelson (Hrsg.): Freud and the 20th Century (1957)
26. *Szasz, Thomas S.:* Geisteskrankheit — ein moderner Mythos? Olten, Freiburg/Br. (1978)
27. *Wehr, Gerhard:* Rudolf Steiner. Freiburg/Br. (1982)
28. *Jung, Emma:* Die Gralslegende in psychologischer Sicht (1960). Zu Ende geführt von M.-L. von Franz. Studien aus dem C.G. Jung-Institut Bd. XII. Zürich (1980)
29. *Jung, Emma:* Ein Beitrag zum Problem des Animus. In: C.G. Jung (Hrsg.): Wirklichkeit der Seele. Psychologische Abhandlungen IV. Zürich (1934)
30. *Carotenuto, Aldo:* Tagebuch einer heimlichen Symmetrie. Sabina Spielrein zwischen Jung und Freud. Vorwort in: *Spielrein, Sabina:* Tagebücher, Briefe und Schriften Bd. I. Freiburg (1986)
31. *Spielrein, Sabina:* Über den psychologischen Inhalt eines Falles von Schizophrenie (1911)
32. *Jung, C.G.:* Die Psychologie der Übertragung (1946), G.W. XVI
33. *Hannah, Barbara:* C.G. Jung. Sein Leben und Werk. Erkenntnisse und Erfahrungen einer langjährigen Zusammenarbeit. Fellbach-Oeffingen (1982)
34. *Wolff, Toni:* Studien zu C.G. Jungs Psychologie. Zürich (1959)
35. *Wehr, Gerhard:* Carl Gustav Jung — Leben, Werk, Wirkung. München (1985)
36. *Jung, C.G.:* Psychologische Typen (1921), G.W.VI
37. *Zilbergeld, Bernie:* The Myths of Psychiatry. In: Discover, Mai 1963
38. *Jung, C.G.:* Über die Psychologie der Dementia praecox (1907), G.W. III
39. *Fromm, Erich:* Psychoanalyse und Religion. München (1982/7)
40. *Dieterich, Michael:* Psychologie contra Seelsorge? Neuhausen (1984)
41. *Jung, C.G.:* Aion. Beiträge zur Symbolik des Selbst, G.W.IX/2
42. *Freud, Sigmund:* Nachschrift. In: Zur Frage der Laienanalyse. Freuds G.W. XIV. Frankfurt/M. (1927)
43. *Freud, Sigmund:* Zur Geschichte der psychoanalytischen Bewegung (1914). In: Selbstdarstellung. Frankfurt (1971)
44. *Jung, C.G.:* Das Rote Buch. In: Nr. 47
45. *Skambraks, Ulrich:* Vorsicht Geistheilung. Was die Wunderheiler verschweigen. Aßlar (1987)

46. *Balmer, Heinrich H.:* Die Archetypentheorie von C.G. Jung. Eine Kritik. Heidelberg (1972)
47. *Jaffé, Aniela:* C.G. Jung, Bild und Wort. Olten, Freiburg/Br. (1977)
48. *Jung, C.G.:* Psychologie und Religion (1940), G.W.XI
49. *Jung, C.G.:* Versuch einer psychologischen Deutung des Trinitätsdogmas (1940), G.W.XI
50. *Jung, C.G.:* Das Wandlungssymbol in der Messe (1941), G.W.XI
51. *Jung, C.G.:* Paracelsica (1942), G.W.XIII
52. *Jaffé, Aniela:* Aus Leben und Werkstatt von C.G. Jung. Parapsychologie, Alchemie, Nationalsozialismus, Erinnerungen aus den letzten Jahren. Zürich (1968)
53. *Zundel, Edith:* Der Weg ins Unbewußte. Marie-Louise von Franz — das neue Verständnis von C.G. Jung. In: Die Zeit Nr. 48 (21.11.1986)
54. *Jung, C.G.:* Antwort auf Hiob (1952), G.W.XI
55. *Jung, C.G.:* Mysterium Coniunctionis (1955-1956), G.W.XIV
56. *Jung, C.G.:* Zugang zum Unbewußten. In: Der Mensch und seine Symbole. Olten, Freiburg/Br. 1961

TEIL II

C.G. Jung und seine Werke

Inhaltsverzeichnis

Teil II   C.G. Jung und seine Werke

Einleitung

Seit 1913 nannte Jung seine Psychologie *«analytische Psychologie»*. Später wurde sie auch *«komplexe Psychologie»* genannt.

Jungs Psychologie ist eine vollständige Persönlichkeitspsychologie, die die Frage nach der Struktur, Dynamik und Entwicklung der Persönlichkeit zu beantworten sucht. Er bezeichnete die gesamte Persönlichkeit «Psyche». Jungs besondere Sicht der Persönlichkeit ist mit seinem Traum vom «psychischen» Haus (1909) und mit anderen paranormal inspirierten Träumen und Gedanken aufs engste verbunden.

Das *Menschenbild* der komplexen Psychologie hängt unzertrennlich mit Jungs atheistischer, materialistischer, evolutionistischer und asiatisch-religiöser Weltanschauung zusammen. Zunächst übernahm er Freuds materialistische Vorstellung, nämlich daß die *Seele geschichtet* sei, so wie es Erdschichten gibt. In diesem tiefenpsychologischen Irrtum wurde Jung gestärkt durch den eigenen Traum vom Haus mit den Stockwerken, dem Keller und dem unterirdischen Gewölbe. Selbst deutete er dieses Haus als das Bild der menschlichen Seele. Daraufhin entwarf Jung eine Struktur der menschlichen Seele mit drei gesonderten und autonomen, aber sich beeinflussenden Schichten, nämlich das Bewußtsein mit dem Ich als Zentrum, das «persönliche Unbewußte» und das «kollektive Unbewußte», das seinerseits wiederum aus mehreren Schichten bestehe. Jungs Schichttheorie geht also über die von Freud hinaus.

Demgegenüber steht, daß der innere Bereich des Menschen immateriell ist und somit nicht aus materiellen «Stockwerken» im wörtlichen Sinne bestehen kann.

Dann übertrug Jung die Evolutionshypothese der Naturwissenschaften auf seine Psychologie. Daraufhin spielt bei ihm die sogenannte *psychische Evolution* eine entscheidende Rolle, sowohl individuell als auch kollektiv.

Schließlich entlehnte Jung dem Taoismus das Yang-Yin-Prinzip. So schuf er eine *Gegensatzpsychologie,* in der die menschliche Seele aus Gegensätzen besteht, und zwar innerhalb der «ursprünglichen und grundsätzlichen Einheit» jener drei psychischen Schichten oder Systeme. Beispiele solcher «psychischer Gegensätze» bei Jung sind Bewußtsein (Yang) - Unbewußtes (Yin), Extraversion (Yang) - Introversion (Yin), rational (Yang) - irrational, intuitiv (Yin), Verstand (Yang) - Gefühl (Yin), Animus (Yang) - Anima (Yin). Weiter gibt es die beiden «psychischen» Gegensatzpaare im «Archetypus Schatten»: Gut, Licht (Yang) - Böse, Finsternis (Yin). Diese und andere sogenannte psychische Gegensätze «ergänzen sich» und «halten sich die Waage». Zusammen bilden sie eine «Einheit» bzw. die «psychische Ganzheit».

Demgegenüber ist zu bedenken, daß einige von Jungs Gegensätzen, wie z.B. Mann-Frau, keine echten und andere keine psychischen Gegensätze sind, wie z.B. Gut-Böse, Licht-Finsternis. Darüber hinaus werden die wirklichen Gegensätze, z.B. zwischen dem heiligen Gott und dem sündigen Menschen, zwischen Psychischem und Dämonischem oder zwischen der alten und neuen Natur im wiedergeborenen Christen, verschleiert und gar ersetzt durch meistens irreelle innerpsychische Gegensätze.

Jungs weltanschaulicher (materialistischer, evolutionistischer, taoistischer) Ansatz beruht auf einem Irrtum. Außerdem spiegelt das Gegensatzprinzip der Psychologie Jungs das Empfinden innerer Gegensätze des Psychiaters Jung wider. Ebenso ist Jungs Ganzheitspsychologie eine Widerspiegelung seines lebenslangen Versuches, sich selbst von diesem inneren Zwiespalt durch gedankliche «Vereinigung der Gegensätze» zu erlösen.

Kapitel 1

Kurze Einführung in die Psychologie Jungs

1. Jungs Theorie des Bewußtseins und seine Typologie

Am Anfang der individuellen Persönlichkeit steht nach Jung das «kollektive Unbewußte». Das Bewußtsein sei «wie ein Kind, das aus dem mütterlichen Urgrund des Unbewußten geboren wird». Das sei eine tägliche Angelegenheit, und zwar durch den Gebrauch der vorherrschenden psychischen Funktion.

Das *Ich* sei nicht der Kern der gesamten Persönlichkeit, sondern nur des Bewußtseins, das selbst der kleinste Teil der Persönlichkeit sei. Seine Funktion sei die eines Torwächters, der das empfangene psychische Material selektiert und das, was unwichtig, bedrohend oder schädlich ist, aus dem Bewußtsein eliminiert. Das meiste, das ein Mensch denkt und fühlt, wahrnimmt und erlebt, wird und bleibt jedoch unbewußt. Die Quantität und Qualität der ins Bewußtsein zugelassenen Wahrnehmungen und Erfahrungen seien mitbestimmend für die «psychische Evolution» (Individuation). Das Ich verleihe der Persönlichkeit ihre Identität und Kontinuität.

Die Art und Weise, wie ein Mensch wahrnimmt und wie sein Ich auf die Wahrnehmungen und Erfahrungen reagiert, hänge mit seiner individuellen Grundhaltung gegenüber der Außen- und «Innenwelt» zusammen. So unterscheidet Jung in seiner Typologie (1) zwei Persönlichkeitstypen mit ihren gegensätzlichen, grundlegenden Charaktereinstellungen. Beim *introvertierten* Typ sei die dominierende Einstellung des Bewußtseins «innenweltorientiert», introspektiv. Er konzentriert sich auf die subjektiven «inneren psychischen Prozesse», d.h. auf die Manifestationen des «Kollektivunbewußten», wie es Jung angeblich in den Jahren 1912-1918 tat.

Im Gegensatz dazu gebe es den *extrovertierten* Typ, bei dem die vorherrschende Einstellung des Bewußtseins außenweltorientiert sei. Er konzentriert sich auf die objektive äußere Wirklichkeit.

Zwar seien beide Charaktereinstellungen potentiell in jedem Menschen vorhanden, jeweils eine jedoch sei bewußt und dominierend. Ihr komplementäres Pendant sei ein Teil des persönlichen Unbewußten, also latent. Dieser beeinflusse das Bewußtsein (Wahrnehmung, Betrachtungsweise, Urteil, Standpunkt etc.) und Verhalten unbewußt und viel schwächer.

Dem Gleichgewichtsprinzip gemäß seien beide Grundeinstellungen gleichwertig und gleichberechtigt. Sowohl die Subjekt- als auch die Objektorientierung sollten darum die gleiche Möglichkeit haben, sich zu entfalten und zu äußern. Ungleichgewicht zwischen beiden verursache eine Neurose.

Eine Bewertung
Viele kritisierten dieses Zweierschema als oberflächlich, lückenhaft und voller Ungereimtheiten. Außerdem war Jungs Typologie nicht sehr originell, hatte sie doch eine ganze Reihe Vorläufer wie z.B. die von Alfred Binet. Jung stützte sich anscheinend vor allem auf William James. Dieser meinte, daß in der Philosophie das subjektive Vorurteil des Philosophen stärker sei als irgendeine seiner mehr objektiven Prämissen.

Vor allem versuchte Jung mit seiner Typologie seinen Bruch mit Freud, der ihn bereits acht Jahre beschäftigte, zu rechtfertigen. Er erweiterte seine Typologie von Personen auf *Theorien,* die er damit reduzierte, subjektivierte und relativierte. So sei die Psychologie Freuds mit der zentralen Rolle des Ödipuskomplexes und der Verdrängung eine «extrovertierte» und die von Adler mit der Betonung des Minderwertigkeitskomplexes und Machttriebes eine «introvertierte» Theorie. Die polaren Standpunkte und der endgültige Bruch seien auf die polaren Charaktertypen Freuds und Adlers zurückzuführen. Infolgedessen seien weder Freuds Psychoanalyse noch Adlers Individualpsychologie allgemeingültig und wahr. Jung meinte:

> «Das Typenbuch brachte die Erkenntnis, daß jedes Urteil eines Menschen durch seinen Typus beschränkt und jede Betrachtungsweise eine relative ist. Damit erhob sich die Frage nach der Einheit, die diese Vielheit kompensiert. Sie führte mich unmittelbar zum chinesischen Begriff des Tao» (2,211).

Den Begriff Tao, der die Gegensätze in sich vereinige, hatte Jung durch das chinesische Wahrsagereisystem «I Ging» kennengelernt. Er nun schaffe eine *Synthese*psychologie, die beider Charaktereinstellungen und 'somit' beider Standpunkte vereinige und eine Psychologie auf einer höheren Ebene darstelle. Diese, den subjektiven, relativen Theorien Freuds und Adlers überlegene Psychologie Jungs sei allgemeingültig und objektiv, also wahr.

Jungs Kritik ist kennzeichnend. Sie ist vom eigenen, nämlich ganzheitlichen Vorurteil geprägt und ebensosehr subjektiv und relativ. Der springende Punkt ist nicht, daß Jung die Psychologien Freuds und Adlers subjektiviert und relativiert — wenn sie auch mit Introversion und Extraversion nichts zu tun haben —, sondern, daß er seine eigene subjektive, relative Psychologie objektiviert und verabsolutiert. Schon Jungs Begriff «Introversion» ist keine objektive Feststellung eines empirischen Sachverhalts, sondern ein Beispiel von Jungs Projektion der eigenen Lebenseinstellung, nämlich der Konzentration auf das vermeintliche kollektive Unbewußte. Ob er mit seiner Kritik die eigene Psychologie aufwerten wollte?

Jungs Theorie der vier «psychischen Funktionen»
Jung erkannte, daß die Art und Weise, wie die Außen- und «Innenwelt» wahrgenommen wird, nicht bei allen extravertierten bzw. introvertierten Typen die gleiche ist. Darum führte er psychische Funktionen ein, und zwar vier nach seiner Zahl der «Ganzheit». Daraus ergaben sich acht Charaktertypen.

Die mögliche Einstellung des extravertierten und introvertierten Typs sei entweder rational oder irrational. Die *rationalen* Funktionen Denken und Fühlen haben mit Urteilsbildung und Bewertung zu tun, die *irrationalen* Funktionen Wahrnehmung und Intuition beziehen sich auf außersinnliche Wahrnehmung (der sogenannte 6. Sinn oder das sog. 2. Gesicht) und auf paranormale Eingebung und Erkenntnis.

Wiederum seien all diese «psychischen» Funktionen potentiell in jedem Menschen vorhanden. Eine jedoch sei bewußt und vorherrschend, die anderen seien durch Verdrängung ein Teil des persönlichen Unbewußten geworden.

Aufgrund des Gleichgewichtsprinzips seien das östliche mystische, intuitive Denken gegenüber dem westlichen rationalen Denken gleichwertig und gleichberechtigt. Gleicherweise seien irrationale Wahrnehmung, Eingebung und Erkenntnis gegenüber der rationalen Funktion gleichwertig und gleichberechtigt. Darum sollen alle «psychischen» Funktionen die gleiche Möglichkeit haben oder erhalten, sich zu entwickeln und zu äußern. Abnormales, neurotisches Verhalten entstehe dort, wo unbewußte Komponenten der «psychischen» Funktionen durch die Barriere der Verdrängung durchbrechen.

Eine Bewertung

Daß Jung beide irrationalen Funktionen zu *allgemeinen* Aspekten machte, ist nicht wissenschaftlich. Es ist keine objektive Feststellung eines empirischen Sachverhaltes, sondern eine Widerspiegelung seiner rein persönlichen okkult-visionären und mantischen Begabungen, die er generalisierte.

Jungs Gleichgewichtsprinzip in bezug auf die «psychischen» Funktionen ist sein Versuch, die Vernunft und Wissenschaft zu relativieren und das Paranormale aufzuwerten. Jungs undifferenzierte Kritik an der westlichen einseitigen Überbewertung der Vernunft entstammt dem gleichen weltanschaulichen Vorurteil des «Gleichgewichts der Gegensätze» wie seine eigene Unterbewertung der Vernunft und des Denkens, und zwar zu Gunsten des Irrationalen. Jedoch nicht der Verstand und das logische, systematische, analytische, kritische Denken an sich sind schlecht. Falsch ist jede Verselbständigung des Denkens, d.h. seine Loslösung von Gott und Gottes Wort, und seine Verabsolutierung. Wir sollen Gott lieben, auch mit unserem «ganzen Verstand». Die Vernunft sollte dem Wort Gottes untergeordnet sein, jedoch nie dem Paranormalen gleichgesetzt, geschweige denn untergeordnet werden.

Die Überbewertung des Irrationalen, Paranormalen in der Jungschen Psychologie und Psychotherapie ist mehr als einseitig, sie ist gefährlich.

Daß Jung die beiden irrationalen Aspekte als *psychische* Funktionen bezeichnete, verschleiert ihren okkulten Hintergrund. Jungs Psychologismus in bezug auf paranormale Begabungen ist widerbiblisch.

Daß in Jungs Theorie der psychischen Funktionen der *Wille* als Grundfunktion fehlt, spiegelt wiederum Jungs Person wider, der sich über die Hälfte seines langen Lebens willenlos von seiner Nr. 2, von seinem «schöpferischen Dämon» steuern ließ.

2. Jungs Theorie des «persönlichen Unbewußten»

Zum persönlichen Teil des Menschen gehören nach Jung nicht nur sein Bewußtsein, sondern auch sein «persönliches Unbewußtes», der oberflächliche Teil des Unbewußten. Es enthalte all das, was dem Individuum einmal bewußt war, aber von seinem Ich verdrängt wurde, weil es bedrohend war oder im Gegensatz zur vorherrschenden Grundhaltung oder psychischen Funktion stand, oder vergessen wurde, weil es unwichtig oder unbrauchbar war. Dadurch entstehe Raum für neue Gedanken, Gefühle, Erfahrungen, Wahrnehmungen usw. Dieser persönliche Lagerraum enthalte also die zeitliche, erworbene, persönliche Vergangenheit. Sie könne, wenn nötig, bewußt gemacht werden.

Nur das gehöre zum persönlichen Teil des Menschen, was das Ich «durch eigene bewußte Anstrengung geschaffen oder erworben hat» (3,72). Es steht im Gegensatz zu den «Schöpfungen des kollektiven Unbewußten».

Eine Bewertung

Zwar kann ein Mensch manches vergessen oder verdrängt haben, jedoch ist eine gesonderte «psychische Schicht» des «persönlichen Unbewußten» nicht mehr als eine Annahme.

Außerdem übersieht Jung, daß es Aspekte gibt, die vom Individuum weder geschaffen noch erworben wurden und dennoch zu seiner Persönlichkeit gehören, wie z.B. kreatürliche Begabungen, persönliches Interesse, Neugier, Verantwortungsbewußtsein und Liebe. Auch die positiven und negativen Einflüsse gehöre zu seiner persönlichen Vergangenheit und Gegenwart. Begreiflicherweise gibt es in Jungs System keinen Raum für geistliche Kategorien, wie z.B. die eigene Ausprägung der alten Natur oder im Gotteskind auch die Frucht und Begabung des Heiligen Geistes, deren man sich nicht immer bewußt ist. Sie gehören zwar nicht zum psychischen Material, aber doch zum persönlichen Leben eines Christen.

3. Jungs Theorie des «kollektiven Unbewußten»

Jung postulierte die Existenz eines dritten Systems innerhalb der einen Psyche, nämlich das «kollektive Unbewußte». Es sei die tiefste und unzugänglichste Schicht der Persönlichkeit, die «Urschicht» der menschlichen Seele. Dieses «universale Unbewußte» der Menschheit mit den Erfahrungen aller «tierischen» und menschlichen Ahnen verdanke seine Existenz der Evolution. Als gewaltiger kollektiver Lagerraum enthalte es die überzeitliche, ererbte (angeborene) unpersönliche oder überindividuelle Vergangenheit. Sie sei dem Individuum nie bewußt gewesen und auch nicht leicht bewußt zu machen.

Die Bedeutung des Kollektivunbewußten sei die allgemeine, unpersönliche vor-psychische Grundlage aller Menschen, aus der alle psychischen Prozesse entstehen. Das kollektive Unbewußte sei der unpersönliche «spiritus rector» des bewußten, d.h. «subjektiven», Denkens und die unpersönliche Motivation des einzelnen. Es sei also die Basis der Persönlichkeit. Zwar bestimmen der persönliche und kollektive Teil gemeinsam die Gegenwart des einzelnen in seinem Denken, Wahrnehmen, Erfahren und Reagieren etc. Jedoch werde der Mensch hauptsächlich von seinem kollektiven Unbewußten, dem weit größten und wichtigsten Teil und der stärksten Kraft seiner Persönlichkeit prädisponiert.

Dem Wesen nach sei das kollektive Unbewußte «natürlich» («Natur»), «autonom» (unabhängig und unbeeinflußbar) und «objektiv» (wahr). Diese gewaltige autonome, objektive Schicht der Seele bilde die «Wirklichkeit der Seele», nahm Jung irrtümlicherweise an (4).

Diese kollektive *«objektive Psyche»*, die man «daher als ein 'Du' bezeichnen kann» (5,660), sei die «objektive, psychische» Quelle von paranormalen Wahrnehmungen (Träumen, Bildern, Phantasien, Wahnvorstellungen, Visionen, Stimmen», von paranormalen Erfahrungen («Ganzheitserfahrungen», Erscheinungen von und Gesprächen mit sog. Verstorbenen und geistigen Gurus bzw. Dämonen), von paranormalen Gedanken («es denkt in mir», wie Jung es selber erlebte) und Eingebungen und Erkenntnisssen. Sie sei nicht nur die «objektive psychische Erkenntnisquelle», der *«objektives Denken»* und *«objektives Wissen»* entstammen, sondern auch die Quelle alles menschlichen Schaffens, also die «schöpferische Instanz».

Das «objektive Kollektivunbewußte» manifestiere sich u.a. in Märchen, Mythen, Mystik, Religionen und Symbolen, so z.B. der Gnostik und Alchimie. Konsequenterweise sei dies alles eine «natürliche», «objektive» und «psychische» Wirklichkeit. Sie seien daher auch nicht zu prüfen und nicht zu bewerten.

Aufgrund des Gleichgewichts- und Ganzheitsprinzips sollen alle Manifestationen der Kollektivseele den gleichen Wert und das gleiche Recht haben wie die Äußerungen des persönlichen Teils der Persönlichkeit. Nichts dürfe unterbewertet oder gar abgewiesen werden. Denn das führe zu einer Neurose.

Durch sein Kollektivunbewußtes sei der Mensch nicht nur mit all seinen «tierischen» und menschlichen Vorfahren verbunden, sondern auch mit der «göttlichen Weltseele». Die Kollektivseele sei nicht nur «Natur», sondern, als Teil der unerschaffenen «Weltseele», auch «geistig» (3,349). Sie entspreche dem, was man unter «objektivem Geist» versteht, der überall im Stoff vorhanden, aber darin gebunden sei (6,352). Es bestehe eine symbolische Einheit zwischen Geist und Stoff, der lediglich symbolischer Ausdruck des «objektiven Geistes» sei (7,131).

Eine Bewertung

Jungs Theorie der Existenz und damit der Bedeutung, dem Wesen und der Wirkung des «kollektiven Unbewußten» ist nicht wissenschaftlich, sondern eine spekulative Annahme. Sie beruht nicht auf objektiver Beobachtung empirischer Tatsachen, sondern auf 3 nicht-wissenschaftlichen, weltanschaulichen Prämissen: dem (philosophischen) Materialismus, dem (psychischen) Evolutionismus und dem Pantheismus. Diese drei Pfeiler der Jungschen Psychologie und Psychotherapie des «kollektiven Unbewußten» sind vor allem widerbiblisch.

Darüber hinaus ist Jungs Konstruktion des kollektiven Unbewußten durch ihre Gleichstellung mit der «göttlichen Weltseele», bzw. mit Gott, gotteslästerlich.

Als die *eine* Quelle des Psychischen, des Bösen (der Sünde) und des Dämonischen ist Jungs Konzept der Kollektivseele irreführend. Daß Jung u.a. falsch-religiöse und paranormale Phänomene und Erfahrungen zu «allgemeinen, objektiven und psychischen» Manifestationen der «Kollektivseele» machte, widerspiegelt seinen Versuch, seine rein persönlichen, religiös-okkulten Erfahrungen unterzubringen, zu psychologisieren und so pseudowissenschaftlich zu legitimieren. Stehen sie «jenseits aller Bewertung», könnten und dürften sie auch nicht an Gottes Wort geprüft und als falsch abgewiesen werden. Jungs religiös-okkulte Erfahrungen sind ja das Fundament seines literarischen und therapeutischen Lebenswerkes. Und daran dürfe nicht gerüttelt werden. Jedoch gibt es nichts, was außerhalb des absoluten Maßstabs des Wortes Gottes liegt. Im Gegenteil, es gilt stets genau zu prüfen, ob etwas aus der alten oder neuen Natur oder gar aus dem Bereich der Finsternis stammt.

Auch Jungs Konstruktion einer Kollektivseele läßt sich nicht christianisieren. Sie ist z.B. nicht zu vergleichen mit der Erbsünde. Die sündige oder alte Natur des Menschen ist eben nicht aus einer «psychischen Evolution» hervorgegangen, sie ist nicht eine «psychische Schicht» oder gar ein Teil der «Weltseele». Sie bedeutet gerade Trennung von Gott.

Manchmal bezeichnete Jung das kollektive Unbewußte als den «inneren Menschen». Auch hier annektierte er ein Wort — jetzt aus der Bibel —, füllte es aber mit einem ganz anderen Inhalt. Der biblische Begriff «innerer Mensch» (2. Kor. 4,16; Eph. 3,16) bedeutet die neue Natur, die man erst bei der Wiedergeburt aus Gott von Ihm empfängt. Sie hat mit einer «psychischen Schicht», mit Evolutionismus und Pantheismus nicht das geringste zu tun.

Logisch, aber irrelevant ist Jungs Behauptung, daß die «Manifestationen» aus der Kollektivseele «Hinweise» auf sie, auf «eine lebendige Seele», sind. So ist der Kreis geschlossen, jedoch nichts bewiesen!

Jungs Theorie der «Archetypen»
Den Inhalt des «kollektiven Unbewußten» nannte Jung Archetypen (archè = Anfang, Ursprung; typos = Bild, Gestalt). Archetypen seien unbewußte, ererbte, präformierte Bilder aus dem ersten Entwicklungsstadium der «tierischen» und menschlichen Vorfahren und also «primitiv».

Diese «urtümlichen» Bilder oder Urbilder seien ererbte Möglichkeiten oder Tendenzen der Vorstellung, Wahrnehmung, Erfahrung und des Denkens. Beispiele solcher «Urbilder» seien Vater, Mutter, Kind, Held, der weise alte Mann (Jungs Kontrollgeist «Elias»), Hexe, Magier, Geburt, Tod («ein mächtiger Archetypus»!) und «Ganzheit». Dann auch «religiöse Motive» wie Paradies, Sündenfall, Jungfrauengeburt, Wiedergeburt, (der sterbende und auferstehende) Gott, Geister, Götter, Dämonen und der Teufel. Auch die «religiöse Einstellung» sei ein evolutionärer Archetypus. Das definitive Bild, z.B. einer Mutter, entstehe durch die persönliche Erfahrung der eigenen Mutter. Der Archetypus «Gott» in der «Kollektivseele» eines jeden Menschen bilde, zusammen mit einer persönlichen «Gotteserfahrung», den «Gotteskomplex», der das Verhalten beeinflusse, sodaß alles in Kategorien von Gut-Böse, Tugend-Untugend betrachtet und gewertet werde.

Diese und andere «Projektionen archetypischer Inhalte» seien auf der ganzen Welt die gleichen. Unterschiede gebe es jedoch in ihrer Entwicklung (Evolution) und in ihrer Äußerung.

Archetypen seien außerdem unbewußte, ererbte, präformierte Reaktions- und Verhaltensweisen, also ererbte Tendenzen des Reagierens und Handelns. Beispielsweise hatten unsere «primitiven» Vorfahren Angst vor der Finsternis. «Deshalb» sei jeder Mensch geneigt, sich mehr vor der Finsternis als vor dem Licht zu fürchten. Diese ererbte Neigung bilde, zusammen mit einer persönlichen Erfahrung (z.B. man wird in der Finsternis bei einer bösen Tat ertappt), die definitive Furcht, so meint Jung. In Joh. 3,19 gab der Herr Jesus jedoch eine andere Deutung.

Die Archetypen seien die Bedingung für archetypische Prozesse und für archetypische Bilder wie Märchen, Mythen, religiöse Vorstellungen und Erfahrungen, etc. Sie seien der unpersönliche, transzendente Hintergrund und Anordnungsfaktor für Psyche, Verhalten und Materie. Ihre Inhalte seien bei allen Menschen gleich. Nur die persönliche Einstellung des Bewußtseins diesen unbewußten Inhalten gegenüber sei unterschiedlich.

Das «kollektive Unbewußte» mit seinen primitiven Bildern und Verhaltensweisen (Archetypen) bedeute «den primitiven Menschen im Kulturmenschen». Dieser «primitive» Mensch mit seinen «archetypischen, primitiven» Begierden sei die eigentliche, unsichtbare «Wurzel des Bewußtseins» (3).

Eine Bewertung

Die Vorstellung von «Urbildern» ist keine Erfindung Jungs. Sie ist schon in der griechischen Philosophie bekannt. Jung selbst verglich seine Archetypen mit den «Ideen» aus Platos Ideenlehre: «Der Archetypus ist eine erklärende Beschreibung des platonischen eidos» (3,5). Wiederum übernahm Jung einen Begriff, füllte ihn aber mit einem anderen Inhalt. Bei *Plato* ist die «Idee» eben nicht aus der Erfahrung und Erkenntnis abgeleitet, sondern im Gegenteil ihr Apriori und außerdem unabhängig von der äußeren Situation. Bei Jung dagegen sind die kollektive Erfahrung und Erkenntnis Vorbedingung der Urbilder, die erst durch die äußere Situation ins Bewußtsein dringen, wodurch das Individuum erkennt bzw. «wiedererkennt».

Das Wort «Archetypus» übernahm Jung vom Kirchenvater *Augustinus,* der sich an Plato orientiert hatte. Die Wortgleichheit täuscht. Bei Augustinus hatten die Archetypen nichts mit einer psychischen und evolutionären Kategorie im fiktiven Kollektivunbewußten des Menschen zu tun, sondern mit den Ideen und Tugenden in Gott.

Die Herkunft der Archetypen sei nicht erklärbar, ein Archetypus selbst nicht rational erkennbar und nicht direkt wahrnehmbar, behauptete Jung. Er wich damit der Antwort auf die brennende Frage aus: Was prägte die «Archetypen» von Adam und Eva? Ja, was prägte die Wahrnehmungen, Einsichten, Verhaltensweisen und Erfahrungen unserer «tierischen» und menschlichen Vorfahren, die angeblich zu unseren «Archetypen» führten?

Nur die Wirkung der Archetypen in der Psyche sei «feststellbar», zu vergleichen mit der *Karma*-Idee des Hinduismus, so meinte Jung.

> «Der Aspekt des Karma ist unerläßlich zu einem tieferen Verständnis des Wesens eines Archetypus» (8,83).

Im Hinduismus bedeutet jedoch das Karma das Schicksal,

das das Individuum wegen des Gesetzes von Ursache und Wirkung sich selbst bereitet. Der Begriff Karma steht außerdem in engem Zusammenhang mit der hinduistischen Philosophie einer Reinkarnation. Jung verwendete das gleiche Wort, meinte aber ein *un*persönliches Karma, d.h. die Lebensbestimmung, die durch das «kollektive Unbewußte», also von den Vorfahren, auferlegt sei, und außerdem nicht mit einer Reinkarnation in Zusammenhang stehe. Wir erinnern uns an das Empfinden Jungs beim Meißeln der Ahnentafeln, daß ihm die «merkwürdige Schicksalsverbundenheit deutlich geworden» sei, die ihn «mit den Vorfahren verknüpft»:

> «Es hat oft den Anschein, als läge ein unpersönliches Karma in einer Familie, welches von den Eltern auf die Kinder übergeht. So schien es mir immer, als ob auch ich Fragen zu beantworten hätte, die bei meinen Ahnen schon schicksalsmäßig aufgeworfen, aber noch nicht beantwortet worden sind» (2,237).

So empfand Jung es als sein unpersönliches «Karma», den Faust seines «Urgroßvaters» Goethe zu vollenden. In Zusammenhang mit seiner Reaktion auf Goethes Faust schrieb er:

> «Ich glaube zwar nicht an Reinkarnation, wohl aber war mir jener Begriff, den der Inder Karma nennt, instinktiv vertraut» (2,238).

Jungs «Archetypus Persona»

Persona ist ursprünglich der Ausdruck für die Maske, die im antiken Theater vom Schauspieler getragen wurde, um die ihm auferlegte Rolle zu verkörpern. Jung übertrug dieses Wort aus der Bühnenwelt auf die Psychologie des Menschen und damit aus der unpersönlichen, vorübergehenden, irreellen Situation auf die persönliche, bleibende Wirklichkeit. Ihm nach habe jeder Mensch nach außen hin eine Maske angenommen, um den Anforderungen bestimmter Personen und Situationen zu genügen. Jungs Persona ist somit der konformierende Archetypus, das *Anpassungs-system* des kollektiven Unbewußten der Umwelt gegenüber.

«Man könnte mit einiger Übertreibung sagen: die Persona sei das, was einer eigentlich nicht ist, sondern was er und die andern Leute meinen, daß er sei» (2,414).

Wie alle Archetypen, so habe auch die Persona eine positive und eine negative Seite. Sie könne einerseits nützlich und notwendig, andererseits aber auch schädlich sein, nämlich dann, wenn jemand glaube, daß er eine bestimmte Rolle sei, und sich mit seiner Rolle identifiziere. Das sei eine Täuschung.

Überbewertung und Überentwicklung der Persona gegenüber der Außenwelt gehen auf Kosten der Anpassung an die «Innenwelt», d.h. an das «Kollektivunbewußte» mit dem «Selbst» als Zentrum — eine Anpassung, die besonders nach dem 40. Lebensjahr «lebensnotwendig» sei. Beide verursachen psychische Unausgeglichenheit und Entfremdung vom wahren «Selbst» und führen schließlich zur Neurose. Ein Ziel der Jungschen Psychotherapie ist dann auch das Abbremsen der Persona und die Entwicklung des «Selbst». Denn Hauptbedingung für psychische Gesundheit oder psychische Evolution sei das Gleichgewicht zwischen Anpassung nach außen und «nach innen», zwischen Persona und Selbst.

Eine Bewertung

Die Idee, daß jeder Mensch nach außen hin eine Maske trägt, um mit seinem erlernten Rollenverhalten den verschiedenen Rollenerwartungen zu genügen, ist schon von *Jakob Levi Moreno,* dem geistigen Vater des Rollenspiels, her bekannt.

Wie bei Moreno gibt es auch in Jungs Konzept keinen Platz für einen Christen, der weiß, daß er daheim, in Gemeinde und Beruf eine bestimmte Aufgabe erfüllt und so

«er selbst» ist, weil er nach Gottes Willen lebt. Der Gehorsam gegen Gottes Wort und Willen im Alltag aus dankbarer Liebe und in Verantwortungsbewußtsein umfaßt
grundsätzlich eine andere Dimension als äußere Anpassung,
um psychisch zu «überleben» und zu «evolvieren».

Jungs Begriff «Maske» (Persona) hat einen ganz spezifischen Inhalt: das fiktive Verhältnis von Persona und
Selbst, Orientierung an der Umwelt auf Kosten der Orientierung am Selbst. Er ist somit nicht in christlichem Kontext verwendbar, wo eine Maske das Verhältnis zu Gott und
zum Mitmenschen betrifft, und Heuchelei, also eine Sünde, bedeutet (Matth. 23,25-28).

Jungs «Archetypus Schatten»

Wegen seiner «vormenschlichen» Herkunft sei der Archetypus Schatten die ursprünglich «tierische Natur» des Menschen bzw. «das Tier in uns» mit den *«tierischen»*
(animalischen), triebhaften Instinkten. Der Schatten sei weiter der inferiore Teil der Persönlichkeit, «der *primitive*
Mensch in uns» mit seinen «minderwertigen» Eigenschaften.

> «Der Schatten ist ... jene verhüllte, verdrängte, meist minderwer-
> tige und schuldhafte Persönlichkeit, welche mit ihren letzten Aus-
> läufern bis ins Reich der tierischen Ahnen hinaufreicht und so den
> ganzen historischen Aspekt des Unbewußten umfaßt» (2,415).
> «Die Figur des Schattens personifiziert alles, was das Subjekt nicht
> anerkennt und was sich ihm doch immer wieder — direkt oder in-
> direkt — aufdrängt, also z.B. minderwertige Charakterzüge und
> sonstige unvereinbare Tendenzen» (2,415).

Als Teil des «persönlichen Unbewußten» gehöre der Schatten zum Ich — als Archetypus des «Widersachers» (Teufels) zur «Kollektivseele» des Menschen.

Auch den Archetypus Schatten konstruierte Jung polar.
So sei der Schatten einerseits die *Quelle alles Bösen,* des
Schlechtesten, der Unmoral im Menschen, d.h. nach dem

Maßstab dessen, was die jeweilige Gesellschaft als böse, schlecht und unmoralisch betrachtet.

Im Blick auf die Harmonie mit der Umwelt müsse die «Schattenseite des Schattens» bzw. «das Tier in uns» einigermaßen «gebändigt» werden, aber nur insofern es mit der Moral und den Gesetzen der jeweiligen Gesellschaft in Konflikt gerät. Der intrapsychische «Tierbändiger», der Beherrscher des Bösen, sei die Persona. Bezwingung der «tierischen» Natur, bzw. des Bösen im Menschen, müsse durch relative Unterdrückung der Manifestationen der Schattenseite des Schattens *und* durch gleichzeitige Entwicklung einer starken Persona als Gegenstück geschehen. Die westliche Zivilisation sei Folge dieser Unterdrückung des Schattens bzw. Bändigung des Bösen. Sie wurde aber auf Kosten dessen Entwicklung und Äußerung erworben.

Im Blick aber auf die innere Harmonie, auf das «psychische Gleichgewicht» des Individuums, müsse die Schattenseite, das Böse, auch das Recht haben, sich voll zu entwickeln und zu äußern. Niemals dürfe *ein* Aspekt, z.B. die Persona (der Kulturmensch), überbewertet, überbetont und vorherrschend werden. Auch das Primitive bzw. das Böse im Menschen «will leben» und habe ein Recht darauf. Das Böse dürfe also nie gänzlich unterdrückt werden, wie die christliche Lehre es tue. «Das Tier im Menschen» werde um so bestialischer, je mehr es verdrängt werde. «Deshalb» gebe es keine Religion, die so mit Blut von Unschuldigen besudelt sei, wie das Christentum, das das Böse unterdrücke.

Der gleiche Schatten sei aber auch die *Quelle des Besten* und der Moral im Menschen. Er sei die Quelle aller Vitalität, Kreativität, Spontaneität, Geisteskraft, Inspiration, intuitiver Weisheit und Einsicht, aller tieferen Gefühle usw. Diese Lichtseite des Schattens sei also das Pendant der «primitiven und tierischen» Tendenzen der Schattenseite des Schattens.

«Wenn man bis dahin der Meinung war, daß der menschliche Schatten die Quelle alles Übels sei, so kann man nunmehr bei genauerer Untersuchung entdecken, daß der unbewußte Mensch, eben der Schatten, nicht nur aus moralisch verwerflichen Tendenzen besteht, sondern auch eine Reihe guter Qualitäten aufweist» (2,415).

Dem Jungschen Gesetz des «psychischen Gleichgewichts» gemäß seien auch beide Seiten des Schattens gleichwertig und gleichberechtigt, sich im Menschen zu entwickeln und zu äußern. Demnach müßten z.B. die «negativen Gefühle» das gleiche Recht wie die positiven haben, sich auszudrücken. Nie dürfe die «gute» Seite des Menschen überbewertet, überbetont und vorherrschend sein. Sonst gerate der Mensch aus seinem «psychischen Gleichgewicht» und in eine Neurose. Ob diese Theorie der Rechtfertigung im psychologischen Gewande diente, daß Jung seinen negativen Seiten freien, d.h. ihren «natürlichen» Lauf ließ?

Eine Bewertung

Jung kam sowohl durch Goethes Faust als auch durch seinen Jugendtraum vom Lichtlein auf die Idee eines «Schattens» im Menschen. Diesem Traum nach, der ihm damals «eine große Erleuchtung» bedeutete, ist das Lichtlein ein Bild des Bewußtseins, seiner Nr. 1, der seine «Nr. 2 wie ein Schatten» folge (2,93).

Jungs Theorie des Archetypus Schatten mit seinen negativen, schwachen, primitiven und seinen positiven, starken, kreativen Seiten ist reine Spekulation.

Vor allem ist diese Schattentheorie *nicht wertneutral*. Sie steht im Widerspruch zu Gottes Wort. Auch sie steht und fällt mit der Evolutionstheorie. Der Versuch Jungs, mit dem «Tiermodell» die historische Tatsache der (guten) Schöpfung Gottes und des Sündenfalls des Menschen zu leugnen und sie zu ersetzen, ist ebensowenig seine originelle Schöpfung wie sein Versuch, den Menschen damit zu entsündigen und zu entschuldigen. Das ist der gesamten Psy-

chologie, die ja an der Evolutionstheorie orientiert ist, inhärent.

Zwar scheint Jung «*das Böse*» im Menschen ernst zu nehmen. Aber: «Das Böse» ist bei ihm nicht absolut böse, d.h.
nicht das, was Gott in seinem Wort als böse bezeichnet.
Jung reduziert und relativiert Gut und Böse zu dem, was
der Mensch (die jeweilige Gesellschaft) für moralisch gut
bzw. schlecht hält. Und die «moralischen Kulturforderun-
gen» sind relativ, weil unterschiedlich und veränderlich.
— «Das Böse» im Menschen stamme nicht vom Sündenfall der ersten Menschen, nicht von ihrem Ungehorsam gegen Gott, der ihr erster und wichtigster Gesetzgeber ist,
sondern letztlich von den «tierischen Ahnen».
— «Das Böse» im Menschen sei dem Wesen nach nicht seine sündige, sondern letztlich seine «animalische» Natur.
«Das Böse» ist bei Jung also nicht eine hamartologische,
sondern eine evolutionär-psychologische Kategorie.
— «Das Böse» im Menschen sei «nicht absolut böse» (5,85).
Es bedeute auch das «Primitive» in ihm, das noch entwickelt (evolviert) werden solle und könne. Es bedeute auch
«Unbewußtheit», dem Ich noch nicht unterworfen und somit autonom.
— Der Mensch sei «nur teilweise», nicht ganz böse. Er,
bzw. sein Schatten, sei «auch gut» und somit grundsätzlich zu allem Guten fähig. Daß nur der Schatten, also nur
der unbewußte Teil der Persönlichkeit, den konventionel-
len moralischen Normen zum Teil widerspreche, schließt
ein, daß Jung davon ausgeht, daß das bewußte Leben diesen Forderungen entspreche. Wie die gesamte Psychologie und Psychotherapie leugnet auch Jung die totale
Sündhaftigkeit des Menschen.
— Gut und Böse seien nur «innerpsychische» Gegensätze
statt moralische und in erster Linie gottbezogene. Daß der
Mensch Sünder vor Gott ist, ist wie die Möglichkeit einer

konkreten Sünde vor Gott auch in Jungs Psychologie unbekannt.

— Gut und Böse stammen angeblich aus ein und derselben Quelle, nämlich dem Archetypus Schatten. Das ist biblisch eine Unmöglichkeit (Jak. 3,11-12). Das Leben eines Paulus oder Nero stammt nicht aus der gleichen Wurzel (Matth. 7,17-18).

Zwar scheint Jung die Existenz des *Teufels* anzuerkennen. Jedoch muß man folgendes bedenken:

— Der Teufel sei ein *Archetypus im* Menschen statt eine Persönlichkeit außerhalb von ihm.

— Der Teufel, Widersacher oder «Antichrist», sei eine Variante des Archetypus Schatten und gehe somit in der Kette der Evolution schließlich aus den «tierischen Ahnen» hervor.

— Der Teufel sei eine personifizierte Projektion des Schattens, also eine psychologische statt dämonologische Kategorie. Ebenso seien Dämonen Projektionen von Inhalten des kollektiven Unbewußten statt von Gott abgefallene Engel.

— Der Schatten sei sowohl *das* Böse als auch *der* Böse im Menschen. Die Bibel jedoch unterscheidet klar Sündiges und Dämonisches bzw. die Sünde des Menschen einerseits und Satan, den von Gott abgefallenen Engel, andererseits.

— Das Böse und der Böse stammten angeblich aus ein und derselben Quelle im Menschen, nämlich aus dem Archetypus Schatten. Aus dem Herzen des Menschen gehen wohl vielerlei Sünden hervor, jedoch nicht grundsätzlich Dämonisches (Mark. 7,20-23).

— Der Teufel sei der sogenannte «ältere Bruder» Jesu Christi. Das ist gotteslästerlich.

— Der Teufel sei ein Teil des «Doppelaspektes» Gottes. Im Zeitalter des Sohnes sei dieser in die «äquivalenten» Gegensätze Filius (Christus, Gottes «zweiter Sohn») und Diabolos (Teufel, «Gottes ältester Sohn») auseinandergegangen. Das ist gotteslästerlich.

Jungs Konzept des Schattens, als des Besten und des relativ Bösen im Menschen, macht eine Verwendung der Psychologie und Psychotherapie Jungs für einen Christen unmöglich.

Jungs Archetypen «Anima» und «Animus»

Aufgrund des Evolutionsprozesses habe der Mensch psychische Eigenschaften des anderen Geschlechtes erworben. Der Archetypus «Anima» sei die ererbte und unbewußte weibliche Natur in der «Kollektivseele» des Mannes — der «Animus» die ererbte und unbewußte männliche Natur in der Frau. Diese *«psychische Bisexualität»* verschaffe Mann und Frau überhaupt erst die Möglichkeit, miteinander zusammenzuleben und zusammenzuarbeiten. Beide Archetypen seien die ererbten psychischen Anpassungssysteme in bezug auf das andere Geschlecht.

Der wichtigste Grund für leidenschaftliche Sympathie und Antipathie, für Achtung und Verachtung usw. liege in der Kollektivseele bzw. in den Archetypen Anima und Animus. So habe z.B. die Abneigung des Mannes gegen eine bestimmte Frau ihre Ursache darin, daß die Eigenschaften jener Frau nicht mit seiner unbewußten Anima übereinstimmten. Umgekehrt sei die große Anziehungskraft einer bestimmten Frau — es brauche wie bei Jung nicht nur die eigene Frau zu sein — aus der Übereinstimmung ihrer Eigenschaften mit seiner Anima zu erklären.

Die Persona, als Archetypus der psychischen Anpassung nach außen hin, funktioniert hier als die Anpassung an die auferlegte männliche bzw. weibliche «Rolle». Sie sei einerseits nützlich. Andererseits aber führe eine Überidentifikation der Persona mit der männlichen Rolle zur Unterdrückung und damit zur Unterentwicklung der Anima des Mannes. Psychische Gleichgewichtsstörung bis zur Neurose sei die Folge. In solchem Fall konzentriert sich die Jungsche Psychotherapie darum sowohl auf ein Abbremsen der Persona als auch auf das Entwickeln und Ausdrücken der Anima des Mannes, die ja ebenso gleichwertig und gleichberechtigt wie die Persona sei. Auch hier ist ihr Ziel das «psychische Gleichgewicht», d.h. die psychische Harmonie und Einheit der Persona des Mannes (des männlichen Rollenverhaltens) und seiner Anima (seiner weiblichen Natur). Entsprechendes gelte für die Frau.

Umgekehrt sei ein weibliches Verhalten des Mannes bis hin zur Homosexualität auf dessen Überidentifikation mit seiner Anima zurückzuführen. In solchem Fall wird das psychische Gleichgewicht durch vermehrte Anpassung an die Persona, an die männliche Rolle, angestrebt, wobei aber die Anima niemals völlig unterdrückt werden dürfe. Konsequenterweise sei die Emanzipationsbewegung bis hin zur feministischen Theologie aus Überidentifikation der Frau mit ihrem «Animus» zu erklären. Es sei alles eine rein «psychologische» Angelegenheit.

Die «natürliche» Funktion der Anima im Manne sei die, daß sie das Tor zu seinem «Kollektivunbewußten» sei, wie Jung der subjektiven Deutung seiner persönlichen Erfahrung entsprechend postulierte. Die Anima stelle die Verbindung zwischen dem individuellen Bewußtsein und dem kollektiven Unbewußten mit seinen Träumen, Bildern, Visionen, Gedanken, etc. her — so wie die Persona die Brücke zwischen dem Ich und der Außenwelt darstelle.

«Die Anima bemächtigt sich gerne des Unbewußten, Leeren, Frigiden, Hilflosen, Beziehungslosen, Dunkeln, Zweideutigen in der Frau... Die (im Individuationsprozeß) zum Ichbewußtsein hinzutretende Seele hat also beim Manne das weibliche Vorzeichen, bei der Frau das männliche. Seine Anima sucht zu einigen und zu vereinen, ihr Animus will unterscheiden und erkennen. Dies ist ein strikter Gegensatz» (2,409).

Eine Bewertung

Aus mehreren Gründen ist Jungs Anima-Theorie anfechtbar. Sie ist keine objektive Feststellung eines empirischen Sachverhaltes, sondern ein Reden in eigener Sache. So wie sein Lehrmeister Sigmund Freud die grundsätzlich *biologische* Bisexualität in die Psychologie einführte, um seine eigenen homosexuellen Neigungen zu rechtfertigen, so ist auch Jungs Konstruktion der grundsätzlichen *psychischen* Bisexualität ein Versuch, sein Verhältnis zu Toni Wolff und seine Anziehungskraft auf Frauen (Patientinnen und Schülerinnen) zu legitimieren. Beider «psychologische» Theorien sind rein subjektiv, projektiv.

Außerdem ist die Anima-Theorie ein Versuch, die sündige Natur des gefallenen Menschen wie auch dessen sündiges Verhalten zu psychologisieren und pseudowissenschaftlich zu rechtfertigen. Jedoch nicht aus einem fiktiven Archetypus Anima bzw. Animus, sondern aus dem sündigen Herzen gehen u.a. Antipathie, Aggression und ein falsches Verhältnis zum eigenen oder anderen Geschlecht hervor.

Zudem droht Jungs unbiblische Zweinaturenlehre in bezug auf jeden Menschen ein Ersatz für die biblische Lehre der zwei Naturen (alte und neue Natur) im wiedergeborenen Christen zu werden. Daß eine einzige Natur, z.B. die weibliche (Anima), sowohl negativ als auch positiv sein soll, ist biblisch unhaltbar.

Der Bibel ist völlig fremd, daß im Mittelpunkt der menschlichen Existenz die Polarität des Männlichen (Yang) und Weiblichen (Yin) stehe. Mit seiner Anima-Theorie schuf Jung aufs neue falsche Gegensätze. Daß im Taoismus das Männliche und Weibliche sich ergänzende Gegensätze seien, ist für einen bibeltreuen Christen kein Argument für Jungs Anima-Theorie. Das gleiche gilt für die Alchimie, in der das sogenannte weibliche Prinzip eine wichtige Rolle spiele, während die Vereinigung des Männlichen und Weiblichen der Höhepunkt beim Fabrizieren des «Steins der Weisen» bilde.

Auch ist zu bedenken, daß ein Christ nicht eine durch die Gesellschaft auferlegte männliche bzw. weibliche «Rolle spielt», sondern nach Gottes Schöpfungsordnung und Plan eine bestimmte Aufgabe als Mann oder Frau erfüllt. Das ist grundsätzlich etwas anderes.

Darüber hinaus ist Jungs Psychologisierung seiner Anima, also seines Kontrollgeistes mit der weiblichen Stimme, den er lange Zeit befragte, nicht wertneutral. Die beiden geistigen Wurzeln von Jungs Anima-Theorie sind der von Gott verbotene Spiritismus und der antibiblische Evolutionismus! Aus diesem und anderen Gründen ist es mehr als fraglich, ob es für einen Christen ratsam, ja möglich ist, den Anima-Begriff und die Anima-Theorie Jungs zu verwenden.

Jungs «Archetypus Selbst»

Nach Jungs monistischem, evolutionistischem Weltbild heißt es praktisch: Am Anfang... das kollektive Unbewußte oder präziser: das «Selbst». Der Archetypus Selbst sei Ausgangspunkt, Mitte und Ziel sowohl der individuellen Persönlichkeits- als auch der kollektiven, d.h. Menschheitsentwicklung. Diese Evolution sei erst durch das Selbst als *Archetypus der Evolution* möglich. Das Selbst sei nicht nur der Anordnungsfaktor, die treibende Kraft, sondern überhaupt die Grundlage der «psychischen Evolution».

Das «unbewußte» Selbst sei aber tief verborgen. So müsse mit Hilfe von Jungs Psychologie und eventuell seiner Psychotherapie jeder Mensch sein wahres Selbst suchen, entdecken, annehmen, integrieren und entwickeln. Jung schuf seine evolutionäre Psychologie und Psychotherapie, damit das Individuum den Weg der Selbstfindung, Selbstannah-

me, Selbstentfaltung und Selbstwerdung als den Weg der
«psychischen Evolution» erkenne und gehe. Das höchste
Ziel des einzelnen sei gleichzeitig das höchste Ziel der
Menschheit.

Als *Archetypus des Zentrums* sei das Selbst der wichtigste und zentrale Archetypus, wie die Sonne im Sonnensy-
stem. Als Zentrum der psychischen Totalität oder Ganzheit,
nämlich des Bewußtseins und des Kollektivunbewußten, sei
das Selbst mehr als das Ich, das nur Zentrum des Bewußtseins sei. Das Selbst befinde sich halb zwischen dem Bewußtsein und dem kollektiven Unbewußten.

Die Funktion des Selbst sei die Ordnung und Organisation, sowohl der Materie als auch der Persönlichkeit des
Menschen. In seinem Streben nach Ordnung und Organisation sei das Selbst der *Archetypus der Orientierung*. Es
strebe nach Ausgleich, Versöhnung und Synthese aller Gegensätze. Als solches sei das Selbst der Archetypus des
Gleichgewichts, der Harmonie und Einheit. Es bewirke die
innere Harmonie und Einheit auf einer höheren Ebene.

Damit stellt das Selbst den *Archetypus der Selbsterlösung* zu einem «harmonischen Selbst» dar. Das Nahziel sei
die Harmonie mit der Innen- und Außenwelt, das Fernziel
die Harmonie und Vereinigung des Individuums mit der
«oberen Welt» bzw. mit der «göttlichen Weltseele». Es bedeute die Rückkehr des individuellen Selbst in das «Welt-
Selbst», der individuellen Seele in die «Weltseele», also «ich
in ihr» und «sie in mir». Das sei die «chymische Hochzeit»
oder das «mysterium coniunctionis» (9). Das Selbst als die
«coincidentia oppositorum» sei somit eine paradoxe Einheit alles Seins überhaupt. Das Selbst, das alles in sich versöhne und vereinige, sei der *Archetypus des transzendenten
Sinns des Lebens*.

Das Selbst sei also Höhepunkt und Krone der «Auseinandersetzung mit dem kollektiven Unbewußten» oder «der

völligste Ausdruck der Schicksalskombination» des Individuums, seine letzte Wirklichkeit. Somit sei das Selbst «die Erscheinung der im Menschen inkarnierten Gottheit» (2,337).

Als *Archetypus der Ganzheit* vom Bewußtsein und Unbewußten mit seinem paranormalen «Wissen» bedeute das Selbst zudem «höheres Bewußtsein», den Gipfel des Bewußtseins oder Überbewußtsein. Dieses überlegene Bewußtsein sei «ganzheitlicher Natur». Außerdem enthalte das Selbst «also Licht und Finsternis zugleich» (10,641), sowohl Gut als auch Böse, sowohl Psychisches als auch «Animalisches» und Dämonisches.

Symbole des Selbst oder der Ganzheit seien Buddha und das Mandala (Hinduismus), der Kreis (Taoismus, Alchimie), das Viereck oder die Vierheit (Quaternität), die «verborgene Kostbarkeit» im Menschen oder der «unus lapis» (Alchimie), Mercurius (Alchimie), der Wassermann oder Aquarius (Astrologie) wie angeblich auch Christus und das Kreuz Jesu Christi.

Eine Bewertung
Die Idee eines «Selbst» ist keine originelle Erfindung Jungs. Ihm waren die religiöse Vorstellung vom individuellen Selbst (Atman) als Teil des überindividuellen Selbst (das Brahman) im Hinduismus wie auch ähnliche Vorstellungen im Taoismus bekannt. Die Selbsterlösung der Jungschen Psychologie und Psychotherapie verkörpert auch das gleiche religiöse Ziel wie das des Hinduismus, vor allem des Kundalini-Yoga, und des Taoismus.

Auch Jungs Theorie vom Selbst ist keine objektive Beobachtung und Beschreibung eines empirischen Sachverhaltes. Sie ist die «Krone» seines langjährigen Versuches, sich von den eigenen inneren Gegensätzen zu erlösen.

Bedenklicher als dieser subjektive, projektive Hintergrund von Jungs Synthese-Psychologie ist der okkulte Ursprung seines Archetypus Selbst oder der Ganzheit. Auch das Selbst war Jungs «Entdeckung» während seiner sogenannten Auseinandersetzung mit dem kollektiven Unbewußten. Die von der Finsternis inspirierten Mandalas, die Jung als Malmedium in den Jahren 1916-1928 zeichnete und für Symbole des Selbst hielt, stehen im direkten Zusammenhang mit seiner Ganzhingabe an die Mächte der Finsternis seit 1913. Außerdem nannte Jung seine «Persönlichkeit Nr. 2» sein «Selbst».

Auch aus folgenden Gründen sind Jungs Theorien des Selbst nicht wertneutral:

— Als Anfang, Mitte, Ziel und letzte Wirklichkeit ist Jungs Selbst ein Ersatz für den dreieinigen Gott.

— Als «Archetypus der göttlichen Weltseele», bzw. der Gottheit, ist Jungs Theorie vom Selbst pantheistisch.

— Als «Archetypus der Orientierung» ist das Selbst ein Ersatz für Gottes Wort (Ps. 119,105).

— Als «Archetypus der Selbsterlösung» — das Heil liege im Selbst — ist das Selbst ein Ersatz für die Person des Heilandes Jesus Christus und seine bereits vollbrachte Erlösung am Kreuz von Golgatha und somit antichristlich.

— Als «Archetypus des Lebenssinns» hat das Selbst eine sinngebende, also eine religiöse Funktion. Jungs Psychologie des Selbst ist somit ein Religionsersatz.

— Als «Archetypus der Ganzheit» vereinigt das Selbst Gut und Böse, Licht und Finsternis, Psychisches und Dämonisches. Das ist widerbiblisch.

— Als «Archetypus der (psychischen) Evolution» ist Jungs Selbst unlöslich mit der antibiblischen Evolutionstheorie verbunden. Seine Annahme einer «psychischen Höherentwicklung» und eines «Archetypus Selbst» zeigt Jungs «optimistisches» Menschenbild und seinen unrealistischen Fortschrittsglauben. Die Frage wurde laut, inwieweit es persönliche Entscheidungsfreiheit in Jungs evolutionistischem Konzept vom Selbst als dem grundlegenden Prinzip gibt.

Darüber hinaus sah Jung seine Psychologie der Synthese im Selbst nicht nur als theoretische und therapeutische Hauptaufgabe für eine erlösungsbedürftige Menschheit, sondern auch für den angeblich erlösungsbedürftigen Gott an!

Jungs Konstruktion des Selbst — der Kern seiner Psychologie und Psychotherapie — ist für einen Christen somit unannehmbar.

4. Jungs Theorie der «Individuation»

Die «psychische Entwicklung» oder Evolution zur individuellen «ganzheitlichen» Persönlichkeit bezeichnet Jung als «Individuation». Sie umfasse einen langen Prozeß der Wandlung, Reifung und Gegensatzvereinigung, bei dem man sich nach dem Archetypus Selbst ausrichte. Aber zunächst beinhalte Individuation die Befreiung des Selbst aus der Finsternis des kollektiven Unbewußten mit Hilfe des eigenen Bewußtseins. Das Selbst, die innerpsychische Erlösungsinstanz, müsse also zuerst selbst erlöst werden, bevor es das Individuum von seinen «psychischen Gegensätzen» zur «Ganzheit» erlösen und den rechtmäßigen, zentralen Platz in seinem Leben einnehmen könne.

Danach bedeutet Individuation Jungs Heilsweg zum individuellen Selbst und schließlich zum Welt-Selbst. Sein Heilsweg umfaßt Selbstwerdung, Selbstverwirklichung und ein Befreitwerden von allen Bewertungen, und schließlich ein «Jenseits» von Gut und Böse, «Erleuchtung» (Satori) oder «Buddhanatur».

Der individuelle Individuationsprozeß stehe im Dienste der Evolution der Menschheit und sei darum das Anfangsstück eines Entwicklungsweges, den eine zukünftige Menschheit nehmen werde.

Die Individuation fange meistens erst nach der zweiten Lebenshälfte an. Das war wenigstens Jungs persönliche «Erfahrung»: Seine eigene «Individuation» fing mit der sogenannten Auseinandersetzung mit dem Unbewußten in seinem 37. Lebensjahr an.

«Mit dem Beginn der zweiten Lebenshälfte hatte die Auseinandersetzung mit dem Unbewußten eingesetzt» (2,204).

Auf diesem persönlichen Hintergrund konstruierte Jung seine Theorie der Persönlichkeitsentwicklung oder *Lebensphasen*. Bis zur Lebensmitte sei der Mensch extravertiert. Er richte all seine Libido auf die objektive Wirklichkeit, um im Leben etwas zu erreichen. Wenn das geschafft sei, gebe es nichts mehr zu erreichen. Die Libido sei aber noch nicht verbraucht.

Das mittlere Alter bringe eine notwendige, radikale und deprimierende Änderung mit sich. Die damit verbundenen Gefühle der Verzweiflung, Sinnlosigkeit und Wertlosigkeit seien unvermeidbar und universal, so meint Jung, der auch in diese Theorie seine persönliche Angelegenheit, nämlich seine eigene Krise und seine Gefühle im Alter von 37-43 Jahren, hineinprojizierte. In diesem Lebensabschnitt nun solle die Libido auf die subjektive «Innenwelt» ausgerichtet werden, die bis dahin verwahrlost wurde. Jetzt solle der Mensch *introvertiert* werden und sich mit ganzer Aufmerksamkeit auf die Inhalte und Manifestationen des «Kollektivunbewußten» konzentrieren, wie Jung es selber tat.

Der Preis der Individuation sei somit eine veränderte Einstellung sowohl zum Bewußtsein als auch zum kollektiven Unbewußten. Die Dominanz des Bewußtseins, das bis dahin eine «Grundhaltung» und möglicherweise drei «psychische Funktionen» verdrängt habe, solle aufgegeben bzw. aufgeopfert und das Interesse für das Materielle zu Gunsten der Mythologie, Mystik, Religion, der Träume, Visionen, Stimmen, Erscheinungen usw. verschoben werden.

Diese Jungsche «metanoia» sei absolut notwendig im Blick auf das psychische Gleichgewicht, wobei eben nichts dominieren dürfe. Alles solle ausbalanciert werden. Deshalb solle der bewußte, persönliche Teil der Persönlichkeit fortan relativiert und nivelliert werden.

Das Alter sei das Endstadium der Persönlichkeitsentwicklung (Individuation), glaubte Jung aufgrund seiner Träume und seiner Sicht seines eigenen Lebens. Als 83-Jähriger schrieb er:

> «Mein Leben ist die Geschichte der Selbstverwirklichung des Unbewußten. Alles, was im Unbewußten liegt, will Ereignis werden, und auch die Persönlichkeit will sich aus ihren unbewußten Bindungen entfalten und sich als Ganzheit erleben» (2,10).

Einige Stationen des Individuationsweges

Der erste Schritt sei die Suche nach den «verdrängten» individuellen Persönlichkeitsaspekten und vor allem nach dem unbewußten Inhalt (Archetypen) der Kollektivseele. Man könne eben nur bejahen, versöhnen und integrieren, was man kenne. So sei Selbstfindung bzw. Jungsche *Selbsterkenntnis* der erste Schritt auf dem Individuationsweg, die erste Bedingung für Selbstverwirklichung. Sie könne nur auf dem Wege der «Auseinandersetzung mit dem kollektiven Unbewußten» im Jungschen Sinne erworben werden. Das Mittel, das dabei angewandt wird, ist die methodische aktive Imagination mit ihrem bewußten Herbeiführen, Beobachten und Annehmen von Träumen, Phantasien, Visionen usw. Die Jungsche Deutung dieser Phänomene und der Mandalazeichnungen, die in alle Wahrheit über die Kollektivseele führe, sei dabei unerläßlich. Die Jungsche Selbsterkenntnis, die Bewußtseinserweiterung impliziert, erfordere einerseits das Aufgeben aller früheren Gedanken, Verhaltensweisen und Werte, andererseits ein gewisses Bildungsniveau, viel Zeit, Disziplin, Geduld und viele Jahre harter

Arbeit an sich selbst. Selbsterlösung koste eben den ganzen Einsatz.

«Selbsterkenntnis» genüge aber nicht. Sie solle zur *Selbstbejahung,* zur Selbstannahme führen. Man müsse alle polaren Aspekte voll bejahen. Denn sie gehörten zusammen, sie kompensierten einander.

Auf die Selbstannahme folge die *Selbstversöhnung,* die Versöhnung aller «psychischen Gegensätze» zur «Psychosynthese» — ein Begriff, den Jung von Roberto Assagioli her kannte (11). Sie ermögliche die proportionale Entwicklung und Entfaltung des gesamten psychischen Materials bis zur Selbstverwirklichung.

Ohne Konfrontation mit dem Kollektivunbewußten, ohne dessen Bejahung und Integration, ohne Gleichgewicht der inneren Gegensätze könne es keine psychische Gesundheit geben. Dieses «psychische Gleichgewicht» bedeute zunächst das Gleichgewicht innerhalb des persönlichen Teils, nämlich zwischen der extravertierten und introvertierten Grundhaltung sowie zwischen den vier psychischen Funktionen. Dann beziehe es sich auf den kollektiven Teil der Persönlichkeit, auf die Archetypen, nämlich zwischen der Persona und der negativen Seite des Schattens (des Bösen) und zwischen der Persona und dem Selbst. Schließlich handle es sich um das Gleichgewicht zwischen dem Bewußtsein und dem kollektiven Unbewußten.

Kennzeichen eines individuierten Menschen
Zwar stellte Jung keine Liste mit Kennzeichen des psychisch gesunden oder individuierten Menschen auf. Aus seinen Theorien lassen sich jedoch folgende Kennzeichen ableiten:
— Individuierte Menschen sind mittleren oder älteren Alters.
— Sie haben sich mit ihrem kollektiven Unbewußten auseinandergesetzt und ihm erlaubt, sich mit seinem gesam-

ten Inhalt und auf jede ihm wohlgefällige Weise zu manifestieren. Sie haben diese Auseinandersetzung und die dadurch bedingte psychische Krise bis ans Ende durchgehalten.

— So haben sie wahre, gründliche Selbsterkenntnis erhalten. Sie verwechseln ihr Ich oder ihre Persona nicht länger mit ihrem wahren Selbst.

— Außerdem sind sie zur Selbstannahme gelangt, zur Bejahung all ihrer verwahrlosten, verdrängten und unbewußten Aspekte und aller Manifestationen ihrer Kollektivseele. So haben sie sowohl ihre introvertierte Grundhaltung als auch ihren 6. Sinn (Intuition), dazu ihre gegengeschlechtliche (psychische Bisexualität) und ihre animalische Natur mit ihren positiven und negativen Seiten als gleichwertig und gleichberechtigt bejaht und angenommen, ebenso ihr Selbst.

— Daraufhin haben sie alle polaren Aspekte miteinander versöhnt und vereint. Sie sind «ganzheitliche» Menschen geworden.

— Sie entfalten alle polaren psychischen Aspekte gleicherweise. So bleiben sie im psychischen Gleichgewicht. Die Folge ist, daß sie weniger mit dem Verstand arbeiten, dagegen sich ebensosehr, wenn nicht gar zuallererst, von ihrem Gefühl und 6. Sinn leiten lassen. Nachdem das gesamte Material aus dem kollektiven Unbewußten aktiver und integrierter Bestandteil der Persönlichkeit geworden ist, sind das Bewußtsein und das kollektive Unbewußte gleichwertige, gleichberechtigte und gleichentwickelte Partner geworden. Die Integration des «objektiven Wissens» des kollektiven Unbewußten führte zu «höherem Bewußtsein», und zwar «jenseits» von allen Werturteilen. Sie haben einen ausgeglichenen Schatten, so daß die positive Seite und das Böse in Gleichgewicht einander ergänzen. Das Böse und das Paranormale sind in ihrem Leben gleichwertig, gleichberechtigt und gleichentwickelt. Es gibt bei ihnen also keine Überbewertung, keine Überbetonung und keine Dominanz des Bewußtseins, des Verstandes oder des Guten. Sie leben in Harmonie mit sich selbst und mit ihrer Umwelt.

— Als Menschen mit einem gutentwickelten Selbst haben sie im Selbst, also in sich selbst, die Orientierung, das Zentrum und den Sinn des Lebens gefunden. Das Zentrum ihrer Persönlichkeit ist somit vom bewußten Ich zum Selbst verschoben. Sie bekennen: Nicht mehr mein Ich, sondern mein Selbst.

— Die Toleranz bis hin zur Bejahung, z.B. des eigenen Bösen und Paranormalen, hat sie zur Empathie, Toleranz und Bejahung dieser und anderer Aspekte im Mitmenschen gebracht. Ihre ganzheitliche Mentalität, ihr ganzheitliches Denken und Verhalten schließen Verabsolutierung und Polarisierung aus, dagegen Relativierung und Harmonisierung ein.

— Individuierte Menschen sind sich ähnlich. Sie sind zu einer «universalen Persönlichkeit» geworden.

Eine Bewertung

Jungs Individuationstheorie und somit seine Vorstellung von psychischer Gesundheit sind wie seine Vorschriften dazu projektiv. Auch sie spiegeln sein jahrelanges Bemühen der Gegensatzvereinigung oder Selbsterlösung aus der eigenen Krise wider. Sie sind ein Versuch, die introvertierte Grundhaltung, also (s)eine Beschäftigung mit dem «kollektiven Unbewußten» und dessen Inhalten, pseudowissenschaftlich zu legitimieren. Sie sind ebenso ein Versuch, (s)eine irrationale Einstellung zu rechtfertigen und die okkulte Inspiration als eine «psychische Funktion» und der Vernunft «gleichwertig» und «gleichberechtigt» anerkennen zu lassen.

Dann steht sein Gleichgewichtsmodell im Gegensatz zu seiner Konstruktion des kollektiven Unbewußten als des weitaus größten Teils der Persönlichkeit.

Außerdem steht sein Gleichgewichtsprinzip in Widerspruch zu seinem Individuationsziel. Denn wo kein individueller Aspekt, kein psychologischer Typus und keine psychologische Funktion usw. dominieren dürfen und alle Aspekte bei jedem gleich vorhanden sein müßten, ist das Einzigartige des Individuums hinfällig geworden. Das Gleichgewichtsmodell ist im Grunde Anti-Individualität.

Vor allem ist Jungs Individuationstheorie widerbiblisch. Als Heilsweg ist sie ein Ersatz für den Heiland Jesus Christus, also antichristlich. Die Bibel offenbart, daß der von Gott abgefallene Mensch, der ein Gefangener der Sünde ist, durch den stellvertretenden Tod Jesu Christi erlöst wurde. Demgegenüber bedeutet Jungs Individuationstheorie, daß der Archetypus Selbst, der im Kollektivunbewußten gefangen sei, durch den Menschen selbst, durch sein Bewußtsein, erlöst werden müsse und könne, damit es die innerpsychische Erlösung und die Ganzheit bewirke. Mit seiner *Befreiungspsychologie* im Blick auf die angeblich unterdrückten, aber unbewußten psychischen Aspekte tritt Jung für die Emanzipation und Gleichberechtigung der Sünde (des Bösen) und des Okkulten wie auch der Mythologie, der Märchen, der Mystik und der Religionen ein. So fördern Jungs Psychologie und Psychotherapie der Individuation, des Gleichgewichts und des Selbst bzw. der Ganzheit den Pluralismus und Synkretismus.

Als Weg der sogenannten psychischen Evolution ist Jungs Individuationstheorie eine gefährliche Irreführung (Hebr. 9,27). Jungs Vorstellung von Selbsterkenntnis und metanoia haben nach Inhalt und Ziel mit den biblischen Begriffen nicht das geringste zu tun. Beide stehen bei ihm im Dienste der vermeintlichen psychischen Evolution oder

Selbstverwirklichung. Erinnert uns Jungs Individuationsweg — über Bewußtseinserweiterung zur «göttlichen Weltseele» — nicht an die Versuchung in 1. Mose 3,5!?

Kapitel 2

Jungs Werke auf dem Hintergrund seines Lebens

Das gesamte Werk Jungs ist nur auf dem Hintergrund seiner okkulten Fähigkeit und Tätigkeit und seiner schrittweisen Orientierung an okkulten und religiösen Lehren zu verstehen. Man könnte Jungs Leben und somit das Werden seiner Psychologie in 5 Abschnitte von etwa je 15-17 Jahren einteilen.

1. Die wichtigste Vorbereitung seines Lebenswerkes waren die ersten 17 Jahre mit den entscheidenden Träumen, Kindheits- und Jugenderlebnissen (1879-1895). Jung selbst bemerkte:

> «...die frühen Träume. Sie haben mich von Anfang an bestimmt» (2,357).

Sie legten die *Grundlage* für die Vorstellung und für das lebenslängliche Beherrschtsein Jungs von den sogenannten psychischen Gegensätzen und für den Versuch, diese Gegensätze zu vereinen.

2. Die nächsten 17 Jahre (1896-1912) sind von intensiver theoretischer und praktischer Beschäftigung mit dem Spiritismus gekennzeichnet. Dazu kam der entscheidende Traum des Hauses mit den Stockwerken, dem Keller und dem unterirdischen Raum (1909), der Jung fortan zum «Leitbild» wurde (2,165). Dieser Traum war ihm deshalb «besonders wichtig», weil er ihn «zum ersten Male» auf den Begriff des «kollektiven Unbewußten» brachte und «darum eine Art Vorspiel» zu seinem Buch «Wandlungen»

bildete (2,162-163). Dieser Traum war es auch, der zum gründlichen Studium der Mythologie im Blick auf die Psychologie und besonders die Psychiatrie (latente Psychosen) führte. Er war außerdem der Anlaß des endgültigen Bruchs mit Freuds Psychoanalyse. Sowohl Jungs *Dissertation* (12) als auch sein Buch *«Wandlungen und Symbole der Libido»* (10) sind das Ergebnis dieser finsteren Periode.

3. Die darauffolgenden 15 Jahre (1913-1927) ergaben eine völlige Hingabe an das Reich der Finsternis bis hin zu Gesprächen mit und Führung durch Dämonen. Das Resultat waren Jungs Theorie der «Archetypen» Anima und Selbst und 1916 seine *«Sieben Belehrungen der Toten»* (13). Am Ende seiner sogenannten Auseinandersetzung (1918) und noch mehr in Träumen der Jahre 1927-28 wurde Jung «offenbart», daß das Selbst der «Archetypus des Zentrums und der Ganzheit» sei.

Aus den vielen damaligen Träumen von «Toten», die außerdem «lebendig» wurden, als er sie «anschaute», entwickelte Jung seine Archetypentheorie.

Während Vorträgen vor der Psycho-Medical-Society im August 1913 bezeichnete Jung seine eigene Psychologie zum ersten Male als «analytische Psychologie».

In jener Zeit der «Auseinandersetzung mit dem Unbewußten» hielt Jung 1916 in Paris einen Vortrag über *«Die Struktur des Unbewußten»*, in der er das erste Mal die Begriffe «kollektives Unbewußtes», «Anima», «Individuation» und «Selbst» verwandte. Der Vortrag lag der Schrift *«Die Beziehungen zwischen dem Ich und dem Unbewußten»* zugrunde (14). Im Jahre 1916 erschienen auch der Aufsatz *«Psychologie der unbewußten Prozesse»*, den Jung später erweiterte (8), und die Schrift *«Die transzendente Funktion»* (15), in der er zum ersten Mal seine Technik der «aktiven Imagination» beschrieb. Schon im Jahre 1916,

dem «Höhepunkt» seiner «Konfrontation mit dem Unbewußten», beschäftigte sich Jung mit den Vorarbeiten seines berühmten Typenbuches! Aus den Jahren 1915-16
existiert eine umfangreiche Korrespondenz mit seinem
Freund Dr. med. *Hans Schmid-Guisan* über das Thema Typologie.

In der Schrift *«über psychische Energetik und das Wesen der Träume»* (1919) brauchte Jung erstmalig den Begriff «Archetypus».

Seit dem intensiven Studium der Gnostik (1918-26) enthalten Jungs Werke noch mehr gnostische Züge. Seine starke Beschäftigung mit dem taoistischen Orakelbüchlein «I
Ging» seit dem Jahre 1920 führte zur jahrzehntelangen
Orientierung am Taoismus. In seinem Buch *«Psychologische Typen»* (1), das er 1920 beendete, verwandte Jung den
Begriff «Tao» für seine Typologie.

4. Die anschließenden 16 Jahre (1928-1943) sind vom gründlichen Studium der Alchimie geprägt (1928-1938), begin-
nend mit dem chinesischen alchimistisch-taoistischen
Büchlein «Das Geheimnis der Goldenen Blüte». Im Jahre
1930 führte Jung den Begriff «Synchronizität» ein, anfänglich, um vor allem die Wahrsagerei, z.B. mit I Ging, zu
erklären.

Abgesehen von den spiritistischen Experimenten, die er
zum dritten Male durchführte, erweiterte Jung sein Inter-
essengebiet mit der Astrologie (ab Ende 1934), dem Tibetanischen Totenbuch, dem Kundalini- und Tantra-Yoga und
dem Buddhismus. Dazu kamen seine Studien des Ignatius
von Loyola und des Okkultisten Paracelsus. Das alles be-
trieb er nicht als Privathobby, sondern im Blick auf seine
Psychologie!

Seit dieser Zeit der wachsenden (gnostisch-asiatisch) religiösen Orientierung und seiner alchimistischen «Christus-

vision» nehmen religiöse Themen einen immer größeren Platz in Jungs Psychologie ein.

Im Gegensatz zu den Jahren 1913-1921 war dieser Zeitabschnitt publikationsreicher. Es entstanden einige grundlegende Aufsätze wie *«Die Beziehungen zwischen dem Ich und dem Unbewußten»* (14), *«Über die Energetik der Seele»* (16), *«Die Wirklichkeit der Seele»* (4), *«Psychologie und Religion»* (5) und das zweite größere Werk *«Psychologie und Alchemie»* (6).

5. Wie 5 Jahre aktiver Spiritismus, 6 Jahre «Auseinandersetzung mit dem Unbewußten» und das intensive Studium der Alchimie die vergangenen drei Abschnitte einleiteten, standen am Anfang der letzten gut 17 Jahre Jungs okkulte Träume, Visionen und außerkörperliche Erfahrungen. Daraus ergaben sich eine Reihe von Hauptwerken nach seinem 69. Lebensjahr wie *«Von den Wurzeln des Bewußtseins»* (3) und *«Mysterium Coniunctionis»* (9). Dies war auch die Zeit, in der dieser betagte Psychiater glaubte, mit dem Christentum (17) und mit Gott (18) seine Abrechnung halten zu müssen.

Wie entscheidend sind doch das Leben und die Inspirationsquelle des Psychologen bzw. Psychiaters für seine Psychologie und Psychotherapie, die er schuf!

Aus der Bearbeitung von Steinen, mit der Jung sich beschäftigte, um den Schmerz des Verlustes seiner verstorbenen Frau zu verarbeiten, entstanden im Jahre 1957 noch drei Schriften. Eine behandelt das *Ufo-Problem,* das er folgendermaßen deutete: Unter der damals «alles erdrückenden Macht Roms, verkörpert im göttlichen Cäsar» seien unzählige Einzelne und ganze Völker ihrer selbständigen Lebensform beraubt gewesen. Gerade dann erschien «der Mensch Jesus», der dann die «unbewußte» Erwartung eines Erlösers «so vollkommen auszudrücken und darzustellen» vermochte. Auch heute drohe die Gefahr der Vermassung. «Darum» diskutiere man vielerorts über die Möglichkeit des Wiedererscheinens Christi. Die weltweite Verbreitung des Ufo-Phänomens sei ein visionärer Ausdruck der Erlösungserwartung unseres technischen Zeitalters (19).

Kapitel 3

Jungs Psychologie
— eine Naturwissenschaft?

Es war Jungs Bestreben, zu betonen, daß seine Psychologie eine «Naturwissenschaft» sei. So schrieb er u.a.:

> «Die analytische Psychologie gehört grundsätzlich zur Naturwissenschaft» (2,204).

Folgende Überlegungen machen jedoch diese Behauptung Jungs fragwürdig:

1. Der Gegenstand der Jungschen Psychologie

Jung behauptete, nur Empiriker zu sein und nur psychologisch-empirische Feststellungen zu machen. Das Hauptthema seiner Psychologie, das «kollektive Unbewußte», kann jedoch kein Objekt wissenschaftlicher Empirie, sondern nur Gegenstand eines persönlichen Glaubens sein. Jungs zentrale Theorien über das Kollektivunbewußte, dessen Existenz, Funktion, Wirkung und Inhalt (Archetypen) sind nicht mehr als Spekulation. Daß z.B. das kollektive Unbewußte «vor-psychisch» und die «Quelle alles Guten und Bösen» im Menschen sei, «objektives Wissen» und u.a. den «Archetypus Wotan» enthalte, der als «autonomer psychischer Faktor» kollektive Wirkungen wie den Nationalsozialismus erzeuge, ist nicht das Ergebnis wissenschaftlicher Empirie, sondern lediglich eine Hypothese erkenntnistheoretischer Art.

Jungs Hypostasieren der Archetypen (20,24) oder vielmehr seine Psychologisierung der Sünde und des Dämonischen geht weit über die wissenschaftliche Empirie hinaus. Das gleiche gilt für das «Selbst» als den eigentlichen Anordner bzw. «Archetypus der Evolution» und den «transzendenten Sinn des Lebens». Seine Archetypen sind ihm im Grunde mehr als eine Arbeitshypothese.

Darüber hinaus können der dreieinige Gott, der Sündenfall und die Sünde (das Böse), der Tod und der Teufel kein Gegenstand säkular-wissenschaftlicher Forschung und Empirie sein. Jungs zahlreiche Aussagen darüber sind, wie die Zurückführung auf einen Archetypus in der Kollektivseele, nicht psychologisch-empirische, sondern metaphysische Aussagen. Sie sind reine Spekulation und ein Übergriff seiner Psychologie. Der dreieinige Gott ist eine transpsychologische, göttliche Wirklichkeit und gehört somit weder zum Bereich des Psychischen noch zum Arbeitsbereich der Psychologie. Sünde, Tod und Teufel sind ebenfalls keine psychischen Kategorien.

Jungs Behauptung, er mache nur psychologisch-empirische Feststellungen und keine metaphysischen Aussagen, ist eine (Selbst-) Täuschung. Denken wir allein schon an seine Theorien über das kollektive Unbewußte, das Selbst und die Synchronizität und an sein Buch «Antwort auf Hiob». Jung meinte:

> «Die Psychologie ist nicht in der Lage, metaphysische Behauptungen aufzustellen. Sie kann nur konstatieren, daß die Symbolik der psychischen Ganzheit mit der des Gottesbildes koinzidiert, aber niemals beweisen, daß ein Gottesbild Gott selber ist oder daß das Selbst Gott ersetzt» (17,212).

Dieter Spies bemerkt dazu: «Gerade dadurch macht Jung metaphysische Aussagen und verbannt alle metaphysischen Aussagen ins Reich der reinen Spekulation und Phantasie. Eigentlich ist ihm die Seele nicht nur die Bedingung des metaphysisch Realen, sondern sie ist das metaphysisch Reale selbst» (21,144).

Jung fragte nicht nach den Grenzen wissenschaftlicher Empirie. Viele seiner Aussagen und Theorien gehen dann auch weit über wissenschaftliche Empirie hinaus.

2. Jungs Erkenntnisquellen
— wissenschaftliche Empirie?

Jung betonte gerne, sein Standpunkt als Arzt sei rein empirisch — die Erfahrung sei sein einziges Mittel der Erkenntnis. Er befasse sich mit der Analyse, Beschreibung und Ordnung psychischer Fakten. Wie sah es aber in Wirklichkeit aus?

Nachdem er die psychiatrische Klinik Burghölzli im Jahre 1909 verlassen hatte, war Jung kaum als Arzt, sondern mehr als 50 Jahre hauptsächlich als Psychotherapeut, also psychologisch tätig. Schon seine Behauptung, er befasse sich mit *psychischen* Fakten, widerspricht seinem Hinweis auf seinen naturwissenschaftlichen Standpunkt. Weder das Bewußtsein noch das sogenannte kollektive Unbewußte mit seinen Archetypen sind eine medizinische Kategorie.

Die Hauptquelle der Einsichten Jungs war *sein eigenes «kollektives Unbewußtes».*

> «Aus den Einsichten, die mir das Unbewußte vermittelt hatte, mußte ich konkrete Schlüsse ziehen — und das ist der Inhalt meiner Lebensarbeit geworden» (2,192).

Zum kollektiven Unbewußten rechnete Jung seine vielen Träume, «inneren Bilder», Phantasien, Visionen, Stimmen und paranormalen Gedanken, die ihm vor allem während seiner «Auseinandersetzung mit dem Unbewußten» (1912-1918) und seiner Erlebnisse «mystischer Hochzeiten» (1944) kamen, entweder spontan oder durch die okkulte Methode der aktiven Imagination.

> «Darum spreche ich hauptsächlich von den inneren (..) Erlebnissen. Zu ihnen gehören meine Träume und Imaginationen. Sie bilden zugleich den Urstoff meiner wissenschaftlichen Arbeit. Sie waren wie feurig-flüssiger Basalt, aus welchem sich der zu bearbeitende Stein auskristallisiert» (2,11).
> «Alle meine Arbeiten, alles (..), was ich geistig geschaffen habe, kommt aus den Initialimaginationen und -träumen. 1912 fing es an» (2,196).

Und rückblickend sagte Jung:

> «Die Jahre, in denen ich den inneren Bildern nachging, waren die wichtigste Zeit meines Lebens, in der sich alles Wesentliche entschied... Meine gesamte spätere Tätigkeit bestand darin, das auszuarbeiten, was in jenen Jahren aus dem Unbewußten (..) aufgebrochen war und mich zunächst überflutete. Es war der Urstoff für mein Lebenswerk» (2,203).

Eine weitere nicht wissenschaftlich-empirische Erkenntnisquelle Jungs war der theoretische und praktische *Spiritismus*. Es war der jahrelange Spiritismus in seiner Studentenzeit, der ihm einen sogenannten «psychologischen Standpunkt ermöglichte», auch in bezug auf seine Nr. 2 und seine Träume (2,114). Die aus dem Spiritismus resultierende Dissertation enthielt ihrerseits den Keim von Jungs späteren Theorien des kollektiven Unbewußten. Außerdem erhielt er nähere «Einsichten» darüber von seinen Kontrollgeistern «Elias», «Philemon» und «Anima»:

> «Philemon und andere Phantasiegestalten brachten mir die entscheidende Erkenntnis... So brachte er (Philemon) mir allmählich die psychische Objektivität, die 'Wirklichkeit der Seele' bei. Psychologisch stellte Philemon eine überlegene Einsicht dar... Er hat mir in der Tat erleuchtende Gedanken vermittelt» (2,186-187).
> «... Anima, Sprachrohr des Unbewußten... Sie ist es, welche die Bilder des Unbewußten dem Bewußtsein vermittelt, und darauf kam es mir hauptsächlich an. Während Jahrzehnten habe ich mich immer an die Anima gewandt» (2,191).

Eine andere spiritistische Erkentnisquelle Jungs war sein Kontakt mit sogenannten *Verstorbenen* bzw. Dämonen im Jahre 1916. Jung selbst schrieb darüber:

> «So bildeten die Gespräche mit den Toten, die 'Septem Sermones', eine Art Vorspiel zu dem, was ich der Welt über das Unbewußte mitzuteilen hatte: eine Art von Ordnungsschema und Deutung der allgemeinen Inhalte des Unbewußten» (2,195).

Colin Wilson urteilt über diese «Septem Sermones»: «Das ganze Buch läßt eher an einen Menschen mit einer Mission als an einen Wissenschaftler denken. Es ist bezeichnend, daß Jung zu seinen Lebzeiten den Druck der Septem Sermones nicht gestattete... Wo es um die Öffentlichkeit ging, wollte er nur als Wissenschaftler gelten» (22,100-101).

Schließlich war Jungs Nr. 2, sein *«kreativer Dämon»*, von dem er sich ständig inspirieren ließ, seine entscheidende, nicht-wissenschaftliche Erkenntnisquelle:

> «In meinem Leben hat Nr. 2 die Hauptrolle gespielt, und ich habe immer versucht, dem freien Lauf zu lassen, was von Innen her an mich heranwollte» (2,51).
>
> «Es war ein Dämon in mir, und der war in letzter Linie ausschlaggebend» (2,358).

Sind seine Schriften durch einen Geist, den «Geist aus der Tiefe», entstanden, so können sie nicht auf wissenschaftlicher Empirie beruhen.

Jung erhielt auch manchmal *paranormale Diktate:*

> «Es blieb mir nichts übrig, als alles in dem vom Unbewußten selbst gewählten Stil aufzuschreiben» (2,181).

Eine Jungianerin bestätigt: «War er (Jung) im Einklang mit der Welt der Persönlichkeit Nr. 2, so kamen ihm die besten Ideen und so wie Nr. 2 es wünschte, schrieb er» (23,192).

All diese Erkenntnisquellen haben mit wissenschaftlicher Empirie nichts zu tun. Jung war kein Empiriker, eher ein Esoteriker. Seit 1913 hat er sich bewußt dem *Irrationalismus* statt der wissenschaftlichen Empirie verpflichtet. Seine Werke entstanden aus einer «Schau», wobei er sich intellektuell verschloß und «absichtlich (..) mit halbgeschlossenen Augen und etwas tauben Ohren» die Visionen und Stimmen «zu sehen und zu hören» unternahm (2,240-241). Nach seinen außerkörperlichen Erfahrungen im Jahre 1944 heißt es:

> «Ich versuchte nicht mehr, meine eigene Meinung durchzusetzen, sondern vertraute mich dem Strom der Gedanken an» (2,300).

Sagte er nicht selbst: «Es denkt in mir»?

Da Jungs «innere» Erfahrungen, Träume, Visionen und Gedanken größtenteils *okkult inspiriert* sind, hat seine analytische Psychologie eine okkulte Wurzel. Besonders deutlich wird die okkulte Inspiration an Jungs Konzept des kollektiven Unbewußten, an seiner Theorie der «Objektivität» und «Wirklichkeit der (unbewußten) Seele» (4) wie auch an seinen bedeutendsten Archetypen «Anima», «Ganzheit» und «Selbst», dem «zentralen Punkt» seiner Psychologie (2,121).

Auch beschränkte sich Jung nicht auf Analyse und Beschreibung religiöser und okkulter Phänomene, sondern deutete sie, nämlich archetypisch, als «psychische» Fakten.

Darüber hinaus knüpfte Jung zur Rechtfertigung seiner okkulten Erfahrungen und spekulativen Theorien bei vielen zeitgenössischen und früheren nicht-wissenschaftlichen Lehren bzw. Irrlehren und Irrlehrern an, z.B. bei Gnostikern und Mystikern, bei Mythologien und asiatischen Religionen, dazu bei Okkultisten wie Paracelsus, Swedenborg, Justinus Kerner, Johann Wolfgang von Goethe, dem Alchimisten Gerardus Dorneus und Kabbalisten. Es ist eine traurige Sache, daß es so viele Irrlehren gab und gibt — auch im Christentum —, auf die sich Jung beziehen konnte.

In Jungs gesamter Psychologie nehmen die paranormalen Erkenntnisquellen und das Mythologische, Gnostische, Okkulte und Asiatisch-Religiöse einen weit größeren Raum ein als das in der Praxis gewonnene Material. Er bildete seine Theorien eher aus diesen esoterischen Bausteinen als aufgrund empirisch gefundener Tatsachen. *Hedda Herwig* bemerkt:

«Jung betreibt also nicht Wissenschaft, um auf dem Wege der Forschung Schritt um Schritt zu Einsichten in die Realität zu gelangen. Er sucht Wege, seine «Offenbarungen» wissenschaftlich zu erhärten — korrigiert nicht seine Hypothese, wenn sie nicht bestätigt wird, sondern sortiert das Material aus, damit es seine Hypothese bestätigt. Jungs wissenschaftliche Betätigung ist ein Aushängeschild. Es geht Jung also nicht um die Wahrheit, sondern um Prestige, um Ideologie statt Wahrheit» (24,77-78).

In einem Brief an einen jungen Gelehrten enthüllt Jung selbst, daß seine Wissenschaftlichkeit nur ein Aushängeschild ist:

«... Ich definiere mich selbst als Empiriker, denn ich muß doch etwas Anständiges sein ... ich mag selbstverständlich nicht gerne etwas Minderwertiges sein» (2,375).

3. Die subjektive Grundlage der Jungschen Psychologie

Die gesamte analytische Psychologie beruht auf strikt persönlichen «inneren» Erfahrungen Jungs. Er ist kein neutraler Beobachter «psychischer» Phänomene, sondern sowohl Betroffener als auch Glaubender, und zwar ein an seine paranormalen Erfahrungen, Träume, Visionen, Stimmen und Erscheinungen Glaubender. Statt sie zu prüfen, macht er aus ihnen eine «Psychologie».

«Es hat mich sozusagen 45 Jahre gekostet, um die Dinge, die ich (..) damals erlebte und niederschrieb, in dem Gefäß meines wissenschaftlichen Werkes einzufangen» (2,203).

Im Widerspruch zur Naturwissenschaftsauffassung seiner Psychologie schrieb Jung:

«Die analytische Psychologie ... unterliegt den persönlichen Voraussetzungen des Beobachters viel mehr als irgend eine andere Wissenschaft» (2,204).

Nicht mit objektiv wissenschaftlicher Arbeit fing Jungs Lebenswerk an, sondern

«Es begann damit, daß ich mich mit den Bildern meines eigenen (..) Unbewußten beschäftigte» (2,210).

Bereits Jungs Buch «Wandlungen» (1912) sei eine Widerspiegelung seiner eigenen damaligen Verfassung. «Antwort auf Hiob» (1952) steht in engem Zusammenhang mit Jungs strikt persönlicher «Gotteserfahrung» im zwölften Lebensjahr. Seine Theorie des extravertierten und introvertierten Typus in seinem Gegensatz und seiner Ergänzung widerspiegelt Jungs persönliche Erfahrung und Deutung einer Außen- und «Innenwelt» im Sinne seiner Nr. 1 und Nr. 2.

> «In schärfster Weise erlebte ich (..) den Gegensatz zwischen der äußeren und der inneren Welt. Das Zusammenspiel beider Welten, um das ich heute weiß, konnte ich damals noch nicht fassen» (2,198).

Jungs Psychologie der Gegensätze ist eine Projektion seiner eigenen Gegensätze, seine Ganzheitstheorie die seines Selbsterlösungsversuches.

Zusammenfassend bezeugt Jung im Grunde selber das rein subjektive Fundament seiner Psychologie:

> «Meine Werke können als Stationen meines (..) Lebens angesehen werden, sie sind Ausdruck meiner (..) inneren Entwicklung. Mein Leben ist mein Tun, meine geistige Arbeit. Das eine ist nicht vom anderen zu trennen» (2,225).

In Jungs Sicht sind seine psychologischen Schriften im Grunde also eine Autobiographie! Er war Betroffener, jedoch kein Empiriker im Sinne des wissenschaftlichen Empirismus. Weil Jungs Theorien, z.B. über die Kollektivseele, die Anima, das Selbst und die Individuation, lediglich aus seinen subjektiven und dazu okkulten Erfahrungen stammen, sind sie auch nicht rational, empirisch von jedermann nachvollziehbar. Jung selbst sagte einmal: «Niemand kann diese Dinge wirklich begreifen, der sie nicht selber erfahren hat» (7,232).

Die unwissenschaftliche und unbiblische Einstellung Jungs zeigt sich auch darin, daß er nie seine persönlichen Erfahrungen, das Fundament seiner Psychologie, überprüfte. Die entscheidenden Jahre 1912-1918 bedeuteten keine rationale Selbstanalyse, schon gar nicht die Bitte «Erforsche mich, Gott» (Ps. 139). Die einzige, bei der er damals in Analyse war, war die «Anima». Jene Jahre ergaben weder eine intellektuelle Reflexion der eigenen Erfahrung noch ein biblisches Prüfen. Jung fragte nicht nach der Wahrheit, schon gar nicht im biblischen Sinne. Und sein falsches Wahrheitsverständnis schloß Überprüfung der Gedanken und Erfahrung aus. Wahrheit bedeute bei ihm nämlich das, was «wirkt».

> «Man darf nicht mehr wissen ... was richtig und was unrichtig ist, um die Fülle des Lebens nicht auszuschließen, sondern man muß sein Augenmerk ausschließlich auf das richten, was wirklich ist. Wirklich ist, was wirkt. Ist das, was mir als Irrtum erscheint, wirksamer und stärker als die Wahrheit, so liegt es mir zunächst ob, dem Irrtum zu folgen, denn in ihm liegt Kraft und Leben, die ich verliere, wenn ich bei dem, was mir wahr scheint, bleibe» (14,371).

Seine Literaturquellen reduzierte Jung auf Schriften, meist von Gnostikern, Mystikern und anderen Esoterikern und «Erleuchteten», die ihn scheinbar bestätigten. Seinen Bekanntenkreis beschränkte Jung auf solche, die sich auf der gleichen Wellenlänge wie er befanden und ihn in seinen Gedanken und Erfahrungen somit bestärkten. Er ging jeder Überprüfung und Korrektur aus dem Wege.

> «Ich habe viele Leute vor den Kopf gestoßen; denn sobald ich merkte, daß sie mich nicht verstanden, war der Fall für mich erledigt» (2,358).

4. Die weltanschaulichen, philosophischen Wurzeln der Jungschen Psychologie

Jung war nicht nur ein Meister im Vereinigen von vermeintlichen und wirklichen Gegensätzen, sondern auch von Weltanschauungen. Seine paranormalen Erlebnisse, das Fundament seiner Psychologie, versuchte er weltanschaulich einzuordnen.

> «Das war der Urstoff, der's erzwungen hat, und mein Werk ist ein mehr oder weniger gelungenes Bemühen, diese heiße Materie in die Weltanschauung meiner Zeit einzubauen» (2,203).

Dazu bemerkt *Hedda Herwig* (24,77):

«Im Zeitalter der Wissenschaftsgläubigkeit hieß das, daß er seinen Gedanken eine möglichst solide 'wissenschaftliche' Basis verschaffen mußte, um bei den Zeitgenossen Anklang zu finden. Dies ist ihm anscheinend nicht leicht gefallen. Es kostete ihn 45 Jahre» (2,203).

Zunächst waren es Jungs okkulte «Gottesoffenbarung» und der *Spiritismus,* die sein Weltbild und damit seine Psychologie prägten.

«Bestimmend für das Weltbild Jungs sind die spiritistischen Sitzungen, die der junge Medizinstudent unter Einfluß der Lektüre der Werke von Swedenborg und Justinus Kerner im Familienkreis durchführt» (25).

Aus jener Zeit stammt Jungs Psychologismus in bezug auf okkulte Phänomene und okkulte Begabungen.

Seit 1934 war Jungs Weltbild auch *astrologisch* orientiert, und betrachtete er Ereignisse wie den Zweiten Weltkrieg, die sogenannten UFOs wie auch Christus und das Christentum astrologisch im Sinne von «Unten hängt mit Oben zusammen» und «wie Oben, so Unten».

Außer diesem okkulten Weltbild enthält Jungs Psychologie folgende, zum Teil widersprechende, weltanschauliche Wurzeln:

Jungs Psychologie ist ganz *evolutionistisch* orientiert. Die analytische Psychologie steht und fällt mit der Evolutionstheorie, deren überzeugter Anhänger Jung war. Es seien hier einige Beispiele genannt:

— Das Bewußtsein habe sich aus dem kollektiven Unbewußten, mit dem es ursprünglich eine unmittelbare Einheit bildete, «entwickelt».

— Das kollektive Unbewußte selbst sei die Vergangenheit aller menschlichen und «tierischen» Vorfahren.

— Die Archetypen seien die vorelterliche und «tierische» Prädisposition. Der Schatten sei die primitive und die «tierische» Natur des Menschen. Die Persona sei der evolutionäre Anpassungsmechanismus. Die «psychische Bisexualität», wie die Anima im Manne, sei durch Evolution entstanden. Das Selbst sei Ausgangspunkt, treibende Kraft und Ziel der individuellen und Menschheitsentwicklung, ja der «Archetypus der Evolution» selber. Das Selbst als Archetypus der Organisation bedeutete die «Selbstorganisation» der Psyche. Erst die «psychischen Gegensätze», die «psychische Energie» (Libido) erzeugen, sollen energetischpsychische Prozesse, also «psychische Evolution» ermöglichen. Jungs Konzept der «Individuation» oder «Psychosynthese» bezweckt persönliche Evolution mit dem Ziel der «Menschheitsentwicklung».

Intressanterweise enthält Jungs evolutionistische Psychologie entscheidende *Widersprüche,* z.B.:

— Wenn das Bewußtsein aus dem Kollektivunbewußten evolviert sei, wie kann dann Jungs psychotherapeutische Methode die Bekehrung vom Bewußtsein zum kollektiven Unbewußten erzielen?

— Evolution setzt Kontinuität voraus. Wie kann es jedoch Kontinuität des persönlichen Teils, des Bewußtseins, geben? Impliziert Jungs Hypothese der «psychischen Evolution» die hinduistische Vorstellung der Reinkarnation?

— Wie kann bei einer Evolution des gewaltigen kollektiven Teils der Persönlichkeit deren Identität erhalten bleiben?

— Die Evolutionstheorie nimmt die natürliche Auslese, das Aussterben des Schwächsten, an. Wie kann dann der minimale Teil der Persönlichkeit, das Bewußtsein, «überleben»?

— Evolution setzt Gegensätze voraus. Gegensätzlichkeit ist eine evolutionäre Notwendigkeit. Kann die «psychische Evolution» (Individuation) «Aufhebung der Gegensätze» im Selbst (Jungs Gleichgewichtsprinzip) bewirken?

— Wie kann das Selbst gleichzeitig der «Archetypus der Evolution» aufgrund von Gegensätzen und der «Archety-

pus der Erlösung» oder Aufhebung dieser Gegensätze sein?
Dann ist Jungs Psychologie zum Teil *materialistisch*
orientiert. Beispiele solcher materialistischer Aspekte sind:
— Die Theorie der «psychischen Schichten» im wörtlichen
Sinne.

— Die Beheimatung des kollektiven Unbewußten: Es befinde sich in der Stofflichkeit des Körpers, also in seinen
chemischen Bestandteilen.

— Die «Anima» sei «wahrscheinlich eine Darstellung der
Minderheit der weiblichen Gene in einem männlichen Körper» (5,31).

— Jungs energetische Auffassung der «Libido» als eines
psychischen Analogons der physikalischen Energie: Diese
«psychische Energie» sei in der Biologie des Menschen verankert.

— Jungs energetische Auffassung des Lebens mit seinem
Gut und Böse. Er meinte:

> «Das Leben als ein energetischer Prozeß bedarf der Gegensätze,
> ohne welche Energie bekanntlich unmöglich ist. Gut und Böse sind
> nichts anderes als die moralischen Aspekte dieser natürlichen Ge-
> gensätze... Die Gegensatzspannung, welche Energie ermöglicht, ist
> ein Weltgesetz, passend ausgedrückt in Yang-Yin der chinesischen
> Philosophie» (7,440-441).

— Jungs materialistische Auffassung vom Bösen. Er sieht
das Böse und den Stoff in einem, als Synonyme. Der Stoff
sei der Inbegriff des Bösen.

— Das Nervensystem sei Bedingung und Ausdruck der psychischen Funktion (26,227).

Jungs Psychologie ist darüber hinaus teilweise *determi-
nistisch* orientiert. Denn vom kollektiven Unbewußten, der
«unpersönlichen Determinante», gehen «deterministische
Wirkungen» aus. Besonders der Archetypus Selbst sei der
determinierende Faktor. Von ihm stamme der archetypische Zwang zur Individuation (psychische Evolution), zur
Selbstwerdung. Auch mit Jungs Karma-Begriff, dem

«Schicksal» durch die Voreltern, sei der Mensch prädisponiert.

Jungs Psychologie ist auch *humanistisch-optimistisch* orientiert. Der Mensch habe durch die «positive» Seite des Schattens die «Quelle alles Guten» in sich. Er habe ein «inneres Potential», das zur Selbstverwirklichung tendiere. Der Mensch brauche keine Hilfe, keine Erlösung von außen bzw. von oben. In sich selbst habe er ja Rettungsinstanzen, sogar zwei. Es sind die Persona, die eigene Möglichkeit, um mit der negativen Seite des Schattens, dem Bösen, fertig zu werden, und das Selbst, der Archetypus der Selbsterlösung, der Selbstversöhnung und des Ausgleichs aller Gegensätze.

Außerdem ist Jungs Psychologie *metaphysisch-ganzheitlich* orientiert. Die ganzheitliche Weltanschauung hat verschiedene Aspekte, die wir auch in Jungs asiatisch-religiös orientierter Psychologie wiederfinden.

— Der *Monismus*. Am Anfang ... eine unpersönliche (göttliche) «Weltseele», auch das «kosmische Selbst», das Tao, das Brahman, das Welt-Atman genannt. Jung bezeichnet sie auch manchmal als «das Ewige».

— Der *Pantheismus*. Die Weltseele verteile sich in allem und jedem, bleibe aber in sich eins. Das individuelle Selbst sei eine Abspaltung, ein Teil des kosmischen Selbst, ein Mikrokosmos vom Makrokosmos. So glaubte Jung: «Wie jedes Wesen bin auch ich von der unendlichen Gottheit abgespalten» (2,10). Und in bezug auf das Mandala als Symbol des individuellen Selbst meinte er: «Das Mandala ... entspricht der mikrokosmischen Natur der Seele» (2,200).

Durch das kollektive Unbewußte bzw. den Archetypus Selbst habe jeder Mensch Anteil an der «göttlichen Weltseele». Das kollektive Unbewußte bzw. das Selbst bedeute einerseits «ich in ihr» und andererseits «sie in mir». Die Kollektivseele sei als Teil dieser Weltseele, ja als die Weltseele selbst, präexistent, nicht entstanden, und im Grunde «göttlich».

Die Gnostik, bei der Jung auch anknüpfte, hat eine ähnliche Vorstellung: Im Menschen seien einzelne «göttliche Funken» (scintillae) als «Licht vom unerschaffenen Licht». In der Alchimie, an der sich Jung ebenfalls orientierte, ist die Rede von Mercurius oder der überall im Stoff vorhandenen und gefesselten Weltseele, die «im Grunde genommen mit dem kollektiven Unbewußten identisch ist» (7,111). Auch im Hinduismus ist das individuelle Selbst «Atman» ein Teil des Welt-Atman. Durch Jungs Theorie des kollektiven Unbewußten sei die westliche Psychologie nun (endlich) so weit wie der Hinduismus schon seit Jahrhunderten.

Dem allem gegenüber offenbart uns Gottes Wort, daß der von Gott geschaffene Mensch das *Werk* seiner Hände, jedoch selbst nicht göttlich, keine «Abspaltung» Gottes, ist. Außerdem ist der Mensch gefallener Mensch und durch die Sünde von Gott getrennt.

Wo Gott in den Menschen verlegt wird, gibt es keinen Platz für die Offenbarung Gottes außerhalb des Menschen. Die logische Konsequenz der «Gott-in-mir»-Vorstellung (die Kollektivseele) bedeutet einerseits die Verwerfung des Wortes Gottes als objektives, absolutes Wort, und zwar außerhalb von mir, und andererseits den Glauben an das «innere Wort» in-mir-selbst (die Kollektivseele mit seinem «objektiven Wissen» als «objektive» Erkenntnisquelle).

— Die *transzendente Einheitswirklichkeit* (unus mundus-Idee). Ursprünglich gebe es eine kosmische Einheit oder Ganzheit von Weltseele und individueller Seele, vom kosmischen Selbst und individuellen Selbst. Jung behauptete:

«Mensch, Welt und Gottheit sind ursprünglich ein Ganzes, eine durch keine Kritik getrübte Einheit» (7,356).

Es sei durch seine Kollektivseele bzw. sein Selbst, daß der Mensch eine Wesenseinheit mit der (göttlichen) Weltseele bilde, wie auch mit der Natur und mit den Mitmenschen. Er sei mit ihnen wesensmäßig verwandt und nicht unterscheidbar. In seinem Rückblick («Erinnerungen») sagte der betagte Jung:

> «So ist das Alter — also eine Beschränkung. Und doch gibt es soviel, was mich erfüllt: die Pflanzen, die Tiere, die Wolken, Tag und Nacht und das Ewige in den Menschen. Je unsicherer ich über mich selbst wurde, desto mehr wuchs ein Gefühl der Verwandtschaft mit allen Dingen» (2,361).

In dieser Einheitsphilosophie gibt es keinen Platz für eine Ich-Du-Beziehung oder für Gemeinschaft mit dem lebendigen Gott. Jung wandte sich dann auch gegen die in seinen Augen «unerträglich zugespitzte Ich-Du-Beziehung im Gott-Mensch-Verhältnis» (3,10).

Die Einheits- oder Ganzheitsidee schließt auch jede Ich-Du-Beziehung zwischen Menschen und jede Gemeinschaft unter ihnen aus.

— Das *Polaritätsprinzip* (Yang-Yin) als «ewiges Weltgesetz». Der Hintergrund von allem sei die Polarität innerhalb dieser Einheitswirklichkeit. Die Weltseele bzw. «Gott» manifestiere sich in «Gegensätzen», wie z.B. männlich-weiblich, Geist-Stoff, Gut-Böse, Licht-Finsternis, Leben-Tod, Christus-Antichrist (bzw. Teufel bei Jung) usw. Im ganzheitlichen Monismus wird alles auf eine einzige Ursache, auf die «Weltseele» bzw. auf «Gott», zurückgeführt, also auch das Böse, der Tod und der Teufel. «Gott» selber habe ja sowohl eine Lichtseite (Christus) als auch eine Schattenseite (der Teufel), behauptete Jung. Er verwechselte Monotheismus mit Monismus und nahm an:

> «In einem Monotheismus kann nämlich alles Widergöttliche auf nichts anderes zurückgeführt werden als auf Gott selber» (7,402).

Alle Gegensätze seien *natürliche* Gegensätze, jeder Part und Widerpart «natürlich». Konkret heißt das, daß das Böse (die Sünde), die Finsternis (Satan mit seinen Dämonen, das

Paranormale) und auch der Tod «natürlich» seien. Auch aus diesem Grund solle man sie bejahen. Ein großer Fehler des Christentums sei die Verdrängung bis hin zur Verneinung des Bösen und Irrationalen wie auch der weiblichen und dunklen Seite «Gottes».

— Das *Relativierungsprinzip*. Das Gute sei nicht absolut, sondern nur «relativ» gut, die Wahrheit sei nur «relativ» wahr usw. Im Guten (Yang) sei das Böse «keimhaft» vorhanden. Man vergleiche z.B. den schwarzen Punkt in der weißen Hälfte des Yang-Yin Symbols. Ebenso sei im Bösen das Gute «keimhaft» vorhanden. Nichts sei dann auch so schlecht (sündig), daß «aus ihm selbst» nicht etwas Gutes entstehen könnte. Somit seien alle Gegensätze wie Gott-Satan, Gut-Böse, Licht-Finsternis, Wahrheit-Irrlehre, Wissenschaft-Esoterik nur «relative» Gegensätze. Jung fand für seinen ausgesprochenen relativistischen Wahrheitsbegriff eine Bestätigung und Legitimation in der asiatisch-religiösen ganzheitlichen Philosophie, die Relativismus impliziert.

Der Grundfehler des Christentums sei die Verabsolutierung des Guten, des Lichts (Christus), der Wahrheit usw. Diesen Spaltung bringenden Absolutismus gelte es dann auch abzuschwächen.

— Das *Kompensierungsprinzip*. Gut und Böse, Licht und Finsternis, Wahrheit und Irrlehre, Tod und Leben usw. «gehörten zusammen». Sie «kompensierten», ergänzten sich. So sei das Böse die «notwendige Ergänzung» des Guten. Das Gute und das Licht seien nicht «ganz» ohne das Böse, die Finsternis, und das Leben sei nicht «ganz» ohne den Tod.

Das Gute «brauche» also das Böse. Somit habe das Böse eine «positive» Seite. Es sei *sinnvoll,* ja eine «psychische Notwendigkeit des Lebens». Ohne das Böse sei das Leben undenkbar und auch unmöglich. Denn gerade dadurch, daß Gut und Böse, Licht und Finsternis Gegensätze sind, schafften sie das Leben. Nur Gegensätze regulierten das Leben. Jung meinte: «Jegliches Ding bedarf zu seiner Existenz seines Gegensatzes. Ansonsten ist es bis zum Nichtsein verblaßt» (27,234). Wie wir bereits sahen, seien auch im evolutionistischen Konzept Jungs ohne Gegensätze wie Gut und Böse weder die individuelle «psychische Evolution» (Individuation) noch die Menschheitsentwicklung möglich.

Ohne das Böse gebe es auch kein Wachstum (Evolution) des Guten: denn kein Gutes könne wachsen, dem nicht ein Böses entgegenstehe.

Das Böse sei notwendig für das (psychische) Gleichgewicht: «... daß in dieser Welt nicht nur Tag und Nacht, sondern auch gut und böse sich mehr oder weniger die Waage halten» (7,407).

Ohne das Böse sei psychische Gesundheit oder psychische Ganzheit undenkbar und unmöglich. Ohne den Teufel, die dunkle Seite, gebe es auch keine Ganzheit der Weltseele, womit Jung «Gott» meinte. Jung behauptete in bezug auf den Teufel: «Ohne ihn gibt es keine Ganzheit der Weltseele». Er trete zur göttlichen Trinität hinzu, «um deren Totalität herzustellen» (7,439).

Ohne das Böse könne man nicht wissen, was gut ist. Haben denn Adam und Eva nie gewußt, was gut war, bevor sie sündigten? Hat der Herr Jesus, der Sünde nicht kannte (2. Kor. 5,21), nie gewußt, was das Gute, Gott Wohlgefällige war?

Ein Fehler des Christentums sei die Trennung von Gut und Böse, Vernunft und Mystik, Rationalem und Irrationalem.

Ohne die Gegensätze, sogar ohne den Teufel, gebe es «keine Heilsgeschichte» (7,439). Jung reagierte schon als 15-Jähriger fasziniert auf die «positive» Rolle des Bösen bei der Erlösung des Menschen in Goethes Faust:

«Endlich hatte ich die Bestätigung gefunden .. die geheimnisvolle Rolle, welche es (das Böse) in der Erlösung des Menschen aus Dunkelheit und Leiden spielt. Insoweit wurde mir Goethe zum Propheten» (2,66).

In Wirklichkeit jedoch gäbe es ohne «das Böse» (die Sünde) des Menschen kein Gericht Gottes über ihn. Andererseits gäbe es ohne die Sühnung der Sünde am Kreuz durch den sündlosen Jesus Christus keine Erlösung!

Jungs Konzepte einer Weltseele und der Identität der Kollektivseele bzw. des Selbst mit der Weltseele oder Gottheit sind nicht das Ergebnis wissenschaftlicher Beobachtung und Beschreibung psychischer Phänomene. Sie spiegeln Jungs persönliche, ganzheitliche Weltanschauung wider, nach der alles mit allem zusammenhänge.

Jungs Psychologie ist schließlich *alchimistisch* orientiert. Wenn auch Jung für die Beantwortung von Fragen der Psychologie, Psychotherapie und Religion aus mancherlei Quellen geschöpft hatte, muß seit 1928 der Alchimie «eine zentrale, ja zentrierende Rolle zugewiesen werden» (28,237). «Die Alchemie», sagte Jung, «ist die Grundlage unserer modernen Art, über die Dinge nachzudenken» (29,32). Allerdings interpretierte er die Alchimie seinen persönlichen Erfahrungen der Jahre 1912-1918 und seinem Vorurteil gemäß.

Wie in der Alchimie so nimmt auch in Jungs Psychologie die *Wandlung* einen zentralen Rang ein. Jungs Theorie des Individuationsprozesses — das Kernstück seiner Psychologie — sei eine Entsprechung des alchimistischen Wandlungsprozesses.

Mehrfach zitiert Jung den Alchimisten und Paracelsisten *Gerardus Dorneus:* «Euch selbst verwandelt in lebendige, philosophische Steine», d.h. findet in euch selbst den «Stein der Weisen» und bereitet ihn durch die Umschmelzung eures Wesens (28). Die Betonung liegt auf der aktiven Rolle des Menschen, auf der Selbstverwandlung, der Selbstveredelung. So wie die Alchimisten durch stoffliche Verwandlung den neuen, geistigen oder unsterblichen Leib (Auferstehungsleib) herzustellen suchten, so trachtete Jung mit seiner Psychologie und Psychotherapie durch psychische Verwandlung den neuen Menschen zu kreieren. Auch er glaubte an die «menschlichen Möglichkeiten» und an die therapeutische Machbarkeit.

Dann übernahm Jung die alchimistische *Drei-Stufen-Lehre* für seinen psychischen Wandlungsprozeß. Sie besteht aus Bewußtwerdung, und zwar des kollektiven Unbewußten mit seinen Archetypen, und aus der Vereinigung der Gegensätze. Die dritte Stufe, das Fernziel, ist die Vereinigung mit dem kosmischen Selbst oder der Weltseele. Der «psychischen Einheit» soll die «kosmische Einheit» oder die «Heilige Hochzeit» von Mensch und Kosmos, von der individuellen Seele und Weltseele folgen. Jung fand eben auch bei den Alchimisten die Vorstellung einer «Weltseele», die Personifizierung einer dritten Größe, nämlich Mercurius, der ein geistlich-stoffliches Wesen göttlichen Ursprungs sei.

Jung annektierte den alchimistischen Begriff für die «Vereinigung der Gegensätze»: *mysterium coniunctionis* und machte ihn zum Titel seines Hauptwerkes (9).

Nicht nur Fragen der Psychologie und der Religion, sondern auch die Probleme der Psychotherapie sah Jung im Lichte der Alchimie:

> «Da es mein Ziel war, in vollem Umfang zu zeigen, inwiefern meine Psychologie eine Entsprechung der Alchemie ist — oder umgekehrt —, ging es mir darum, neben den religiösen Fragen auch die speziellen Probleme der Psychotherapie im alchimistischen Werk aufzusuchen... Auch hier konnte ich eine Entsprechung innerhalb der Alchemie nachweisen, nämlich in der Vorstellung der coniunctio» (2,216).

Außerdem übernahm Jung das alchimistische Symbol jener mystischen Vereinigung, den *Mercurius,* und das der Ganzheit, den *Kreis.*

Auch bei den Alchimisten fand Jung die Vorstellung einer *Einheitswelt* «jenseits» aller Gegensätze. So die *unus mundus*-Theorie von Gerardus Dorneus, an dem er sich orientierte.

Schließlich sah er in der Alchimie, die, laut Jung, gerade *das Böse betonte,* eine Bestätigung und Legitimation seines Prinzips des Gleichgewichts und der Synthese von Gut und Böse. In ihrer Betonung des Bösen betrachtete Jung die Alchimie als die «notwendige Ergänzung» zum Christentum. Darüber hinaus faszinierte es ihn, daß die Alchimisten das Erlösungswerk Jesu Christi als unvollendet betrachteten und mithelfen wollten, es zu vollenden. Sie standen in enger Beziehung zur «Heiligen Geist-Bewegung» und zur «ecclesia spiritualis». Jung bedauerte es darum, daß einem Gioacchino da Fiore, der ein «Reich des Heiligen Geistes» erwartete, das die Einheit von Christus und Antichristus bezeichne, «das Gehör versagt» wurde, wie auch einem Meister Eckehart und Jakob Boehme (2,334). In der Alchimie nun meinte Jung eine Bestätigung und Legitimation seiner Erlösungspsychologie erhalten zu haben, die für den «modernen» Menschen die «notwendige Ergänzung» zum Erlösungswerk Jesu Christi sei.

Jungs Psychologie ist teilweise *philosophisch* orientiert. In bezug auf seinen Begriff «Archetypen» z.B. stellt Jung Vergleiche mit Plato, Kant, Spinoza und Schopenhauer an. Seine diesbezüglichen Theorien befinden sich dann auf philosophischem statt empirischem Gebiet. Den Begriff «Selbst» (Atman) entlehnte Jung der hinduistischen Philosophie, in der es «anstelle der Gottheit steht» (7,431).

Weder die spiritistischen und astrologischen noch die evolutionistischen, materialistischen, deterministischen, humanistischen, ganzheitlichen, alchimistischen und philoso-

phischen Komponenten der Psychologie Jungs haben mit
Naturwissenschaft, mit wissenschaftlicher Empirie, auch
nur das geringste zu tun!

5. Das religiöse Ziel der Jungschen Psychologie

Jungs Psychologie ist eine Heilslehre und ein Heilsweg. Das
religiöse Ziel ist *Selbsterlösung,* und zwar von den Gegensätzen. Die Gegensätze seien nur als Durchgangsstufe von
einem Zustand völliger Unbewußtheit «jenseits» aller Gegensätze zu einem Zustand völliger Bewußtheit «jenseits»
aller Gegensätze sinnvoll und notwendig. Die Aufhebung
der Gegensätze, die völlige Gleichgültigkeit gegenüber Gut
und Böse, Licht und Finsternis usw., bringe ein «höheres
Bewußtsein», ein Satori-Erlebnis, mit sich.

> «Mit der Relativierung der Gegensätze ergibt sich eine gewisse An-
> näherung an die Ideen des Ostens, an das «nirdvandva» der hin-
> duistischen Philosophie, die Befreiung von den Gegensätzen, welche
> als eine Konflikt versöhnende Lösungsmöglichkeit gezeigt wird...
> Die Befreiung von den Gegensätzen setzt eine funktionelle Gleich-
> wertung von Gut und Böse voraus» (30,45-46).

Da das Böse kein Feind des Guten sei, die Finsternis nicht
im Widerspruch zum Licht stehe, ließen sie sich als «relative», kompensatorische Gegensätze gut vereinen. Diese
Vereinigung bilde eine neue Einheit: Aus Yang und Yin entstehe das Dritte, die paradoxe Einheit des Tao.

Jede Überbewertung oder Verabsolutierung des Guten,
des Lichts, bedeute «Unterdrückung» des Bösen, der Finsternis, und sei demnach eine Sünde, nämlich eine Sünde
wider die Einheit und Ganzheit. Sie stehe der individuellen Evolution und der Menschheitsentwicklung im Wege.
Konsequenterweise sei jeder Christ, der Gut und Böse, Licht
und Finsternis, Wahrheit und Irrlehre usw. wegen ihrer Un-
vereinbarkeit trennt, *die* Ursache aller Disharmonie und Po-
larisation. Das gleiche gelte von jedem Christen, der das

Gute, das Licht, die Wahrheit bzw. Christus betont und verabsolutiert. Er sei das große Hindernis für Harmonie, Einheit und Ganzheit.

Nach ganzheitlicher Vorstellung gibt es keinen anderen Ausweg aus Konflikten personaler, nationaler und internationaler Art als Relativierung, Versöhnung und Vereinigung aller Gegensätze. Darum ist der Jungschen Psychotherapie die Konfrontation mit dem «Schatten» so wichtig. Sie ist nicht zu verwechseln mit der seelsorgerlichen Konfrontation mit der Bibel, die uns unser Herz und Leben im göttlichen Licht zeigt.

Dieses Ziel, nämlich Selbsterlösung, ist ein religiöses Ziel in psychologischem Gewande. Es war in erster Linie ein Reden in eigener Sache, wie Jung offen bekannte:

> «Meine Wissenschaft war das Mittel und die einzige Möglichkeit, mich (..) aus jenem Chaos herauszuwinden» (2,196).

Außerdem ist das religiöse Ziel der Jungschen Psychologie, nachdem das Individuum sich selbst im Selbst vereint habe, die Vereinigung des persönlichen Selbst mit dem überpersönlichen Selbst. Die Einheit alles Seins sei ja nicht nur Ursprung, sondern auch Ziel der «psychischen Evolution». Jungs Methode der aktiven Imagination und Individuation seien ein westlicher Yoga-Weg zum Selbst, zur Rückkehr zum und zur Verschmelzung mit dem Welt-Selbst. Sie seien also ein westlicher Weg für den westlichen Menschen zu «ganzheitlicher» Erfahrung, zur Erfahrung des «Einsseins», zur *unio mystica*.

Auf dem Hintergrund von Jungs Auffassung, auch «Gott» bestehe aus Gegensätzen und «habe beabsichtigt, eine Welt der Gegensätze zu schaffen» (2,364), bekommt Jungs Psychologie noch eine ganz andere religiöse Dimension. Auf seiner Reise im Jahre 1924-1925 in New Mexico hatte Jung noch die Pueblo-Indianer um ihre *raison d'être* beneidet, daß sie täglich ihrem Gott, der Sonne, über den Himmel helfen durften. Nun aber habe auch er seine eigene Sinnerfülltheit gefunden, wie aus einem Brief aus dem Jahre 1958 hervorgeht:

> «Meine raison d'être besteht in der Auseinandersetzung mit dem undefinierbaren Wesen, das man 'Gott' nennt» (31,III,165).

Jungs religiöses Fernziel war nicht nur, die Menschheit von den «von Gott geschaffenen» Gegensätzen, sondern Gott selbst von dessen eigenen «Gegensätzen» zu erlösen.

> «Gott selbst ist eine contradictio in adiecto, darum will er den Menschen, um Eines zu werden... Gott ist ein Leiden, das der Mensch kurieren sollte» (31,II,241).

In bezug auf Selbsterlösung in psychologischem Gewande steht Jung nicht alleine da, jedoch in bezug auf eine Erlösung «Gottes» nimmt er bis jetzt eine deutliche Sonderstellung in der Psychologie ein.

Jungs metaphysische Ziele im Blick auf seine Psychologie haben nichts mit Naturwissenschaft, sondern sämtlich mit Religion zu tun!

Kapitel 4

Jungs Psychologie — wertneutral?

Bedenklich ist, daß die «analytische Psychologie» nicht wertneutral ist. Es gibt verschiedene Gründe für diese Aussage. Einige seien hier genannt:

1. Die okkulte Inspiration

Zunächst entstand Jungs Psychologie hauptsächlich aufgrund okkulter Inspiration durch seine Nr. 2, seinen «schöpferischen Dämon», den «Geist aus der Tiefe». Jungs psychologische Werke sind «Aufträge» des Reiches der Finsternis, die er irrtümlicherweise als Aufträge «von innen her» bezeichnete:

> «Alle (..) meine Schriften sind sozusagen Aufträge von innen her...
> Den Geist, der mich bewegte, ließ ich zu Worte kommen» (2,225).

Zur paranormalen Inspiration kam zum Teil eine *okkulte Interpretation,* z.B. durch «Elias», «Philemon» und «Anima», oder durch okkulte Literatur.

2. Gottes Wort eliminiert und ersetzt

Dann eliminierte Jung für seine Psychologie Gottes Wort als die absolute Autorität und Norm, als die objektive Wahrheit sowohl über den Menschen, seinen Sündenfall und seine Probleme als auch über Leiden, Tod und Satan. Statt dessen ersetzte er Gottes Wort sowohl durch seine okkulten Erfahrungen und okkulte Inspiration als auch durch mancherlei spekulative Theorien.

Einerseits postulierte Jung, daß das «kollektive Unbewußte» die «objektive Psyche» mit «objektivem» Wissen sei. Als die «objektive», psychische Quelle der Erkenntnis

sei es die «objektive» Wahrheit. Die Zehn Gebote kämen
nicht von Gott, sondern seien «die ewige Wahrheit im Menschen selbst» (29). Im Gegensatz dazu behauptete er andererseits, es gebe nur eine «subjektive», keine objektive
Wahrheit: «denn jede lebendige Wahrheit ist individuell»
(27,236). Und solche «individuelle Wahrheit» sei auch
Wahrheit, wenn sie nur «hilft»:

> «Gibt es tatsächlich irgend eine bessere Wahrheit über letzte Dinge
> als diejenige, die einem hilft zu leben?» (5,117).

Das übergeordnete Kriterium sei also Lebenshilfe. Nach diesem relativierenden pragmatischen Wahrheitsverständnis
seien einerseits Gottes Wort und andererseits z.B. die antibiblischen Lehren der Religionen, Sekten, Ideologien und
säkularen Psychologien «gleich wahr». Ihre Selbsterlö-
sungstheorien und -techniken stünden dann auf einer Stufe mit dem Evangelium Gottes der geschenkten Erlösung
in Jesus Christus — wenn man nur darin eine «Lebenshilfe» finde.

Daß Jung Gottes Wort eliminierte und praktisch ersetzte, hat seine bedenklichen Konsequenzen:

— Er übersah die grundsätzliche, elementare Beziehung des
Menschen zu Gott, seinem Schöpfer. Statt dessen ersetzte
Jung die reale Beziehung des Menschen zu Gott durch eine fiktive Beziehung des Menschen zu seinem vermeintlichen kollektiven Unbewußten, bzw. zu seinem Selbst, und
zum Welt-Selbst. Der Mensch kann jedoch nur durch Gottes Wort und nur in seinem schöpfungsgemässen Gottes-
bezug verstanden und interpretiert werden.

— Jung setzte sich über die Tatsache hinweg, daß der
Mensch ein von Gott abgefallener Mensch und in Sünde
geboren ist. Er ersetzte die biblische Offenbarung in bezug auf die sündige Natur des Menschen — das Hauptproblem Nr. 1 — durch seine spekulative Theorie der
animalischen, gegengeschlechtlichen und teilweise guten Natur des Menschen.

— Er ignorierte die Tatsache, daß Satan und seine Dämonen eine finstere Realität sind und einen Einfluß auf das psychische Leben, die Erfahrung und das Verhalten des Menschen haben können. Das fing schon in seiner Kindheit an.

In Bezug auf auf seine angeblich erzwungene Gotteslästerung sagte Jung: «Merkwürdigerweise dachte ich nicht einen Moment, daß mir der Teufel einen Streich spielen konnte» (2,44).

Auch später blieb er in dieser Hinsicht blind und beschuldigte bis an sein Lebensende Gott. Aufgrund dieser okkulten Erfahrung und seines Spiritismus deutete Jung den Teufel und seine Dämonen als eine «psychologische» Kategorie, als zur menschlichen Psyche gehörend, anstatt sie als eine dämonologische Kategorie zu bezeichnen.

— Jung verwarf, daß Jesus Christus Gottes Sohn ist. Infolgedessen verwarf er, daß Jesus Chrisus den gefallenen Menschen bereits mit Gott versöhnt hat und Er der einzige Erlöser und der einzige Heilsweg ist, nicht ergänzbar und nicht ersetzbar. Statt dessen konstruierte Jung falsche, nämlich psychische, Gegensätze, einen falschen Heilsweg (Individuation) und einen falschen, nämlich «innerpsychischen» Erlöser (das Selbst).

— Jung war blind für die Tatsache, daß der wiedergeborene Christ aus Gnade eine von Gott geschenkte neue Natur empfangen hat und der Heilige Geist in ihm wohnt. Er erkannte dann auch nicht, daß Jesus Christus der wahre Sinn, das Zentrum des Lebens und die Heiligung eines Christen und auch für all seine persönlichen und zwischenmenschlichen Probleme völlig zuständig ist. Jung machte keinen Unterschied zwischen einem wiedergeborenen Christen und einem unerlösten Menschen, wie auch übrigens die gesamte säkulare Psychologie und Psychiatrie es nicht tun.

Die analytische Psychologie ist umso irreführender, als

Jung darin häufig biblische Worte verwendet und biblische Begriffe und Begebenheiten deutet. Oft wird leider nicht beachtet, daß er sie mit einem eigenen, unbiblischen Inhalt füllt. Wohl hatte Jung Verständnis für Religion. Aber gerade der religiöse Jung war es, der intolerant gegen Gottes Wort als einzige Autorität und Norm war. Er war es auch, der tolerant gegen alle möglichen Irrlehren war, Toleranz darin forderte und förderte.

3. Die weltanschaulichen Wurzeln

Weiter ist Jungs Psychologie nicht neutral wegen ihrer weltanschaulichen Wurzeln. Sie ist unzertrennlich verbunden mit dem atheistischen, evolutionistischen, humanistischen, ganzheitlich-monistischen und pantheistischen Welt- und Menschenbild. Ohne die Philosophien des Evolutionismus, Humanismus und der Ganzheit ist die Komplexe Psychologie undenkbar und unmöglich. Die Konsequenz ist: Wer eine Jungsche Theorie übernimmt, übernimmt und verbreitet damit automatisch das zugrundeliegende antibiblische Welt- und Menschenbild — ob er es weiß und will oder nicht. Das weltanschauliche Vorurteil ist nie eine Art «Überbau», den man ignorieren könne und nicht zu übernehmen brauche, wie manchmal irrtümlicherweise behauptet wird (32). Es ist im Gegenteil die geistige Wurzel. Und jede Wurzel trägt und prägt die Frucht, welche dann auch nicht zu neutralisieren und nicht im christlichen Kontext verwendbar ist (Matth. 7,17-18).

Auch die religiösen Begriffe «*Ganzheit*» und «*ganzheitlich*» sind nicht wertneutral. Sie sind weltanschaulich gepachtet und geprägt. Ganzheitlich hat nichts mit dem ganzen Menschen nach Geist, Seele und Leib zu tun. Ganzheit bedeutet einerseits die Vereinigung und Einheit von vor allem Gut und Böse, Licht und Finsternis, Wissenschaft und Esoterik, dem Rationalen und Irrationalen, Medizin und Alternativmedizin, dem Christentum und den Religionen, und zwar auf der Basis von Relativismus und Komplementarität. Ganzheit impliziert immer die Integration des Bösen! Jung sagte darum: «Ohne Integration des Bösen gibt es keine Ganzheit» (33,170). Sie bedeutet andererseits die Vereinigung bzw. Einheit des Menschen mit der Natur und dem Kosmos, der individuellen Seele mit der Welt-Seele. Das alles ist widerbiblisch. Es wäre denn auch ratsam, diesen von Nicht-Christen erfundenen und von Fremdlehren besetzten Begriff zu vermeiden, einschließlich seiner Symbole.

4. Die antibiblischen Theorien

Die analytische Psychologie ist außerdem nicht wertneutral wegen ihrer antibiblischen Theorien.

Auch Jung hat mit seiner Psychologie ein *Nicht-Verantwortlichkeitsmodell* geschaffen:
— Der Motor hinter dem individuellen Verhalten sei das ererbte *kollektive* Unbewußte. Wem ist diese ererbte überindividuelle Prädisposition psychologisch zuzurechnen? Wäre das Individuum dann nicht nur Opfer der «universalen» Vergangenheit?
— Die Triebfeder liege hauptsächlich im Unbewußten. Wer ist dann psychologisch verantwortlich für diese *unbewußte* Steuerung, «jenseits» des eigenen Wissens und Gewissens? Man ist dann doch nur Opfer seines Unbewußten mit seinen unbewußten Inhalten und Vorgängen?
— Zudem sei das kollektive Unbewußte *unzugänglich*. Also könne das Individuum nichts unternehmen, um dessen Steuerung zu verhindern oder umzubeugen. Es ist dann leider Opfer seines unzugänglichen Mysteriums.
— Die *Erziehung* sei dafür verantwortlich, wenn die Persona, das sexuelle, soziale und professionelle Rollenverhalten, überentwickelt sei, so daß Störung des psychischen

Gleichgewichts entstand. Man wäre dann nur Opfer seiner Persona, bzw. seiner Erziehung.

— Letztlich sei es die «*animalische*» Natur, vor allem im Archetypus Schatten gelagert, die unser heutiges Verhalten steuere. Wer kann dann für diese «animalische» Prädisposition bzw. für das ererbte «Tier in ihm» verantwortlich gemacht werden? Ist man dann nicht nur Opfer der «tierischen» Vergangenheit?

Außerdem sind Jungs *Psychologismus,* sein psychisches Modell, in bezug auf «das Böse» (die Sünde) und «den Bösen» mit seinen Begabungen und Manifestationen wie auch seine Theorien darüber nicht wertneutral. Dazu erkennt er beiden eine «positive Rolle» zu.

5. Jungs Aussagen über den dreieinigen Gott

Vor allem sind Jungs Werke nicht neutral wegen seiner Aussagen über den dreieinigen Gott. Es ist nicht der Wahrheit entsprechend, daß Jung nur über «Gottesbilder» redete, d.h. nur über falsche Vorstellungen, die sich Menschen vom wahren Gott machen, oder über Bilder von Göttern. Jung hätte übrigens nur Gottesbilder beurteilen können, wenn er Gottes Wort als Autorität und den einzigen Maßstab anerkannt hätte. Das tat er nie. In seiner vermeintlich psychologischen Betrachtungsweise von Gottesbildern machte Jung denn auch keinen Unterschied zwischen einer falschen Vorstellung vom einzig wahren Gott und Bildern von falschen Gottheiten. Das Verwirrende ist, daß er manchmal das Wort «Gott» gebrauchte, aber «Gottesbild» meinte, und umgekehrt. Außerdem irrte sich Jung, wo er auch den Gott der Bibel als ein «Gottesbild», als ein menschliches Bild von Gott, bezeichnete.

> «Man muß sich stets der Tatsache bewußt machen, daß Gott ein Geheimnis ist, und alles (..), was wir darüber sagen, ist von Menschen gesagt und geglaubt... Wie Er aber ist, weiß niemand, er wäre denn selber ein Gott» (31,III,118).

Darüber hinaus hat Jung in seiner Autobiographie, in seinen Briefen und Werken ganz bestimmt über Gott wie auch über Jesus Christus geschrieben, vor allem in seinen Büchern «Aion» und «Antwort auf Hiob». Auch schrieb er an Erich Neumann im Jahre 1952:

> «Gott selber ist eine contradictio in adiecto, darum will er den Menschen, um Eins zu werden... Gott ist ein Leiden, das der Mensch kurieren sollte» (31,II,241). Und: «Man muß Gott ertragen können...» (31,I,92).

Im Vorwort zu *«Gott und das Unbewußte»* von Victor White behauptete Jung:

> «Mit 'Gott' kann Jahwe, Allah, Zeus, Shiva oder Hinzilpochtli gemeint sein... Gott ist eine unabdingbare psychische Größe, die nicht auf einen bestimmten Namen insistiert, sondern sich willig auch Vernunft, Energie, Materie oder sogar Ich nennen läßt» (34,337).

Viel mehr als um falsche Bilder von Gott oder um fremde Götter ging es Jung um den Gott der Juden und Christen, vor allem um den «alttestamentlichen» Jahwe. In bezug auf sein Hiob-Buch schrieb er selbst, «daß diese Schrift sich in sehr kritischer Weise mit dem alttestamentlichen Jahwe auseinandersetzt» (31,II,248). Und an anderer Stelle:

> «Ich gebe zu, daß meine Feststellungen (in Hiob) schockierend sind, aber nicht mehr, eher weniger als die Kundgebungen der dämonischen Natur Jahwes im Alten Testament» (31,II,175).
> «'Grob' ist ein viel zu schwaches Wort. 'Roh', 'gewaltsam', 'grausam', 'blutig', 'höllisch', 'dämonisch' wäre besser» (31,II,379).

Schließlich ist es irreführend, daß Jung das Wort «Gott» übernahm, es aber mit einem eigenen, unbiblischen Inhalt füllte. Er verwandte den Namen «Gott» in mehrfachem Sinne: Nach seinem pantheistischen Gottesbild ist «Gott» eine Art «göttliche Weltseele» und somit eine *unpersönliche* Größe. Diesem Gott Jungs kann man nicht liebend vertrauen und dienen. Jungs Gott ist eine «*psychologische Tatsache*»:

> «Wenn wir daher den Begriff eines Gottes gebrauchen, so formu-
> lieren wir damit einfach eine bestimmte, psychologische Tatsache,
> nämlich die Unabhängigkeit und Übermacht gewisser psychischer
> Inhalte» (14,261).

An anderer Stelle schreibt Jung:

> «Diejenige psychologische Tatsache, welche die größte Macht in
> einem besitzt, wirkt als 'Gott', weil es immer (..) der überwältigen-
> de psychische Faktor ist, der 'Gott' genannt wird» (5).

Und in einem Brief heißt es:

> Gott «ist eine passende Bezeichnung für alle überwältigenden Emo-
> tionen in meinem eigenen psychischen System, Emotionen, die mei-
> nen bewußten Willen überwältigen und die Gewalt über mich an
> sich reißen... Insofern ich von einem Zusammenprall mit einem
> überlegenen Willen in meinem eigenen psychischen System weiß,
> *weiß ich von Gott*» (31,III,276-277).

Trotz widersprüchlicher Aussagen ist Jungs Gott lediglich
eine «psychische» Kategorie, praktisch identisch mit dem
«kollektiven Unbewußten» bzw. mit dem Selbst des
Menschen.

> «Der religiöse Mensch nennt diesen absconditum Gott; der wissen-
> schaftliche Intellekt heißt ihn das Unbewußte» (31,I,493).

Jungs Zurückführung von «Gott» auf eine psychische Kategorie bedeutet eine Psychologisierung und *Vermenschlichung Gottes.*

Als Teil seiner unbewußten Seele sei «Gott» ein Teil des
Menschen und «von Natur aus» im Menschen, ein *innerer*
Gott. Jung behauptete:

> «Es ist ein Vorurteil, daß die Gottheit außerhalb des Menschen sei»
> (5,63).

Die Idee vom «inneren» Gott werde «durch Träume und
Visionen dem Bewußtsein aufgedrängt» (5,63). Weiter
meinte Jung:

> «Da ein mit dem individuellen Menschen identischer Gott eine über-
> aus komplexe, an die Häresie streifende Annahme ist, bedeutet der
> 'innere Gott' ebenfalls eine dogmatische Schwierigkeit. Aber die

Quaternität, wie sie von der modernen Psyche produziert wird, weist ganz direkt nicht nur auf den inneren Gott, sondern auch auf die Identität Gottes mit dem Menschen hin» (5,66).

Gott und Mensch seien «wesenhaft eins». Wie die Gnosis vertritt auch Jung die Vorstellung der Identität der «Substanz» von Gott mit dem Menschen. Das ist eine irrige Vorstellung: Gott ist Geist und keine «Substanz» und außerdem der Schöpfer des Menschen.

Jungs Gott ist somit eine *immanente,* weil eine psychische Größe. Ein transzendenter Gott sei nichts anderes als eine personifizierende Projektion der «unbewußten» Seele in den Raum der Metaphysik.

Da das individuelle Selbst im Welt-Selbst enthalten sei, sei der Mensch «von Natur aus» in Gott. Die unbewußte Seele sei, als Teil der Weltseele, ein Teil Gottes und somit göttlich. «Selbstwerdung» im Jungschen Sinne ist letztlich das Werden, was der Mensch in seiner Kollektivseele potentiell schon immer war, nämlich Gott.

Die Gleichstellung der Kollektivseele mit Gott ist «ein wesentlicher Bestandteil der Jungschen Psychologie» (35,19). Sie bedeutet nicht weniger als die *Vergottung der Seele* bzw. des «Selbst». Jung suchte sich zu verteidigen, indem er behauptete:

«Man hat mir 'Vergottung der Seele' vorgeworfen. Nicht ich — Gott selbst hat sie vergottet» (6,26).

Wenn der Apostel Paulus, und zwar erst nach seiner Bekehrung zu dem Herrn Jesus Christus, bezeugt: «Christus lebt in mir» (Gal. 2,20), meint er damit nicht, daß Christus ein Teil seiner (unbewußten) Seele oder er ein Teil der göttlichen Seele bzw. seine Seele göttlich geworden sei.

Weiter ist Jungs Gott eine Erfahrung, und zwar eine *Erfahrung der Seele:*

«Ich glaube nicht (an einen persönlichen Gott), aber ich *kenne* eine sehr persönliche Kraft. Ich nenne sie 'Gott'. Ich benutze diesen

Ausdruck, denn seit unvordenklichen Zeiten steht er für solche und
ähnliche Erfahrungen. Von daher entsprechen alle Götter — Zeus,
Wotan, Allah, Jahwe — einer echten Wahrheit. Es sind verschiedene, mehr oder weniger differenzierte Ausdrucksformen oder
Aspekte der einen unaussprechlichen Wahrheit... Ich kenne Gott
nur als persönliche, subjektive Erfahrung und indirekt durch den
consensus gentium» (31,II,515).

Ist Gott identisch mit dem «kollektiven Unbewußten», dann
ist die Erfahrung Gottes nichts anderes als die Erfahrung
der eigenen, gewaltigen «Kollektivseele». «Gott» sei eine
unmittelbare, numinose Erfahrung, die Erfahrung eines
übermächtigen Impulses aus dem «kollektiven Unbewußten». Er sei die «superiore Gewalt» der unbewußten Seele, das Beherrschende, Unentrinnbare.

«... die Gottheit, der Inbegriff der vom Menschen nicht gebändig-
ten und nicht zu bändigenden Gewalt» (3,126).

«Gott» sei identisch mit dem «Archetypus *Selbst*» im Menschen. Dieser «könnte ebensowohl als 'der Gott in uns' bezeichnet werden» (14,260). Somit bedeute eine Gotteserfahrung eine Selbsterfahrung, und umgekehrt.

Wie das Selbst sei auch «Gott» die Bezeichnung des
«höchsten, lebenspendenden und sinngebenden Wertes»
(5,98).

An manchen Stellen wird «Gott» als ein «Archetypus
der religiösen Einstellung» bezeichnet, als eine «psychische»
Einstellung auf irgendeinen Gott hin. Dieser *«Archetypus
Gott»* präge die jeweilige Gotteserfahrung oder Erfahrung
des Numinosen. Demnach würden biblische und unbiblische Erfahrungen der gleichen Wurzel, nämlich dem «Archetypus Gott», entstammen. Das ist Jungs bekannter
Irrtum.

Der «Archetypus Gott» sei es auch, der zusammen mit
der persönlichen Gotteserfahrung die jeweilige Gottesvorstellung bestimme. Sowohl der lebendige Gott der Juden
und Christen als auch die heidnischen Gottheiten wie

Brahman, Allah, Zeus usw. seien auf den einen, den gleichen Ursprung zurückzuführen, nämlich auf den «Archetypus Gott». Demnach sei der Gott der Bibel eine «psychische Gottesvorstellung» und, wie die Götter, lediglich eine bestimmte Ausprägung des archetypischen Gottesbildes, also nur ein mögliches Gottesbild unter vielen. Durch die Evolution der Beziehung des Bewußtseins zum Unbewußten gebe es eine Evolution des Gottesbildes. Demnach sei das «Gottesbild» der Bibel nicht das letzte, sondern könne es «höher entwickelte» Gottesbilder geben.

So wird die Offenbarung Gottes in seinem Wort, das zum biblischen Glauben und zur biblischen Erfahrung führen will, durch die Theorie des «Archetypus Gott» ersetzt.

Daß der «Archetypus Gott» zusammen mit einer persönlichen «Gotteserfahrung» die Bedingung für das Gottesbild sei, ist keine wissenschaftliche, sondern eine religiöse Aussage. Jungs Theorie spiegelt die subjektive Deutung seiner strikt persönlichen Erfahrung im 12. Lebensjahr wider. Jedoch weder seine vermeintliche Gotteserfahrung noch sein falsches Gottesbild waren von einem «Archetypus Gott» gesteuert, sondern vielmehr von Gottes Feind, der ihn leider irreführte.

Die «Doppelgestalt Gottes»

Jung betrachtet Gott als eine «coincidentia oppositorum», eine allumfassende Ganzheit, die die Gegensätze in sich vereinige. So sei Gott, im Gegensatz zu Joh. 4,24, *sowohl Geist als auch Stoff* (Materie) und außerdem *sowohl männlich als auch weiblich.* Jung wandte seine Anima-Theorie, seine Theorie der «psychischen Bisexualität», auch auf Gott an. Leider sei im christlichen Dogma der göttlichen Trinität diese «Doppelnatur Gottes» unterbelichtet, und die «männliche Seite» einseitig betont worden. Darum bedürfe diese Trinität der Ergänzung durch das Weibliche. Nur so könne sie ihre Ganzheit, ihre Quaternität erlangen. Das Dogma der «*Marienhimmelfahrt*» von Papst Pius XII (1950) schien Jung darum ein «bedeutsamer Ausdruck der Würde und Würdigung des Weiblichen» neben dem «Männlichen», der «Natur» neben dem Geist zu sein. Er hielt dieses unbiblische Dogma Roms für das «wichtigste religiöse Ereignis nach der Reformation» und bedauerte darum folgendes:

> «Der Protestantismus hat offenbar die Zeichen der Zeit, die auf Gleichberechtigung der Frau hinweisen, nicht genügend beachtet. Die Gleichberechtigung verlangt nämlich ihre metaphysische Verankerung in der Gestalt einer 'göttlichen' Frau... Das Weibliche verlangt eine ebenso personhafte Vertretung als das Männliche» (18,498-499).

Wie bereits erwähnt, sei Gott darüber hinaus «ein moralisches Paradox», das heißt «*sowohl gut als auch böse*». Es sei eine Anmaßung der Kirchenväter gewesen, Gott als das «summum bonum» zu bezeichnen (17,76). Gut und Böse seien «die beiden Hände Gottes», die Manifestationen des *einen* Gottes. Darum sei das Böse nicht gottfeindlich, sondern es sei gerade «ein besonderer Gotteswille» (6,45):

> «Es war die Absicht Gottes, daß sie (Adam und Eva) sündigen mußten» (2,44).

Tatsache jedoch ist, daß Gott ihre Entscheidungsfreiheit, nicht jedoch ihre Sünde wollte. Jung verwechselt «sich entscheiden» zu müssen mit «sündigen» zu müssen.

Ähnlich wie in der gnostisch-platonischen Vorstellung ist für Jung der Stoff oder die Materie der Inbegriff des Bösen. Das Prinzip des Bösen sei also mit dem Vorhandensein der Materie, die von Gott geschaffen wurde, gegeben. Auch deswegen sei Gott das Böse in der Welt zuzurechnen.

Jungs Zurückführung des Bösen auf Gott steht jedoch im Widerspruch zur biblischen Offenbarung über den Teufel und über den historischen Sündenfall des ersten Menschenpaares.

Jungs Theorie der «göttlichen Quaternität»

Das christliche Dogma der göttlichen Trinität sei, wie alle Dogmen, symbolischer Ausdruck der «Wirklichkeit der Seele». Es sei Projektion ins Metaphysische und Personifikation der Erfahrung der eigenen «psychischen Evolution» in drei Stufen, nämlich der Stufe der unbewußten Ganzheit (Unbewußtheit), der Stufe der Bewußtwerdung der Gegensätze und der Stufe ihrer Versöhnung und Vereinigung zur bewußten Ganzheit (Bewußtheit). Der stufenweise Wandlungsprozeß des Gottesbildes oder der Weltseele, ja von «Gott» selbst, sei wesenseins mit dem Individuationsprozeß der individuellen Seele.

> «Die Homousie ist psychologisch absolut erforderlich, denn es handelt sich bei der Trinität als psychologischem Symbol um einen Wandlungsprozeß einer und derselben Substanz, nämlich der Psyche als Ganzem» (7,436).

Die erste Stufe der «psychischen Evolution» sei wie beim Kind die völlige und unbewußte Einheit der Seele. «Gott», der Vater, sei die metaphysische Personifizierung dieses ursprünglichen Zustandes der menschlichen Psyche. Der Urzustand der Weltseele bzw. «Gottes» entspreche dem Bewußtseinszustand des Kindes. Die eigenen Gegensätze seien noch unbewußt, unreflektiert und bildeten eine Einheit.

Die völlig unbewußte Weltseele sei zu vergleichen mit der göttlichen Nous in der Gnosis oder auch mit dem Mercurius in der Alchimie, die im Stoff gefangene Weltseele, die auf ihre Erlösung harrt (6,359). Dieser Mercurius sei eine «Entsprechung der dreieinigen Gottheit» des Christentums (7,110).

Der Zustand der völligen Unbewußtheit sei vom Zustand der Bewußtwerdung bzw. das Zeitalter des Vaters vom Zeitalter des Sohnes abgelöst worden. Als der Vater den Sohn aus sich zeugte, seien seine «latenten inneren Gegensätze» in die beiden Wesenseinheiten Christus und Teufel ausein-

andergefallen. Aus der ursprünglichen Einheit wurde eine
gegensätzliche, aber «äquivalente» Zweiheit: Christus und
der Teufel (7,409). Der Vorteil dabei sei, daß nun Erkenntnis des Bösen und Evolution erst recht möglich würden.

> «Mord und Totschlag, Krieg, Krankheit und Verbrechen und jeg-
> liche Scheußlichkeit fällt in die Einheit der Gottheit. Wenn Gott
> sein Wesen offenbart und ein Bestimmtes wird, nämlich ein be-
> stimmter Mensch, dann müßten seine Gegensätze auseinanderfal-
> len, hier das Gute und dort das Böse. So sind die in der Gottheit
> latenten Gegensätze in der Erzeugung des Sohnes auseinanderge-
> fallen und haben sich im Gegensatz Christus — Teufel manifestiert.
> Der Persische Gegensatz Ormuzd-Ahriman dürfte als sous-entendu
> zugrunde gelegen haben. Die Welt des Sohnes ist die Welt des mo-
> ralischen Zwiespalts, ohne welchen das menschliche Bewußtsein
> kaum jenen Fortschritt der geistigen Differenzierung zustande ge-
> bracht hätte, den es tatsächlich gemacht hat» (33,191).

Kennzeichen des Zeitalters des Sohnes, des Christus, sei die
Offenbarung, Bewußtwerdung und Polarisierung der Ge-
gensätze. Dieses astrologische Zeitalter der zwei Fische —
Christus und Antichrist — sei der Äon der Konflikte und
Spaltungen «par excellence» (7,420).

Das Zeitalter des Sohnes sei jedoch ein vorübergehen-
des, eine Übergangsstufe der Evolution der göttlichen Weltseele. An diesem «göttlichen Drama» habe der Mensch
durch seine Bewußtheit und Reflexion «als Erleidender teil»
(7,379). Andererseits seien dessen Reflexion der Gegensätze
in «Gott» wie auch deren Versöhnung und Vereinigung im
eigenen «Selbst» der Sinn seines Gottesdienstes. Das ist seine
raison d'être.

> «In der Erfahrung des Selbst wird nicht mehr, wie früher, der Ge-
> gensatz 'Gott und Mensch' überbrückt, sondern der Gegensatz im
> Gottesbild. Das ist der Sinn des 'Gottesdienstes', d.h. des Dien-
> stes, den der Mensch Gott leisten kann» (2,341).

Einem 19-Jährigen schrieb Jung:

> «Man muß Gott ertragen können. Mein innerstes Prinzip ist Deus
> et homo. Gott braucht den Menschen zur Bewußtwerdung»
> (31,I,92).

Der Entwicklungs- und Reifungsprozeß der Weltseele oder «Gottes» sei von der Initiative und Aktivität eines Menschen wie Jung abhängig.

Je stärker der Konflikt der Gegensätze im Fischezeitalter sei, destomehr reife die Sehnsucht nach ihrer Versöhnung und Vereinigung. Es sei die Sehnsucht nach Legitimation und Integration des Bösen, des Irrationalen, des Teufels, bzw. nach Ganzheit, kurzum nach dem Zeitalter des Aquarius. Bald, so glaubte Jung,

> «wird sich, koinzident mit der Annäherung des nächsten Platonischen Monats, nämlich des Aquarius, das Problem der Gegensatzvereinigung stellen. Es wird dann nicht mehr angehen, das Böse als bloße privatio boni zu verflüchtigen» (17,96).

Dieses Zeitalter sei das «Zeitalter des Heiligen Geistes» bzw. des Aquarius, der seine «Geistesströme» zur Gegensatzvereinigung ausgießen werde. Der Geist, jene «als inspirierend zu bezeichnende Instanz, welche in der Projektion (der Seele) 'Heiliger Geist' genannt wird» (7,421), sei «als das faktische Gewordensein des Selbst zu verstehen» (7,436) — so wie der Wassermann eine der Darstellungen des Selbst sei.

> «Der Geist, in dem die Unvereinbaren ... vereint werden, ist letztlich unser Geist. Kommt diese Feststellung aus tiefer Bescheidenheit oder aus vermessener Hybris? Bedeutet das, daß der Geist 'nichts als' unser Geist ist oder daß unser Geist *der Geist* ist? Sicherlich bedeutet es das letztere, und vom östlichen Gesichtspunkt liegt darin keine Hybris; im Gegenteil, es ist eine absolut annehmbare Wahrheit, während es bei uns selbst auf dasselbe herauskommt, wie wenn wir sagen würden: 'Ich bin Gott'. Das ist eine unbestreitbare 'mystische' Erfahrung (..), obgleich sie dem westlichen Menschen als sehr anfechtbar erscheint» (36,538).

Der Geist bzw. das «autonome seelische Geschehen» sei notwendig, um die Konflikte der Gegensätze oder Zweiheit in «Gott» zu überwinden. Es sei der «Heilige Geist», der die Sehnsucht nach Ganzheit stille:

> «Indem der Heilige Geist ein Drittes und Gemeinsames zwischen Vater und Sohn ist, bedeutet er eine Aufhebung der Zweiheit ...

im Sohne. Er ist eigentlich jenes Dritte, das die Dreiheit vollendet
und damit wieder die *Einheit* herstellt» (7,359).

Obwohl auch der «Heilige Geist» eine «complexio oppositorum» wie der «Vater» sei, so sei er doch der Mittler
und Versöhner aller Gegensätze:

> «Der Heilige Geist ist in einer quaternarischen Anschauung eine
> Versöhnung der Gegensätze» (7,412).

Der Geist, der Einer aller Gegensätze, vereine zu einer Einheit der Paradoxe auf höherer Ebene in sich selbst. Der
Geist sei, wie das Selbst, die übergeordnete ganzheitliche
Instanz «jenseits» aller Gegensätze. Somit bedeute das
«Zeitalter des Heiligen Geistes» die Unterordnung Christi
unter den Heiligen Geist. In der Evolution der Weltseele sei,
habe und tue der Heilige Geist mehr als Christus. Denn
der Geist harmonisiere, Christus dagegen polarisiere; der
Geist eine, Christus dagegen trenne und entzweie.

Da der Heilige Geist als «ganzheitliche Instanz» den Teufel integriere, vollende er die göttliche Dreiheit zur Vierheit, die göttliche Trinität zur Quaternität und somit zur
Ganzheit:

> «Der unsagbare Konflikt, der durch die Zweiheit gesetzt wird, löst
> sich in einem vierten Prinzip, welches die Einheit des ersten in sei-
> ner völligen Entfaltung wiederherstellt. Das Symbol ist eine Qua-
> ternität» (7,410):

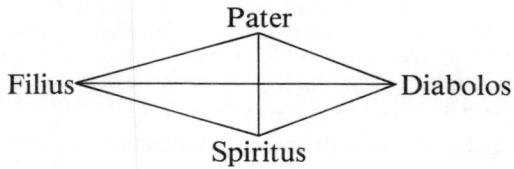

Nun fehle im christlichen Trinitätsdogma jedoch die Schöpfung, die Materie (7,438), die bei Jung identisch mit dem
Bösen ist. Der Teufel sei kein Feind Gottes, der abgewiesen werden müsse. Er sei der «ältere Sohn» Gottes und die

so notwendige «Ergänzung» Gottes. Nur durch ihn könne «Gott» seine «göttliche Ganzheit» erlangen. Darum müsse das christliche Trinitätsdogma mit der Materie bzw. mit dem Teufel als Viertem zu einer allumfassenden Ganzheit erweitert, d.h. durch die Quaternität als Ganzheitsformel ersetzt werden (7,403), weil

> «die natürlichen Ganzheitssymbole, wie sie bei uns in Träumen und Visionen und im Osten als Mandalas auftreten, Quaternitäten sind, resp. Vielfalte wie vier oder quartierte Zirkel» (3,198).

Kennzeichen des neuen Zeitalters, des «Zeitalters des Heiligen Geistes», sei die Ganzheit. Psychologisch gesehen bedeute es einen «vollständig neuen psychischen Zustand, nämlich den des Wassermannzeitalters» (31,II,391), «jenseits von Gut und Böse».

> «Im christlichen Zeitalter aber, d.h. im Reiche des trinitarischen Denkens, ist eine solche Überlegung schlechthin ausgeschlossen. Das ist erst bei kühlerer Überlegung vom relativen Wert des Guten und vom relativen Unwert des Bösen möglich» (7,409-410).

Der «neue psychische Zustand» entstehe durch die Unterordnung des Ich-Bewußtseins unter das kollektive Unbewußte (7,421) zur übergeordneten Ganzheit des Selbst bzw. des Heiligen Geistes. Der Heilige Geist versöhne und vereine die Gegensätze in der menschlichen Seele bzw. in «Gott» durch das vierte Prinzip, das Selbst. Dabei sei

> «die Quaternität ein Symbol des Selbst, das in der indischen Philosophie zentrale Bedeutung hat und anstelle der Gottheit steht» (7,431).

Durch die im Selbst verwirklichte Identität Gottes und des Menschen, sei dann auch

> «die Quaternität eine mehr oder weniger direkte Darstellung des in seiner Schöpfung sich manifestierenden Gottes» (5,63).
> Das im Prozeß der psychischen Evolution oder der Selbstverwirklichung produzierte Symbol der Quaternität bezeichne «den inneren Gott» (5,63).

Jungs evolutionistische Vorstellung vom Gottesbild resp.
von Gott selbst steht in scharfem Widerspruch zur Selbst-
offenbarung Gottes (Mal. 3,6; Jak. 1,17). Jungs Konzeption der drei Zeitalter der göttlichen Dreieinigkeit widerspricht der biblischen Geschichtswirklichkeit. Wohl gibt es
verschiedene Zeitalter der Heilsgeschichte Gottes mit dem
Menschen, in denen sich Gott ihm unterschiedlich offenbart.

Jungs «Erweiterung» der göttlichen Trinität um das Böse
und den Teufel zur Quaternität ist nicht neu. Er sah in der
Alchimie den direkten Vorläufer der analytischen Psychologie des Unbewußten, die das Böse integriert und in der
das Kollektivunbewußte eine Quaternität darstellt.

Jedoch wird es nie eine Allversöhnung zwischen einerseits dem dreieinigen Gott und andererseits der Antitrini-
tät — Teufel, Antichrist, falscher Prophet — geben. Die
Legitimation und Integration des Bösen wie die Vereinigung von Gut und Böse im psychischen 'konziliaren Prozeß' dem Heiligen Geist zuzuschreiben, ist eine Beleidigung
des Heiligen Geistes.

Nie kann oder wird der Heilige Geist Jesus Christus, dem
Sohne Gottes, übergeordnet werden.

Christus — ein «archetypisches Symbol»?

Jung glaubte, die Person Jesus Christus umdeuten und auf-
spalten zu dürfen in Jesus, der nur Mensch gewesen sei,
und Christus, ein Symbol eines Archetypus. Zunächst sei
Christus Symbol des *«Archetypus Anthropos»*.

> «Während der Arbeit (am Buch *Aion*) ergab sich auch die Frage
> nach der historischen Gestalt, nach dem Menschen Jesus. Sie (die
> Frage) ist darum bedeutungsvoll, weil die kollektive Mentalität sei-
> ner Zeit ... sich auf ihn, einen fast unbekannten jüdischen Prophe-
> ten, niedergeschlagen hat. Die antike Anthropos-Idee, deren
> Wurzeln in der jüdischen Tradition einerseits und im ägyptischen
> Horus-Mythos andererseits liegen, hatte die Menschen zu Beginn

der christlichen Aera ergriffen; denn sie entsprach dem Zeitgeist. Er muß eine Persönlichkeit von begnadetem Ausmaß gewesen sein, daß er imstande war, die allgemeine, wenn auch unbewußte Erwartung seiner Zeit so vollkommen auszudrücken und darzustellen. Niemand anderer hätte der Träger einer solchen Botschaft sein können als eben dieser Mensch Jesus» (2,215).

Demnach scheint Jesus für Jung eine historische Gestalt gewesen zu sein, der dann gerade der «unbewußten» Erwartung des «Anthropos» entsprochen habe, wie er nach mehr als 19 Jahrhunderten zu wissen glaubte. «Christus» aber, der «Archetypus Anthropos», solle schon lange vor der Geburt des Rabbi Jesus von Nazareth in der «Kollektivseele» eines jeden Menschen existiert haben. «Christus» sei dann mit besonderen Eigenschaften auf den «Menschen Jesus» projiziert worden. In seiner psychologischen Bibelkritik behauptete Jung:

> «Die Evangelienschreiber waren ebenso wie Paulus darauf bedacht, den fast gänzlich unbekannten jungen Rabbi ... mit wunderbaren Eigenschaften und geistlichen Bedeutungen zu überhäufen. Was sie aus ihm gemacht haben, wissen wir, aber wir wissen nicht, bis zu welchem Grade dieses Bild mit dem wirklich historischen Mann etwas zu tun hat, der unter einer Lawine von Projektionen erstickt wurde. Ob er der lebendige Christus und Logos war, wissen wir nicht. Es ist ohnehin gleichgültig (!)(..), da das Bild des Gottmenschen in jedem von uns lebendig ist und in dem Menschen Jesus inkarniert (das heißt projiziert) wurde, um sichtbar in Erscheinung zu treten, damit die Leute ihn als ihren eigenen inneren homo (gr. anthropos), ihr Selbst, erkennen konnten» (37,745).

Daß die «unbewußte Seele» ausgerechnet in jener Zeit den «Anthropos» erwartete, solle astrologisch mit dem «Archetypus, der damals konstelliert» sei, nämlich dem «Urbild des Anthropos», zusammenhängen. Darum habe Christus «astrologisch vorausgesagt» werden können.

Nach Jung brach damals das astrologische «Zeitalter der Fische» an. Fiel nicht die Geburt Jesu mit dem Eintritt des Frühlingspunktes in das Zeichen der Fische zusammen? Daraus ergab sich für Jung «das Problem der Synchronizität», das er kurz darauf in einer anderen Schrift behandelte (38). Er versuchte dieses «Problem» folgendermaßen zu lösen: Hinter der «sinnvollen Koinzidenz» beider Ereignisse stehe «der Archetypus Anthropos» im Kollektivunbewußten als anordnender Faktor.

Andererseits sei es geschichtlich nicht so sicher, daß der biblische Jesus eine historische Gestalt war. Die Evangelien hätten ja einen «unhistorischen Charakter» (7,380). Der «reale Jesus von Nazareth» sei

> «völlig von metaphysischen Vorstellungen zugedeckt oder durch solche ersetzt... Die ganze vorchristliche und 'gnostische' Theologie des vorderen Orients ... verdichtet sich zusehends zu jener dogmatischen Gestalt, die der Historizität überhaupt nicht mehr bedarf» (7,381).

In einem Brief schrieb Jung:

> «Was wir 'Jesus Christus' nennen, ist, wie ich annehmen möchte, viel weniger ein biographisches, als ein soziales, d.h. kollektives Phänomen» (31,II,306).

Jesus sei dann bloß eine «psychische Projektion», eine Projektion des «Archetypus Anthropos» in der «Kollektivseele», dessen Symbol und Personifikation Christus sei.

Jungs Vorstellung von Christus als archetypischem Symbol des «Anthropos» impliziert, daß sich in jeder Seele der «innere Christus» befinde. Er bedauerte denn auch:

> «Zuwenige haben es erfahren, daß die göttliche Gestalt innerstes Eigentum der eigenen Seele ist. Ein Christus ist ihnen nur außen begegnet, aber nie aus der eigenen Seele entgegengetreten; darum (..) herrscht dort noch finsteres Heidentum» (6,26).

Außerdem sei Christus ein Symbol des zentralen «*Archetypus Selbst*».

> «Das 'Christussymbol' ist der Psychologie von größter Wichtigkeit, insofern es neben (..) der Gestalt des Buddha, vielleicht das am höchsten entwickelte und differenzierte Symbol des Selbst ist» (6,33).

Allerdings sei Christus nur für den westlichen, christlichen

Kulturkreis ein «Symbol des Selbst». In Asien entspreche ihm, neben Buddha, «der Atman als individuelles Selbst und zugleich als Wesen des Kosmos, oder das Tao» (7,384). Entsprechend sei Christus zugleich ein Symbol des «Selbst als Synonym mit dem inneren Christus» und eine «kosmische» Gestalt (7,384). Als eins der archetypischen Symbole des «kosmischen Selbst», also als Gott, sei «Christus» nicht einzigartig, sondern lediglich als Mensch, und zwar wie jede andere historische Inkarnation des individuellen Selbst wie Buddha.

> «Als historischer Mensch ist Christus einmalig und einzigartig, als Gott allgemein und ewig. Das Selbst als Individualität ist einmalig und einzigartig. Als archetypisches Symbol ist es ein Gottesbild, also allgemein und 'ewig'»! (17,72).

Daß Gott im Fleisch, in Jesus Christus, offenbar wurde, sei nicht einmalig und nicht einzigartig. Was in Christus geschah, ereigne sich immer und überall. Denn das, was «in religiös-metaphysischer Sprache die Inkarnation Gottes» heißt, bedeute psychologisch «Selbstverwirklichung. Das ist in der Sohnschaft Christi ausgedrückt» (7,385), so dachte Jung. Somit wird Christus zu einem Symbol für psychische Prozesse, für «psychische Evolution» bis zur «Selbstverwirklichung» umgedeutet.

Daß Christus identisch mit dem Selbst des Menschen sei, habe eine Konsequenz:

> «Das ist eine *neue* Sinngebung, eine weitere Stufe der Inkarnation bzw. der Verwirklichung Christi... Und damit wird Er zu einer formulierbaren psychologischen Erfahrung: Das Selbst ist eine lebendige Person und immer schon da. Es ist die Erkenntnis, in der die hinduistische Philosophie (welche der westlichen Theologie entspricht), der Buddhismus, der Taoismus, eine gewisse Richtung des Islam und das Christentum übereinstimmen. Zu dieser erlauchten Versammlung gehört auch meine Psychologie als ein bescheidener Beitrag» (31,II,200).

Damit gibt Jung implizit zu, daß seine Psychologie keine Wissenschaft, sondern *sinngebend* ist.

Als Symbol des individuellen Selbst, sei Christus eine *psychische,* keine göttlich-metaphysische Größe. Wer die rechte Gnosis erlangt habe und erkenne, daß er Teil der Weltseele ist und daß die Weltseele und die eigene Seele (der kosmische und der innere Christus) identisch sind, bedürfe der Projektion ins Metaphysische nicht mehr. Dem genüge Christus als Gradmesser für seine psychische Evolution, als Symbol seiner Selbstverwirklichung: Im «Symbol des Christus» erfährt er, daß er 'zum Selbst' geworden ist».

Als Symbol des Selbst sei Christus ein Symbol der «*psychischen Ganzheit*» des Menschen. Das Selbst aber «enthält also Licht und Finsternis» (10,641). Somit entspreche Christus als das Licht nur der einen Seite des Selbst. Dessen andere oder dunkle Seite sei der Antichrist (17,51f.). Um das ganze Selbst oder die Ganzheit des Menschen darstellen zu können, bedürfe Christus also der Ergänzung des Antichristen bzw. des Teufels.

Schließlich sei Christus ein Symbol des «*Archetypus des Erlösergottes*» in der menschlichen Kollektivseele. Dieser Archetypus sei «uralt» (7,357). Christus sei lediglich *eine* der Projektionen des archetypischen Erlösergottes, aber nicht die einzige, nicht die erste und nicht die letzte. Entsprechende Vorstellungen gebe es z.B. schon vorher in Indien und Persien: «Das ist das Vorbild für die Lehre vom menschheitserlösenden Christus» (7,358).

Außerdem habe die christliche Botschaft vom Tode und Auferstehen Christi Wurzeln in den Mythen und Mysterienreligionen:

> «Die Ideologie des Mysteriums (i.e. vom Tode und Auferstehen des Sohnes Gottes) antizipiert in den Mythenkreisen des Osiris, Orpheus, Dionysis, Herakles... Diese Antizipationen gehen zurück bis in die primitiven Heldenmythen, wo schon die Todüberwindung eine Rolle spielt» (6,354).

Die christliche Variation des archetypischen Erlösergottes sei Jesus, der also auch als Erlöser nur eine der Projektionen des kollektiven Unbewußten sei. «In ihm inkarnierte sich das mystische Geschehen» (6,418). Jesus sei aber nicht die letzte Projektion. Das kollektive Unbewußte schuf neue Mythen, z.B. in der Gnosis.

Nicht nur der «Gottestod», jenes «mythische Motiv» vom Tode Gottes, sondern auch die Kreuzigung sei ein Symbol des Selbst:

> «Der Akt der Kreuzigung ... ist eine Quaternität, also eine viergeteilte Ganzheit, das klassische Symbol des Selbst» (3,331).

Dementsprechend sei auch das *Kreuz* ein archetypisches Symbol des Selbst, ein «viergeteiltes Mandala». Als Symbol der Ganzheit integriere und somit legitimiere das Kreuz das Böse (die Sünde) und den Bösen (Teufel). Das Kreuz vereine Gut und Böse, Christus und Antichrist usw., und bedeute also «Freiheit von den Gegensätzen» wie Gut und Böse, und zwar

> «in klarer Übereinstimmung mit den entsprechenden östlichen Ideen und ebenso mit der Psychologie dieses archetypischen Symbols» (3,333).

Sollen etwa die Befreiung von der Strafe und Macht der Sünde durch Jesu Opfer am Kreuz und die Kreuzesbotschaft in «klarer Übereinstimmung» mit der atheistischen, ganzheitlichen Psychologie Jungs sein? Die Reihenfolge ist bemerkenswert. Jung, der nicht erkannte, daß Gott all unsere Sünde auf seinen Sohn legte, als dieser am Kreuz hing, behauptete:

> «Anstatt daß wir uns selber, d.h. unser Kreuz selber tragen, beladen wir Christus mit unseren ungelösten Konflikten... Das Kreuz Christi wurde von ihm selber getragen und war sein eigenes» (31,II,290).

Da nach Jungs Meinung das Böse und die Materie eng zusammenhängen, bedeute Christi Erlösung am Kreuz die Erlösung aus der Verlorenheit im Stoff.

Jesu Kreuzestod sei nicht eine einmalige und nicht eine einzigartige historische Tatsache:

> «Der Gottestod (oder das Verschwinden) ist keineswegs nur ein christliches Symbol. Das an den Tod anschließende Suchen wiederholt sich auch heute noch nach dem Tode eines Dalai Lama, wie es jährlich im Suchen der Kore in der Antike gefeiert wurde. Diese weite Verbreitung spricht für das allgemeine Vorhandensein dieses typischen seelischen Vorgangs: der höchste, lebensspendende und sinngebende Wert ist verloren gegangen. Dieser Vorgang ist ein typisches, d.h. sich häufig wiederholendes Erlebnis, deshalb ist es auch an zentraler Stelle im christlichen Mysterium ausgedrückt. Dieser Tod oder Verlust muß sich immer widerholen; Christus stirbt immer, wie er immer geboren wird, denn der Archetypus ist unzeitlich...» (5,98).

Eine Bewertung

Die Aufspaltung des Herrn in Jesus und Christus, die Leugnung, daß Jesus der Christus ist, ist keine originelle Idee Jungs, sondern sehr alt: «Wer ist der Lügner, wenn nicht der, der leugnet, daß Jesus der Christus ist?» (1. Joh. 5,22).

Es war nicht die Astrologie, sondern Gott, der durch sein Wort vorausgesagt hatte, daß der Erlöser von Sünde kommen würde. Es war ebenfalls Gott, der durch seine Engel den Hirten verkündigen und durch den besonderen Stern den Weisen aus dem Morgenland zeigen ließ, daß Jesus schon geboren war. Diese Weisen aus Babylonien, wo früher die Juden in Gefangenschaft gewesen waren, suchten dann auch nicht irgendeinen «Anthropos», sondern «den König der Juden» (Matth. 2,2). Außerdem war Gott und nicht der vermeintliche Archetypus Anthropos der «anordnende Faktor», wodurch Jesus Christus auf Erden kam (Joh. 3,16; Gal. 4,4).

Mit dem Kreuzesopfer und der Auferstehung Jesu Christi fing das Zeitalter der Gnade an, wie die Bibel uns enthüllt. Jung dagegen betrachtet Jesus Christus in astrologischen

Zusammenhängen: Mit Ihm habe das Zeitalter der Fische angefangen. Für die gläubigen Christen ist der Fisch nur deshalb ein Symbol für Christus, weil sie mit den Buchstaben des griechischen Wortes für Fisch (Ichthys) bezeugen wollen, daß «Jesus Christus der Sohn Gottes und (einzige) Erretter» ist. Demgegenüber nahm Jung aufgrund seines astrologischen Vorverständnisses an: Weil Christus «am Anfang des Fischezeitalters» im «Menschen Jesus» erschien, ist «Christus daher (..) der 'Fisch' und tritt auf als der Herr des neuen Aion (wie Hammurabi als der Herr des Weltenmonats)».

Jesus Christus war für Jung nur ein Symbol, und zwar ein Symbol der menschlichen Seele bzw. eine Projektion des Archetypus Selbst oder des Erlösergottes ins Metaphysische und dessen Personifikation. Er meinte auf Jesus Christus als *göttliche* Person verzichten zu können. Jung hatte außerdem kein Interesse für das Leben und Kreuzesopfer der *geschichtlichen* Person Jesus Christus, der seiner Annahme nach keinen Körper gehabt habe. Ihn interessierte nur seine eigene Vorstellung von Christus und vom Kreuz, nämlich als Symbol. Jedoch nur die historische Person Jesus Christus, wahrer Gott und wahrer Mensch, konnte die Menschheit erlösen, und zwar nicht von der Gefangenschaft in der Materie, sondern von der Sklaverei der Sünde und von der Herrschaft des Todes.

Jungs Theorie vom Kreuz als Symbol der Harmonisierung und Vereinigung von Gut und Böse, Christus und Antichrist (Teufel) ist ein Ersatz für die biblische Botschaft des Kreuzes als *Gericht* Gottes über die Sünde und den Teufel. Für Jung ist Mangel an Integration des Bösen, das heißt der alten Natur und des Okkulten, ein Zeichen psychischer Krankheit, ebenso das Vertrauen auf Jesus Christus und seine vollbrachte Erlösung allein:

«Es gibt heutzutage zahlreiche Neurotische, die es einfach darum sind, weil sie nicht wissen, warum sie eigentlich nicht auf ihre eigene Façon selig werden dürfen» (39,294).

Das Wort vom Kreuz, das die eigene Anstrengung und Leistung ausschließt, ja richtet, wird immer noch als eine Torheit betrachtet (1. Kor. 1,18), das Selbstvertrauen — bei Jung das Vertrauen auf die eigene Seele — als eine Weisheit.

«Das psychische Interesse unserer Zeit erwartet etwas von der Seele...» (40,100).

So ist Jungs Psychologie nicht wertneutral wegen seines Psychologismus und seiner anderen Äußerungen in bezug auf den dreieinigen Gott darin. Das gleiche muß gesagt werden wegen seiner Aussagen über das Böse und den Bösen (Teufel), die schon anderswo erwähnt sind.

6. Jungs Aussagen über Gottes Wort

Jung ignorierte nicht nur Gottes Wort in bezug auf seine Psychologie. Er reduzierte es auch zu einer bloß menschlichen (Glaubens-) Aussage.

«Ich bin allerdings der Auffassung, daß die Bibel von Menschen verfaßt wurde und deshalb 'mythologisch', d.h. anthropomorph, ist» (31,II,289).

Jung nivellierte die Bibel zum Ausdruck psychischer Erfahrungen oder Erfahrungen der eigenen Seele. Die göttliche Wahrheit wird dabei durch eine bloß «psychische Wahrheit» ersetzt.

«So wird z.B. die Tatsache, daß Christus von einer Jungfrau geboren worden sei, von den einen als physisch wahr geglaubt, von den anderen als physisch unmöglich bestritten. Jedermann kann sehen, daß dieser Gegensatz logisch unlösbar ist. Beide haben recht und unrecht und können sich leicht einigen, wenn sie nur auf das Wörtchen 'physisch' verzichten wollten (..). 'Physisch' ist nicht das einzige Kriterium einer Wahrheit. Es gibt nämlich auch seelische Wahrheiten, die sich physisch weder erklären noch beweisen oder bestreiten lassen... Der Glaube an sich ist eine Tatsache, obschon dessen Aussage, physisch verstanden, als äußerst unglaubwürdig gelten muß. Ein solcher Glaube bildet eine seelische Tatsache, die nicht zu bestreiten ist und keines Beweises bedarf. Zu dieser Art gehören die religiösen Aussagen... *Die Seele ist ein autonomer Faktor,* und religiöse Aussagen sind seelische Bekenntnisse, die in letzter Linie auf unbewußten, also transzendentalen Vorgängen fußen... Sagen wir z.b. 'Gott', so äußern wir ein Bild oder einen Wortbegriff, der im Laufe der Zeit viele Wandlungen erlebt hat...» (18,387-388).

Gottes Wort sei keine objektive Wahrheit. Ja, es gebe überhaupt keine absolute Wahrheit.

«Wer in der Welt von heute noch von absoluter und einziger Wahrheit redet, der spricht einen obsoleten Dialekt, aber keinesfalls die Sprache der Menschheit» (41,692).

Jung sah die Bibel als ein Buch voller Widersprüche. Im Zusammenhang mit dem katholischen Dogma der Marienhimmelfahrt (1950) z.B. schrieb er in einem Brief aus dem Jahre 1951:

«Der Katholik glaubt wenigstens an fortschreitende Offenbarung, der Protestant aber sieht sich auf ein — ach so widerspruchsvolles — Dokument wie die Bibel verpflichtet und kann infolgedessen nicht auf-, sondern bloß noch abbauen. Wie wenn die Aussagen über die Heilsgeschichte kein Mythologem wären. *Gott spricht immer mythologisch...* Ich bekämpfe die Rückständigkeit des Protestantismus» (31,II,214).

Einerseits ignorierte Jung Gottes Wort als die einzige absolute Wahrheit. Andererseits bezeichnete er paranormale Erfahrungen als «objektive psychische Manifestationen» des «objektiven kollektiven Unbewußten».

Bestechend ist Jungs Aussage, daß «die christliche Botschaft ins Zentrum gehört», allerdings «des westlichen (..) Menschen». Aber sie bedürfe einer neuen Interpretation:

«Allerdings bedarf sie einer neuen Sicht, um den säkularen Wandlungen des Zeitgeistes zu entsprechen; sonst steht sie neben der Zeit und die Ganzheit des Menschen neben ihr. Dies habe ich mich bemüht, in meinen Schriften darzulegen» (2,213).

Diese «neue Sicht» ist mehr als eine bibelkritische, eigenmächtige Auslegung aufgrund einer autonomen Einstellung Gottes Wort gegenüber. Sie ist unzertrennlich mit Jungs außerbiblischen spirituellen Erfahrungen verbunden, angefangen mit dem sogenannten Gnadenerlebnis. Demzufolge meinte er ja, ohne Jesus Christus und ohne Buße und Glauben «den lebendigen unmittelbaren Gott» erfahren zu haben, «der allmächtig und frei über Bibel und Kirche steht» (2,46). Nur eines konnte wahr sein: entweder seine subjektive Erfahrung oder das objektive Wort Gottes. Sein Leben lang glaubte Jung an seine spirituellen, okkulten Erfahrungen. Diese persönliche religiöse Entscheidung *für* die (unbiblische) Erfahrung *gegen* Gottes Wort führte konsequenterweise zu einer «neuen Sicht» der Bibel. Diese wurde außerdem durch gleichzeitig auftretende außerbiblische Eingebungen unterstützt. Das «innere Wort», bereits aus der Mystik und Gnostik bekannt, ersetzte fortan das Wort Gottes. «Mit Goethes Faust weiß Jung, daß letztlich nicht das exegetisierbare 'Pergament' der 'Heilige Bronnen' ist, sondern daß in den Quellgründen der eigenen Seele das unverfügbare göttliche Wort zu vernehmen sei» (28).

Jungs Einstellung zu Gottes Wort, seine Aussagen darüber und seine Bibelinterpretation in seinen Werken bringen mit sich, daß seine Psychologie auch aus diesem Grunde nicht wertneutral ist.

7. Jungs Religionsinterpretation

Jungs Religionsbild hat mehrere Merkmale. Einige seien hier genannt:

1. Zunächst ist Jungs *psychologischer, archetypischer* Ansatz entscheidend. Auch im Blick auf Religion wollte er prinzipiell keine andere Wirklichkeit anerkennen als die «Wirklichkeit der (unbewußten) Seele», auf die er darum alles zurückführte. Religion sei nicht, wie Freud annahm,

eine «Zwangsneurose». Sie habe auch nicht mit einem religiösen Bedürfnis nach Hilfe, Geborgenheit, Erlösung von Schuld, Leiden oder Todesangst zu tun. Nein, Religion habe einen *psychischen* Ursprung, sie sei ein Ausdruck der «Wirklichkeit der Seele». Sie sei *archetypisch* bedingt und somit eine «psychische Notwendigkeit» (8). Die Vorstellung, der Mensch sei von Natur aus religiös (homo naturaliter religiosus), wird durch Jungs neuen, tiefenpsychologischen, archetypischen Ansatz zur These: Die Kollektivseele ist von Natur aus religiös. Erich Fromm bemerkte richtig dazu, daß Jung die Religion zu einem psychologischen Phänomen reduzierte und zugleich das kollektive Unbewußte zu einem religiösen Phänomen erhöhte.

Die *Herkunft* jeder Religion sei also die menschliche Seele, das kollektive Unbewußte mit seiner «dynamischen Wirkung». Religion sei die «Offenbarung und Erscheinung des Wesens der Seele».

Auch der *Gegenstand* jeder Religion sei «nichts anderes als die Seele», als die Erfahrung der eigenen Kollektivseele, also Selbsterfahrung.

Jung formulierte seine Auffassung von Religion einmal so:

> «Religion ist ... eine sorgfältige und gewissenhafte Beobachtung dessen, was Rudolf Otto treffend das 'Numinosum' genannt hat, nämlich eine dynamische Existenz oder Wirkung, die nicht von einem Willkürakt verursacht wird. Im Gegenteil, die Wirkung ergreift und beherrscht das menschliche Subjekt, welches viel eher ihr Opfer denn ihr Schöpfer ist» (5,3).

Dieses «Numinosum» seien

> «dynamische Faktoren, die aufgefaßt werden als 'Mächte': Geister, Dämonen, Götter, Gesetze, Ideen oder Ideale ... kurz alles, was der Mensch in seiner Welt als mächtig, gefährlich oder hilfreich erfahren hat» (5,4).

Diese Götter und Dämonen etc. seien Projektionen psychisch-unbewußter Mächte, also menschlicher Natur. Als Manifestationen der Kollektivseele sind seien sie eine «psychische Wahrheit».

Religion sei also eine besondere *Einstellung der Seele,*
und zwar auf ein Numinosum, auf «Unendliches» (2,327),
auf irgendeinen Gott bzw. auf die Kollektivseele hin. Als
Beobachtung und Respektierung des Numinosen bzw. von
Gott, von Göttern oder Dämonen, sei jede dieser «psychischen Einstellungen» gleichwertig und gleichberechtigt. Keine sei zu bewerten bzw. zu bekämpfen. Das hieße, daß
biblischer Glaube, Irrglaube und Aberglaube, als Varianten der «universalen psychischen Einstellung», «wesens-
gleich» seien. Es ging Jung nur um eine «psychische
Einstellung», um Ausrichtung auf irgendein Numinosum
— egal, was sie beinhaltet.

Diese «psychische Einstellung» führe zu spirituellen, religiösen *Erfahrungen,* d.h. zur «unmittelbaren» Erfahrung
der «Kollektivseele». Es sei der «Archetypus Selbst», der
eine solche numinose Erfahrung bewirke: «Irgendetwas»
in der Kollektivseele wird als numinos, als «von superiorer Gewalt», aber zugleich als beglückend erfahren. Solche religiösen Erfahrungen seien «universal». Sie würden
nicht nur im «Christentum», sondern auch in heidnischen
Religionen sowie in modernen Träumen, Visionen und
Trancezuständen etc. gemacht.

> «Wenn man zusammenfaßt, was die Menschen einem über ihre Er-
> fahrung erzählen, so kann man es ungefähr so formulieren: Sie ka-
> men zu sich selber, sie konnten sich selbst annehmen, sie waren
> imstande, sich mit sich selbst zu versöhnen, und dadurch wurden
> sie auch mit den widrigen Umständen und Ereignissen ausgesöhnt.
> Das ist fast das Gleiche, was man früher mit den Worten ausdrückte:
> 'Er hat seinen Frieden mit Gott gemacht, er hat seinen eigenen Wil-
> len zum Opfer gebracht, indem er sich dem Willen Gottes unter-
> warf'» (5,89).

Alle spirituellen Erfahrungen seien somit «psychisch» und
als solche die «objektive Wahrheit». Jung interessierte sich
nicht für die Bibel als Offenbarung Gottes und somit als
Quelle und Inhalt biblischer Erfahrung wie auch als höch-

ste Norm für jede Erfahrung. Es ging ihm lediglich um irgendeine numinose Erfahrung — egal welche Quelle und welchen Inhalt sie hat.

Diese Erfahrung des «kollektiven Unbewußten» führe dann zu einem *Gottesbild,* zur Idee eines übermächtigen, göttlichen Wesens. Wie immer, so auch hier, geht Jung nicht vom Schriftbeweis, sondern von einem Erfahrungsbeweis aus, wobei er den Glauben an Gottes Offenbarung in seinem Wort durch den Glauben an die eigene Erfahrung ersetzt.

Die aus der numinosen, «psychischen» Erfahrung entstandene (projizierte) Gottesidee, d.h. der Gott der Juden und Christen, Zeus, Allah etc., sei somit lediglich eine «psychische» Kategorie.

Jung postulierte einen *psychologischen* Gottesbegriff, da dieser «eine psychische Wirkung bezeichnet, die empirisch festgestellt werden kann... Man hört eine Stimme, sieht eine Vision, man träumt» (5). Diese Phänomene sind ihm eine «psychische Wirklichkeit». Und Wirklichkeit ist bei Jung das, was (ins Bewußtsein hinein) wirkt.

Die Erfahrung des Numinosen ihrerseits führt in Jungs Sicht zum Beweis der Existenz des archetypischen Bildes einer Gottheit — nicht aber zum Beweis der Existenz Gottes selbst. Für Jung ist

«die Gottesexistenz ein für allemal eine unbeantwortete Frage. Aber der 'consensus gentium' spricht von Göttern seit Äonen» (8,77).

Laut Jung kann es nicht «irgendeinen Gottesbeweis» geben, und

«Überdies ist ein solcher auch überflüssig; die Idee eines übermächtigen göttlichen Wesens ist überall vorhanden... denn sie ist ein Archetypus. Irgendetwas in unserer Seele ist von superiorer Gewalt — ist es nicht bewußt ein Gott, so ist es doch wenigstens der 'Bauch'» (8,77).

So «überflüssig» das Wissen um den lebendigen Gott und
der Glaube an Ihn für Jung sind, so «psychologisch notwendig» sind ihm die religiöse Erfahrung und die Gottesidee daraus:

> «Der Gottesbegriff ist nämlich eine schlechthin notwendige psycho-
> logische Funktion irrationaler Natur, *die mit der Frage nach der
> Existenz Gottes überhaupt nichts zu tun hat*» (8,77).

Die «Energetik der Seele» (16) ist dann auch nicht auf die
Verherrlichung und den Dienst des transzendenten Gottes
außerhalb von uns aus. Es gehe um die Verwirklichung des
«Archetypus Selbst», welches der immanente und innere
«Gott in uns» sei. Die Symbole des Selbst unterscheiden
sich ja praktisch nicht von denen eines Gottesbildes. Hinter beiden stehe eben der gleiche Archetypus (31,III,243).
Die Beziehung von Gott oder Christus zum Menschen ist
bei Jung dementsprechend die Beziehung des Menschen zu
sich selbst bzw. die Beziehung des Selbst zum Bewußtsein.

Erst im nachhinein finde die spirituelle bzw. «psychische»
Erfahrung ihren Niederschlag in *metaphysischen Worten,*
wie z.B. in der Bibel, in den Lehren der Religionen, wie
auch in Mythologien usw. Diese alle sind zwar eine «psychische» Realität, aber — im Gegensatz zur numinosen,
spirituellen Erfahrung — keine objektive Wahrheit.

Die religiösen Lehren bzw. Irrlehren würden also keinen anderen Wirklichkeitsbereich beschreiben als die
menschliche, kollektive Seele, so wie man sie erfährt: «Religion sucht das unmittelbare Geschehen der Seele zu erfassen» (27,403).

Bei Jung steht also am Anfang ein archetypisches Geschehen. Darin finden alle religiösen Erfahrungen, Gottesbilder, Aussagen und Phänomene ihren Grund, ihren Sinn
und ihre Erklärung.

2. Dann ist das Prinzip der *Polarität und Komplementari-*

tät, das Jung aus dem Taoismus, aus der Alchimie und aus Schriften der Gnostik und Mystik übernahm und auf die menschliche Seele (Bewußtsein-Unbewußtes, Ich-Selbst, Gut-Böse, männlich-weiblich usw.), aber auch auf Gott und Jesus Christus anwandte, maßgeblich für sein Gottesbild und sein Religionsverständnis. Besonders das vermeintliche Gegensatzproblem in Gott und in Christus (Christus-Teufel) spielt in Jungs Schriften eine wichtige Rolle. Das «Doppelantlitz» des Gottesbildes zeige sich in Hiob und das des Christusbildes in der Apokalypse des Apostels Johannes, womit dieser das «einseitige» Bild der Liebe in seinem Evangelium «ergänzte».

> «Die moralisch ambivalente Gottesgestalt enthüllt sich als Bild des 'inneren Gottes', des Selbst» (42,139).

3. Außerdem ist Jungs Religionsverständnis nur auf dem Hintergrund seiner Hypothese der fortschreitenden *psychischen Evolution* des Einzelnen und der Menschheit zu verstehen. Da bei ihm Religion Widerspiegelung, Projektion der Psyche und ihrer Evolution ist, gäbe es entsprechend auch eine Evolution der religiösen Erfahrung und Dogmen. Denn das Selbst, der «Archetypus der Evolution», wirke je nach Stufe der Evolution unterschiedlich. Darauf seien die unterschiedlichen Inhalte und Symbole der verschiedenen Religionen zurückzuführen. Die Entwicklungsstufe Anima-Animus entspreche dem Polytheismus, die fortgeschrittene dem Monotheismus.

Religion sei die Erfahrung des «Selbst», das die «unmittelbarste Erfahrung des Göttlichen, die psychologisch überhaupt erfaßbar ist», bilde, und zwar auf der jeweiligen Entwicklungsstufe. Als «Selbsterfahrung» erhält bei Jung Religion ihren Platz innerhalb der «psychischen Evolution». Religion ist für ihn ein «notwendiges Stadium» auf dem Entwicklungsweg zur Vervollständigung der menschlichen

Psyche. Das Ziel der psychischen Evolution des Einzelnen sei die «psychische Einheit». Die Vervollständigung der Psyche der Menschheit solle die Einheit religiöser Erfahrung, Inhalte und Symbole mit sich bringen.

Die Zukunft der Menschheit, auch die des Christentums, hänge von der «psychischen Evolution» bzw. vom psychischen Entwicklungszustand des einzelnen Menschen ab.

> «Damit fällt der Selbstwerdung des Menschen eine Bedeutung zu, deren Tragweite wohl noch kaum richtig eingeschätzt worden ist» (43).

4. Ein nächstes Merkmal von Jungs Religionsinterpretation ist seine vorrangige Orientierung an der *Erfahrung,* und zwar an der «inneren» Erfahrung oder Erfahrung der eigenen 'unbewußten Seele', der der Glaube folge. Er meinte:

> «Der 'legitime' Glaube geht immer auf das Erlebnis zurück...» (10).

Der Ausrichtung Jungs auf die sogenannte unmittelbare numinose Erfahrung liegt nicht wissenschaftliche Empirie, sondern seine rein persönliche «Gotteserfahrung» im 12. Lebensjahr zugrunde.

Jungs Bild vom Christentum und von den Religionen

Was über Jungs psychologischen (archetypischen), polaren und evolutionären Ansatz in seinem Religionsverständnis gesagt wurde, gilt natürlich auch für seine Betrachtungsweise des Christentums.

Sein *Psychologismus* betrifft ebenso das Christentum, das er irrtümlicherweise zu den Religionen rechnete. Auch hier sei lediglich die menschliche Seele Ursprung und Gegenstand. Auch das Christentum sei eine unmittelbare Erfahrung — nur eine der vielen möglichen — des kollektiven Unbewußten bzw. des Selbst. Die Bibel, die christlichen Glaubensbekenntnisse und Dogmen seien ebenfalls ein Niederschlag dieser «psychischen» Erfahrung in metaphysischen Worten im nachhinein bzw. eine Variante desselben.

> «Das Dogma «formuliert ein ... seelisches Erlebnis, das um seiner Übermacht willen als 'Gotteserfahrung' bezeichnet wird» (3,14), und «ist Ausdruck einer ubiquitären Voraussetzung» (6,257).
> «Eine metaphysisch gedachte Aussage ist immer (..) ein psychisches Phänomen» (3,280).

Der Gott des christlichen *Credo* sei ein anderer Ausdruck für das kollektive Unbewußte (3,14).

Die Konsequenz von Jungs Psychologismus ist, daß das Christentum und alle Religionen den gleichen Gegenstand, nämlich die 'unbewußte Seele', und den gleichen «psychotherapeutischen Wert» haben. Im Grunde seien sie «psychotherapeutische Systeme» (27,380). Sie hätten das gleiche Ziel und die gleichen Methoden. Jungs pragmatisches Wahrheitsverständnis gilt auch für das Christentum und die Religionen.

Entscheidend ist weiter Jungs *typologische* Betrachtungsweise des Christentums und der Religionen:

> «Introversion ist der Stil des Ostens, eine habituelle und kollektive Haltung; Extraversion ist der Stil des Westens» (36).

Einerseits prägte Jungs Wirklichkeitsbild («Ganzheit») sein Religionsbild. So sagte er:

> «Ich würde beiden recht geben. Der westliche Mensch projiziert den Sinn und vermutet ihn in den Objekten; der östliche fühlt ihn in sich. Der Sinn aber ist außen wie innen» (2,320).

Andererseits wurde Jungs Religionsbild von seinem Selbstbild («introvertierter Charaktertyp») bestimmt. Den okkulten Erfahrungen der Kindheit und der Lebensmitte zufolge betonte Jung das unbewußte, innere Leben und die sogenannte Introversion.

> «Es gibt ein irrationales, inneres, psychisches Leben, das sog. 'geistige Leben', von dem, mit Ausnahme einiger 'Mystiker', fast nie-

mand mehr etwas weiß oder wissen will... Und doch liegt im Innern des Menschen der Ursprung und der unversiegbare Quell für
Yoga, Zen und viele andere geistige Strömungen des Ostens und
des Westens» (31,III,348).

Aufgrund seiner Introversion wird Jung nun im Westen
für einen Wiederentdecker des eigenen Innern und dessen
Reichtums gehalten.

Jungs ständige Zurückführung des Metaphysischen auf
Psychisches macht seine Behauptung scheinbar zutreffend,
er spreche nicht über metaphysische Themen. In Wirklichkeit jedoch äußerte er sich an vielen Stellen in seinen Werken dazu. Das ist darum ein Übergriff seiner Psychologie.
Gottes Wort, biblischer Glaube, biblische Erfahrung und
christliche Dogmen gehören weder zum Bereich des Psychischen noch zum Arbeitsbereich der Psychologie. Sie sind
nicht Gegenstand empirischer Wissenschaft, einschließlich
der Psychologie. Jungs Psychologismus im Blick auf transpsychologische Themen ist keine Wissenschaft und nicht
wertneutral.

Dann ist Jungs *ganzheitliches* Wirklichkeitsbild bestimmend für seine Deutung des Christentums und der Religionen. C.G. Jung, Gerhard Wehr und andere, die sich an
Jung orientieren, sind überzeugt von der Ergänzungsbedürf-
tigkeit des Christentums einerseits und von der Ergänzungs-
fähigkeit der «introvertierten» Geistesrichtungen wie der
Gnostik, der Mystik und der fernöstlichen Religionen andererseits. Demnach vermögen die Religionen dem Christentum etwas zu geben — sie stehen angeblich «nicht im
Gegensatz» zu ihm — und demnach könne das Christentum von den Religionen, die ihm nicht nur gleichwertig,
sondern in manchen Dingen *überlegen* seien, etwas lernen.
Ihr größerer Wert ist u.a.:
— ihr Welt- und Menschenbild, ihre ganzheitliche Sicht
oder Zusammenschau, d.h. ihr Wissen um die Einheit von

der individuellen und der Weltseele, um die vom persönlichen und kosmischen Selbst, und darum um den «inneren Gott». Jung sagte beeindruckt:

> «Indien dagegen spricht ... die Gottheit ist im Inneren aller Dinge und vor allem im Menschen» (8).
> «Zuwenige haben es erfahren, daß die göttliche Gestalt innerstes Eigentum der Seele ist» (6).

— ihr Glaube an das eigene innere Potential, an die menschliche Möglichkeit und Fähigkeit der Selbsterlösung und Selbstentfaltung.

> «Es scheint mir, daß wir dann wirklich vom Osten gelernt haben, wenn wir verstehen, daß die Seele genug Reichtümer enthält, ohne daß sie von außen befruchtet werden muß, und wenn wir uns fähig fühlen, uns zu entfalten — mit oder ohne göttliche Gnade» (44).

— ihre irrationale Weisheit aufgrund innerer Erleuchtung.
— ihre introvertierte Grundeinstellung.
— ihre Respektierung und Integrierung des Bösen.

Jung forderte darum Überwindung bestehender «Vorurteile» aufgrund «dogmatischer» (d.h. biblischer) Beurteilung bei gleichzeitiger Integration solcher asiatisch-religiöser Elemente: «verstehende Hingabe, jenseits allen christlichen Ressentiments, jenseits aller europäischer Anmaßung» (45). Das heißt nicht, daß der westliche Mensch bzw. ein Christ ein Hinduist, Buddhist oder Taoist werden solle. Er solle nur erkennen: *Es gibt mehr!* Er solle das «Mehr» dann aber in sich selbst, in seinem eigenen kollektiven Unbewußten, suchen und nicht in den asiatischen Religionen. Nicht, weil diese Irrlehren sind, sondern sonst

> «bestätigen wir wieder, daß 'alles Gute draußen' ist, von wo es geholt ... werden muß... Wir müssen von innen zu den östlichen Werten gelangen, nicht von außen, wir müssen sie in uns, im Unbewußten, suchen» (33).

In der «psychischen Evolution», deren «Projektion» die

Religionen und das Christentum seien, stelle das Christentum «nicht die letzte Wahrheit» dar.

> «... ich bin aber zugleich davon überzeugt, daß das heutige Christentum nicht die letzte Wahrheit darstellt; das beweist die chaotische Situation unserer Zeit. Der augenblickliche Zustand erscheint mir unerträglich, darum erachte ich eine grundlegende Weiterentwicklung des Christentums für absolut notwendig.»

Es ist klar, weshalb Jung das Christentum als mangelhaft hinstellt. Würde er erkennen, daß Jesus Christus und Gottes Wort genügen, wäre sein eigenes Ergänzungsangebot überflüssig, ja sinnlos. Nun aber fährt er fort:

> «Meiner Meinung nach müßten die Erkenntnisse der Psychologie des Unbewußten berücksichtigt werden» (31,III,322).

Denn eines fehle dem westlichen Menschen bzw. dem Christen: der Zugang zu seinem 'kollektiven Unbewußten'. Darum brauche er die analytische Psychologie, die der Zugang zu diesem «inneren Reichtum» sei. Somit will Jungs Psychologie des kollektiven Unbewußten im Grunde eine dem Christentum überlegene und dieses ergänzende Religion und das westliche Gegenstück der asiatischen Religionen sein. Der *größere Wert* der analytischen Psychologie sei entsprechend: ihre Einheitsschau, die rechte Gnosis, denn das kollektive Unbewußte, bzw. «Gott», sei «naturhaft in mir» und als Teil der göttlichen Weltseele sei ich «naturhaft in Gott», so daß meine Selbstwerdung «Gottwerdung» bedeute; dann ihr Glaube an den inneren Reichtum und die Erlösungsfähigkeit des Menschen und somit an ihre psychologischen Selbsterlösungstechniken; ihre Integration der introvertierten Einstellung und Orientierung an der subjektiven Erfahrung; ihre Integration des Bösen (der Sünde) und des Teufels.

Jungs Konzept eines kollektiven Unbewußten mit seinen Archetypen ist weit mehr als ein Denkmodell. Es ist Jungs *Glaubensbekenntnis* im psychologischen Gewande: Ich glaube an den Menschen bzw. an seine Kollektivseele mit ihrem großen Reichtum. Ich glaube an mich selbst, denn alle meine Quellen sind in mir und nicht «draußen» in Gott (vgl. Ps. 87,7b). Ich glaube, daß das kollektive Unbewußte sich archetypisch in religiösen Erfahrungen und Gottesbildern manifestiert und der «Mutterboden aller metaphysischen Aussagen» ist.

Was das Christentum und die Religionen miteinander verbinde, seien die «gemeinsame psychische» Einstellung auf ein Numinosum hin und die religiöse Erfahrung daraus. Darin seien sie wesenseins und folglich gleichwertig und gleichberechtigt. Es gäbe lediglich unterschiedliche Lehren im nachhinein. Das Dogma (sprich: die Bibel) trenne, die spirituelle Erfahrung dagegen eine. Das Christentum und die Religionen bräuchten einander, sie ergänzten sich zur Ganzheit.

Jungs Psychologismus in bezug auf die Religion(en) ist ein entscheidender Weg zum *Synkretismus* hin, der ganzheitlich-orientierte Menschen fasziniert. Übrigens impliziert sein Psychologismus, seine psychologische Deutung der religiösen Erfahrung und der christlichen Lehre, auf welche sich der Protestantismus und der Römische Katholizismus «einigen» könnten, auch *Pluralismus* im Blick auf die beiden Konfessionen. In bezug auf die Lehre, die religiöse Einstellung und Erfahrung ging es Jung eben nie um die Wahrheitsfrage.

Manche Christen meinen, es sei doch «positiv» zu bewerten, daß Jung — im Gegensatz zu den meisten anderen, die eine säkulare Psychologie entwickelten — Verständnis für das Religiöse hatte. Die Frage ist nur: welches Verständnis wofür? Zwar hatte er ein großes Verständnis für alle möglichen okkulten und religiösen Irrlehren. Jedoch für den dreieinigen Gott, für Gottes Wort und für den biblischen Glauben hatte er keinerlei Verständnis.

Jung wandte ebenfalls seine *Evolutionstheorie* auf das Christentum an. Es sei die psychische Evolution, die eine Weiterentwicklung des christlichen Mythos, vor allem des Trinitätsdogmas (33), fordere, und zwar durch Jungs Tiefenpsychologie.

Bezeichnend für Jungs Religionspsychologie ist seine Erweiterung der göttlichen Trinität durch das Weibliche, die Materie und den Teufel zur Quaternität aus evolutionistischem und ganzheitlichem Grunde.

Wenn man nicht weiß, was Jung unter Religion versteht, könnte man vielleicht geblendet werden durch eine Äußerung von ihm wie:

> «Ich war der erste, der die eminente Bedeutung der Religion, vor allem im Individuationsprozeß, hervorhob, und der erste, der die Frage der praktischen Seite einer Beziehung zwischen Psychotherapie und Religion stellte» (31,III,312).

Religion hat bei ihm jedoch eine «psychische» Funktion: Sie sei Brücke zwischen dem Bewußtsein und dem kollektiven Unbewußten, vor dem sie gleichzeitig ein Schutz sei. Religion steht bei Jung vor allem im Dienst der «psychischen Evolution» (Individuationsprozeß) mit dem Ziel der Vereinigung aller Gegensätze. Religion ist somit auch ein wesentlicher Bestandteil der Jungschen Selbsterlösung. In der analytischen Psychologie und Psychotherapie ist das Thema Religion auch darum nicht etwas Positives, sondern ein falscher Weg zu einem falschen Ziel.

Auch das Christentum beurteilte Jung nach seiner Orientierung an der *Erfahrung,* die bei ihm immer die Erfahrung der unbewußten Kollektivseele bedeutet:

> «Das Christentum muß notgedrungen wieder von vorne beginnen... Solange die Religion nur Glaube ... und die religiöse Funktion nicht eine *Erfahrung* der eigenen Seele ist, solange ist nichts Gründliches geschehen» (6).

Die *Erfahrung* ist bei Jung stets Ausgangspunkt und Maßstab.

Kapitel 5

Jungs Psychotherapie — wertneutral?

In jeder Psychotherapie bestimmen das Welt- und Menschenbild die Neurosenlehre, Diagnose und Therapie. So prägen auch Jungs Vorstellung vom dreieinigen Gott, vom Menschen und vom Bösen das Neurosenbild, die Diagnostik, das Therapieziel und den Therapieweg.

Das evolutionistische, ganzheitliche Welt- und Menschenbild Jungs sind die unzertrennliche antibiblische, weltanschauliche Wurzel der analytischen Psychotherapie. So bestimmen z.B. seine Theorien der psychischen Evolution und der Polarität der Psyche, d.h. der psychischen Gegensätze, die sich ergänzen und nach Harmonie und Synthese tendieren, seine Neurosenlehre.

Dann ist Jungs psychologischer Ansatz eines kollektiven Unbewußten mit seinen Archetypen die Basis seiner Neurosen- und Ursachenlehre (Ätiologie). Die Ursache liege nicht, wie Freud meinte, in der Vergangenheit. Denn das Ziel in der Zukunft, die Selbstverwirklichung, sei verfehlt. Jedoch ist Jung inkonsequent. Mit seiner Konstruktion des kollektiven Unbewußten ist die Ursache auch in der Vergangenheit zu suchen und mit seinem Konzept der Persona — der Mensch, ein Opfer seiner Persona — ebenso in der Gegenwart.

Die Ursache von Verzweiflung, Sinnkrise und vom Gefühl der Bedeutungslosigkeit liege in der Überbewertung des Bewußtseins und der rationalen Funktion und darum im Mangel an Kontakt mit dem inneren Reichtum, dem kollektiven Unbewußten. Die Ursache liege im Konflikt zwischen Bewußtsein und Unbewußtem, im Mangel an psychischem Gleichgewicht, im mißlungenen Versuch der psychischen Synthese.

Wie die Ursache einer Neurose auch definiert wird, Jungs Ursachenlehre ist weder wissenschaftlich noch biblisch haltbar. Sie hat eine treffende Parallele zur Theorie des Vaters der Humanistischen Psychologie, Carl Rogers, der meinte, die Tragik des Menschen unserer Zeit sei, daß er das Vertrauen in seine eigenen, nicht-bewußten inneren Richtlinien verloren habe.

Jungs *Therapieziel* ist nicht nur Behebung von Störungen, sondern auch Sinnfindung, die höhere Persönlichkeitsstufe der psychischen Evolution, Vollendung der eigenen Person, Ganzheit. Formulierte Freud das Ziel seiner psychotherapeutischen Bemühungen: «Wo Es war, soll Ich werden», so heißt es in der Jungschen Therapie: «Wo Ich war, soll Selbst werden». Beide Therapieziele sind nicht wertneutral. Sie stehen im Widerspruch zum Ziel biblischer Seelsorge: Wo das Ichleben war, soll der Herr Jesus Christus Gestalt gewinnen, zur Ehre Gottes (Gal. 4,19; Kol. 1,28). Darüber hinaus ist das therapeutische Ziel der «chymischen Hochzeit» der individuellen Seele mit der göttlichen Weltseele unbiblisch.

Neben der Klärung des «persönlichen Unbewußten» ist Jungs *Therapieweg* darum Bekehrung vom Bewußtsein zum Kollektivunbewußten, vom Ich zum Selbst. Der Therapieweg besteht u.a. aus Jungscher Selbsterkenntnis durch Konfrontation mit dem kollektiven Unbewußten, aus Selbstbejahung oder Bejahung der «intuitiven Funktion», der Anima und der Schattenseite des Schattens, aus Unterordnung des Ichs unter die «neue Autorität» des Selbst und aus Selbsterlösung durch Integration des Bösen und Vereinigung der Gegensätze. Diese Jungsche «metanoia» und Selbstbejahung sind nicht wertneutral.

Es gehört zur Anfangsarbeit Jungscher Psychotherapie, dem Menschen seinen «negativen Schatten» bewußt zu machen, und zwar, um diesen daraufhin zu integrieren! Da sie auch vom «guten Kern» des Menschen ausgeht, weist sie ebenfalls auf die «Lichtseite» seines «Schattens» hin:

> «Einen Menschen seinem Schatten gegenüberstellen, heißt ihm auch sein Lichtes zeigen... Wer zugleich seinen Schatten und sein Licht wahrnimmt, sieht sich von zwei Seiten und damit *kommt er in die Mitte*» (46,504).

Es ist der Jungschen Psychotherapie inhärent, daß sie ein falsches Bild von Gut und Böse und eine unbiblische Einstellung zu beiden vermittelt.

Außerdem geht der Therapieweg vom humanistischen Vorurteil des eigenen Potentials aus, d.h. von der prinzipiellen Fähigkeit des Menschen zur Selbsthilfe, Selbsterlösung, Selbstverbesserung und Selbstveredelung, die nur «entwickelt» werden solle. Jung erklärte:

> «Was der Arzt tut, ist weniger Behandlung als vielmehr Entwicklung der im Patienten liegenden schöpferischen Keime».
> «Wir sind auf Heilungsmöglichkeiten angewiesen, welche in der Natur des Kranken vorhanden sind» (GW.XI Anhang, 664).

Und im Jahre 1952 schrieb er zustimmend:

> «Für den Menschen des XX. Jahrhunderts wäre es anachronistisch, d.h. regressiv, seine Konflikte ... metaphysisch zu lösen, deshalb (..) hat er sich tant bien que mal eine Psychologie zurechtgemacht, weil es ohne diese nicht geht» (34,338).

Jungs psychotherapeutischer Ersatz für die biblische Lösung der Probleme beinhaltet u.a. die Versöhnung mit dem eigenen Schatten statt mit Gott, und die Liebe zu diesem inneren Feind (dem Bösen) statt zu Gott. Die Feindesliebe «außen», zum Mitmenschen,

> «... müssen wir in der Neurosentherapie auch innerlich anwenden. Darum wollen moderne Menschen nichts mehr von Schuld und Sünde hören. Sie haben an ihrem eigenen bösen Gewissen genug und wollen vielmehr wissen, wie man sich mit seinen eigenen Tatsachen *aussöhnen,* wie man den Feind im eigenen Herzen lieben kann» (47,369).

Jung stellte fest:

«Ich habe gefunden, daß im modernen Menschen ein unausrott-
barer Widerstand gegen hergebrachte Meinungen und bisherigen
Wahrheiten ist... Man fühlt sich durch den Tod Christi nicht mehr
erlöst» (47,364).

Dieser Widerstand ist jedoch kein Grund, die Person und
das Kreuzesopfer Jesu Christi durch eine unbiblische Psychologie und Psychotherapie zu ersetzen.

Aber Jung selbst wollte nicht an die biblische Sicht der
Sünde und an die Erlösung durch den Kreuzestod Jesu
glauben:

«Buddha könnte ebenso recht haben wie Christus, Sünde ist relativ, und es ist nicht recht einzusehen, inwiefern wir uns durch den
Tod Christi als irgendwie erlöst empfinden sollten» (47,366).

Außerdem sind die *Therapiemittel* wie Introversion, systematische aktive Imagination, Jungsche Deutung von Träumen, Visionen, Stimmen, Mandalazeichnungen usw. und
Übertragung nicht wertneutral. Sie sind für einen Christen
unbrauchbar, wenn nicht unerlaubt. Das Sich-bewußt-
Öffnen für paranormale Manifestationen, denen man den
freien Lauf lassen («don't interfere»!) und die Führung
übergeben müsse, um seine «Kollektivseele» kennenzulernen, sind ja gefährlich und unzulässig. Kontakt mit und
Führung durch die vermeintlichen unbewußten «Kräfte der
Seele» bedeuten im Grunde nichts anderes als die Aktivie-
rung der alten Natur und Öffnung für dämonische Steuerung und Inspiration. Die aktive Imagination sei nicht nur
ein Mittel, sein «Unbewußtes zu analysieren, sondern Sie
geben dem Unbewußten eine Chance, Sie zu analysieren.
Und so erschaffen Sie nach und nach die Einheit von Bewußtsein und Unbewußtem» (31, II,76).

Die Jungsche Psychotherapie ist kein neutraler Heilsweg.
Darüber hinaus ist zu bedenken, daß Jung mit seiner Psychologie ein Beauftragter der Finsternismächte war. Die analytische Psychologie, die unter Zwang und Inspiration

seiner Nr. 2, seines «schöpferischen Dämons», entstand, bildet die Basis seiner Psychotherapie! Demzufolge sind auch die mit diesem Hintergrund verbundene *Ausbildung* und *Lehranalysestunden* des Jungschen Psychiaters und Psychotherapeuten nicht wertneutral, ebensowenig die von ihm ausgeübte analytische Psychotherapie. Im Gegenteil, sie bringen unter einen weltanschaulichen und okkulten Einfluß.

Aus all solchen Gründen ist es darum höchst fraglich, ob ein Christ sich einer Jungschen Ausbildung oder Jungschen Psychotherapie unterziehen bzw. sie ausüben kann.

Literaturverzeichnis Teil II

1. *Jung, C.G.*: Psychologische Typen (1921), G.W.VI
2. *Jaffé, Aniela* (Hrsg.): Erinnerungen, Träume, Gedanken von C.G. Jung. Zürich (1984)
3. *Jung, C.G.* (Hrsg.): Von den Wurzeln des Bewußtseins. Psychologische Abhandlungen IX. Zürich (1954)
4. *Jung, C.G.* (Hrsg.): Wirklichkeit der Seele. Psychologische Abhandlungen IV. Zürich (1934). Neusatz Olten (1969)
5. *Jung, C.G.*: Psychologie und Religion (1940), G.W.XI
6. *Jung, C.G.*: Psychologie und Alchemie (1944), G.W.XII
7. *Jung, C.G.*: Symbolik des Geistes. Psychologische Abhandlungen VI. Zürich (1948). Sonderband Olten (1972)
8. *Jung, C.G.*: Über die Psychologie des Unbewußten (1943), G.W.VII
9. *Jung, C.G.*: Mysterium Coniunctionis (1955-1956), G.W.XIV
10. *Jung, C.G.*: Symbole der Wandlung (1950), G.W.V
11. *Assagioli, Roberto*: Handbuch der Psychosynthesis. Angewandte transpersonale Psychologie. Freiburg/Br. (1978)
12. *Jung, C.G.*: Zur Psychologie und Pathologie sog. okkulter Phänomene (1902), G.W.I
13. *Jung, C.G.*: Septem Sermones ad Mortuos (1916). In 2.
14. *Jung, C.G.*: Die Beziehungen zwischen dem Ich und dem Unbewußten (1928), G.W.VII
15. *Jung, C.G.*: Die transzendente Funktion (1916), G.W.VIII
16. *Jung, C.G.*: Über die Energetik der Seele (1928), G.W.VIII
17. *Jung, C.G.*: Aion. Beiträge zur Symbolik des Selbst (1951), G.W.IX/2
18. *Jung, C.G.*: Antwort auf Hiob (1952), G.W.XI
19. *Jung, C.G.*: Ein moderner Mythus. Von Dingen, die am Himmel gesehen werden (1958), G.W.X
20. *Balmer, Heinrich H.*: Die Archetypentheorie von C.G. Jung. Eine Kritik. Berlin, Heidelberg, New York (1972)
21. *Spies, Dieter*: Das Weltbild der Psychologie C.G. Jungs. Die philosophische und religionswissenschaftliche Bedeutung der Analytischen Psychologie. Fellbach-Oeffingen (1984)
22. *Wilson, Colin*: Herr der Unterwelt — C.G. Jung und das 20. Jahrhundert. München (1987)
23. *Hannah, Barbara*: C.G. Jung. Sein Leben und Werk. Erkenntnisse und Erfahrungen einer langjährigen Zusammenarbeit. Fellbach-Oeffingen (1982)
24. *Herwig, Hedda J.*: Therapie der Menschheit. Studien zur Psychoanalyse Freuds und Jungs. München (1969)
25. *Der Tagesanzeiger*: Carl Gustav Jung. Ein Querschnitt (4.6.1977)

26. *Jung, C.G.*: Theoretische Überlegungen zum Wesen des Psychischen (1947), G.W.VIII

27. *Jacobi, Jolande* (Hrsg.): Psychologische Betrachtungen. Eine Auslese aus den Schriften von C.G. Jung. Zürich (1945)

28. *Wehr, Gerhard*: Carl Gustav Jung — Leben, Werk, Wirkung. München (1985)

29. *Evans, Richard I.*: Gespräche mit C.G. Jung und Äußerungen von Ernest Jones. Zürich (1967)

30. *Jung, C.G.*: Über die Archetypen des kollektiven Unbewußten (1934), G.W.IX/I

31. *Jaffé, Aniela* und *Adler, Gerhard* (Hrsg.): C.G. Jung-Briefe, Bd. I-III. Olten, Freiburg/Br. (1972-1973)

32. *Dieterich, Michael*: Psychologie contra Seelsorge? Neuhausen (1984)

33. *Jung, C.G.*: Versuch zu einer psychologischen Deutung des Trinitätsdogmas (1940), G.W.XI

34. *Jung, C.G.*: Vorwort zu Victor White: Gott und das Unbewußte (1952), G.W.XI

35. *Affemann, Rudolf*: Psychologie und Bibel. Eine Auseinandersetzung mit C.G. Jung. Stuttgart (1957)

36. *Jung, C.G.*: Psychologischer Kommentar zu «Das tibetische Buch der großen Befreiung» (1939), G.W.XI

37. *Jung, C.G.*: Über die Auferstehung (1954), G.W.XVIII/II

38. *Jung, C.G.*: Synchronizität als ein Prinzip akausaler Zusammenhänge (1952), G.W.VIII

39. *Jung, C.G.*: Symbole der Mutter und der Wiedergeburt (1940), G.W.V

40. *Jung, C.G.*: Das Seelenproblem des modernen Menschen (1928), G.W.X

41. *Jung, C.G.*: Warum adoptiere ich nicht die «katholische Wahrheit»? G.W.XVIII/II

42. *Jaffé, Aniela*: Der Mythus vom Sinn im Werk C.G. Jungs. Zürich, Stuttgart (1967)

43. *Jung, C.G.*: Gegenwart und Zukunft (1957). G.W.X

44. *Jung, C.G.*: Was Indien uns lehren kann (1939), G.W.X

45. *Jung, C.G*: Zum Gedächtnis Richard Wilhelms (1930). G.W.XV

46. *Jung, C.G.*: Gut und Böse in der analytischen Psychologie (1959), G.W.X

47. *Jung, C.G.*: Über die Beziehung der Psychotherapie zur Seelsorge (1932), G.W.XI

TEIL III

Die Wirkung Jungs

Inhaltsverzeichnis

Teil III   Die Wirkung Jungs

Jungs Themenvielfalt ist groß. Viele beziehen sich auf einen oder mehrere Aspekte seiner Theorien, um darauf weiter aufzubauen oder darin einen «wissenschaftlichen» Unterbau, eine Legitimation für ihre eigenen besonderen Ideen zu finden. Dadurch ist die Ausstrahlungskraft der analytischen oder komplexen Psychologie und Psychotherapie Jungs sehr groß. An einigen Beispielen möge dies illustriert werden.

Kapitel 1

C.G. Jung, die Psychologie und Psychotherapie

Die Weiterentwicklung der analytischen Psychologie setzte zum Teil schon vor Jungs Tod ein (1,853-912). So kannte z.B. *Erich Neumann* (1905-1960), der Philosophie, Psychologie und Medizin studiert hatte und mit der Gedankenwelt der Kabbala und der mystisch-religiösen Bewegung der Chassidim tief verbunden war, Jung persönlich. Neumann gilt als der bedeutendste und eigenständigste Schüler Jungs, bei dem er 1933 ein gründliches Studium der analytischen Psychologie machte. 1934 mußte er nach Israel auswandern. Es entstand ein umfangreicher Briefwechsel zwischen Jung und Neumann. Zwischen 1948-1959 gehörte Neumann jährlich zu den Referenten der Eranos-Tagungen in Ascona (Schweiz). Er gründete eine eigene Schule. Neumann hat sowohl das theoretische Konzept als auch die therapeutische Methode Jungs weiterentwickelt (2,841-852).

Jung und die Transpersonale Psychologie
Zwischen den Ausgangspunkten und Theorien Jungs und

denen der Transpersonalen Psychologie (TP), die Anfang der 70-er Jahre in den USA entstand, gibt es mancherlei Parallelen. Es ist deshalb nicht verwunderlich, daß die TP «sich in wesentlichen Punkten auf C.G. Jung beruft» (3) und daß ein Präsident der Internationalen Transpersonalen Gesellschaft in Jungscher Analyse war und ein Jungscher Psychologe ist, wie es bei *Cecil E. Burney* der Fall ist. Andere finden über Jung zur TP, die eine Psychologie des (noch) höheren Bewußtseins sein will.

Man könnte Jung als einen Großvater der TP bezeichnen, während A. Maslow als der philosophische Vater sowohl der Humanistischen als auch der Transpersonalen Psychologie betrachtet wird. Die TP geht von einem asiatisch-religiösen, humanistischen und tiefenpsychologischen Menschenbild aus.

Gemeinsame Grundannahmen der Jungschen und Transpersonalen Psychologie sind u.a.:

a. Das *ganzheitliche* Konzept: Welt und Mensch sind mehr als eine Vielfalt von «Elementarteilchen»; sie sind eine wesentliche und nicht-dualistische Einheit und bilden eine Ganzheit. «Sie erlaubt uns, die Schranken zwischen 'Innen' und 'Außen' in ihrem herkömmlichen Sinn zu durchbrechen» (4,215), meint C. Burney. Diese «unus mundus»-Vorstellung verbindet die analytische und Transpersonale Psychologie mit den asiatischen Religionen, an denen sich beide orientieren. Sowohl die Psychologie Jungs als auch die TP sind in ihrem Ansatz, Weg und Ziel religiös, spirituell. Beide sind letztlich pantheistisch und synkretistisch. Sie glauben an die Einheit aller Religionen.

Ihr ganzheitliches Welt- und Menschenbild setzt sich ab *gegen* Descartes, auf den das «dualistische» Weltbild zurückgeführt wird, und *gegen* einen rationalen und somit kausalen und linearen (geschichtlichen) Denkansatz. Diesen Dualismus und Rationalismus gelte es zu durchbrechen bzw. zu überwinden. Dabei unterscheiden beide psychologischen Richtungen nicht zwischen *Dualismen* (z.B. Diesseits-Jenseits, Gut-Böse, rational-irrational) und *Dualitäten* (z.B. Innen-Außen, männlich-weiblich).

Andererseits setzen sich beide Psychologien infolge ihrer Ganzheitsphilosophie ein *für* das östliche Weltbild mit seinem Komplementärprinzip («sowohl-als-auch») und seiner nicht-dualistischen Einheit, und *für* den irrationalen, synchronistischen, kreisförmigen Ansatz. Da sie Gottes Wort ignorieren, ist ihnen eine metaphysische Kausalität verhüllt.

b. Die Vision der *grenzenlosen menschlichen Möglichkeiten*. Der Mensch sei mehr als seine Individualität (sein Ich) und Persönlichkeit: Er habe ein kollektives Unbewußtes mit dem Selbst (Jung) bzw. er sei transpersonal, was weit über die Grenze der Persönlichkeit hinausgehe (TP). *Ist* der Mensch potentiell mehr, so *hat* er mehr und *kann* er mehr. So habe der Mensch mehr als sein normales oder rationales Bewußtsein: Durch sein kollektives Unbewußtes (Jung) bzw. transpersonales Bewußtsein (TP) verfüge er über eine Quelle innerer Weisheit und Einsicht. Es gebe ebenfalls mehr als nur persönliche Erfahrungen, nämlich numinose (Jung) bzw. transpersonale Erfahrungen wie Ewigkeits- und Unendlichkeits-Gefühle (Durchbrechung von Zeit und Raum), Ganzheitserfahrungen, Erfahrung der Einheit mit dem Kosmos, bis hin zu Evolutions- und Reinkarnationserinnerungen.

Was die asiatischen Religionen, die analytische und Transpersonale Psychologie miteinander verbindet, ist ihr Credo: Ich bin alles, ich habe alles, ich kann alles. Denn alle meine Quellen sind in mir!

Dieses unerschöpfliche Potential der inneren, transzendenten Einsichten und Erfahrungen, der Selbstheilungs- und Wachstumskräfte gelte es allerdings zu entdecken oder zu erschließen. Auch Jung wird als ein Reiseführer für die notwendige «Reise nach innen» empfohlen. Denn in bezug auf die «Inneren Welten» bedeutet «Jung verstehen — sich selbst verstehen» (5).

Jedoch seien solche Selbsterkenntnis und «Disidentifikation», z.B. mit dem Ich, mit dem rationalen (normalen) Bewußtsein und somit (!) mit dem Raum- und Zeit-Bewußtsein wie auch mit den «Dualismen» (Subjekt-Objekt, Ich-Du) nicht die Endstation. Es gelte die Gegensätze zu vereinigen und die «illusorische» Wirklichkeit, zu der die Existenz- und Sinnfrage, die persönlichen Probleme, Schmerz, Leiden, Krankheit usw. gehören — eine buddhistische Vorstellung, die wir auch bei der Christlichen Wissenschaft vorfinden —, zu transzendieren. Das Ziel ist die Transzendenz, die Identifikation mit dem «transzendenten Selbst».

Die TP würdigt, daß von allen psychoanalytischen Richtungen, allein die Jungsche durch ihr Konzept des *kollektiven* Unbewußten mit seinen Archetypen den transpersonalen Bereich des Menschen berücksichtigt und den transpersonalen Einsichten und Erfahrungen eine psychologische Heimat verschafft hat. Auch schätzt sie, daß Jung die Bedeutung der religiösen Erfahrung für die psychische Gesundheit erkannte (6,I,465).

Beide Psychologien sind sich darin einig, daß die erweiterte Sicht der menschlichen Psyche (Jung: das Kollektivunbewußte, TP: das höhere menschliche Bewußtsein) und der Wirklichkeit ein *Paradigmenwechsel* für die gängige Psychologie bedeute. Dabei würden Vernunft und Logik relativiert und irrationale, spirituelle Erkenntniswege integriert. Sowohl die analytische als auch die Transpersonale Psychologie sind eine Art *Befreiungspsychologie* zugunsten des unerforschten bzw. «unterdrückten» inneren Potentials mit seinen spirituellen Erkenntnissen und Erfahrungen, und zwar aus der Umklammerung des Verstandes und somit aus der Gefangenschaft des einseitigen Kausaldenkens.

Jungs mystische Erfahrungen und esoterische Erkenntnisse aus dem «kollektiven Unbewußten» seien jedoch «nur archetypisch». Die TP geht *«durch Jung über Jung hinaus»*, sie will Erweiterung des psychologischen Forschungsgebietes: die transzendenten Erfahrungen und höheren Bewußtseinszustände mit ihren zustandspezifischen Fähigkeiten und Funktionen. Ihre Botschaft lautet: «Wir haben das menschliche (innere) Potential unterschätzt» (7). Sie will dann auch zur Bewußtseinsschulung die Integration asiatischer Weisheitslehren und alle verfügbaren Bewußtseinstechniken verwenden, also nicht nur Jungs aktive Imagination, «eine westliche Meditationstechnik» (4,205-216), sondern auch LSD, asiatische Schulungswege, Yoga, Phantasiereisen und Visualisierung usw. War für Freud der Traum die via regia zum persönlichen Unbewußten, so war für Jung die aktive Imagination die via regia zum kollektiven Unbewußten und sind diese für die TP die bewußtseinserweiternden Techniken zu den sogenannten höheren Bewußtseinszuständen.

Jungs Technik der aktiven oder kreativen Imagination will, wie die bewußtseinserweiternden Methoden der TP, nicht nur ein Mittel sein, die eigenen, inneren Schätze kennenzulernen. Sie will auch der *Wirklichkeitsveränderung* dienen, und zwar durch Integration des Bösen und Vereinigung der Gegensätze.

> «Die aktive Imagination ist ein vitales Mittel, diese nichtdualistische Integration zu erreichen» (4,215).

So wie das normale Bewußtsein eine reduzierte, verzerrte, «illusorische» Wirklichkeit hervorbringe, so erschließe bzw. schaffe ebenso das «transzendente Bewußtsein» der TP eine neue, d.h. eine transpersonale Wirklichkeit. Gerne zitiert die TP (8,13) in diesem Zusammenhang *Gautama Buddha:*

«Wir sind, was wir denken. Alles, was wir sind, entsteht mit unseren Gedanken. Mit unseren Gedanken machen wir die Welt» (9).

Der Geist beeinflusse, ja schaffe die Materie, das transzendente Bewußtsein kreiere die Wirklichkeit demnach. Nur der Weg nach innen bewirke Bewußtseinserweiterung und somit die erwünschte Wirklichkeitsveränderung. Quasi ist alles möglich dem, der da transzendiert!

Ein Standpunkt, der heute unter Anhängern der Transpersonalen Psychologie und anderer Bewußtseinsdisziplinen mehr und mehr eingenommen wird, ist, daß die sogenannten Geisteskrankheiten keine Abweichungen vom Normalverhalten, also nicht pathologisch, sondern *veränderte Bewußtseinszustände* seien. Als Folge davon ficht man auch ihre Behandlung und die traditionellen Auffassungen über psychische Gesundheit an.

Zuvor hatte Jung zu einem neuen Verständnis von «psychischer Krankheit» und «psychischer Gesundheit» beigetragen. Zuerst ordnete er die «Bausteine einer Psychose», die er im eigenen Leben entdeckte, seinem sogenannten kollektiven Unbewußten zu. Danach machte er eine ganze Theorie daraus. Die Beheimatung von «psychiatrischen» Phänomenen wie Visionen, Auditionen und Erscheinungen in der *Kollektivseele,* führte zu einer Wende in der Sicht und Behandlung derselben: Sie sind nicht länger eine «pathologische», sondern eine *psychologische* Kategorie.

Jung und die Anonymen Alkoholiker

Indirekt hat Jung einen Impuls zur Entstehung der Organisation der «*Anonymen Alkoholiker*» gegeben. Nach einem weiteren Jahr Analyse bei Jung war ein amerikanischer Alkoholiker scheinbar geheilt. Nach einem Jahr wurde er jedoch wieder rückfällig. Er suchte Jung aufs neue auf. Dieser erklärte ihm die Aussichtslosigkeit einer psychiatrischen Behandlung in seinem Fall; nur eine religiöse oder geistige

Erfahrung könne ihn befreien. Nach einer «conversion experience» (Bekehrungserfahrung) im Rahmen der Oxford-Bewegung war der Alkoholiker definitiv trocken. Durch einen gemeinsamen, auf die gleiche Weise geheilten Freund erfuhr *William Griffith Wilson,* einer der künftigen Begründer der A.A., davon. Er hatte seinerseits eine heilende religiöse Erfahrung sowie die Vision einer Gruppe von Alkoholikern, die sich ihre geistigen Erfahrungen gegenseitig mitteilen. Dies führte dann zur Gründung der amerikanischen Society of Anonymous Alcoholics (1934). Weitere folgten weltweit (nach 6,III,374). Vergl. auch (10).

Graf von Dürckheim und die Initiatische Therapie
Der Psychologe und Zen-Schriftsteller Prof. *Karlfried Graf von Dürckheim* (1896), ursprünglich von der Gestaltpsychologie geprägt, orientierte sich später an Jung und dem Jung-Schüler Erich Neumann. In wesentlichen Aspekten seiner *Initiatischen Therapie* verweist er auf Jung (11). Der Individuationsweg, der Weg der Erkenntnis und Verwirklichung des Jungschen Selbst, sei, als Integration vom individuellen Selbst und Welt-Selbst, im Grunde der initiatische Weg. Dürckheim verbindet den Zen-Buddhismus und die analytische Psychologie Jungs in seiner Therapie.

Märchen- und Spieltherapie
Die Jungsche Psychotherapeutin und Privatdozentin der Psychiatrie, *Verena Kast,* die auch Dozentin am C.G. Jung-Institut (Zürich) ist, schrieb über «Die Bedeutung der Symbole im therapeutischen Prozeß» (12) und plädiert für «*Märchen als Therapie»* (1986). Auch *Hans Dieckmann* nutzt bei Kindern das Märchen zu therapeutischen Zwecken.

Obwohl die Psychologie Jungs durch ihre Konzeption der Symbolik, Märchen, Träume und Bilder indirekt zahlreiche Kindertherapeuten beeinflußt hat, gibt es relativ wenige, rein von der Jungschen Lehre inspirierte Spieltherapeuten (13,884-890). *Annemarie Sänger* betreibt eine nichtdeutende *Spieltherapie* im Sinne Jungs, und *Michael Fordham* entwickelte in London eine an C.G. Jung orientierte Spieltherapie. Es gehe darum, daß die «sich im Spiel offenbarenden Symbole» bearbeitet werden (13,884).

Alternative Psychotherapie
Der Verhaltenstherapeut Hansjörg Hemminger berichtet über das Verhältnis der *alternativen Psychotherapie* zu Jung: «Die alternative Psychotherapie wird stark von psychoanalytischen Ideen mit beeinflußt. Besonders das Werk von C.G. Jung erlebt in den letzten Jahren eine regelrechte Renaissance» (14).

Kapitel 2

C.G. Jung und die psychosomatische Medizin

«Jungs Verstehensweise und dementsprechend seine Aussagen sind vielfältig psychosomatisch» (15,808-819). Die Ursache psychosomatischer Krankheiten hat in der Sicht Jungs vor allem mit der Persönlichkeitsspaltung, mit der Einstellung des Bewußtseins zu den gegensätzlichen psychischen Aspekten zu tun, die bewirkt, daß diese vernachlässigt oder gar unterdrückt werden. Zu denken wäre an die Unterbewertung und Unterentwicklung der latenten psychischen Funktionen, besonders aber an die Einstellung des Bewußtseins zum Kollektivunbewußten mit seinen Archetypen wie Anima, Schatten und Selbst. Jung war der Meinung, daß eine Reihe von psychosomatischen Krankheiten vor allem solche der Lebensmitte sind: Man hält an der extrovertierten Grundhaltung fest und widersetzt sich der introvertierten.

C.A. Meier und die Psychosomatik in Jungscher Sicht

C.A. Meier, Professor für Allgemeine Psychologie an der ETH (Zürich), beschrieb «die Psychosomatik in Jungscher Sicht» (16). Er machte den Vorschlag, die psychophysischen Beziehungen in der Medizin unter demselben (akausalen) Gesichtspunkt zu betrachten wie die synchronistischen Phänomene.

Gustav Richard Heyer

«Jungs Einfluß auf die psychosomatische Medizin» (17,820-840) ereignete sich u.a. über den Internisten

Gustav Richard Heyer (1890-1967), der 1930 eine Lehranalyse bei Jung machte. Danach lehrte er 1939-1944 C.G. Jungs komplexe Psychologie im Deutschen Institut für psychologische Forschung und Psychotherapie in Berlin. Außerdem schrieb er einen (nicht unkritischen) Beitrag über Jungs Psychologie (18). Für mindestens zwei Generationen galt Heyer als der Repräsentant der Jungschen Schule in Deutschland (1,906). Noch heute werden seine Bücher gelesen. Am Ende seines Lebens sagte Heyer seiner Frau einmal: «Die Begegnung mit Jung war die wichtigste meines Lebens». Die Begegnung mit dem Herrn Jesus Christus war ihm dagegen nicht wichtig. Heyer machte kein Hehl daraus, daß ihm «die dionysischen Gottheiten Griechenlands näherstehen als das Bild des Cruzifixus».

Frank Nager

Der Kardiologe *Frank Nager* urteilt in den Fußstapfen von Jung, daß die «tiefere Ursache» der psychosomatischen Krankheiten, Neurosen, Depressionen und Süchte die «grundsätzliche Fehleinstellung» zum Unbewußten bzw. die Unbewußtheit, also «mangelnde Selbsterkenntnis» (Erkenntnis der Kollektivseele) sei. Die westliche «bedenkliche Geistesverfassung» beruhe «auf einer tyrannischen Vorherrschaft von Ratio und Intellekt, auf einer Überschätzung männlicher Werte sowie auf mangelnder Innenschau und Mißachtung des Irrationalen» (19,107). Die «Diktatur rationaler und patriarchalischer Normen» und die «extrovertierten Strukturen», innerhalb derer sich auch die Medizin befinde, sollen durch ihre Einseitigkeit ein «gestörtes Gleichgewicht» verursachen.

Jungs Gedankengut — darunter sein Krankheitsbegriff, Heilungsverständnis und Arztbild — vermöge dann auch die moderne Medizin zu «befruchten». «Wie einem Paracelsus, Goethe und Novalis sind ihm Heilung und Heil wesenhaft verwandt» (19,113). Die Heilung, d.h. «heilbringende Wandlung» der psychischen Einstellung zu den psychischen Gegensätzen, vor allem zum kollektiven Unbewußten, «setzt für Jung oft eine erschütternde numinose Erfahrung voraus». Darum (..) müsse die Frage der Religio neu ins Blickfeld kommen.

Nager ist nicht nur von Jungs Zeitanalyse und Auffassung beeindruckt, nämlich daß wir in einer «schicksalhaften Zeitenwende» stehen, sondern auch von seinem «Beitrag zur Zeitenwende und zur Wende in der Medizin» (19,129ff). Wissenschaft und Kultur solcher «Wendezeit» seien durch folgende Wandlungen geprägt: durch die Fähigkeit zur ganzheitlichen Anschauung und Synthese, durch Integration weiblicher Werte in die Welt des männlichen Logos sowie durch Gleichgewicht zwischen Rationalem und Irrationalem, Bewußtem und Unbewußtem. «Eine in diesem Geist gewandelte Medizin von morgen müßte ihren Schatten wahrnehmen und auch die Gegenpole und Gegenbedürfnisse berücksichtigen.»

Für Nager ist es «ermutigend», daß unter modernen Ärzten, Geistes- und Naturwissenschaftlern «auch rationalwissenschaftlich hervorragendste Geister sich diesem komplementären irrationalen Bereich mit Mut und Ernst öffnen!». Als Beispiele nennt er *S. Freud, Karl Jaspers, Arthur Jores, Viktor von Weizsäcker, Hans Schaeffer* und *Heinrich Schipperges;* unter den Physikern und Biologen: *Albert Einstein, Werner Heisenberg, C.F. von Weizsäcker, Walter Heitler, Wolfgang Pauli, Adolf Portmann, Fritjof Capra, Herbert Pietschmann* und *Erwin Chargaff* (19,132).

Kapitel 3

C.G. Jung und die exakten Wissenschaften

Es scheint bemerkenswert, daß Jung, der 1933-42 an der ETH (Zürich) lehrte, auch auf eine Hochschule Einfluß hat, deren Schwerpunkte die Naturwissenschaften und technischen Wissenschaften sind (20). Jung anerkannte ja nur die «Wirklichkeit der Seele»; für ihn war die Materie nur ein Aspekt dieser «psychischen Realität».

Außerdem beschäftigte sich Jung intensiv mit der spekulativen Alchimie, der er eine tiefenpsychologische Wurzel zuschrieb: Die Alchimie sei ein Weg der psychischen Verarbeitung der Materie. Es sei der «Geist des Mercurius», der den Alchimisten damals und den modernen Physiker heute in den Bann zieht.

Wolfgang Pauli, Werner Heisenberg und Markus Fierz

Jung hatte vor allem Einfluß auf das Denken von *Wolfgang Pauli,* der seit 1928 Professor für theoretische Physik an der ETH war. In seinen Briefen ist viel die Rede von der Bedeutung der Psychologie Jungs für die Physik. Pauli war besonders interessiert an Jungs Konzept der *Synchronizität* als archetypisch bedingten Sachverhalten, die nicht durch das Kausalprinzip faßbar sind, sondern in einer sinnbezogenen Koinzidenz stehen. In seinem Beitrag zur gemeinsam mit Jung herausgegebenen Schrift (1952) meint Pauli, daß Entdeckungen und Deutungen «archetypisch angeordnet» seien, denn archetypische Bilder würden in die Natur projiziert, z.B. bei Kepler (21). Nach dem Vorbild der Ganzheitsideologie Jungs hielt Pauli «die Zielvorstellung einer

Überwindung der Gegensätze für den ausgesprochenen oder unausgesprochenen Mythos unserer eigenen heutigen Zeit» (22,127).

Werner Heisenberg bemerkt, daß Jungs synchronistischer Ansatz «als eine beginnende Überwindung des streng kartesianischen Rationalismus angesehen» wird (23,585). Schon 1956 meinte er, daß «die landläufigen Einteilungen der Welt in Subjekt und Objekt, Innenwelt und Außenwelt, Körper und Seele nicht mehr passen wollen und zu Schwierigkeiten führen» (24,18).

Auch der Physiker Prof. *Markus Fierz* orientiert sich an Jung und betrachtet naturwissenschaftliche Erkenntnis als archetypisch — nicht als empirisch bedingt. Er weist auf den «Einfluß archetypischer Vorstellungen» auf naturwissenschaftliche Begriffsbildung, Raum und Zeit eingeschlossen, hin. Er versucht, seine archetypische Interpretation an Galileis Entdeckung des Trägheitsgesetzes zu illustrieren (25). Erkannte nicht Jung schon bei seiner Kenia-Reise, daß «erst menschliches Bewußtsein objektives Sein und den Sinn geschaffen hat»? (26,259-260). In einem Vortrag an der ETH zum 100. Geburtstag C.G. Jungs geht Prof. Fierz auf die «Bedeutung der Jungschen Psychologie für die exakten Wissenschaften» ein (20).

Der Dialog der analytischen Psychologie mit der modernen Physik zeigt sich ebenfalls in der Arbeit des Historikers *Ernst Anrich* (27), der den Riß zwischen Naturwissenschaft und Psychologie, der dem Philosophen Descartes angelastet wird, den Riß zwischen der objektiven und subjektiven Wirklichkeit, zu schließen versuchte. Seiner Meinung nach müsse Jungs Theorie des kollektiven Unbewußten, in dem es Archetypen mit subjektiver Prägung (z.B. Mutter, Held), aber auch mit objektiver Prägung (z.B. Brot, Wein, Salz, Sonne) gibt, weiter entwickelt werden, damit eine «volle Union» von Subjekt und Objekt stattfindet. Im Menschen selbst sei also nicht nur die subjektive Innenwelt, sondern komplementär auch die objektive Umwelt, die ebenso bewältigt werden solle.

Prof. *Adolf Köberle,* der selbst mit seinem Buch einen Beitrag zum «notwendigen Brückenschlag» zwischen Naturwissenschaft und Geisteswissenschaft, zwischen Medizin und Seelsorge, liefern will, geht ausführlich auf Anrichs Buch im Kapitel «Physis und Psyche» ein (28). «Sollte es gelingen, die Welt des Objektiven und die Welt des Subjektiven gar ineinander aufgehen zu lassen, dann wäre damit Entscheidendes gewonnen für eine universale Wissenschaftsbetrachtung und zugleich für eine Neugestaltung der Universitäten», so meint er.

Jungs Psychologie entspricht dem Verlangen all derer, die den westlichen, rein naturwissenschaftlich-technischen, rationalen Erkenntnisweg zu einseitig finden und ihn zu ergänzen oder gar abzulösen suchen durch den östlichen spirituellen Erkenntnisweg. Naturwissenschaftler, die an der religiös-philosophischen Ganzheitstheorie orientiert sind oder sogar eine mystische «Ganzheitserfahrung» gemacht haben, finden in Jungs ganzheitlicher Psychologie eine scheinbar wissenschaftliche Bestätigung und Rechtfertigung ihrer Weltsicht und/oder Ganzheitserfahrung.

Fritjof Capra
Der Physiker *Fritjof Capra* hatte 1969 eine «Ganzheitserfahrung» oder «mystische Urerfahrung» im Therapie-Zentrum Esalen, in dem neben Transpersonaler Psychologie reichlich fernöstliche Techniken wie auch Esoterik angeboten werden (29,268-279). Auch die Relativitätstheorie und Quantentheorie führen angeblich zur Bestätigung des fernöstlichen ganzheitlichen Weltbildes. Es gibt, nach Capra, eine «energetische Einheit» (30), alles ist eins und miteinander verbunden. So «wird aber die Physik zur Religion»

(31,34-41). Im Ganzheitskonzept mit seiner Vereinigung der Gegensätze — z.B. Wissenschaft und Mystik — auf einer übergeordneten Ebene liegen die Anziehungs- und Verführungskraft sowohl des Psychologen Jung als auch des Naturwissenschaftlers Capra. Ihre mystische, fernöstliche Orientierung zeigt die Geistesverwandtschaft Jungs und Capras. Ihr Konzept verlangt eine sanfte Kulturrevolution «im wahrsten Sinn des Wortes» (32,12), das «neue Denken» (33). In diesem letzten Buch erwähnt Capra auch C.G. Jung. Vor allem aber in seinem Buch *«Wendezeit»* führt er Jung öfter an und widmet sogar ein ganzes Kapitel der Psychologie, vor allem der analytischen und transpersonalen (32, Kap.11).

Adolf Portmanns archetypische Betrachtungsweise

Auch der Biologe (Zoologe) Prof. *Adolf Portmann* ließ sich von Jung, vor allem von dessen Archetypenlehre, beeinflussen (34). In einem zum 75. Geburtstag Jungs erschienenen Sonderband der Eranos-Jahrbücher, die er seit 1962 herausgab, geht Portmann auf die Bedeutung Jungs für sich selbst ein (35,127-141). Nach dem Tode der Gründerin leitete Portmann die Eranos-Tagungen.

Der Mathematiker *Arthur Young* beruft sich ebenfalls öfters auf C.G. Jung (36).

Über Naturwissenschaftler wie Pauli (21;37), Portmann und Capra erstreckt sich C.G. Jungs Einfluß auf viele andere.

Kapitel 4

C.G. Jung, die Staatslehren und das Recht

Jung hat mit seinem Ansatz des «kollektiven Unbewußten» als Wurzel des Bewußtseins eine rein *psychologische* und dazu *unbewußte* Prämisse für alle Wissenschaften geschaffen und somit auch für die Staatslehre und für das Zivil- und Strafrecht. Staat, Rechtsvorstellungen und Rechtsordnungen mit ihren Rechtsnormen und ihrer Rechtsprechung seien *archetypisch präformiert* und nicht vom Bewußtsein geschaffen. Das Kennen archetypischer Bilder sei darum Vorbedingung für das Verstehen der Staatsstruktur und der jeweiligen Rechtsordnungen.

Dr. *Max Imboden,* Professor für öffentliches Recht, hielt 1957 im Psychologischen Club Jungs in Zürich einen Vortrag über «Die Symbolik der Staatsstruktur» und sandte Jung das Manuskript. Imboden meinte, die Gestalt der staatlichen Institutionen könne «letztlich nur als Abbild der Psyche verstanden werden». Die Dreiheit der staatlichen Grundgewalten sei «archetypischen Ursprungs» und stelle eine «säkularisierte Trinität» dar. Die vierte Größe, die sie zur Quaternität mache, sei das Volk. Jung antwortete, daß der «trinitarische Archetypus», mit dem er sich seit 1950 beschäftigt hatte, die Grundlage jeder Trias ist, auch der göttlichen Dreieinigkeit. Das Volk entspreche dem kollektiven Unbewußten (6,III,150-151).

Prof. jur. *Hans Marti,* der eine archetypische Verfassungsinterpretation zu geben versucht (38) und darum das Recht *«Geprägtes Recht»* nennt (39), weist noch auf die Werke des Basler Juristen und Rechtshistorikers Johann

Jakob Bachofen hin — vor allem auf «Das Mutterrecht» —, die «sich wie eine rechtsgeschichtliche Amplifikation zum Werk von Jung lesen».

Es wird auch auf die Bedeutung von Jungs Begriff *Persona* für die *Kriminalpsychologie* hingewiesen (40). Es gibt eine typologisch differenzierende Täterbeurteilung, die «verständnisfördernd» wirken soll. Der «introvertierte» Verbrecher sei jemand, der an Beziehungen desinteressiert sei. Wenn man von Jungs «Wurzeln des Bewußtseins» in der Kollektivseele ausgeht, deutet man auch die Wurzeln des bewußten Verhaltens als «unbewußt». Diese psychodynamische Interpretation hat gleicherweise Einfluß auf die Wahrnehmungs- und Motivationspsychologie.

Eine archetypische Rechtsinterpretation, die von einem kollektiven Unbewußten ausgeht, und eine an der Bibel orientierte Rechtsinterpretation sind einander entgegengesetzt. Rechtsvorstellungen und Rechtsordnungen stammen in erster Linie von Gott, der der göttliche Gesetzgeber und höchste Richter ist (Jak. 4,12). Zwar sind viele Rechtsvorstellungen und Rechtsnormen in der westlichen Welt von der Bibel abgeleitet. Aber Gottes Wort offenbart uns auch die sündige Natur des von Ihm abgefallenen Menschen, der sein eigener Gesetzgeber und Richter sein will. Es zeigt außerdem den Einfluß der Finsternis. Die Finsternismacht kann im Gewande von Ideologien, Fremdreligionen und Okkultismus wirksam sein. So entstanden und entstehen schriftwidrige Rechtsordnungen mit schriftwidrigen Rechtsnormen und Rechtsurteilen. Mit einem fiktiven Kollektivunbewußten haben sie nichts zu tun.

Kapitel 5

C.G. Jung und die Politik

Bei der Suche nach «modernen Techniken» zur Veränderung der Geisteshaltung im Blick auf eine internationale Verständigung nach dem Zweiten Weltkrieg wandte sich die UNESCO auch an das C.G. Jung-Institut in Zürich. In seinem Memorandum *«Techniken für einen dem Weltfrieden dienlichen Einstellungswandel»* schrieb Jung, was er unter einem Einstellungswandel versteht, nämlich eine Wandlung der psychischen Einstellung von außen nach dem eigenen Innern, also zum kollektiven Unbewußten. Sie werde «durch die Integration vormals unbewußter Inhalte ins Bewußtsein herbeigeführt» (41,648-656).

Jungs Methode des politischen Einstellungswandels
Jungs Methode des politischen Einstellungswandels besteht, seinem Vorurteil gemäß, darum «hauptsächlich in der Integration unbewußter Inhalte ins Bewußtsein», damit ein «geistiges Gleichgewicht» entstehe. «Kein anderer Versuch», die geistige Einstellung im Blick auf den Weltfrieden zu verändern, könne «auf die Dauer erfolgreich sein», ohne daß der individuelle Mensch zuerst einen erneuerten Kontakt mit dem kollektiven Unbewußten herstelle. Außerdem sei neben der Konfrontation mit dem eigenen Schatten «ein gewisses Maß an Intelligenz und einem gesunden Sittlichkeitsempfinden» Bedingung. «Da sich 50% der Bevölkerung unter Durchschnitt» befindet, sei Jungs Methode also auf sie «wirkungslos». «Die breite Masse» könne nur in ihrem *Verhalten* verändert werden.

Jungs Memorandum wurde nicht in die Traktandenliste der UNESCO-Tagung von Oktober 1948 aufgenommen.

Bei der heutigen verstärkten Orientierung an Jung, an Ganzheitsphilosophien und am Okkultismus, ist es aber denkbar, daß man sich eines Tages wieder auf Jung besinnt.

Wie gut, daß die einzige Bedingung für biblischen Gesinnungswandel dem Mitmenschen und anderen Völkern gegenüber Buße, Herzensbekehrung zu Jesus Christus und der Glaube an Ihn ist. Wie gut, daß dieser biblische Einstellungswandel auch für «die breite Masse» und nicht nur für eine «Elite» möglich ist. Wie reich ist das Evangelium Jesu Christi im Gegensatz zur Psychologie Jungs!

Die Persönlichkeitspsychologie — auch die von Jung — lieferte auch einen Beitrag zur Politischen Psychologie (42). Nach analytisch-psychologischer Sicht sind auch *soziale und politische Theorien* «archetypisch geprägt».

Die archetypische Deutung sozial-politischer Konflikte

Außerdem soll Jungs Archetypentheorie «neues Licht» auf *politische Gegensätze und Konflikte* werfen (43). Im Sinne von Jungs Gegensatzpsychologie sind soziale und politische Gegensätze und Konflikte *Projektionen* der eigenen inneren Gegensätze und Konflikte, vor allem zwischen dem Bewußten und Kollektivunbewußten mit ihren vernachlässigten bzw. unterdrückten Archetypen. Wie innen — so außen. Soziale und politische Spannungen sind in dieser Sicht eine rein *psychologische* Angelegenheit: Sie haben ihre Wurzel in der falschen Einstellung zum Kollektivunbewußten mit seinen Archetypen. Dementsprechend liege die Abhilfe dann darin, daß jeder einzelne zuerst die inneren Konflikte in sich selbst und durch sein «Selbst» löst. Soziale und politische Krisen bis hin zum Krieg seien überwindbar, «Frieden ist möglich», und zwar auf rein *psychologischem* Wege. Dazu bedürfe es lediglich der Wendung nach innen, der Selbstannahme, der Integration der «unterdrückten psychischen» Aspekte — vor allem der des eigenen

Schattens — und somit der Vereinigung der eigenen inneren Gegensätze. So entstehe «der neue Mensch», der ein Symbol einer «neuen Ordnung» sei. Denn die positive, d.h. Jungsche, Einstellung zur eigenen Innenwelt habe einen positiven Einfluß auf die Außenwelt.

Wie verhängnisvoll eine archetypische Krisen- und Kriegsdeutung ist, wird am Beispiel von Jungs Einschätzung des Nationalsozialismus deutlich. In seinem Aufsatz *«Wotan»* (1936) charakterisierte er den Nationalsozialismus als einen der «Aufbrüche des kollektiven Unbewußten» bzw. des «unterdrückten Archetypus Wotan». Er sei

> «ein alter Sturm- und Brausegott, Entfeßler von Rausch und Leidenschaften. Sein Name heißt wörtlich 'Herr und Bewirker der Wut'... Sein Wesen ist Ekstase; er ist ein ruheloser Geist, ein Sturm, der in Bewegung setzt und Bewegungen hervorruft» (6,III,58).

Zudem sei dieser Archetypus ein übermächtiger Zauberer und Illusionskünstler, der in alle Geheimnisse okkulter Natur verwoben sei. Dieser «Archetypus Wotan» nun, der als «autonomer psychischer» (..) Faktor zur allgemeinen «Kollektivseele» gehöre, sei unterdrückt gewesen. Deswegen erzeuge er solche «kollektiven Wirkungen» wie den Nationalsozialismus.

Jungs archetypische Deutung steht im Widerspruch zur Bibel, die uns die furchtbare Realität der innewohnenden Sünde und die der Mächte der Finsternis offenbart. Außerdem gehören beide nicht zur menschlichen Psyche und schon gar nicht zum fiktiven Kollektivunbewußten mit seinen «Urerfahrungen» der «tierischen Vorfahren». Sie sind auch mehr als bloß eine menschliche Erfahrung, ja von einer anderen Dimension. Darüber hinaus sei nach Jungs ganzheitlichem Ansatz vom «Gleichgewicht der Gegensätze», wobei das Böse «gleichwertig» und «gleichberechtigt» sei, in letzter Konsequenz das Christentum für die Entladung des «Archetypus Wotan» verantwortlich. Habe es nicht fast 2000 Jahre das Gute betont und damit das Böse «unterdrückt» statt angenommen und integriert? Diese «Unterdrückung des Bösen» mußte wohl zu seiner Entladung führen. Denn auch der «Archetypus Wotan» «will leben».

Obwohl sich die komplexe Psychologie «mehr auf private Erlösung und Gnosis konzentriert, zeigt Jungs zeitweilige Assoziation mit dem Nationalsozialismus, daß sie dennoch 'politisierbar' ist» (44,120). Im Gegensatz zu der Bekennenden Kirche, die wider den Nationalsozialismus protestierte, meinte Jung: «Protestieren ist lächerlich — man protestiere gegen eine Lawine. Man sehe sich lieber vor» (45,583f.). Es blieb jedoch nicht beim Schweigen. «Dazu kam, daß Jung in seinen damaligen Schriften Äußerungen über jüdisches Wesen und Judentum brachte, die falsch waren und Anstoß erregten» (46,149).

Im Jahre 1945 verwandte Jung wiederum seine Psychologie im Dienste der Zeitanalyse. Diesmal, um die Anerkennung der deutschen Kollektivschuld zu unterstützen — nicht jedoch um Selbstkritik zu üben und «nicht aus Einsicht in die politischen und psychologischen Bedingungen des Nationalsozialismus, sondern mit denselben Prämissen, aufgrund deren er den Nationalsozialismus akzeptiert hatte» (44,124-125). Das Interview mit Dr. Adolf von Weizsäcker in der Berliner Funkstunde am 26.6.1933, fünf Monate nach der Machtergreifung Hitlers, hat Jung nie widerrufen. Darin hatte Jung «der zersetzenden Psychoanalyse Sigmund Freuds» seine «aufbauende Seelenlehre» entgegengestellt. Ebensowenig nahm er sein Geleitwort zu *Zentralblatt* VI von 1933 (47,581) zurück. Darin weist Jung auf die «tatsächlich bestehenden und einsichtigen Leuten längst bekannten Verschiedenheiten der germanischen (..) und der jüdischen Psychologie hin, die «nicht mehr verwechselt werden sollen, was der Wissenschaft nur förderlich sein kann».

Ausgerechnet damals erweiterte Jung seine 12 Jahre zuvor veröffentlichte Theorie der typologisch bedingten auf rassisch bedingte theoretische Unterschiede. «Das 'mea culpa, mea maxima culpa', das Erich Kästner 1946 Jung abverlangte (48), ist auch in den biographischen 'Confessiones' Jungs ausgespart geblieben. Seine Beziehung zum Nationalsozialismus hat er mit keinem Wort erwähnt» (44,124). In einem persönlichen Gespräch mit einem Juden sagte Jung 1946 lediglich: «Jawohl, ich bin ausgerutscht.»

Jungs Ressentiment Freud gegenüber, das er, trotz aller Hochachtung vor ihm, nie überwand, wird bei seiner Abwertung dessen jüdisch geprägter Psychologie und seiner Aufwertung der eigenen Psychologie in der Nazizeit eine Rolle gespielt haben. Eine «germanische» Psychologie gibt es jedoch nicht, abgesehen davon, daß Jung selber Schweizer war. Er überging auch die wirklichen Unterschiede zwischen z.B. der deutschen und französischen Psychiatrie, die er in seiner Pariser Zeit kennengelernt hatte.

Vor allem waren wohl sein archetypischer Ansatz und seine taoistische Sicht von Gut und Böse Ursache seiner falschen Einschätzung der Nazi-Ideologie. Demnach habe ein und derselbe Archetypus, z.B. der Schatten, sowohl eine gute als auch eine schlechte Seite. Beide seien gleichberechtigt. Beide sollten «a fair chance» erhalten. Auch das Böse «will leben». Das Gute habe die Möglichkeit in sich, das Übergewicht an Bösem zu kompensieren.

> «Die treibenden Kräfte einer massenpsychologischen Bewegung sind archetypischer Natur. Jeder Archetypus enthält Tiefstes und Höchstes, Böses und Gutes und ist darum der gegensätzlichen Wirkung fähig. Es ist darum nie von vornherein auszumachen (..), ob er sich positiv oder negativ auswirken wird...» (49,266f.).

Der «Archetypus Wotan» oder die «blonde Bestie» (49,255) enthalte Böses *und* Gutes?

Zwar gestand Jung 1946: «In der Tat hätte ich nie gedacht, daß der Mensch so absolut böse sein könne» (6,II,32). Jedoch war ihm diese Ernüchterung kein Grund, seine Sicht und somit seine Psychologie in bezug auf Gut und Böse zu revidieren.

Die archetypische Deutung sozialer und politischer Theorien steht im Widerspruch zur biblischen. Diese sind nur vom jeweiligen Menschenbild geprägt, nicht etwa von irgendeinem fiktiven Archetypus.

Soziale und politische Krisen hängen mit dem Sündenfall im allgemeinen und mit der Einstellung des Individuums und damit des Volkes zum dreieinigen Gott und seinem Wort im besonderen zusammen. Darum ist nicht der heillose Weg «nach innen», sondern die Bekehrung «nach Oben» der einzige Ausweg. Ohne Frieden mit Gott durch die Versöhnung am Kreuz und ohne den Frieden, den Jesus Christus, der Friedefürst, selber auf Erden bringen und bewirken wird, gibt es keinen wahren Frieden! Jede Konfliktdeutung, Konfliktlösung und Friedensutopie — auch mit Hilfe Jungscher Psychologie — an Jesus Christus und Gottes Wort vorbei, führt in die Irre. Auch in sozialpolitischer Hinsicht sind Jungs Relativismus und somit seine Toleranz, die zur prinzipiellen Intoleranz gegen alle, die «sich im Besitz der einzigen Wahrheit wähnen» (39), führt, eine Gefahr. Jede Orientierung an dem Ganzheitskonzept wird sich letztlich verheerend auswirken. Jung ist ein schlagender Beweis dafür.

Jung und die Friedensbewegung: Franz Alt

In seinem «C.G. Jung-Lesebuch» gibt der Fernsehjournalist und Friedenskämpfer *Franz Alt,* der sich einer Jungschen Analyse unterzogen und «die meisten Schriften Jungs» gelesen hat, Rechenschaft davon, weshalb ihm Jung so viel bedeutet:

> «Keinem anderen wissenschaftlichen Denker unseres Jahrhunderts
> verdanke ich so viel, wie ihm, vor allem die Erkenntnis und das
> Erleben der Wirklichkeit der Seele und die Existenz des Unbewuß-
> ten ... Jung ... ist der Psychologe der zweiten Lebenshälfte ... und
> zeigt einen Weg vom Ich der ersten Lebenshälfte zum Selbst der
> zweiten Lebenshälfte» (50,7).

Die Jungsche Selbsterkenntnis, d.h. die Erkenntnis der eigenen Kollektivseele und deren Einbeziehung seien «Chance» und «Lebensaufgabe jeder Persönlichkeit» (51,49). Er
zitiert Jung als jemanden, der «den Weg der Ganzheit und
Selbstverwirklichung über Selbsterkenntnis zeigt»:

> «Was die Jugend außen fand und finden mußte, soll der Mensch
> des Nachmittags innen finden» (52,81).

Auf der Suche nach dem Sinn des Lebens könne Jung «hilfreich» sein; denn:

> «Wie kaum ein anderer praktischer Denker in unserem Jahrhun-
> dert gibt er umfassende Hinweise auf ein möglichst sinnvolles Le-
> ben, Jung trifft offenbar einen Nerv unserer Zeit» (50,7).

Sein C.G. Jung-Lesebuch versteht Alt darum als «eine erste Hinführung» zu Jung, der «die Psyche als Großmacht
erkannt hat, die alle Mächte der Erde um ein vielfaches
übersteigt». Zu diesem Zweck gab Alt 1987 außerdem einige Bändchen «*C.G. Jung — Einsichten und Weisheiten*»
heraus (53).

Der «aktive Katholik» habe durch Jung nicht nur den
Zugang zu sich selbst, sondern auch zu Jesus Christus erhalten, was bei ihm, wie bei Jung, auf ein und dasselbe
herauskommt:

> «C.G. Jung ... hat mir den neuen Zugang zu meiner inneren Quel-
> le, Jesus Christus, gewiesen» (53).
> «Ich habe über Jung wieder gelernt, was ich durch eine rationali-
> stisch überfrachtete Theologie verlernt hatte: die psychischen (..)
> Wahrheiten der Worte und Wunder Jesu neu zu verstehen. Also
> Religion als Chance zu Befreiung und Erlösung... Religion als Mög-
> lichkeit, die Seele zu entdecken... Durch Jung wurde mir klar, daß
> Jesu Kernfrage nicht heißt, was muß ich glauben, sondern, was muß

ich *tun* und wie muß ich *leben*» (50,10).

Indirekt durch Jung wurde Alt *Atompazifist:*

> «Ich habe vor allem über die Bücher C.G. Jungs einen neuen Zugang zu Jesus von Nazareth und zu seinen zentralen Aussagen in der Bergpredigt gefunden. Erst dadurch wurde ich zum Atompazifisten» (51,10).

Für Alt sind Gewaltfreiheit und Vertrauen die Grundlagen aller Religionen. Da jede Religion «den Weg nach innen» bedeute und es bei jeder Religion um «persönliche Erfahrung» gehe, ist für Alt die Erfahrung der Gewaltlosigkeit von großer Bedeutung. Er berichtet:

> «Die Heilkraft der Gewaltfreiheit habe ich erst nach einer Jungschen Therapie ahnen gelernt. Mit diesem neuen Wissen habe ich in den letzten Jahren einen tiefen Zugang zu Jesus von Nazareth gefunden. C.G. Jung ... hat mir den neuen Zugang zu meiner inneren Quelle, Jesus Christus, gewiesen» (53).

In der Politik sei deshalb «vieles so unecht, weil fast alles nur außenorientiert ist... Nur von innen heraus kann Heilung und Umkehr kommen» (50,12). Darum sei die politische Lösung: die introvertierte Einstellung, die Introspektion, die Erfahrung und die Ganzheit.

Die an Jung orientierte politische Diagnose und Therapie Alts haben jedoch mit der biblischen nichts zu tun. Vieles ist so notvoll, weil die meisten den dreieinigen Gott ignorieren. Die Heilung liegt darum in der Bekehrung zu dem Herrn Jesus Christus und nicht in der «Einkehr» zu sich selbst. Die politische Lösung ist die Orientierung nach «Oben» statt nach «innen».

Alt meint, C.G. Jung sei «wesentlich beteiligt an der Wiederentdeckung» des «wichtigsten, eigentlich religiösen Gesetzes unseres Seins: *Der Geist lenkt die Materie*» (53). Empfiehlt Alt in diesem Zusammenhang etwa eine Art «positives», d.h. «gewaltfreies Denken», kraft dessen dann automatisch ein «positives, gewaltfreies Leben» folgen würde?

Franz Alt, der Kämpfer für den Frieden und Atompazifist, der sich unter Jungs Einfluß zu seiner eigenen Seele bekehrte, wurde zum Evangelisten der angeblich frohen Botschaft der Jungschen «Wirklichkeit der (unbewußten) Seele» und des Jungschen Heils, d.h. des Weges nach innen. So hat C.G. Jung über Franz Alt Einfluß auch auf die Friedensbewegung.

Nicht nur Franz Alt, auch andere orientieren sich in bezug auf den Frieden statt an Jesus Christus, dem Friedensfürsten, an C.G. Jung (54). Dr. jur. *Tilman Evers,* Privatdozent für politische Wissenschaften und Soziologie, plädiert für eine, wenn auch kritische, Annäherung an C.G. Jungs Psychologie (55).

Kapitel 6

C.G. Jung und die Wirtschaftswissenschaften

Über solche Menschen, die an der analytischen Psychologie orientiert sind, hat Jung auch hie und da Einfluß auf Führungskräfte der Wirtschaft.

Dr. *Eugen Böhler,* 1924-1964 Professor für Nationalökonomie, Finanzwirtschaft und Statistik an der ETH Zürich, war einer der Redner bei der dortigen Verleihung der Ehrendoktorwürde der Naturwissenschaften an Jung. Prof. Böhlers Interesse an der Psychologie Jungs führte zu einer freundschaftlichen Beziehung zwischen beiden, zu einem Briefwechsel in den Jahren 1956-60 und zu einigen Aufsätzen im Sinne Jungs in der Zeitschrift «Industrielle Organisation.»

Jung war sehr dankbar dafür: «Sie vermitteln mir die kostbare Erfahrung dessen, was ich als 'sinnvolle Kooperation' bezeichnen möchte, eine Mitarbeit im Geiste und in der Tat» (6,III,91). Und am 1. Januar 1960 schrieb ihm Jung: «Ihr Verständnis und Ihr Interesse haben mein durch langjährigen Kampf mit schwierigen Zeitgenossen erschüttertes Selbstvertrauen in großem Maße wiederhergestellt» (6,III,279).

Rudolf Mann und das ganzheitliche Unternehmen
Jungs asiatisch-religiös orientierte Ganzheitspsychologie mit ihrer Ausrichtung an der Innenwelt und am Irrationalismus übt eine Anziehungskraft auf Fachleute der Wirtschaft aus, die vom «ganzheitlichen» bzw. «neuen Denken» fasziniert sind. Im Einbandtext des Buches *«Das ganzheitli-*

che Unternehmen» von *Rudolf Mann* (56) wird festgestellt: «In allen Bereichen unserer Gesellschaft spricht man von der Notwendigkeit eines neuen, 'ganzheitlichen' Denkens.» «Die große Frage» jedoch ist: Läßt sich das Konzept der Ganzheit «in der harten Wirklichkeit von Wirtschaft, Unternehmensführung und dem Alltag in unseren Betrieben und Konzernen konkret umsetzen?» Ein führender Mann, Gründer der *«Gesellschaft für ganzheitliche Unternehmungsführung»*, versucht durch Beratung und Veröffentlichungen zu zeigen, wie diese Vision ganzheitlicher Unternehmungsführung aussieht und konkret entwickelt und verwirklicht werden könne. Dieser Fachmann für Gewinnsteuersysteme schreibt in seinem Kapitel «Geistheilung im Unternehmen», wie er, außer den vielen Werken im Literaturverzeichnis, «viele Einsichten, Erkenntnisse und eigene Erfahrungen» seinem «Lehrer und Freund» Dr. *Johannes Sauter,* Leiter des Instituts für Psychologie, Metaphysik und geistige Heilweisen, verdankt. Allerdings weiß er im Einzelfall nicht, welche Erkenntnisse er «von außen» und welche er «von innen» erhalten hat (S. 176). Einmal hatte er nämlich in der Eisenbahn eine Vision, die er offen beschreibt. Er fährt dann fort:

> «Neben der sachlichen Problemlösung habe ich eine persönliche Erfahrung gemacht: Wir besitzen in unserem Inneren Kräfte, die uns dann helfen, wenn der Verstand nicht mehr weiter weiß. Die Intuition. Eine sanfte innere Stimme, die uns in einem einzigen kurzen Augenblick all das gibt, was wir auf unserem Weg brauchen... Wir haben unsichtbare Helfer» (S. 48-49).

Es erinnert uns an C.G. Jung, der auch innere Stimmen und Kontrollgeister hatte und paranormale Fähigkeiten prinzipiell dem Menschen zuordnete. Rudolf Mann bringt sie allerdings in der «linken Hemisphäre unseres Gehirns» unter. Nicht nur diese persönliche «Quelle der Kreativität, Ursprung aller neuen Ideen, Ursache jeder Innovation» stehe jedem zur Verfügung:

«Wenn wir die Gedanken von Carl Gustav Jung über das «kollektive Unbewußte» etwas weiterführen, sind alle Menschen miteinander verbunden und alles, was irgendwo auf der Erde gedacht wird, steht uns zur Verfügung... Da Raum und Zeit im Geistigen keine Rolle spielen, gilt das sowohl für die Gedanken von heute wie für die von gestern als auch für die von morgen» (S. 128).

Wie Jung, meint auch Mann, daß die Heilung «von innen» kommen muß. Dazu müssen die Führungskräfte lernen, auch «ihr linkes Denksystem», das intuitiv, ganzheitlich und von einer Sowohl-als-auch-Kategorie ist, zu verwenden, auf ihre innere Stimme zu hören und ihre Wünsche zu visualisieren.

Gerd Gerken und der neue Manager

Ein anderer Botschafter der *neuen Wirtschaftsordnung* (57) und des *neuen Managers* (58) aufgrund von ganzheitlichem, «visionärem Denken» ist *Gerd Gerken.* Er sieht Ähnlichkeiten zwischen der neuen Sehnsucht nach einer neuen Ordnung, die die Gegensätze vereinige, und Jungs Archetypen im kollektiven Unbewußten (58,102). Auch Gerken singt das alte Lied von Jung: Er will Überwindung des rationalen Denkens und der Idee, daß man nur durch Analyse erkennen kann. Er will Bewußtseinserweiterung und so einen «anderen Umgang mit der Wirklichkeit». Imagination, bzw. «intensive Zuwendung zu Visionen», solle die erwünschte Wirklichkeit «innerlich vorwegvisualisieren» und somit «neue Wirklichkeiten» kreieren. Der Ganzheitsideologie entsprechend will Gerken, wie Jung, durch «Holismus» Überwindung der «kartesianischen Trennung» von Geist und Materie, von Subjekt und Objekt usw. Darum ruft er den Führungskräften der Wirtschaft zu:

«Wir empfehlen ein privates Studium des «Zen und des Tao-Denkens» und intensive Anwendung von Techniken des «Mental Trainings», um für die kommende ganzheitliche Gesellschaft «ausgerüstet» zu sein» (58,102.153).

Die Deutung der «unbewußten Wurzeln» des Verhaltens und die damit zusammenhängende Motivations- und Wahrnehmungspsychologie sind nach 1940 zu einem bedeutenden Faktor in der Entwicklung der *Werbepsychologie* geworden. «Das Werk von Jung «Über die Psychologie des Unbewußten» (52) wies z.T. eine hohe Relevanz für die Markt- und Werbeforschung auf ... ebenso die Grundsätze der Ganzheit» (59,186).

Kapitel 7

C.G. Jung und die Geschichtswissenschaft

Laut Jungs Hypothese ist alles auf die «unbewußte Psyche» zurückzuführen. So sei «die Psyche die Mutter aller Wissenschaften» (60). Demnach sei die Psychologie die eigentliche, die Hauptwissenschaft und seien alle anderen Disziplinen, als *Symptome der Seele* (61,445) lediglich Hilfswissenschaften — auch die Geschichtswissenschaft.

Schon 1912 schrieb Jung, daß er von historischen Materialien «neue Einsichten» in individual-psychologische Probleme zu gewinnen erhofft.

> «Um ihrem Gegenstand gerecht zu werden, muß die Psychologie sich auf verschiedene Hilfswissenschaften stützen... Sie wird z.B. historisches Material nicht dazu benützen, um Geschichte zu schreiben, sondern um das Wesen der Psyche zu demonstrieren, ein Anliegen also, das der Historiker nicht kennt» (62).

Auch muß oft das von Jung gedeutete historische Material als Legitimation, Vergleich, Beispiel oder Amplifikation seiner persönlichen Erfahrungen und Ideen dienen.

Umgekehrt sollen «Erkenntnisse» aus der unbewußten Seele «neues Licht» auf historische Ereignisse und Probleme werfen.

> «Wir beunruhigen oder ärgern den Theologen nicht weniger als den Philosophen, und den Mediziner nicht weniger als den Erzieher, ja wir tappen sogar in das Arbeitsgebiet des Biologen und des Historikers» (61,445).

Die archetypische Geschichtsdeutung

Eine *psychologische* Geschichtsbetrachtung bewirkt ein völlig neues Geschichtsverständnis. Das ist z.B. der Fall bei

Jungs archetypischem Ansatz. Er selbst urteilt über seine *archetypische* Geschichtsbetrachtung, wobei die Archetypen der anordnende Faktor der Geschichte sind, in einem Brief:

> «... die psychologische Betrachtungsweise ermöglicht auch eine gewisse Erkenntnis vom inneren Zusammenhang historischer Ereignisse. Die Archetypen nämlich haben ihr eigenes Leben, das ... den Äonen ihr Gepräge gibt. Ich darf Sie vielleicht auf meinen historischen Beitrag in meinem Band *Aion* aufmerksam machen. Dort habe ich versucht, ein Stück der Entwicklungsgeschichte des «Anthropos» ... zu skizzieren» (6,III,72).

Durch seine Archetypen vermöge das kollektive Unbewußte «mit der Konsequenz eines Naturgesetzes» auch eine geistige Wandlung und Erneuerung herbeizuführen, wie z.B. die *Reformation*, die jedoch nur «die Oberfläche des Taglebens erreichte» (63,276). Somit sei die Reformation eher eine «psychologische» als eine historische, geistliche Tatsache.

Vor allem der Archetypus *Selbst* bilde den unsichtbaren Anordner, das apriorische Gestaltungsprinzip der Menschheitsgeschichte (64,135), Heilsgeschichte und Kirchengeschichte eingeschlossen.

Da Jung nur eine einzige Wirklichkeit, die der Seele, anerkannte, war ihm alles Göttliche, Kreatürliche, Sündige und Dämonische eine «innere», eine «psychische» Tatsache, weil eines «psychischen Ursprungs». Die Religionen und das Christentum sind bei Jung dann auch nur eine «psychologische Wahrheit». Sie hätten einen «psychischen» anstatt geschichtlichen Ursprung.

Daß der Menschen von Gott zu Gott hin geschaffen wurde, ist jedoch nicht eine rein «psychologische», sondern nach Gottes Wort eine geschichtliche Wahrheit. Ebenso offenbart uns Gottes Wort den Abfall des Menschen von Gott, den Sündenfall, als eine geschichtliche Tatsache. Auch die Religionen, die daraus entstanden sind, sind eine geschichtliche Angelegenheit. Ebenso ist das Christentum, das aus den biblisch offenbarten historischen Tatsachen des Kreuzesopfers und der Auferstehung Jesu Christi durch den Heiligen Geist entsprang, ein historisches Faktum.

Jungs Tatsachenbegriff steht im Widerspruch zu den äußeren, historischen und durch Quellen belegten Tatsachen. Sein Psychologismus ist in letzter Konsequenz *antigeschichtlich*. Jungs Zurückführung auf das kollektive Unbewußte ist «nicht weniger Auflösung der Geschichte durch Psychologie als Freuds Reduktion der historischen Entstehung von Religion, Ethik, Gesellschaft und Kultur auf den sog. Ödipuskomplex (in «Totem und Tabu») es ist» (44,30-44).

Die typologische Geschichtsdeutung

Rechsteiner sieht Jungs *typologische* Geschichtsbetrachtung unter dem Aspekt dessen Typologie, bei der die innere Welt betont wird und diese als das eigentlich Wesentliche, während die äußere Welt als deren Projektion gilt. Dieses typologische Welt- und Menschenbild stellt bei Jung «die Voraussetzung und das Ziel seiner Betrachtung der Vergangenheitsgeschichte dar. Das Verhältnis Jungs zur Geschichte seiner Gegenwart und Zukunft wird bestimmt durch das Anliegen, sein Weltbild ... zu vermitteln und damit zur Bewußtwerdung und zur Selbsterkenntnis zu verhelfen» (64,388).

Die evolutionistische Geschichtsdeutung

Die evolutionistische Ideologie, der Jung anhing, führt zu einer anti-biblischen, *evolutionistischen* Geschichtsbetrachtung. So auch Jungs evolutionistische Psychologie. Ihr zufolge bedeutet Geschichte die Projektion der *psychischen* Evolution der Menschheit oder ihrer fortschreitenden Entwicklung von der unbewußten Ganzheit über Bewußtheit, die Spaltung mit sich bringt, zur bewußten Ganzheit. Die Menschheitsgeschichte sei somit die Entwicklungsgeschichte des menschlichen erkennenden Bewußtseins. Diese Selbstwerdung des Menschen oder «die wahre Geschichte der Menschheit» sei «die fortschreitende Inkarnation Gottes» im Menschen (6,III,178), wobei Jung unter Inkarnation das Erscheinen eines unbewußten Vorgangs ins Bewußtsein versteht.

Neben dieser psychisch-evolutionären finden wir bei Jung eine *trinitarisch-evolutionäre* Geschichtsspekulation, nämlich die Anwendung der angeblich trinitarischen Evolution auf den Geschichtsablauf. In seiner «psychologischen» Deutung des Trinitätsdogmas (66) postulierte Jung einen engen Zusammenhang zwischen der «psychischen Evolution» des Menschen und der «evolutionären Entwicklung des Gottesbildes», ja faktisch des dreieinigen Gottes selbst, welche ebenfalls die Evolution von Unbewußtheit zur bewußten Ganzheit umfasse. Es gäbe eine innere Beziehung zwischen der fortschreitenden Individuation oder Selbstwerdung des *Menschen* in drei Phasen und der fortschreitenden Individuation oder Selbstwerdung *Gottes,* zwischen der Geschichte der Menschheit und der «Geschichte Gottes». Die «Selbstwerdung Gottes» in der «europäischen Geschichte» soll dementsprechend ebenfalls in drei Phasen stattfinden, nämlich im Zeitalter (Äon) des Vaters, des Sohnes und des Heiligen Geistes. Das Christentum stelle dabei das Zeitalter des Sohnes, bzw. der noch unvollendeten Inkarnation und Individuation Gottes oder der «Spaltung in Gott» dar. Deswegen sei das Christentum nicht die letzte Wahrheit. Es müsse durch Jungs Psychologie des Selbst, die das Böse integriert und so die Spaltung aufhebt, erweitert und ergänzt werden. Das Selbst des «modernen» Menschen repräsentiere das erweiterte Christentum oder das Zeitalter des Heiligen Geistes.

> «Jung gelangte zu der Erkenntnis, daß das in der Seele des moder-
> nen Menschen konstellierte und sich verwirklichende Selbst dem
> Gottesbild des Heiligen Geistes entspricht, der letzten Entfaltung
> christlicher Gottesvorstellung» (67,129).

Rechsteiner sieht Jungs Phasenlehre in Anlehnung an *Bachofen* und *Gioacchino da Fiore* (65,391). Der Letztgenann-
te wandte als einer der ersten die Trinitätslehre auf den Ablauf der Geschichte an.

> «In seiner Spekulation hatte die Menschheit drei den Personen der
> Trinität entsprechende Zeitabschnitte. Die erste Periode der Welt
> war das Zeitalter des Vaters;... Das Zeitalter des Sohnes war nicht
> das letzte der Geschichte, es folgt als drittes das Zeitalter des Heili-
> gen Geistes» (68,158).

Da bei Jung die Selbstwerdung des Menschen *Bedingung*
der «Selbstwerdung Gottes» ist, ist die Geschichte der
Menschheit im Grunde die fortschreitende «Heilsgeschichte
des Menschen mit Gott» statt der Heilsgeschichte Gottes
mit dem Menschen. Sinn und Ziel der Entwicklungsgeschichte des Menschen sei eben die Erlösung Gottes zur (..)
bewußten Ganzheit oder die «Ganzheit» Gottes.

Durch seine psychische Evolution oder seine individuelle Selbstwerdung (Individuation), «macht» der Einzelne Geschichte. Nicht Gott und seine Geschichte mit dem
Menschen, mit dem Volk Israel, mit der Gemeinde Jesu
und mit den Völkern, sondern die «innere Geschichte des
Menschen» prägt und bestimmt bei Jung die äußere Geschichte.

> «Alle Zukunft und alle Weltgeschichte stammen als ungeheure Sum-
> mation doch zuletzt aus diesen verborgenen Quellen des Einzelnen.
> Wir sind in unserem privatesten und subjektivsten Leben nicht nur
> Erleidende, sondern auch die Macher einer Zeit. Unsere Zeit — das
> sind wir» (69,173).

Die astrologische Geschichtsdeutung

Andere finden in Jungs *astrologischer* Geschichtsdeutung
eine Bestätigung und Legitimation ihrer astrologischen Vor-

stellung. Schon in einem Brief von 1929 und dann in Briefen von 1934 und 1940 schrieb Jung über den sogenannten vierten Monat der Weltgeschichte, den die Astrologie als den «Wassermann» bezeichnet. Er bringe «auf der Höhe der Verwirrung neue Offenbarung» (6,I,97). Da heißt es in einem Brief aus dem Jahre 1940:

> «1940 ist das Jahr, in dem wir uns dem Meridian des ersten Sterns im Aquarius nähern. Es ist das warnende Erdbeben des Neuen Zeitalters» (6,II,358).

Auch die Ereignisse im Jahre 1945 deutete Jung astrologisch. In einem Brief aus jenem Jahr schrieb Jung:

> «Vor bald 2000 Jahren ist die Welt in den letzten Monat des platonischen Jahres, das Zeitalter der pisces, eingetreten und hat chiliastische Ahnungen entwickelt. Vor 1000 Jahren kam es noch deutlicher und gegen das Jahr 2000 post Chr. hat die Menschheit auch schon richtig das Instrument in Händen, mit dem sie sich das Ende bereiten kann und es sicher auch tun wird, wenn nicht bald ein dritter Weltkrieg kommt ... es sei denn — und das ist die einzige Chance — daß die große Umkehr komme, worunter ich mir schlechterdings nichts anderes vorstellen kann als eben eine religiöse, weltumfassende Bewegung (..), welche allein den teuflischen Zerstörungsimpuls auffangen kann» (6,II,496).

Bereits 1948 sprach Jung von einer schicksalhaften Wendezeit (70), die er dann drei Jahre später in seinem Buch «Aion» näher ausarbeitete.

Die synchronistische Geschichtsdeutung

In engem Zusammenhang mit seiner archetypischen und astrologischen (mantischen) Geschichtsdeutung steht Jungs *synchronistische* Zeitauffassung, die viele, besonders im Bereich der Physik, der Parapsychologie und der New-Age-Bewegung übernehmen. Auch die Zeit im synchronistischen Sinne stehe mit einem Archetypus, den man auch Tao nennen könne, in Verbindung und sei durch diesen aprioristisch angeordnet.

Sowohl die archetypische als auch die astrologische und sychronistische Geschichtsbetrachtung schließen den *kairos Gottes* aus. Gal. 4,4 sagt jedoch nicht: «Als der Archetypus bzw. das Tao anordnete...», und auch nicht: «Als der Frühlingspunkt in das Zeichen der Fische kam...», sondern: «Als die Zeit erfüllt war, sandte GOTT seinen Sohn». Als die Zeit erfüllt war, begann der Herr Jesus seinen öffentlichen Dienst auf Erden (Mark. 1,15). «In der Vollendung der Zeitalter» wurde Jesus Christus offenbar, «um durch sein Opfer die Sünde aufzuheben» (Hebr. 9,26). Und vor allem: «Was kein Auge gesehen und kein Ohr gehört hat und in keines Menschen Herz gekommen — also auch nicht von einem Archetypus im 'kollektiven Unbewußten' vorgeprägt und angeordnet — ist, das hat GOTT denen bereitet, die ihn lieben» (1. Kor. 2,9). Nicht am angeblich «absoluten Wissen des kollektiven Unbewußten» des Menschen, sondern an der souveränen Gnade Gottes liegt alles.

Jungs vermeintlich historischer Darstellung des «Christus-Symbols» und des «Anthropos» in seinen Büchern *«Aion»* und *«Antwort auf Hiob»* liegen seine antibiblische, astrologische Geschichtsdeutung und Synchronizitätstheorie zugrunde. Sie sind nicht von einander zu trennen. Das sollte man bedenken, wenn man meint, bei Jung anknüpfen zu können.

Die ganzheitliche Geschichtsdeutung

Das ganzheitliche Welt- und Menschenbild, auch von Jung, führt zu einer *ganzheitlichen* Geschichtsbetrachtung. Sie geht von einem zyklischen Ablauf der Geschichte statt von einem linearen Zeitverständnis aus. Eine ganzheitliche Geschichtsbetrachtung schließt sowohl das prinzipielle Gericht Gottes in Christo über Sünde, Satan und Tod (Golgatha) als auch das Ende der Gnadenzeit, das Endgericht Gottes und seine Neuschöpfung aus. In der ganzheitlichen Sicht ist, wie bei Jung, der *«unus mundus»* sowohl Weltengrund (eine Welt) als auch das Ziel (geeinte Welt, wobei alle Gegensätze «harmonisch vereinigt» sind).

> «Wenn der Äon der Fische, wie es allen Anschein hat, hauptsächlich durch das archetypische Motiv der 'feindlichen Brüder' regiert wird, dann wird sich, koinzident mit der Annäherung des nächsten platonischen Monats, nämlich des Aquarius, das Problem der Gegensatzvereinigung stellen» (71).

Laut Jung manifestiert sich der «unus mundus» in synchronistischen Ereignissen im Sinne einer «creatio continua» (6,III,135).

So steht die «ganzheitliche» Geschichtsbetrachtung in Widerspruch zu Gottes Wort.

Jung und Prof. A.J. Toynbee

An den Untersuchungen des englischen Historikers, Prof. *A.J. Toynbee,* «dürften die Auffassungen Jungs zweifellos wesentlichen Anteil haben» (72,928). Er baute die Jungsche Psychologie in seine Geschichtstheorie ein (73,124f.).

Kapitel 8

C.G. Jung, die Kunst und die Literatur

Jung selbst äußerte sich 1922 über *«Die Beziehungen der Analytischen Psychologie zum dichterischen Kunstwerk»* (74) und 1930 zum Thema *«Psychologie und Dichtung»* (74). Siehe auch GW.VI über Kunst.

Die archetypische Kunstdeutung

Hans Dieckmann schrieb über «Archetypische Gesichtspunkte in der modernen Kunst» (75,1035-1044). Im gleichen Band findet man allgemeine psychologische Aspekte der Kreativität, Kunst und Literatur (S.797 ff.). *Verena Kast* machte eine Studie über «Kreativität in der Psychologie C.G. Jungs».

Hermann Hesse

Der physische und innere Zustand des Schriftstellers *Hermann Hesse* (1877-1962) ist Anfang 1916 so angegriffen, daß er seine Arbeit unterbrechen muß. Im Frühjahr unterzieht er sich einer analytisch-therapeutischen Behandlung durch den Jung-Schüler Dr. med. Josef B. Lang. Dieser wird ihm bald zum Freund. Von einer Jungschen Therapie und der eigenen intensiven Beschäftigung mit den Schriften Freuds und Jungs erhofft Hesse seine Probleme zu bewältigen und seine innere Krise zu überwinden.

> «Auch wenn die Bedeutung der Tiefenpsychologie in der Dichtung nicht überschätzt werden sollte, so hat doch die Begegnung mit Dr. Lang und mit den Werken Jungs Wesentliches zur Klärung des eigenen Weltbildes beigetragen» (76).

In seinem Aufsatz «*Künstler und Psychoanalyse*» spricht Hesse von dem «bleibenden Gewinn» seiner tiefenpsychologischen Orientierung, nämlich «das, was man etwa das 'innigere Verhältnis zum eigenen Unbewußten' nennen kann».

In dieser Krisenperiode schreibt Hesse unter dem Pseudonym Emil Sinclair sein bekanntestes Buch «*Demian. Die Geschichte einer Jugend*» (1919). Den Namen Sinclair entlehnte er von Isaac von Sinclair (1775-1815), einem Freund Hölderlins. Sinclair ist auch der Held des Ich-Romans (6,III,386). Den Namen Max Demian, seinen Dämon, fand Hesse in einem Traum (76).

Durch Jung hatte Dr. Lang «ein reiches Wissen über Gnosis erworben, das er ebenfalls an Hesse weitergab. Aus diesem Stoff schrieb er seinen Demian» (6,II,183). In der Gestalt des Pretorius in Demian hat Hesse dem Dr. Lang «ein Denkmal gesetzt» (77,153f.). Demian ist neben einigen Märchen wie «*Iris*» oder «*Der schwere Weg*» «Ergebnis und künstlerische Frucht» der Begegnung mit der Tiefenpsychologie (76). Jung selbst meint in bezug auf Hesses Bücher «*Siddharta*» (1922) und «*Steppenwolf*» (1927): «Direkt oder indirekt gingen sie — wenigstens teilweise — aus einigen meiner Gespräche mit Hesse hervor» (6,II,183).

Im Frühsommer 1921 ist Hesse einige Wochen in Zürich und unterzieht sich einer analytischen Behandlung bei Jung selbst. Danach sendet er Jung einige Male seine Gedichte, und es entsteht ein Briefwechsel mit ihm (6,I-III). «Jedoch begann ich damals einzusehen, daß für Analytiker ein echtes Verhältnis zur Kunst unerreichbar ist, es fehlt ihnen allen dafür das Organ», urteilt Hesse. In einem Brief meint er, er habe sich nur in den Jahren 1916-1922 in Jungs Bücher vertieft. «Ich habe vor Jung stets Respekt gehabt, doch habe von seinen Schriften nicht so starke Eindrücke gehabt wie von denen Freuds.»

Miguel Serrano, ein an Mythenforschung interessierter Botschafter Chiles, schrieb über seine Begegnungen mit Jung und Hesse (78). Ihm ist bei beiden u.a. die Bedeutung östlicher Weisheit für den westlichen Menschen wichtig.

Dr. *Karl Schmid,* Professor für deutsche Literatur an der ETH Zürich und Rektor, als an Jung 1955 die Ehrendoktorwürde der Naturwissenschaften verliehen wurde, machte 1957 in seinen Schriften einen «sinngemäßen Gebrauch» von Jungs Ideen (79). Auch schrieb er ein Buch, das er speziell C.G. Jung widmete (80).

Der englische Autor *Gottfried Benn* hielt C.G. Jung «nicht nur für einen der großen originellen Denker unserer Zeit, sondern auch für einen ihrer wenigen Befreier». Jung habe «Wege gebahnt, auf denen der Schriftsteller voller Hoffnung gehen kann» (81).

Kapitel 9

C.G. Jung und die Mythenforschung

Wir erinnern uns, wie Jungs Traum vom Haus mit den Stockwerken und Kellern (1909) ihn u.a. zum intensiven Studium der *Mythologie* und der verschiedenen Werke darüber führte. Vor allem «zündeten» die Werke von *Friedrich Creuzer* (82). «Ich las wie besessen» (26,166). Jung erhoffte, durch sie die Äußerungen des kollektiven Unbewußten im allgemeinen und «die Symbolik» der Psychosen seiner Patienten im besonderen verstehen zu lernen. Jung jedoch

> «bemühte sich weder, den exakten Nachweis für die «Spontaneität» archetypischer Symbolproduktionen seiner Patienten zu führen..., noch überprüfte er die historischen Mythen und Symbole, mit denen er seine Archetypenlehre zu erhärten suchte, auf ihren historischen und politischen Entstehungskontext» (44,18).

Gemeinsam mit dem ungarischen Philosophen, Religionswissenschaftler und Mythenforscher Prof. *Károly Kerényi* schrieb Jung eine «*Einführung in das Wesen der Mythologie*» (1941). Sieben Jahre später folgten Jungs Bücher «*Symbolik des Geistes*» (70) und 1951 «*Aion. Untersuchungen zur Symbolgeschichte*» (71).

Nach Jung sind die mythischen Bilder und Symbole der Tiefenschichten moderner Menschen archetypische Manifestationen des kollektiven Unbewußten.

> «Die analytische Psychologie erkennt in den Mythen die Urgründe der Menschenseele, ja die Urnormen und Urformen des Lebens. Aus dem Mythos entsteht die psychologische Welt des Menschen. So stellt das Mythische ein überindividuelles, archetypisches Reservoir von Bildern dar und eine die Seele des Menschen mit Gestalten und Ereignissen füllende Macht. Es ist der Stoff, aus dem unsere Träume gemacht sind. Wer die Seele des Menschen entschlüsseln will, muß die Mythen entschlüsseln. Die Mythologie wird hier als «Kollektivpsychologie» bezeichnet» (83,126-127).

Hedda Herwig bemerkt kritisch:

«Die Klassifikation (der Symbole) geht ... nicht nur von sehr ober-
flächlichen Kriterien der Typisierung aus, sondern läßt auch eine
analytische Willkür walten, die ihresgleichen sucht. Jung unterscheidet weder zwischen geschlossenen Mythen und einzelnen Symbolen, noch unterscheidet er beide nach ihrem jeweiligen historischen,
zivilisatorischen, gesellschaftlichen und geistigen Zusammenhang.
Ägyptische und chinesische, griechische, jüdische und christliche
Mythen oder Symbole werden bunt durcheinander geworfen. Kos-
mologische und philosophische, religiöse und politische, gnostische
und apokalyptische Mythen und Symbole, Ordnungs- und Unord-
nungssymbole werden auf der gleichen Ebene behandelt» (44,100).

Das heutige Interesse an Mythen kann das Interesse an Jung
und seiner Mythendeutung wecken oder fördern. Das gilt
auch von der Theologie, in der man momentan dem Mythos eine «besondere Aufgabe» zuschreibt. Angebliche Mythen der Bibel vergleicht, deutet und ergänzt man mit
wirklichen Mythen (84,504-507). So versucht man fälschlicherweise, die Gegensätze, nämlich Gottes Wortoffenba-
rung in seinem Wort und in der Geschichte einerseits und
menschliche Mythen andererseits, zu harmonisieren und zu
vereinigen. *Walter Uhsadel* (85) geht, im Gegensatz zu *Jürgen Kuberski* (86), weniger aus biblischer Sicht auf das Thema Mythen und Märchen ein.

Sowohl die sog. Entmythologisierung als auch die My-
thologisierung der Bibel fällt unter das Urteil von Gal. 1,8-9.
Siehe 1 Tim. 4,1; 4,7 und 2 Tim. 4,2-4. Am Anfang des
Menschen steht nicht der Mythos, sondern Gott. Um den
Menschen in seiner Anthropologie und Psychologie zu ver-
stehen, muß man deshalb auch nicht Mythologie, sondern
Gottes Wort studieren.

Kapitel 10

C.G. Jung und die Märchenforschung

Eingehender und umfassender als andere Richtungen der Psychologie haben Jung (87) und seine Schule sich mit dem Märchen befaßt. Von den Jungschen Märcheninterpreten wären u.a. *Hedwig von Beit* (88), *Hans Dieckmann* (89; 90), *Marie-Luise von Franz* (91; 92; 93), *Agnes Gutter* (94) und *Verena Kast* (95) zu nennen. Prof. Dr. phil. *Max Lüthi* behandelt neben der Jungschen auch andere psychologische Märchendeutungen (96). Er weist darauf hin, daß «bei der Jungschen Schule die Psychologie des Märchens zu einer eigentlichen Anthropologie auswächst: Es geht um die Ergründung des Wesens der Seele» (96,111).

Die Jungschen Märcheninterpreten sehen archetypische Grundmuster, psychische Entwicklungs- und Reifungsvorgänge, besonders der Lebensmitte, im Märchen dargestellt. Wie Jung gehen sie davon aus, daß eine Wandlung der sogenannten extrovertierten zur introvertierten Grundeinstellung in der zweiten Lebenshälfte stattfindet. Diese Wandlung wird symbolisiert im alten, oft kranken König bzw. im Sohn, dem Prinzen, der den Zugang zum Unbewußten sucht und darum den Weg nach innen, zur Prinzessin, antritt. Die Begegnung des Helden mit der Prinzessin sei die Verwirklichung der innerseelischen Ganzheit. Die Märchenfiguren seien vor allem Archetypen. Die Faszination des Märchens weise auf die des kollektiven Unbewußten bzw. des Numinosen hin. So wie für Freud der Traum die via regia zum persönlichen Unbewußten war, so sehen Jung und seine Schule in der Interpretation von Mythen und Märchen einen königlichen Weg zum kollektiven Unbewußten. Darum nutzen Hans Dieckmann, Verena Kast und andere sie zu diagnostischen und therapeutischen Zwecken. Denn in der finalen Jungschen Betrachtungsweise seien Mythen und Märchen ein Spiegel innerseelischer Prozesse.

Es gibt nicht-biblisch begründete Kritik an der Jungschen Schule in bezug auf ihre Märcheninterpretation: Sie deute das Märchen ihrem theoretischen Vorurteil gemäß (97). Auch Prof. Lüthi bemerkt in bezug auf die Jungschen Märchendeutungen:

> «Sie stellen nicht nur bestimmte Fragen an das Märchen. Sie tragen ein ganzes Bezugssystem, ja mehr als das, eine auch inhaltlich schon bestimmte Theorie an das Märchen heran und interpretieren es auf dieser Grundlage» (96,111).

Kapitel 11

C.G. Jung und der Okkultismus

C.G. Jungs Tätigkeit wird der *Höhepunkt* der Renaissance des Okkultismus im vergangenen Jahrhundert genannt, die mit dem Mesmerismus anfing (98; 99,483-493). Vielleicht könnte man sie auch als einen *Mittelpunkt* der okkulten Welle innerhalb der Wissenschaft im 20. Jahrhundert, vor allem der Psychologie und Physik, bezeichnen. Sowohl Jungs esoterische Erfahrungen als auch seine metaphysische Psychologie zogen und ziehen immer mehr Gleichgesinnte an: in der Transpersonalen Psychologie, Parapsychologie, New-Age-Bewegung bis hin zu den Naturwissenschaften.

> «Es sammelten sich eine Menge geistverwandte Leute um Jung, die durch ihre esoterische Orientierung die wahre Art seiner Psychologie erkannten» (98).

Das gleiche gilt für viele Äußerungen Jungs zu parapsychologischen Themen. In Handbüchern zum Okkultismus wird an verschiedenen Stellen auf Jung hingewiesen, und zwar zu Themen wie Alchimie, Astrologie, Exkursion der Seele, I Ging, aktive Imagination, Spiritismus, Spukphänomene, Synchronizität, Ufo's, Wahrsagerei und Zahlendeutung. Vor allem unter Einfluß von Jung betrachten heute manche das Werk der Alchimisten nicht als lediglich primitive Chemie, sondern mehr als eine *psychologische* Angelegenheit (98).

Jung hatte nicht nur selbst im Jahre 1944 außerkörperliche Erfahrungen. Er beschrieb 1952 auch solche von Patienten und von Versuchspersonen.

Jung war auch an Chiromantie interessiert. Er schrieb 1944 eine Einleitung zu «*The Hands of Children*» seines

Anhängers, des Psychologen *Julius E. Spier*. In dieser sogenannten Psychochirologie behauptet Spier im Sinne Jungs, daß sich die menschliche Seele in einem ständigen Wandlungsprozeß befinde. Er folgert daraus, daß sich dementsprechend auch «ihre Äußerungen in den Kinderhänden» ständig wandeln.

Jungs Psychologie, die Physik und der Okkultismus

Es ist bemerkenswert, wie mehr und mehr Physiker sich dem Metaphysischen, dem Numinosen, und dann auch oft Jungs Psychologie und der Parapsychologie öffnen. *Hans Peter Dürr* gab ein Buch mit Beiträgen von zwölf Vätern der modernen Physik heraus, die «über ihre Begegnung mit dem Wunderbaren» berichten (100). Leider meinen sie damit aber nicht die über Leben und Tod entscheidende Begegnung mit dem wunderbaren Sohn Gottes, dem Heiland Jesus Christus.

Der Grund, weshalb sich gerade *Naturwissenschaftler* für die analytische (und Transpersonale) Psychologie interessieren, liegt in ihrer Faszination durch das Metaphysische. «Von Anfang an waren Naturwissenschaftler gut repräsentiert» unter den Wissenschaftlern, die Parapsychologen waren. *Werner Bonin* zählt eine Reihe von vor allem Physikern, aber auch Biologen, Physiologen, Ärzten, Mathematikern und Astronomen auf (99), während *Merylin Ferguson* Nobelpreisträger nennt, die sich für PSI-Phänomene interessier(t)en (101). Bonin schreibt sogar:

> «Die Parapsychologie hat so unterschiedlich vielfältigen Teil an anderen Disziplinen, daß manche Autoren ihr überhaupt die Eigenständigkeit absprechen wollen und ... sie vielleicht auf 2 Disziplinen aufteilen wollen, z.B. Psychologie und Physik»! (99).

Die parapsychologische Untersuchung, die vom Spiritismus ausging, heißt heute *Paraphysik*. Zum Beweis paranormaler Phänomene nimmt man immer mehr Zuflucht zur moder-

nen Physik, vor allem zur *Quantenphysik*. Mit Vorliebe zitiert man einen Satz von Werner Heisenberg:

> «Die Wahrnehmung hat auf das Geschehen einen bestimmten Ein-
> fluß, und die Wirklichkeit ist dann auch abhängig von der Tatsa-
> che, ob wir sie wahrnehmen oder nicht» (102).

Wahrscheinlich ist dieses Wort nicht im okkulten Sinne ge-
meint. Auf jeden Fall ist es keine «naturwissenschaftliche
Bestätigung» oder gar Legitimation für Psychokinese bzw.
Magie.

Vor allem Jungs Konzept der *Synchronizität* wurde und
wird von vielen übernommen, in erster Linie von der Parapsychologie. Jung hatte synchrone Ereignisse als *parapsychologische* Phänomene bezeichnet. Demzufolge «haben
sich hauptsächlich Parapsychologen für diese Hypothese
interessiert», schrieb Prof. *Hans Bender* 1973 (103). Synchronizität als «akausale, aber sinnvolle Gleichzeitigkeit eines psychischen Zustandes und äußeren Ereignisses» ist
ihnen eine willkommene «wissenschaftliche» Erklärung für
ihre Vorstellung der «inneren Harmonie mit dem Ganzen»
bei außersinnlicher Wahrnehmung (ASW).

Inzwischen gibt es auch mancherlei *Kritik* an Jungs
Synchronizitätsbegriff. Er sei nur für *spontane* paranormale Phänomene brauchbar. Jedoch sei Jungs Synchronizitätstheorie «keine befriedigende Erklärung für die Erfolge
gezielter PSI-Experimente» (99).

Außerdem bräuchten ASW und Ereignis nicht synchron
zu sein, das heißt, nicht in der *Zeit* zusammenzufallen. Die
mantische Antwort auf eine Frage nach einem zukünftigen Ereignis ist unabhängig vom Moment, in dem die Frage
gestellt wird (104). Jung war sich dessen bewußt. Deshalb
sprach er nicht von Synchronismus, sondern von Synchronizität, von Quasi-Gleichzeitigkeit, und zwar nur in der
subjektiven Erfahrung, z.B. im Traum oder in der Vor-
ahnung.

Auch berücksichtige Jungs Synchronizitätsprinzip nicht den *Raum*aspekt. Prof. Dr. rer. nat. *Erwin Nickel* schlägt darum den Begriff *Konstellation* vor, um das «komplementäre Verhältnis von Physis und Psyche» zu bezeichnen (105,697-705).

Dennoch wurde Synchronizität zu einem Kernbegriff, auch der Transpersonalen Psychologie, der New-Age-Bewegung und irrational-ganzheitlich orientierter Einzelpersonen, besonders Physiker. Jungs Begriff Synchronizität bedeute ja die «Durchbrechung» des «einseitigen» Kausaldenkens und die Zuordnung parapsychologischer Fähigkeiten und Phänomene zur menschlichen Psyche bzw. zum *kollektiven* Unbewußten. Dafür war in Freuds Konzept eines nur persönlichen Unbewußten, womit er seine Psychologie des Unbewußten «verengte», kein Platz. Dadurch habe sie — im Gegensatz zur Psychologie Jungs — keine theoretischen Berührungspunkte für die Parapsychologie, «obwohl Pierre Janet, Alfons Binet, G.S. Hall, William James, J. Jastrow, Morton Price und J.J. Putnam in Amerika den Weg dazu bereitet hatten» (106).

«Der Höhepunkt» der Berührung von Parapsychologie und Jungs analytischer Psychologie war das Buch *«Zahl und Zeit»* (107). Die Verfasserin deutet die Zeit als lediglich ein Produkt unseres rationalen Denkens statt als von Gott gegeben. Auch die Zahl habe einen *archetypischen* Charakter. Die «natürlichen», d.h. ganzen Zahlen seien in besonderer Weise mit dem Synchronizitätsprinzip verbunden.

Die Statuserhöhung der Parapsychologie

Jung hat mit seiner analytischen Psychologie, durch seine irrationale Erkenntnistheorie und seine Konzepte des kollektiven Unbewußten, der Komplementarität, Ganzheit und Synchronizität, den *Status der Parapsychologie erhöht,* was durch die Transpersonale Psychologie und Capras Wissenschaftstheorie weiter fortgesetzt wird.

Da Jung, schon seit seiner Dissertation von 1902 (108), okkulte Phänomene der menschlichen *Psyche* zuordnete und ihnen damit eine *natürliche* Erklärung gab, brauchte man nicht länger einer metaphysischen Geistertheorie bzw. einer spiritistischen Interpretation anzuhängen. So spricht man nun lieber von «Spukphänomenen» anstatt von «Poltergeistern», um nicht die Existenz von Geistern (Dämonen) annehmen zu müssen.

Jungs Psychologismus in bezug auf den Okkultismus führte zur *psychosomatischen* Auffassung von PSI-Kräften und PSI-Phänomenen. PSI sei eine normale, psychische Kraft statt eine paranormale, okkulte Gabe der Zauberei. PSI sei die *psychische* Beherrschung und Beeinflussung der Materie. Sowohl die PSI-Kräfte eines Uri Geller als auch die «spontanen PSI-Phänomene» bei seinen Fernsehzuschauern seien vom «kollektiven Unbewußten hervorgebracht» (..). Telepathische Kommunikation über die angeblich gemeinsame Kollektivseele? Diese dämonische Infizierung wird nun verhüllend RSPK (Recurrent Spontaneous Psychokinesis) genannt (109). So wird Jungs Psychologie des kollektiven Unbewußten als «Schlüssel zum Verständnis von PSI» betrachtet.

Auch *Sheila Ostrander* und *Lynn Schroeder* gehen in ihrer Bewertung mantischer und magischer Kräfte von dem psychischen, natürlichen statt übernatürlichen Ansatz aus:

> «Die psychische Dimension ist der Ursprung des Schöpferischen, der Inspiration... Das ist der Grund dafür, daß einige der hervorragendsten Geister unseres Jahrhunderts — Madame Curie, C.G. Jung, Franklin Roosevelt, Thomas A. Edison, Winston Churchill, Albert Einstein — sich aktiv für die Wissenschaft der Parapsychologie interessiert haben» (110,341).

Die akademische Integration der Parapsychologie

Jungs Psychologismus fördert die irrige Vorstellung, man

habe es im Okkultismus bzw. in der Parapsychologie mit Naturphänomenen und somit mit einem Bereich der Wissenschaft zu tun. So hat er einen wesentlichen Beitrag für eine «wissenschaftliche» Parapsychologie und für ihre *akademische Integration* geliefert, die freilich «noch nicht abgeschlossen» ist. Jedoch ist die Parapsychologie schon «auf allen Kontinenten auf akademischer Ebene vertreten» (99). *Arthur Koestler* gab zu denken, als er schrieb:

> «Der Okkultismus wird immer wissenschaftlicher, die Physik immer okkulter» (111).

Was die Folgen einer 'integralen' Wissenschaft mit dem rational-logischen *und* irrational-metaphysischen Erkenntnisweg und was die Folgen einer 'integralen' wissenschaftlichen Ausbildung mit einer Bildung der angeblich linken-rationalen *und* rechten-irrationalen Gehirnhälfte sind, läßt sich noch nicht übersehen, jedoch besorgnisvoll ahnen.

Die okkulte Welle

Schließlich trug und trägt Jungs okkult-inspirierte und okkult-orientierte Psychologie dazu bei, *das Interesse am Okkultismus* im weiten Sinne *zu wecken und zu mehren,* was durch jede Auflage und Verbreitung seiner Schriften intensiviert wird.

> «Vielleicht ist er (Jung) mehr als irgendein anderer verantwortlich für die Woge des Interesses am 'Okkultismus' — den paranormalen und östlich-religiösen Lehren —, das bald nach seinem Tode einsetzte» (112,10).

Kapitel 12

C.G. Jung und New Age

«New-Age-Apostel» haben Jung «zu ihrem geistigen Schutzpatron erkoren» und sehen ihn als «Vorläufer auf dem Weg in eine heile Zukunftswelt. Kritiker dagegen sehen in Jung einen 'Vater der Antiaufklärung'... In nahezu allen Publikationen, die derzeit eine Metamorphose des Menschheitsbewußtseins von historischen Ausmaßen ankündigen, wird Jung als Kronzeuge angerufen» (111). Es sind wohl die Geistesverwandtschaft, das holistische Weltbild, der Pantheismus, die Orientierung am Irrationalen, an spiritueller Erfahrung, an fernöstlichen Religionen und am Okkultismus, die Sehnsucht und Suche nach dem Selbst, die New-Age-Anhänger mit Jung verbinden. Zu den *theoretischen Entsprechungen* gehören dann auch u.a. die Vorstellung eines *unus mundus*, einer mystischen Vereinigung und Ganzheit, obwohl man viel mehr die Vernunft durch Irrationalität und Mystik, die technische Machbarkeit durch magisch-spirituelle Machbarkeit ersetzen als ergänzen möchte.

Vor allem wegen seines Konzeptes der *Synchronizität* wird Jung in der New-Age-Literatur als Kronzeuge ihres holistischen Weltbildes angeführt. Außerdem beziehen sich New-Age-Anhänger auf Jungs Konzept einer Kollektivseele und auf seine Interpretation von Träumen, Mythen und Symbolen, z.B. Mandalas.

Sie haben ähnliche Zielsetzungen. Mit Jung (113; 6,I,496) träumen sie von einem bevorstehenden, neuen Zeitalter und bemühen sich, das gelobte Wassermannzeitalter vorzubereiten.

Da neben Jung die Transpersonale Psychologie die beliebteste Psychologie von New-Age-Anhängern ist, gilt das beim Abschnitt «Transpersonale Psychologie» Gesagte auch an dieser Stelle.

New-Age-Autoren, die Jung öfters zitieren, sind u.a. *Fritjof Capra* (32; 33), *Merylin Ferguson* (101), der Kirchenkritiker *Hubertus Mynarek* (114) und der Mathematiker *Arthur Young* (36). *Ken Wilber,* der «einer der differenziertesten Vordenker und Wegbereiter des Wertewandels in Wissenschaft und Gesellschaft» genannt wird (115), ist Verfasser mehrerer an Jung orientierter New-Age-Bücher (u.a. 116; 117).

Merilyn Ferguson weist darauf hin, daß bei einer Umfrage im Jahre 1977 die einflußreichsten Personen nach Teilhard de Chardin sind: Aldous Huxley, der sehr dazu beitrug, die Human Potential Movement ins Leben zu rufen, und *C.G. Jung,* dann die Väter der Humanistischen Psychologie, Carl Rogers und Abraham Maslov, und Roberto Assagioli mit seiner «Psychosynthesis» (3). Sie meint, Jung habe die «transzendente Dimension des Bewußtseins» neu entdeckt und integriert, so daß die Trennung zwischen Vernunft und Irrationalität aufgehoben wurde.

Der Wissenschaftshistoriker *Morris Berman,* ebenso ein Vertreter des holistischen Weltbildes, preist Jungs ganzheitliche Psychologie, durch die «das Bewußte und Unbewußte in uns in harmonischen Einklang gebracht» wurde (118). Berman bezieht sich in seinem Buch u.a. «in starkem Maße auf die Werke von Carl Jung» (118,8). Er übernimmt Jungs Deutung der Alchimie, einschließlich der vermeintlichen Lapis-Christus-Parallele, und der Träume wie auch Jungs Begriff Schatten.

George Trevelyan sieht in Jung den Wiederentdecker eines «uralten Geheimwissens, das sich als Schlüssel zur Erlösung der Menschheit erweisen» könne (111).

Der Begriff «New Age» mag nach einiger Zeit verschwinden. Bleiben wird jedoch die Utopie des sich autonom und frei wähnenden Menschen, der in (un)bewußter Rebellion gegen Gott und sein Wort behauptet: Siehe, wir machen alles neu, den neuen Menschen und die neue, heile Welt, und zwar u.a. mit Hilfe der analytischen und Transpersonalen Psychologie.

Kapitel 13

C.G. Jung und die Religionswissenschaften

«Religionspsychologie ist der Versuch, mit psychologischen Methoden und auf der Grundlage psychologischer Theorien das Phänomen Religion und die religiösen Phänomene begreifbar zu machen...» (119,281-288).

Kennzeichnend für Jungs Religionspsychologie ist die große «Bandbreite»: Sie reicht von primitiven Stammesreligionen und Mysterienkulten über Mythologie und Märchen bis zur Alchimie und Ufologie. An mehreren Stellen hat sich Jung zum Thema Religion, zu den asiatischen Religionen und zu deren Verhältnis zum Christentum geäußert — nachzulesen vor allem in den Gesammelten Werken Band XI (120). Aber auch in anderen Bänden und in seinen Briefen, vor allem in solchen an Theologen, kommen diese Themen immer wieder zur Sprache. Sie nehmen einen zentralen Platz in Jungs Psychologie ein.

>Im Grunde genommen ist Jungs gesamtes Werk als eine religionspsychologische Aussage zu verstehen, als eine zunehmende Verdeutlichung des Numinosen, von dem der Mensch bewußt oder unbewußt erfüllt und umgeben ist, und von dem er geführt wird» (46,43).

Zahlreiche Autoren haben sich mit Jungs Religionspsychologie auseinandergesetzt, allen voran *S. Freud. Heisig* erwähnt in seiner Bibliographie von 1977 insgesamt 442 Werke (121). Außer Kritikern (122; 123) gab und gibt es auch solche, die durch Jung «ihren Glauben revidierten»: Sie üben wirkliche Toleranz, sie entsagen also dem Absolutheitsanspruch Jesu und der Bibel; sie geben das Reden von «extra nos» und somit alle Jenseitigkeit auf; sie verzichten auf den Glauben und akzeptieren die Erfahrung als kritische Funktion; sie verzichten auf das christliche Reden von Erlösung in biblischem Sinne (nach 124). *Raimar Keintzel* nennt eine Reihe Autoren, die beim Thema «Psychologie und Religion» von Jung ausgehen (125,144-157). Er weist auch auf den Sammelband von *Wilhelm Bitter* hin (126).

Der Theologieprofessor *Paul Tillich* übernahm Jungs Psychologismus insofern, als er den Glauben als Funktion der menschlichen *Psyche* bestimmte. Dadurch wurde Religionspsychologie, die von jeglicher Metaphysik absieht, erst recht möglich.

> «Er formuliert das, was die Theologie ihr 'Proprium' nennt, in nicht-theologischer Sprache. Dementsprechend entwirft er in seiner systematischen Theologie, die für die Religionswissenschaft sehr wichtig ist, eine 'Dogmatik', die nicht von Gott, sondern von den existentiellen Bedürfnissen des Menschen ausgeht. So ist sie nicht mehr 'Glaubenslehre', sondern 'antwortende Theologie'. Die Bibel gibt Antwort auf die existentiellen Fragen der Menschen» (127,76-84).

Der an C.G. Jung orientierte *Gerhard Wehr* übernahm die analytisch-*typologische* Betrachtungsweise des Christentums und der Religionen (128). Laut Wehr nahm das Christentum schon bald eine aktive, der Welt und Weltmission zugewandte Einstellung ein. Diese «extravertierte Grundhaltung» des Christentums ging und geht auf Kosten ihres introvertierten Gegenpols, so daß «alte Möglichkeiten der Seele preisgegeben werden mußten» (128,15). So (..) nahm und nimmt der vom Christentum geprägte westliche Mensch «Schaden an seiner Seele».

Nur wenige hätten noch Zugang zu den inneren Quellen gehabt, d.h. zur inneren Erfahrung, zur unmittelbaren Erfahrung des Numinosen oder des Geistes, und zur außersinnlichen Wahrnehmung, die zur Bewußtseinserweiterung und so zur höheren Erkenntnis führen. Und solche, die den Weg zur inneren Quelle fanden und gingen, seien «von der anti-esoterischen Rechtgläubigkeit» in den Bann getan und als Ketzer verfolgt worden.

Die Behauptung von *Jean Gebser*, daß West und Ost keine Gegensätze sind, sondern «sich zu einer harmonischen Ganzheit ergänzen» (129), beruht auf Jungs Ganzheitstheorie.

Ulrich Mann, Autor einiger Bücher zum Thema Religionswissenschaft (130; 131) macht aus Jungs Paradigmen der Evolution, der Ganzheit und somit der Komplementarität «das Strukturprinzip einer integrativen Religionswissenschaft, die Vergangenheit und Gegenwart der Religionen als Geschichte des Selbstwerdens Gottes erklärt» (132).

Der Religionshistoriker *Mircea Eliade* integrierte sowohl Konzepte von Freud als auch von Jung. Er verarbeitete Jungs Archetypen-Theorie für seine Symbolforschung (133). Er glaubt, daß der Mythos der Schlüssel zum Verständnis der Religionen ist (134,212). *Joseph Campbell* verbindet seine Kenntnisse der Mythen der Weltreligionen mit denen der Psychologie Jungs und Freuds (135). Er hat eine psychologische Betrachtungsweise. Ein anderes Werk, das von Jung beeinflußt ist, heißt «*Women, Androgynes, and Other Beasts*» von *Wendy Doringer O'Flaherty.* Sie verarbeitet die Psychologie Jungs wieder anders als Eliade und Campbell (134,213).

Manche Menschen sind durch Jungs, wie sie meinen, «positive» Einstellung zur Religion und zur Religiosität geblendet. Der ehemalige Redakteur der «Neuen Zürcher Zeitung», der Psychotherapeut Dr. phil. *Ernst Spengler,* der seine Ausbildung zum Analytiker am C.G. Jung-Institut Zürich erhielt, schreibt, Jung habe «als erster die Religiösität als das zentrale Problem im Leben des Menschen anerkannt» (136,245).

Aufgrund seines psychologischen Ansatzes in bezug auf Religion und Religiosität verstand Jung unter dem «zen-

tralen Problem» jedoch niemals die Schuld vor Gott oder
das gebrochene Verhältnis zu Jesus Christus und zu Gottes Wort. Wenn Jung von Religion und Religiosität sprach,
meinte er immer das Psychische und Psychologische. Er
sagte darum:

> «Es ist meine feste Überzeugung, daß von jetzt an bis in unbestimm-
> te Zukunft das wahre Problem ein psychologisches sein wird.»

Darum bedürften wir «durchaus einer neuen Orientierung».
Bei Jung heißt das freilich nicht eine Neuorientierung an
Gottes Wort, sondern an seiner Tiefenpsychologie bzw. am
kollektiven Unbewußten.

Jung — kein neutraler Darsteller
Jung behauptete:

> «Ich beschränke mich auf die Beobachtung von Phänomenen, und
> enthalte mich jeder metaphysischen oder philosophischen Betrach-
> tungsweise» (137,2f.).

Zwar meinte er, er arbeite «ausschließlich phänomenolo-
gisch» und beschäftige sich nur «mit Tatsachen. Seine
Wahrheit ist ein Tatbestand, kein Urteil». Jedoch ist Jungs
Wahrheitsbegriff «unhaltbar», erklärte *Erich Fromm,* der
die methodologischen Voraussetzungen von Jungs behaup-
teter phänomenologischer Analyse der Religion einer kritischen Prüfung unterzog.

> «Jung vergißt, daß die Wahrheit sich immer und notwendigerwei-
> se auf ein Urteil bezieht und nicht auf die Beschreibung einer Er-
> scheinung, die wir mit unseren Sinnen wahrnehmen und mit einem
> Wortzeichen benennen» (138,22).

Jungs Beschreibung des Christentums und der asiatischen
Religionen ist ein *Urteil,* nämlich sein subjektives Urteil über
sie. Jung ist eben kein neutraler Beobachter und Darstel-
ler des Christentums und der asiatischen Religionen und
schon gar nicht ein bibeltreuer Interpret!
— In erster Linie sind Jungs Gottesbild und sein Religions-

verständnis durch seine *dämonische Kindheitserfahrung* als Zwölfjähriger geprägt, die er selbst später als eine «psychische» und «innere» Erfahrung deutete. Dabei erlebte er «Gott» in seiner «Gegensätzlichkeit» als den Zwingenden, Überwältigenden, aber auch als den Begnadigenden. Im Gegensatz zu Freud, der mit seiner Psychoanalyse ein «jüdischer Rächer» am Christentum war, war der «christliche» Jung mit seiner analytischen Psychologie ein Rächer an Gott selbst.

— Weiter ist seine Sicht des Christentums und der Religionen Folge des *bewußten Bruchs* mit dem dreieinigen Gott, mit Gottes Wort und mit dem Christentum im Alter von 15 Jahren (26,62.80.98-99).

— Ein anderer wichtiger Aspekt ist der *Ärger* über die biblische Sicht des Menschen, z.B. in Röm. 3,23 und 7,18, und damit über die unverdiente Gnade Gottes, die unsere Leistung völlig ausschließt. Jung meinte, wenn Gott «nur gut» (summum bonum) ist und das Böse «privatio boni» bedeutet,

> «käme alles Gute von Gott und alles Böse vom Menschen. Das entnimmt dem Menschen die Möglichkeit, etwas Gutes hervorzubringen» (139).

Jung stieß sich an der biblischen Sicht des Menschen in seiner totalen Sündhaftigkeit und Verlorenheit und somit in seiner totalen Abhängigkeit von Gottes Gnade und Erlösung. Stattdessen wandte er sich zum fernöstlich-religiösen Bild vom Menschen, der sich selbst erlösen könne. In seinem «Psychologischen Kommentar zu *Das Tibetische Buch der großen Befreiung*» schrieb Jung bezeichnenderweise:

> «Bei uns ist der Mensch unendlich klein und die Gnade Gottes bedeutet alles; im Osten dagegen ist der Mensch Gott und erlöst sich selber... Der christliche Westen betrachtet den Menschen als gänzlich abhängig von der Gnade Gottes... Der Osten dagegen beharrt darauf, daß der Mensch selber die einzige Ursache zu seiner höheren Entwicklung sei; denn der Osten glaubt an die 'Selbsterlösung'.

Gnade kommt von wo anders; jedenfalls von außen... Dazu kommt, wie Kierkegaard sagt, daß 'der Mensch immer im Fehler vor Gott ist'» (140).

Jung integrierte dann auch die asiatische Vorstellung der menschlichen Selbsterlösungsfähigkeit in seine analytische Psychologie und Psychotherapie, obgleich er sehr genau wußte, daß im (biblischen) Christentum

«die Behauptung, der Mensch trage die Möglichkeit zur eigenen Erlösung in sich, eine offene Blasphemie ist. Nichts in unserer Religion unterstützt die Idee von der selbstbefreienden Kraft des Geistes, aber ... die analytische Psychologie zieht die Möglichkeit in Betracht...» (140,526).

— Dann hängt Jungs Sicht eng zusammen mit seinem *Selbstbild* («introvertierter Typ»).

— Vor allem studierte Jung die Fremdreligionen nicht objektiv- theoretisch und schon gar nicht nach dem Maßstab des Wortes Gottes. Er war ein *Betroffener* und stand mit den Fremdreligionen in einer inneren Beziehung. Dazu einige Beispiele:

Jung praktizierte den hinduistischen *Yoga* und integrierte Yoga-Symbolik in seine Deutung des kollektiven Unbewußten. Denn es

«haben sich wichtige Parallelen mit dem Yoga ergeben, speziell mit dem Kundalini-Yoga und der Symbolik des Tantra-Yoga, des Lamaismus und des taoistischen Yoga in China. Diese Yogaformen mit ihrer reichen Symbolik liefern mir die wertvollsten Vergleichsmaterialien für die Deutung des kollektiven Unbewußten» (141).

Jung machte auch «reichen Gebrauch» vom taoistischen Orakelbüchlein *I Ging*. Vor und nach dem Verfassen seines Vorworts zur englischen Ausgabe des I Ging, wahrsagte er damit und stellte sich dabei I Ging «als Person» vor, an die er seine Fragen richtete und die ihm daraufhin antwortete. Beachtenswert ist die «Selbstaussage» des I Ging dem interessierten Jung gegenüber: «Auf meine Frage, erzählte mir der I Ging von seiner religiösen Bedeutung»

(142). Jung glaubte ihm, obwohl er wußte, daß I Ging «eine Sammlung obsoleter Zaubersprüche» ist (142).

Außerdem nahm Jung «Erkenntnisse» des *Bardo Thödol*, des *«Tibetanischen Totenbuches»* auf:

> «Seit dem Jahre ihrer (d. «Erkenntnisse», Anm.) Erscheinung (1927) ist mir der Bardo Thödol sozusagen ein steter Begleiter (..) gewesen, dem ich nicht nur viele Anregungen und Erkenntnisse, sondern auch sehr wesentliche Einsichten verdanke» (143).

So ließ sich Jung vom Geist der Fremdreligionen tief infizieren. Er selbst sagte in seiner Gedenkrede anläßlich des Todes von Richard Wilhelm:

> «Wir sind nicht bloß Bewundernde oder bloß Zuschauer geblieben, sondern Teilnehmer des östlichen Geistes geworden...» (144).

Ein Wort Jungs ließe sich gut auf seine eigenen Schriften anwenden. In ihnen ist «der Geist des Ostens wirklich ante portas» (128).

— Durch seine nicht-neutralen Äußerungen zu den asiatischen Religionen hat Jung «Wesentliches dazu beigetragen, das Interesse des westlichen Menschen am Geist Asiens zu erhöhen» (145). Jung selbst qualifizierte seinen Kommentar zur chinesischen «Goldenen Blüte» als eine *geistige Brücke*:

> «Der Zweck meines Kommentars ist der Versuch, die Brücke eines inneren, seelischen Verständnisses zwischen Ost und West zu schlagen» (146).

Warum war Jung nicht ebenso eifrig darum bemüht, den Anhängern asiatischer Religionen Gottes Wort zu bringen und ihnen den dreieinigen Gott zu verkündigen? Prof. *Thomas Szasz* bemerkt, daß Jungs tolerante, respektvolle Einstellung den Fremdreligionen gegenüber zugleich eine distanzierte, relativierende Haltung dem Christentum gegenüber enthalte (147,192). Vielleicht wäre es richtiger, zu sagen, daß Jungs relativierende, ablehnende Grundeinstellung gegenüber Gott, Jesus Christus, dem Wort Gottes und damit dem Christentum zugleich eine offene und integrierende Haltung gegenüber den Fremdreligionen enthält. Das war Jungs religiöse Doppelentscheidung. In einem Brief an Pfr. Walter Bernet von 1955 schrieb Jung:

> «Darum schlage ich vor und halte mich auch daran, alles Reden von Gott als mythologisch aufzufassen und diese Mythologeme ehrlich zu diskutieren... Der protestantische Theologe möge darum auf seine priesterliche Wortmagie und auf seine angebliche Gotteserkenntnis durch den Glauben verzichten und dem Laien zugeben, daß er Mythen rede... Wir sind aus dem 'sündhaften' Zustand der mythologischen Aussagen nicht dadurch befreit, daß wir sagen, durch Offenbarung Gottes in Christo sind wir 'errettet' oder 'erlöst', denn das ist ein weiteres Mythologem, dem allerdings eine psychologische (..) Wahrheit innewohnt» (6,II,500).

Jung war völlig davon überzeugt, daß Theologen, die Gottes Wort verkündigen, Mythen reden, er es dagegen mit seiner Psychologie des kollektiven Unbewußten mit der «Wirklichkeit» zu tun habe:

> »Was mich im Gespräch mit Theologen beider Konfessionen aufs tiefste beeindruckt, ist die Tatsache, daß von ihnen metaphysische Aussagen gemacht werden, anscheinend ohne Bewußtsein, daß in mythischen Bildern, welche ohne weiteres als das 'Wort Gottes' selber gelten, geredet wird. Aus diesem Grund wird auch so oft bedenkenlos angenommen, daß ich dasselbe tue, hingegen ich doch ... darauf trainiert bin, aufs genaueste zwischen der Vorstellung und der Wirklichkeit zu unterscheiden.»

— Durch seine Äußerungen zum Thema Religion und durch seine Ganzheitspsychologie wurde Jung zum Wegbereiter eines west-östlichen *Synkretismus,* d.h. einer verharmlosenden oder gar ganzheitlichen Grundhaltung und einer bewußten Religionsvermischung. Der oekumenische Theologe *W.A. Visser 't Hooft* stellte fest:

> «Jedenfalls trägt Jungs Psychologie direkt oder indirekt zur Schaffung eines religiösen Eklektizismus bei, in dem allerverschiedenste religiöse Konzepte ohne irgendein wirklich geistliches Urteilsvermögen gesammelt werden» (148,34f.).

Und *Henk Kraemer* urteilte, obwohl Jung nur ein empirischer Psychologe und Religionsinterpret zu sein behauptete: «ist er in facto ein Lehrer und Advokat einer immanenten Religion und vertritt er einen synkretistischen universalen Gnostizismus» (149,326).

— Jungs religionswissenschaftlicher Relativismus und sein komplementärer, ganzheitlicher Ansatz bedeuten, daß sich der westliche, christlich geprägte Mensch an seine christlichen Symbole, wie Krippe und Kreuz, Brot und Wein bzw. an Christus halten und nicht einfach alles von den asiatischen Religionen übernehmen solle. Das klingt verführerisch «positiv». Zugleich implizieren sie jedoch quasi ein *Missionsverbot* für die Christen. Denn die christliche Welt solle den Anhängern der Fremdreligionen ihre eigenen religiösen Symbole, z.B. Lotusblume, Buddhabild, und ihre Erlösungsvorstellungen, Erlösungsmöglichkeiten und -praktiken lassen. Diese seien, als Niederschlag der gleichen Quelle (d.i. der Seele), gleichwertig und gleichberechtigt. Sie seien Varianten der gleichen Selbstwerdung oder Individuation des Menschen.

— Jung verstand sich sogar als *Therapeut des Christentums* (150). Sein Ziel war eine Wandlung des christlichen bzw. biblischen «Gottesbildes». Wolle das Christentum, «statt (zu) Leiden» «produzieren, Zukunft haben, müsse es den Schatten Gottes» (den Satan bzw. Antichristen), die Erde (Materie) und das Weibliche in sein Gottesbild integrieren!

— Schließlich «erhebt sich hier zugleich die Frage, ob nicht Jungs Psychologie selbst eine Art neue Religion ist, eine Meta-Religion quasi, d.h. eine Religion, die einem modernen, psychologisch geprägten und geschulten Bewußtsein und Entwicklungsgrad gemäß ist» (119,287).

— Jung ist ein *Missionar im psychologischen Gewande*. Sein Evangelium ist die asiatisch-religiöse Lehre von der Selbsterlösung und der Ganzheit. Das ist jedoch «ein anderes Evangelium» (Gal. 1,6-9).

Zusammenfassend kann man sagen, daß Jung durch seine Schriften eine Anziehungskraft auf solche ausübt, die ein Ganzheitskonzept, die Identität der Seele mit Gott (Pantheismus) und eine tiefenpsychologische, archetypische und typologische Betrachtungsweise der Religion vertreten.

Erstaunlicherweise meinte Prof. *Eduard Thurneysen* und meinen andere Christen mit ihm, man könne hinsichtlich des Verständnisses von Religion und der asiatischen Religionen manches «von Jung lernen». Nur dürfe der Seelsorger sich nicht von Jungs «mystischer Weltanschauung und Religiosität infizieren lassen», die bei der Darstellung «implizit anwesend sind» (151,200). Leider erkannte Thurneysen nicht, daß sich Jungs Darstellung bzw. Interpretation der von ihm bewunderten Fremdreligionen nicht von seinem weltanschaulichen und psychologischen Vorurteil trennen läßt. In der Psychologie ist das jeweilige Welt- und Menschenbild immer Unterbau oder Wurzel der Diagnose, Deutung und Theorie.

Kapitel 14

C.G. Jung und die Theologie

«Die Richtung der Jungschen Tiefenpsychologie ist für die Religionswissenschaft wie für die Theologie immer noch die ergiebigste», stellt Ulrich Mann fest (152,26). Das Interesse von Theologen an der analytischen Psychologie wächst, vor allem auf katholischer Seite (153,179). In zunehmendem Maße gibt es Theologen, die meinen, durch Jung einen neuen Zugang zu Gottes Wort erhalten zu haben oder für ihre Bibelexegese bei einem oder mehreren Aspekten seiner analytischen Psychologie anknüpfen zu können (154; 155; 156). Tiefenpsychologische Bibelinterpretation im Jungschen Sinne gibt es weiter u.a. bei *Maria Kassel* (157), *Gerhard Wehr* (153; 158) und *John A. Sanford* (159), während auch *Christa Meves* Jung öfters zitiert (160). Unter den Theologen, die tiefenpsychologisches Material in ihre Theologie integrierten, wären Otto Haendler, Ulrich Mann, Karl Bernhard Ritter, Hans Joachim Thilo, Paul Tillich und Walter Uhsadel zu erwähnen (28). In «Psychologie des 20. Jahrhunderts» Band XV gibt es eine Reihe von Artikeln zum Thema Theologie und Tiefenpsychologie.

Jung und die typologische Bibelinterpretation

Immer wieder lassen sich Christen dazu verführen, Jungs Typologie auf biblische Personen anzuwenden und sie damit zu «christianisieren». Am bekanntesten ist die Deutung der Einstellung der beiden Schwestern Martha und Maria in Bethanien zu Jesus Christus nach ihrem «Typ» (Luk. 10,38-42).

So interpretiert *Fritz Rienecker* in seinem Kommentar

zum Lukasevangelium (161) Martha als «nach außen gekehrt» (extravertiert) und Maria als «in sich gekehrt» (introvertiert). Er behauptet: «Beide Wesensarten müssen im
Glauben geheiligt werden... Der Eifer der Martha und die
Andachtsruhe der Maria können, wenn sie vereinigt werden, die Harmonie der gläubigen Gemeinde zum Guten fördern.» Vermutlich ohne sich dessen bewußt zu sein, gibt
er hier eine Parallele zum Jungschen bzw. taoistischen Modell der sogenannten Vereinigung der Gegensätze. Was aber
sagt Gottes Wort?

Maria setzte sich zu Jesu Füßen, nicht aufgrund ihres
psychologischen Typs — ihren «Typ» konnte sie ja nicht
wählen —, sondern ihrer bewußten *Wahl* (Vers 42). Der
Herr Jesus lobte dann auch nicht ihren «introvertierten
Typ», sondern ihre gute Wahl, die ihrer geistlichen, nicht
ihrer psychologischen Einstellung zu Ihm entsprang. Es war,
als ob sie erkannt hätte: zuerst Jesus selbst, dann der Dienst;
zuerst das Wort Gottes, dann die Arbeit; zuerst soll ich mich
zu Ihm setzen, dann kann ich für Ihn gehen; zuerst soll
ich empfangen, dann kann ich geben. Davon, daß ihr
«Typ» «im Glauben geheiligt werden» müsse, ist entsprechend keine Rede.

Maria war übrigens gar nicht «in sich gekehrt», sondern
Christus zugewandt. Sie war nicht ich-zentriert, sondern
Christus-zentrisch. Sie war nicht ein Grübler und Eigen-
brötler, nicht kontaktscheu und dem Gegenüber verschlos-
sen, sondern ganz für Jesus Christus aufgeschlossen. Maria
war völlig auf die Person und das Wort ihres Herrn konzentriert, also überhaupt nicht auf ihr sogenanntes kollektives Unbewußtes, dessen «Archetypen» und «psychische
Prozesse». Sie war dann auch nicht gehemmt und reak-
tionsunfähig — alles Eigenschaften, die einem «introvertierten» Menschen unterschoben werden. Maria ist auch
nicht der «Typ» einer ständig Meditierenden, die eigent-

lich ins Kloster hineingehöre. Wenn es nur «Marias» gäbe, was sollte aus der Arbeit werden, so meint man oft, als ob Maria ihr Leben lang nur zu Jesu Füßen gesessen wäre und nie etwas getan hätte. Joh. 12,1-7 berichtet jedoch ihre vorbildliche Tat dankbarer Liebe und Ehrfurcht ihrem Heiland gegenüber. Eine solche geistliche Einstellung zu Jesus Christus hat einen positiven Einfluß auf das Verhältnis zum Nächsten und zur Arbeit.

Es war die persönliche Wahl der *Martha,* sich sofort mit dem Dienst für den Herrn, statt zuerst mit dem Herrn selbst und mit seinem Wort zu beschäftigen. Ihre Wahl entsprang nicht ihrem psychologischen Typ, sondern ihrer fleischlichen Gesinnung der Selbstbestimmung und Eigenleistung. Der Herr Jesus tadelte darum nicht ihren vermeintlichen «extravertierten Typ», auch nicht mit einem Hinweis, er müsse nur «im Glauben geheiligt» werden (Vers 41). War Er nicht auch in ihr Haus gekommen, «um zu dienen und nicht um bedient zu werden»? (Mark. 10,45).

Die gegensätzlichen Grundeinstellungen der beiden Schwestern Jesus Christus gegenüber — geistlich bzw. fleischlich — sind nach Jesu Maßstab nicht «gleichwertig» und nicht «gleichberechtigt». Sie dürfen darum nicht «in Harmonie» gebracht und nicht «vereinigt» werden.

Jungs *psychologische* Einteilung aller Menschen nach ihrer sogenannten psychischen Grundhaltung der Innen- und Außenwelt gegenüber darf weder in der Bibelauslegung noch in der Seelsorge eine Ergänzung oder gar ein Ersatz für die *biblische* Unterscheidung nach der geistlichen und fleischlichen Grundhaltung dem *dreieinigen Gott* gegenüber werden. Gerade diese Einstellung zum Herrn ist grundlegend und entscheidend für die Einstellung zu uns selbst, zur Umwelt und zur Arbeit.

Auch die Anwendung Jungscher Typologie auf die innere Einstellung zur *Bibel* wäre irreführend. Eine bibeltreue

oder bibelkritische, pluralistische, synkretistische Grundhaltung zu Gottes Wort hat nichts mit Introversion oder
Extraversion zu tun. Ebenso dürfen *Lehrunterschiede* zwischen dem Protestantismus und dem römischen Katholizismus, zwischen Evangelikalen und Oekumenikern oder
gar zwischen dem Christentum und den Fremdreligionen
nicht auf charakterliche, typologische Unterschiede reduziert, nicht subjektiviert und relativiert werden. Geistliche
Wahrheiten können eben nicht psychologisch bzw. nicht
als innerpsychische Kategorien gedeutet, und psychologische Vorstellungen nicht biblisch gefüllt werden.

Jung und die archetypische Bibelinterpretation

Paul Tillich war einer der ersten führenden protestantischen
Theologen, der den tiefenpsychologischen Ansatz der Polarität des Bewußten und Unbewußten in seine Theologie
aufnahm. Er ließ sich mittels Schrifttum und der Freudschen Analyse, der er sich unterzog, nicht nur von Freud
prägen. Tillich orientierte sich außerdem eklektisch an Jung.
Seinen 50. Geburtstag feierte er in Moscia bei Ascona bei
Olge Fröbe-Kapteyn und ihrem von Jung geprägten Eranos-
Kreis. 1936, als Jung seine Eranos-Vorträge über «Erlösungsvorstellungen in der Alchemie» hielt, referierte auch
Tillich dort, ebenso im Jahre 1954.

Tillich ließ sich von Jungs Archetypentheorie beeinflus-
sen. Er lehnte sich an Jungs Vorstellung des *Selbst* als dem
Zentrum des Menschen an und ordnete ihm den Ort des
Glaubens zu.

Wenn auch *Adolf Köberle,* der «als einer der ersten die
Theologie in ein weites und offenes Gespräch mit der Tiefenpsychologie führte» (162,1), im Jahre 1962 zugab, daß
der Psychologie Jungs «theologische Unzulänglichkeiten

und Schönheitsfehler anhaften», so ist er doch zugleich der Auffassung:

> «Es lassen sich aus der Psychologie Jungs Einsichten gewinnen, die für die Erneuerung der christlichen Kirche von höchster Bedeutsamkeit sind» (163).

Von den sogenannten Archetypen ist Köberle besonders beeindruckt von Jungs Kontrollgeist mit der weiblichen Stimme, den dieser *Anima* benannte. Köberle fragt sich: Woher stammt im Leben verheirateter Männer «die Neigung, sich ständig in andere Frauen zu verlieben?». Von dem Herrn Jesus, der vor Jung war, können wir den tieferen Hintergrund dieser Sünde lernen: «Aus dem (sündigen) Herzen kommen...» (Mark. 7,20-23). Und der Apostel Paulus, der Jungs Anima-Hypothese 'noch nicht' kannte, nennt die «Anima-Wünsche» des Mannes schlicht und einfach «Werke des Fleisches» (Gal. 5,19-21).

Nun aber scheint es, daß wir, dank Jung, mehr und besser wissen: Solche Begierden des Mannes haben «psychische» Hintergründe. Deshalb seien biblische Diagnose und biblische Ermahnung — Köberle spricht merkwürdigerweise von «Vorwürfen» — fehl am Platz. Stattdessen «wäre es hilfreicher, ihm zu zeigen: 'Was dir widerfährt (..), ist eine Überflutung deiner Seele aus archetypischen Urgründen (..) ... Laß ... die reiche Bilderwelt des Ewig Weiblichen in deiner Seele zu einer belebenden Macht werden'» (162,8). Wenn der Mann die «Urerfahrungen des Weiblichen» in seiner Tiefenseele integriert, könne er als Arzt, Prediger, Seelsorger etc. «dadurch beschenkt» werden. Umgekehrt sollten «Urerfahrungen des Männlichen in der Tiefenseele der Frau» von ihr integriert werden.

> Die Frau könne «dadurch (..) in erstaunlicher Weise befähigt und beflügelt werden zu Leistungen in allen geistigen Bereichen, in sozialer und diakonischer Aktivität» (162,8).

So sieht «Horizonterweiterung in praktischen Lebensfragen» (162,7) durch C.G. Jung für Christen aus. Die analytisch-therapeutische Ermutigung Köberles zur «Anima-Integration» steht jedoch im Widerspruch zur seelsorgerlichen Botschaft der Bibel: «Die aber Christus Jesus angehören, haben das Fleisch samt den Leidenschaften und Begierden gekreuzigt» (Gal. 5,24). Anders gesagt: Die Lehre und Praxis der sogenannten Anima-Integration verharmlost oder verneint die Sünde und somit das Kreuz (Röm. 6,6-22).

Der an Jung orientierte Dozent *Eugen Drewermann* (Paderborn), römisch-katholischer Theologe und praktizierender Psychologe (Psychotherapeut), läßt nicht nur vom Protestantismus, sondern auch von Gottes Wort nichts übrig (164). Er ersetzt die Bibelkritik der historisch-kritischen Methode durch seine eigene Bibelkritik mit Hilfe Jungscher Archetypenlehre.

Dem Jungschen Ansatz gemäß hält er die Vernunft — besonders in der Theologie — für die Ursache aller Übel. Wie bei Jung so steht auch bei ihm am Anfang die sogenannte innere Erfahrung, die allein zähle — nicht die Offenbarung Gottes, bzw. nicht das geschriebene Wort Gottes. Ziel der Exegese soll dann auch der «innere Weg» des Menschen zu sich selbst, d.i. zu «Gott», sein.

Jung und die symbolische Bibelinterpretation

Manche werden von Jungs Symbolverständnis und Symboldeutung fasziniert und verwenden sie für ihre Bibelauslegung. Diejenigen, die Jesus Christus als «Symbolgestalt» und die Geburt, Wunder, Kreuzigung und Auferstehung Jesu «symbolisch» verstehen, mögen in Jungs Symbolverständnis und Symboldeutung, auch biblischer Personen und Wahrheiten, eine Fundgrube sehen. Auch Jung ging es nicht um die objektive, geoffenbarte und historische Wirklichkeit und nicht um biblische Wahrheit, sondern um die *sub-jektive Erfahrung der Seele,* deren Niederschlag die sub-jektive religiöse Vorstellung und die sogenannte symbo-lische, mythische Sprache der Bibel seien. Demnach soll es z.B. nicht von Bedeutung sein, ob die Jungfrauengeburt oder die Auferstehung Jesu Christi historisch wahr oder nicht wahr ist. Es sei lediglich bedeutsam, daß es solche «subjektive Vorstellung» in der Psyche gebe. Nur diese «Vorstellung» sei wichtig und solle beurteilt werden. Sie sei «psychologisch wahr», weil sie existierte. Jung behaup-tete relativierend:

> «Die Psychologie beschäftigt sich lediglich mit der Tatsache, daß es eine solche Vorstellung gibt, aber nicht mit der Frage, ob diese Vorstellung in irgendeinem anderen Sinne wahr ist. Sie ist durch ihre Existenz psychologisch wahr. Psychologische Existenz ist sub-jektiv, wenn eine Vorstellung nur in einem Einzelnen vorkommt, aber objektiv, wenn sie von einer Gesellschaft etabliert worden ist» (137).

Jedoch sind nicht alle (religiösen oder auch ideologischen und politischen) Vorstellungen, die existiert haben, existie-ren und existieren werden, «wahr»! *Erich Fromm* bemerkt dazu:

> «...eine Idee existiert unabhängig davon, ob sie eine Wahnidee ist oder dem Sachverhalt entspricht. Das Vorhandensein einer Idee macht sie noch in keinem Sinne 'wahr'... Jungs Voraussetzung ist nicht nur vom psychiatrischen Standpunkt her unhaltbar; er ver-tritt einen Relativismus, der ... beispielsweise dem Juden- und dem Christentum ... dem Geiste nach prinzipiell entgegengesetzt ist» (138,22-23).

Jung versucht, zwischen «subjektiver» und «objektiver» Existenz zu unterscheiden, «obwohl die Dehnbarkeit die-ser Ausdrücke offenkundig ist». Er vertritt

> einen «soziologischen Relativismus, der die gesellschaftliche Billi-gung einer Idee zum Maßstab für die Gültigkeit, ihren Wahrheits-gehalt oder ihre 'Objektivität' macht» (138,23).

Jungs psychologische, subjektive Wahrheitsidee ist nicht

der Wahrheitsbegriff.

Die Sprache der (kollektiven) Seele sei *mythisch, symbolisch*. Die Seele sei demnach nur über ihre eigene, d.i. symbolische Sprache erreichbar. Darum ist, laut Jung, die mythische Rede — auch die «biblische» — unersetzbar, eben weil sie die Sprache der inneren, spirituellen, archetypischen Welt der Seele ist.

Adolf Köberle ist es «eine besondere Not» innerhalb der Theologie der Gegenwart, daß ihr «die Gabe des bildhaften, anschauungsgesättigten Redens verlorengegangen ist». Was steckt wohl dahinter?

> «Die Antwort und die Hilfe kann nur von der (Jungschen) Psychotherapie her gegeben werden... Unser Bewußtsein ist ... arm an Bildgehalt».

Darin liegt nun die «besondere Not» der heutigen Theologen — nicht, daß sie eventuell kein biblisches Verhältnis zu Jesus Christus und zu Gottes Wort haben, sondern daß sie

> «keinen Kontakt mehr haben und suchen zu den Tiefenschichten der unbewußten Seele... Von dem kollektiven Unbewußten darf gesagt werden, daß es einen unvorstellbaren Vorrat an Bildeindrücken aus dem gesamten Seelen- und Erfahrungsschatz der Menschheit enthält» (28,1567).

Die «Hilfe», die Jung über Köberle den Theologen zu geben vermöge, sei dementsprechend Introversion und dazu Integration des 'Reichtums der Kollektivseele'. Denn sie können für ihre Verkündigung des Wortes Gottes «von daher (..) ganz neu beschenkt werden mit symbolkräftigen Bildern, Geschichten und Gleichnissen» (28,156).

Sagt uns Jakobus: «Jede gute Gabe und jedes vollkommene Geschenk kommt von oben herab, von dem Vater der Lichter» (Jak. 1,17), heißt es hier letztlich: Es gibt auch Geschenke «von unten», aus der dunklen Kollektivseele.

Jungs Einfluß auf *Paul Tillich* bezieht sich nicht nur auf seine Archetypenlehre, sondern auch auf sein Symbolverständnis. Auch beschäftigt Tillich die Frage nach der Erfahrbarkeit Gottes, und zwar über das Medium des Symbols.

> «Religiöse Symbole vermitteln durch ihr Teilhaben am Heiligen die Erfahrung des Heiligen an Dingen, Personen und Ereignissen ... eine Erfahrung, die durch keine Erkenntnis vermittelst philosophischer oder theologischer Begriffe ersetzt werden kann» (165,238).

Deshalb müsse «jede konkrete Aussage über Gott symbolisch sein» (166,277).

Es gibt mehrere Arbeiten über Paul Tillich und die Tiefenpsychologie, z.B. «Jung und Tillich» (167). Siehe auch die Schrift von Gerhard Wehr (168).

Der sowohl charismatisch als auch an C.G. Jung orientierte Pfarrer *Heinz Doebert* weist auf die Arbeiten Jungs über die Bedeutung der Mythen, Bilder und Symbole für das bewußte Seelenleben hin.

> «Diese Arbeiten gehören dann auch zur Grundausrichtung (..) des praktischen Seelsorgers. Wer die archetypische Prägung des Unbewußten nicht kennt, darf sich dann nicht wundern, daß seine Predigt nicht 'ankommt', das heißt, nicht zutiefst heilt, obwohl sie dogmatisch einwandfrei und korrekt gewesen ist» (169,65-66).

Jung habe für Christen auch «über Zahlensymbolik einiges zu sagen» (169,55). So sollten wir bezüglich der «Zahlensymbolik» der 12 Körbe Brot und der 12 Apostel wie auch der 7 Körbe Brot und der 7 Diakone von Jung lernen, z.B. daß die Zahl 7 die Trinität plus Quaternität darstelle.

Eugen Drewermann versucht, die Bibel von Mythos, Märchen und Legenden her zu deuten. Das «Symbol» eines Bibeltextes zähle (164,I).

Die «Tiefentheologie» Gerhard Wehrs: Exoterisches und esoterisches Christentum

Gerhard Wehr ist einer von denen, die der analytischen Psy-

chologie «im Dienste der Bibelauslegung» das Wort reden.
Dieser Jung-Biograph (170) meint sogar:

> «Bibelinterpretation ist von seiner (Jungschen) Sicht und unter Zu-
> hilfenahme seiner Einsichten nicht nur möglich, sondern sie ist nö-
> tig» (153,178).

Wehrs Tiefentheologie ist ein Beispiel synkretistischer Synthese von Theologie und Jungs weltanschaulicher Tiefenpsychologie. Sie integriert:
— Eine *archetypische Exegese,* denn die Bibel enthalte «viele archetypische Bilder». So bedeute die Inkarnation Gottes archetypisch «Selbstverwirklichung» und umgekehrt
(153,134). Christus sei «der Inbegriff des menschlichen
Selbst» (153,27). Der Glaube an Christus, bzw. der Glaube an «das wahre Selbst des Menschen», bedeute «in Verbindung treten mit der archetypischen Wirksamkeit» des
«Repräsentanten des archetypischen Bildgehaltes» (Hirte,
Tür, Weg, Wahrheit, Leben usw.), welcher sei Christus
(153,134). Das Gebet sei «Umgang mit der Welt archetypischer Wirklichkeit», ein «sich ihrem Kraftfeld öffnen»
(153,132-133).
— Jungs *Symbolverständnis und Symboldeutung* in Exegese und Seelsorge. Nach Wehr «gehören» sie «zu den Ele-
menten auch einer theologischen Hermeneutik»
(153,56.113f.). Er will sowohl Jungs symbolisierende Deutung biblischer Personen (darunter Christus), Begebenheiten
und Begriffe als auch Jungs Deutung der Symbole, die angeblich aus der Kollektivseele auftauchen und eine Botschaft
übermitteln, integrieren.
— Jungs *Deutung des Bösen* bzw. des «Schattens»: Er sei
«ein dunkler Persönlichkeitsanteil», also (lediglich) eine psychische Kategorie, und außerdem «nicht absolut böse»
(153,139). Die Folge dieser Psychologisierung und Verharm-
losung der Sünde ist Wehrs Übernahme ihrer «psychologischen Bearbeitung» im Jungschen Sinne, nämlich eine

bewußte Integration des eigenen Schattens. Wehr verwirft nicht einmal Jungs Erweiterung der göttlichen Trinität mit dem Bösen (Teufel) zur sogenannten Quaternität.

— Jungs Ergänzung des «einseitigen Denkmodells» der «männlich» orientierten Theologie durch *das Weibliche* (Maria, Sophia), um somit die Theologie «zur Ganzheit» zu bringen (153,148 ff.). Auch in dieser Hinsicht verwirft Wehr nicht Jungs Abänderung der göttlichen Trinität in Quaternität, indem er sie durch «das Weibliche» ergänzt.

— Jungs alchimistisch-taoistisch orientierte Sicht der Synthese und Vereinigung der Gegensätze, der *Ganzheit,* der geeinten Welt (unus mundus). Für Jung bedeutet die Erfahrung des kollektiven Unbewußten «eine Annäherung an die Ganzheit — die Erfahrung, die unserer modernen Zivilisation fehlt. Sie ist die via regia zum unus mundus» (171,850). Dann sei der Mensch «kosmischer Mensch». Das ist das Zielbild der individuellen und der Menschheitsentwicklung (172,94-114).

Wehr zieht den Schluß aus Jungs Vorstellung der «engen Zusammengehörigkeit von Kosmos und Psyche»:

> «Dem Christen ist demnach mit großer Eindringlichkeit gesagt, daß die Kategorie der Ich-Du-Beziehung und des personalen Gegenübers von Gott und Mensch nicht ausreicht, um die Universalität Christi symbolisch auszudrücken» (153,196).

Die Beziehung Gott-Mensch genüge also nicht — der Mensch ist für die Erde verantwortlich. Es komme darum auf «das Ineinander von Geist und Materie» an.

— Jungs Psychologie der *inneren, esoterischen Erfahrung* als einen anderen, «zweitmöglichen» Weg zu Christus.

Seit seinen okkulten Kindheitserlebnissen galt Jungs Protest dem biblischen Christentum, das alles «von Oben» bzw. *von außerhalb* des Menschen erwartet und empfängt. Wehr nennt es *exoterisches Christentum.* Fälschlicherweise bringt er es mit der «extrovertierten Einstellung» des Jungschen Charaktertyps in Verbindung (153,59).

Jungs Auflehnung galt der Verkündigung: Am Anfang
Gott, der göttliche Person ist, und Gottes Offenbarung in
seinem Wort, das absoluter, objektiver, göttlicher Maßstab,
auch für jede Erfahrung ist — außerhalb des Menschen.
Dann galt seine Abneigung dem biblischen Zeugnis, daß
Jesus Christus Gottes Sohn und der einzige Erlöser und Weg
zu Gott ist — außerhalb des Menschen. Schließlich galt sie
der biblischen Tatsache, daß allein der «von Oben» gewirkte
Glaubensgehorsam dem biblischen Herrn Jesus Christus
gegenüber zu Gott, zur Errettung, zur Lebensheiligung und
zur biblischen Erfahrung führt — aus Gnade «von Oben»
allein.

Jung meinte, zu seinem Weg der subjektiven «inneren
Erfahrung», bzw. zur «unmittelbaren Gotteserfahrung»,
gezwungen zu sein, weil ihm das Charisma des Glaubens
versagt sei. In einem aufschlußreichen Brief von 1955 an
Pfr. Walter Bernet behauptete Jung:

> «… andererseits war mir das Charisma des Glaubens versagt. Ich
> war auf die Erfahrung allein angewiesen… Der einzige Weg, der
> mir offen stand, war die Erfahrung religiöser Wirklichkeiten, die
> ich ohne Rücksicht auf deren Wahrheitsgehalt akzeptieren muß-
> te» (6,II,495-496).

Für seinen Sonderweg berief sich Jung irrtümlicherweise
auf die besondere, unmittelbare Begegnung des Apostels
Paulus mit dem Herrn Jesus Christus vor Damaskus. Wehr
übernimmt das, jedoch zu Unrecht: Dem Apostel Paulus
war nicht «der Glaube versagt». Auch hatte er vor Damaskus nicht eine sogenannte «innere Erfahrung», nicht eine
«Selbsterfahrung» bzw. Christuserfahrung als Erfahrung
«seines wahren Selbst». Paulus verfaßte dann auch nicht
ein Evangelium der subjektiven «Innenerfahrung», wie
Jung es als Frucht seiner paranormalen Erfahrungen, die
er für Erfahrungen seines Unbewußten hielt, kreierte. Jung
behauptete:

> «Die Theologie kommt den Suchenden nicht entgegen, denn sie fordert den Glauben, der aber ein echtes und rechtes Charisma ist, das niemand machen kann. Wir Modernen sind darauf angewiesen, den Geist wieder zu erleben, das heißt Urerfahrung zu machen» (173,391).

Das sogenannte Urerlebnis sei «eine spontane Ergriffenheit, eine aus dem eigenen Inneren aufbrechende Ekstase» (6,III,349). Neben seiner «Gotteserfahrung» nannte Jung vor allem seine Träume, Visionen, Auditionen und die Erscheinungen von und Gespräche mit Kontrollgeistern, die er in den Jahren 1912-1918 hatte, seine «Urerfahrung», die «auch als ... Gnosis bezeichnet werden könnte» (46,31). Die Urerfahrung sei unabhängig von jeglichem biblisch-historischem Ereignis:

> «Das Urerlebnis fragt nicht nach christlichen Voraussetzungen historischer Natur, sondern besteht aus einem unmittelbaren Gotteserlebnis, das überzeugt, weil es überwältigt» (6,III,164).

Nach Wehr sei nun gerade Jung die geeignete Person, um all diejenigen, denen, wie ihm, «der Glaube nicht gegeben» ist, zur «Urerfahrung» zu führen. In der Fußspur der Gnostiker bezeichnet er es als *esoterisches Christentum,* wenn einzelne oder Gruppen bestimmte mystische Erfahrungen machen (153,59). Irrtümlicherweise bringt er es mit der introvertierten Einstellung der Jungschen Typologie in Zusammenhang.

Jungs Psychologie und Psychotherapie der sogenannten unmittelbaren Erfahrung des (unpersönlichen) Numinosen oder der Selbsterfahrung ist für Ungläubige im Grunde ein *Ersatz* für den Glauben an den Christus und den Gott der Bibel. Und nun solle das Christentum diesen Weg der «unmittelbaren Erfahrung» als gleichwertig und gleichberechtigt neben dem Weg des biblischen Glaubens tolerieren, ja integrieren, wie Wehr empfiehlt?

Mit Jungs Psychologie der inneren esoterischen Erfahrung ist die seiner *inneren, «esoterischen Erkenntnis»* als ein anderer, «zweitmöglicher Erkenntnisweg», das *Gnosis-Prinzip* (153,187-192), eng verbunden. Jungs analytische Psychologie sei «die wichtigste Gnosis unseres Jahrhunderts». Daß «hinter dieser Psychologie ein Typus gnostischer Einstellung steht, ist ein Geheimnis, das wohl den wenigstens verborgen blieb» (174,76).

Angeblich soll «immer wieder im Laufe der Jahrhunderte die Gnosis als Protest der unterdrückten Seele gegen die jeweilige Einseitigkeit des Christentums geboren» worden sein (174,49). Als Ergänzung bzw. Ersatz für biblische Theologie und Verkündigung bzw. für Gottes Wort als «exoterische Offenbarung» bieten Jung und seine Änhänger die analytische Psychologie mit esoterischer Erkenntnis an. Außerdem sei diese eine Legitimation der Gnostiker, Mystiker (z.B. Jakob Böhme, auf den sich Jung an mehreren Stellen seiner Werke beruft), Alchimisten, Kabbalisten (Vertreter «esoterischen Judentums»), Theosophen und anderer «Erleuchteter» mit ihren Visionen, Erscheinungen, Träumen und inneren Stimmen. Sie seien von der Kirche «nicht verstanden», meint Wehr, und deshalb als Ketzer betrachtet und behandelt worden.

Gerhard Wehrs «Tiefentheologie» hat jedoch u.a. folgende Konsequenzen:

— Man müßte bejahen, daß es viele Leute gebe, denen wie Jung angeblich das Charisma des Glaubens «versagt» worden ist und wird, so daß sie auf esoterische Erfahrung «angewiesen» sind. Dann wäre Gott am Unglauben der vielen Menschen schuld. Nicht-Glauben ist jedoch eigene Verantwortung bzw. Sünde vor Gott (Joh. 5,40; 16,9). Auch im Falle Jungs hatte zwar die okkulte Prägung den Glauben an Jesus Christus als Gottes Sohn und einzigen Erlöser erschwert, aber nicht unmöglich gemacht (Apg. 26,18).

— Man müßte dann bejahen, daß der Mensch in seinem «kollektiven Unbewußten» ein eigenes religiöses Potential besitze, das er entwickeln könne, um zur Christuserfahrung oder Gotteserfahrung zu gelangen. Das «Selbst», meint Wehr, sei «der Ort, an dem sich der Mensch die Gottesbeziehung zur Erfahrung bringen kann» (153,86).

Man müßte dann ebenso bejahen, daß die Erlösung am Kreuz nicht vollbracht sei und nicht genüge; sie müßte durch Werke der Seele noch ergänzt oder gar ersetzt werden.

— Man müßte dann bejahen, daß es »zwei Wege zu Christus» bzw. zu Gott gebe, die gleichwertig und gleichberechtigt seien: die «Wendung nach Oben» bzw. der Glaubensgehorsam, die Ganzhingabe Jesus Christus gegenüber, und die «Wendung nach innen» bzw. die Erfahrung des «inneren Gottes» oder die Selbsterfahrung. Wehr behauptet irrtümlicherweise (153,202): «Der Ruf nach innen findet im Evangelium selbst eine Stütze (Luk. 10,42)».

Zwar will Wehr mit seinem esoterischen Christentum das «exoterische Christentum», dem Jesus Christus und der Glaubensgehorsam zu Ihm genügt, «nur» ergänzen. Seine Tiefentheologie dient jedoch besonders dem esoterischen Christentum mit der «unmittelbaren, inneren, spirituellen *Erfahrung*» oder «Selbsterfahrung».

— Man müßte dann bejahen, daß Gottes Wort nicht abgeschlossen und daß das «innere Wort» ihm gleichwertig und gleichberechtigt sei. Auch solle Gottes Wort durch Jungs Tiefenpsychologie, die einer Tiefentheologie «wertvolle Elemente liefert» (153,207), ergänzbar sein. So will Wehr mit seiner Tiefentheologie das «exoterische Christentum», dem das geschriebene Wort Gottes genügt, zwar «nur» ergänzen — letztlich dient sie jedoch der «unmittelbaren, inneren, spirituellen *Erkenntnis*», dem Gnosis-Prinzip.

Hüten wir uns vor psychologischer Überfremdung der Bibelauslegung und somit der Gemeinde Jesu. *Entweder* sola scriptura *oder* die Bibel plus Gnosis bzw. die gnostische Psychologie Jungs; *entweder* sola fide *oder* sola experientia.

Jung und die (therapeutische) Seelsorge

Eduard Thurneysen, der Gottes Wort der atheistischen Psychologie noch überordnete, prüfte auch Jungs Psychologie an diesem göttlichen, absoluten Maßstab. Er warnte darum, daß «die Seelsorge bei ihrem Gebrauch der Psychologie, auch Jung gegenüber, auf der Hut sein» muß, «ja... (Jung gegenüber, Anm. d. Verf.) in besonderer Weise» (151).

Leider aber orientieren sich in zunehmendem Maße Theologen für ihre Seelsorge an C.G. Jung, wie z.B. *Walter Uhsadel* (175). Adolf Köberle nennt Josef Goldbrunner, Josef Rudin, Joachim Scharfenberg und Dietrich Stollberg als solche, die bei Tiefenpsychologen «in die Schule gegangen sind und von dort reiche Anregung für ihren seelsorgerlichen Auftrag empfangen haben» (162,11).

1989 schrieb *Köberle* selbst «ein Wort zur Aussöhnung» der Seelsorge und Tiefenpsychologie, darunter der Jungschen (162). Wie Jung glaubt auch Köberle an eine «geschichtete Seele» in wörtlichem Sinne. Seelsorger sollten um das personale und kollektive Unbewußte wissen und ihnen in der Seelsorge Rechnung tragen, so meint er.

> «Man muß um diese tiefer gelagerten Räume (..) der Seele wissen, wenn man Menschen in seelischer Not beistehen will» (162,7).

Die Not der christlichen Seelsorge ist, laut Köberle, daß sie «diese fundamentale Einsicht viel zu wenig beachtet hat». Die Seelsorge habe «darum (..) trotz aller Hilfsbereitschaft oftmals zu kurz gegriffen» (162,7).

Werner Jentsch urteilt, es gäbe «viel von ... Jung zu lernen» (176,59). Anderswo wird behauptet, Jungs Untersuchungen über das kollektive Unbewußte und seine

Typologie «können dem Seelsorger dienlich sein» (177,85). Wie so oft, beruft man sich dabei irrtümlicherweise auf 1. Thess. 5,21. Wenn man aber bedenkt, daß die *Wurzel* von Jungs Theorien über die Existenz und den Inhalt des sogenannten kollektiven Unbewußten sowohl okkult als auch spekulativ ist, wäre ein Hinweis auf 1. Thess. 5,22, vor allem auf 1. Joh. 4,1 und Matth. 7,18, eher angebracht.

Die Psychologie-Bücher von Pfr. *Walter Wanner* enthalten nur eine sehr summarische und schwache Auseinandersetzung mit der Tiefenpsychologie (z.B. 178). Im Gegenteil, seine Einführung in die Tiefenpsychologien und Traumdeutungen Freuds und Jungs ist vielmehr ein zielbewußter Versuch, sie in die Bibelauslegung und Seelsorge in Jugend- und Gemeindearbeit einzuführen, wenn auch im Einzelfall und in einer Mischung. Wanner behauptet sogar, auch der «Schatten» könne «sublimiert» werden (178,197).

Aus seiner Behauptung, Jesus «orientierte sich bruchlos an dem, was er sah und an dem, was er glaubte», folgert *Manfred Seitz* u.a.: «Das bedeutet: 1) Die Theologie muß sich ganz auf die Psychotherapie einlassen. 2) Die Theologie muß ganz Theologie bleiben». Für seine erste These wählt er das Menschenbild der analytischen Psychologie, besonders Jungs Hypothese des kollektiven Unbewußten und der Persona (179,27).

Es gibt eine Untersuchung 10 repräsentativer Autoren der amerikanischen und westeuropäischen Seelsorgebewegung, wie Seward Hiltner, Howard E. Clinebell, Dietrich Stollberg, Paul Tournier, Joachim Scharfenberg und Joseph Goldbrunner, im Blick auf ihre Bezugnahme auf Werke führender Psychotherapeuten — darunter C.G. Jung —, die sie als Autoritäten für christliche Seelsorge betrachten. Diese Untersuchung ergab auch, daß bei allen 10 Verfassern «nicht ein einziges Zitat bzw. nicht eine einzige

Bezugnahme auf irgendeine 'klassische' Seelsorgekonzeption wie von Luther und Calvin» usw. zu finden war.

«Es scheint, als ob die klassischen Modelle für diejenigen Autoren, die die neuere Seelsorge am stärksten beeinflußt haben, eigentlich gar nicht existieren» (180,53-56).

Jung und die Klinische Seelsorge-Ausbildung (KSA): Wybe Zijlstra

Sowohl die Pastoralpsychologie als auch die KSA orientieren sich, außer an Carl Rogers, dem Exponenten der Humanistischen Psychologie, und an S. Freud auch an C.G. Jung (181).

Pfr. *Wybe Zijlstra* nimmt an, die KSA-Teilnehmer «projizieren ihr Urbild» auf den Supervisor, bei dem «archetypische Geladenheit des Vater-Symbols» zum Vorschein komme (181,169).

Als Beispiel einer Gesprächsanalyse nimmt er das 'seelsorgerliche Gespräch' mit einer Mutter, die anfänglich ihr Kind abgelehnt, jedoch am Ende der Schwangerschaft angenommen hatte. Das Kind starb bei der Geburt. Das ließ die Mutter beunruhigt fragen, ob dessen Tod die Strafe Gottes dafür sei, daß ihr das Kind anfänglich nicht willkommen gewesen war. Zijlstra fragt sich, woher die Kausalität im Herzen zwischen «tot-wünschen» und «tatsächlich» sterben» komme. Anstatt in Gottes Wort, sucht Zijlstra die Antwort bei Jung:

«Meines Erachtens gibt es nur eine Erklärung. Der metaphysische Charakter des Straferlebnisses weist auf ein archetypisches Erlebnis hin. Nach Jung ist ja der numinose Charakter gleicher Erlebnisse typisch für die Archetypen» (182).

Nicht nur die gruppendynamische Erfahrung, sondern darüber hinaus die tiefenpsychologische Interpretation münden in ein neues, d.h. abgeändertes Schriftverständnis ein.

Es führt letztlich zum Glauben an das «innere Wort» und an das «heilende Potential des Menschen» bzw. an seine «Selbstheilungskräfte» mit dem Ziel der «Selbstverwirklichung».

Kapitel 15

C.G. Jung und die charismatische Bewegung

Anfang 1977 war in der Zeitschrift der «Charismatischen Gemeindeerneuerung» innerhalb der Lutherischen Kirche in Deutschland zu lesen:

> »C.G. Jung spielt bei vielen Verantwortlichen der charismatischen Erneuerung eine wichtige Rolle» (183).

Für Sympathisanten der charismatischen Linie gibt es so mancherlei Anknüpfungspunkte bei Jung. Der erwähnte Pfr. *Heinz Doebert* befürwortet Krankenheilung und Dämonenaustreibung als besondere Zeichen, und zwar nicht für Ungläubige, sondern

> »für die unbewußten Gründe unserer Psyche... Zeichen bedeuten nicht nur etwas, sondern sie bewirken auch etwas. Sie haben also den Wert von Symbolen im Jungschen Sinne» (169,50).

Ein bekannter Jung-Schüler, der Theologie, Philosophie und Psychologie studiert hat, ist *Morton Kelsey,* Pfarrer einer episkopalen Kirche in Kalifornien und Psychotherapeut. Seit 1967 ist Kelsey Professor für Erziehungswissenschaften an der Universität Notre Dame in Indiana (USA). Zu seiner Gemeinde gehört eine psychotherapeutische Klinik. Kelsey berichtet:

> «Während 12 Jahren habe ich mich intensiv mit der analytischen Psychologie von C.G. Jung befaßt. Seine Einsichten und die seiner Schüler haben einen tiefen Einfluß auf mich ausgeübt. Mein Interesse war so groß, daß ich 1956 mein 'Sabbathjahr' in Zürich verbrachte und dort ein Semester am C.G. Jung-Institut belegte. In der Folge entspann sich ein Briefwechsel mit Dr. Jung, und ich fuhr dann noch einmal nach Zürich, wo ich äußerst anregende Gespräche mit ihm hatte» (184,31).

Da Kelsey, der zahlreiche Bücher geschrieben hat, mit seiner Jung-Orientierung einer der Einflußreichsten in der englischsprachigen christlichen Welt ist, aber auch Europa bereist hat, sollten wir uns kurz mit seiner Theologie beschäftigen.

Kelseys Bild von *Gott* ist dem Jungschen ähnlich. Für Kelsey ist das Objekt religiösen Suchens «das Göttliche» oder «das Numinose», also irgendeine unpersönliche Größe.

> «Das Göttliche ist das, was Macht und Autonomie hat, Bedeutung und Ziel gibt und schließlich die Eigenschaften unserer inneren und persönlichen Natur enthält» (184,27).

Dieser Pfarrer wagt es, den *Heiligen Geist* mit dem Jungschen «Selbst» im sogenannten kollektiven Unbewußten gleichzusetzen. Die *Bibel* interpretiert Kelsey mit Hilfe von Jungs Theorien. So seien Gut und Böse, Engel und Dämonen für ihn «Archetypen im kollektiven Unbewußten» (185,136-137). Wie bei Jung wird auch bei Kelsey die *Sünde* psychologisiert und neutralisiert und werden okkulte Fähigkeiten zu neutralen Gaben der menschlichen Seele uminterpretiert. So seien Schamanen Medien «psychischer» Kräfte. Wahrsagerei (Astrologie, Hellseherei, I Ging, Tarot) und Zauberei werden wie Telepathie, Hypnose und Yoga von Kelsey als in sich neutrale, legitime Methoden, solange sie «positiv» angewandt werden, ausgegeben (186,100-143).

Der nächste Schritt auf dem Jungschen Irrweg ist Kelseys Verbindung mit «*Verstorbenen*» und Führung durch sie (185,148-149). Sowohl der Jungschen Theorie, daß die Toten hier lebendige Wirklichkeit für die Lebenden sind, als auch Jungs okkulter Methode der aktiven Imagination verdankt Kelsey, daß er seiner «verstorbenen Mutter begegnete». Er glaubt sogar, daß seine Mutter «für ihn» starb, «wie unser Herr tat» (185,149).

Wie Jung, so geht es auch Kelsey nicht um die biblische

Wahrheit, nicht um den Ursprung und Inhalt des Glaubens, sondern um den angeblich gemeinsamen Glauben an irgendeine spirituelle Wirklichkeit in allen Religionen. Wie Jung, so unterscheidet auch Kelsey nicht Gott (die Welt Gottes), den Menschen mit seinem psychischen Bereich und seiner alten Natur, und das Dämonische.

Kelsey übernimmt Jungs *Typentheorie,* «einen der wichtigsten Beiträge zur Modernen Psychologie», und empfiehlt dessen Typenbuch, das er «wichtig» nennt. Er und seine Frau unterzogen sich einer Psychoanalyse und nach 20jähriger Ehe einem Typen-Test.

> «Meine Frau und ich leiten seitdem alle Tagungen gemeinsam. Die Vermittlung der Typenlehre in Theorie und Praxis ist ihr Spezialgebiet. In der Regel ermuntern wir alle, die zu unseren Tagungen kommen, einen Typen-Test zu machen... Unser 'Typ' bestimmt auch weitgehend die Art unseres Gebetslebens» (187,168).

Außer Jungs Hypothese des kollektiven Unbewußten und der Archetypen integriert Kelsey auch dessen Theorien über die «unmittelbare» Erfahrung und Erkenntnis, über Träume und über die Selbstliebe.

Kelseys *Psychologismus, Relativismus und Synkretismus* sind wie sein Spiritismus verheerend. Seine christliche Terminologie, in die er seine vielen Irrlehren verpackt, ist irreführend.

Jung und das heutige Zungenreden

Beliebt ist die tiefenpsychologische bzw. archetypische Deutung der Glossolalie: Zungenreden sei eine Sprache des «kollektiven Unbewußten». Als *psychische,* rein menschliche Äußerung sei die Grundveranlagung zum Zungenreden in jedem Christen und Nicht-Christen vorhanden.

Gerhard Wehr meint, in Jungs Psychologie seien Erfahrungshilfen (..) für das Zungenreden zu finden, denn sie weiß ja um die «archetypischen Kräfte in der Kollektivseele». Jungs Psychologie habe außerdem hinsichtlich des Zungenredens «Erkenntnishilfen (..) anzubieten. Ihr lassen sich auch Maßstäbe für die Urteilsbildung entnehmen» (153,70). Im Anschluß an Jungs finalistischen Ansatz sei nicht so sehr das Woher des Zungenredens bedeutsam als viel mehr das Wozu. Hier widerspricht Wehr Matth. 7,17-20 und 1. Joh. 4,1-3. Überhaupt macht jede psychologische Deutung des Zungenredens ein biblisches Unterscheiden zwischen göttlichem und dämonischem Ursprung bedeutungslos.

Morton Kelseys intensive Beschäftigung mit Jung hatte nicht nur ihre Auswirkung auf sein Bibelverständnis und Glaubensleben. Sie weckte auch sein Interesse am heutigen Zungenreden, das von Gliedern seiner Gemeinde ausgeübt wird. Er stellte im Blick darauf fest,

> «daß dieser einflußreiche Psychiater bei seinen Patienten vielen ähnlichen Erlebnissen begegnet war... Zungenreden gehörte zu den Dingen, mit denen sich Jung beschäftigt hatte. Das psychologische Interesse dieses großen Mannes hieran weckte mein religiöses Interesse. Auf diesem Hintergrund begann ich Erfahrungen von Menschen zu prüfen, die in Zungen sprachen» (184,32).

Als treuer Jung-Schüler prüft Kelsey das heutige Zungenreden nicht an Gottes Wort. Stattdessen deutet er es typologisch und tiefenpsychologisch (184,210-242):

> «Beim Zungenreden vollzieht sich ein bedeutungsvoller Durchbruch tiefer Schichten des kollektiven Unbewußten ins Bewußtsein» (184,238).

Pfr. *Arnold Bittlinger,* der seit 1978 Beauftragter für Fragen der «Charismatischen Erneuerung» beim Ökumenischen Rat der Kirchen in Genf ist, bezeugt: «Das war auch mein Eindruck, als ich zum ersten Mal im Jahre 1962 dem Phänomen des Sprachenredens begegnete» (188, 10). Bittlinger findet die tiefenpsychologische statt biblische Deutung des Zungenredens anscheinend so wichtig, daß er die Behauptung Kelseys mehrfach zitiert. Als Beispiel dafür, daß das Zungenreden eine Manifestation des «kollektiven Unbewußten» sei, führt Bittlinger sogar die «innere Sprache» der Friederike Hauffe, der «Seherin von Prevorst» an! (189,15-16).

Auch Prof. *Heribert Mühlen,* ein Leiter der «Charismatischen Erneuerung» innerhalb der römisch-katholischen Kirche, schließt sich der Behauptung Kelseys an (190,37).

Morton Kelsey berichtet von einer Tagung für Psychiater und Pfarrer in New York City, die das Phänomen des heutigen Zungenredens eingehend behandelte.

> «Alle 12 anwesenden Psychiater und Psychologen stimmten darin überein, daß die Zungenrede eine echte Manifestation des kollektiven Unbewußten darstelle» (184,219).

Auch dieses wird gerne von Charismatikern wie Bittlinger zitiert, besagt jedoch nichts. Geht man von vornherein von Jungs kollektivem Unbewußtem aus, ist diese Ansicht logisch, wenn auch nicht theologisch, richtig. Wären dagegen jene zwölf z.B. verhaltenspsychologisch orientiert gewesen, hätten sie eine völlig andere psychologische Deutung des heutigen Zungenredens gegeben!

Kelsey meint, als archetypische Manifestation sei das Zungenreden eine «psychische» Kategorie, als religiöse Erfahrung sei es eine Erfahrung des Selbst, also eine «Selbsterfahrung». Als Erfahrung der eigenen unsichtbaren «Wirklichkeit der Seele», die auch Kelsey mit der unsichtbaren Wirklichkeit Gottes gleichsetzt, sei das Zungenreden dementsprechend eine «Gotteserfahrung».

Das Zungenreden sei «gleichsam eine Eintrittszeremonie zu den tieferen psychischen Schichten, ein Initiationsritus im wahrsten Sinne des Wortes» (184,251). Andererseits rede «Gott direkt mittels archetypischer Elemente des kollektiven Unbewußten durch Träume und Glossolalie zu uns» (184,234). Auch hier widerspricht Kelsey Gottes Wort (1. Kor. 14,2).

Als Manifestation des kollektiven Unbewußten sei das Zungenreden dem Traum «wesensmäßig» und «in der Bedeutung» sehr ähnlich, meint Kelsey, der sich auch im Blick auf Traumdeutung an Jung orientiert (184,232).

Auch die Heilerin *Agnes Sanford* deutete das heutige Zungenreden im tiefenpsychologischen Sinne: «... Zungenreden, diese latente Kraft im Unbewußten aller Menschen» (191,152).

Das biblische Zungenreden ist kein psychisches Phänomen. Die Zungenrede im Neuen Testament ist eine Gabe des Heiligen Geistes und ausschließlich für Gotteskinder, obgleich nicht für jedes von ihnen (1. Kor. 12,10.30). Das heutige Zungenreden könnte man allenfalls psychologisch erklären.

Jung und die sogenannte unmittelbare spirituelle Erfahrung

Bekanntlich überkam Jung als Kind eine dämonisch inspirierte «Gotteserfahrung», eine «unmittelbare» Erfahrung der «Gnade Gottes». Dieser autobiographische Anlaß führte zu seinem Glauben: Es gibt eine «unmittelbare Gotteserfahrung», einen «unmittelbaren» Kontakt mit der nicht-physischen Welt, d.h. «jenseits» von Jesus Christus, dem Mittler zu Gott, und «jenseits» von Bekehrung und Glauben. Diese und danach andere spirituelle Erfahrungen setzte Jung absolut. Sie seien ihm quasi der Weg, die Wahrheit und das Leben.

Jungs Erfahrungs-Psychologie und -Psychotherapie, die daraus entstanden, können eine *Brücke* zu allen möglichen (spirituellen) Erfahrungen bilden und sie pseudowissenschaftlich legitimieren. Sie können z.B. zu einer Erfahrung des «eigenen Inneren», zur «Selbsterfahrung» führen, zu einer «ganzheitlichen», «kosmischen» oder zu sonst irgendeiner mystisch-okkulten Erfahrung bis hin zu einer «Gotteserfahrung», zu einer «Jesus-Erfahrung» oder zu einer «Geist-Erfahrung» bzw. zu einer «Geistestaufe».

Die Jungsche Orientierung an der subjektiven, «unmittelbaren Erfahrung» kann auch das Interesse wecken für andere Erfahrungs-Psychologien, z.B. für die Psychologie von *Carl Rogers,* der 1953 bekannte: «Die Erfahrung ist für mich die höchste Autorität» (192,39) oder für die von *Abraham Maslov* mit ihren Meta-Bedürfnissen und Gipfelerlebnissen oder auch für die *Transpersonale Psychologie.* Das Umgekehrte, nämlich daß andere Erfahrungspsychologien eine Öffnung für Jungs Psychologie sind, wird vielleicht noch eher der Fall sein.

Andererseits kann jede *Erfahrungstheologie* im Sinne der Überbetonung bis zur Verabsolutierung der Erfahrung ein Wegbereiter für eine Erfahrungspsychologie wie die von Jung werden, eventuell um darin einen vermeintlichen wissenschaftlichen «Unterbau» zu finden. Außerdem ist in der genannten *Klinischen Seelsorge-Ausbildung* statt Gottes Wort die subjektive, gruppendynamische Erfahrung Ausgangspunkt und Maßstab. So enthüllt Wybe Zijlstra: «Man könnte sagen, daß es im CPT (Clinical Pastoral Training) um eine moderne Form von 'Erfahrungstheologie' geht» (181,143). Die Zentralisierung der subjektiven Erfahrung führt dann über die Unterordnung des Wortes Gottes unter die Erfahrung auch oft zur Orientierung an Erfahrungspsychologien.

Auch eine Erfahrungstheologie unter *Evangelikalen* steht in Gefahr, eine offene Tür für Jung zu werden. Sie äußert sich z.B. in der Betonung einer «besonderen Erfahrung» der Bekehrung oder Heiligung, einer «Erfahrung» der Vergebung oder einer «Erfahrung» des mit Christus Mitgekreuzigt-Seins statt der Verkündigung des Glaubens an Gottes Wort, ob man etwas fühlt oder nicht (Joh. 1,12; Phil. 1,6; 1. Joh. 1,9; Röm. 6,11).

Besonders die Erfahrungstheologie in *charismatischen Kreisen* kann das Interesse an Jung wecken oder fördern. Sie äußert sich z.B. in der Verkündigung, Suche und Bezeugung einer «unmittelbaren» Erfahrung des Heiligen Geistes («Geistestaufe» oder gar «Feuertaufe» wie bei Erlo Stegen), einer «unmittelbaren Gotteserfahrung» oder «Jesus-Erfahrung». Ein Befürworter der Ideen Jungs meint:

> «Die Menschen, die das Gefühl hatten, die moderne Kirche wäre zu rationalistisch geworden, fanden in ihm (Jung) Unterstützung für eine mystischere, erfahrungsbetonte Religion. Die charismatische Erneuerung, die den Schwerpunkt auf geistliche Erfahrungen und innere Heilung legt, hat ein natürliches Interesse an Jung wachsen lassen» (193,13).

Ob nicht das «natürliche Interesse» der charismatischen Bewegung an Jung Geistesverwandtschaft aufzeigt?

Wie sein Lehrmeister Jung, so prüft auch *Morton Kelsey* eine spirituelle Erfahrung nicht nach Quelle und Inhalt an Gottes Wort. Hauptsache, man komme durch eine solche Erfahrung wie «Geistestaufe», Zungenrede oder Heilung in «unmittelbaren Kontakt» mit dem nicht-physischen Bereich, d.h. mit Gott bzw. mit dem «kollektiven Unbewußten». Deshalb begrüßt er die «ausführlichen wissenschaftlichen Arbeiten» der Jungschen Schule, die eine «Bestätigung» dafür seien, daß der Mensch in intensiver Beziehung zu einer nicht materiell erfahrbaren Wirklichkeit stehe, z.B. durch Träume oder Zungenrede. Kelsey befürwortet eine «unmittelbare Gotteserfahrung» bzw. Erfahrung des eigenen «kollektiven Unbewußten». Wo aber für eine «direkte Gotteserfahrung» wenig Platz sei, sei auch wenig Raum für die Glossolalie, die eine «unmittelbare Kontaktmöglichkeit mit der spirituellen Wirklichkeit impliziert», nimmt Kelsey an. Und da gebe es auch wenig

Raum für eine «unmittelbare Erfahrung des Heiligen Geistes» (184,189.210.207).

Es gibt ebenfalls eine *erfahrungsorientierte Bibelbetrachtung*. Dabei fragt man nicht zuerst nach dem, was da steht und was über den dreieinigen Gott, seinen Weg und Willen informiert, sondern: Wie erfahre ich den Text? Wie kommt der Text bei mir an? Was zählt, ist die subjektive Erfahrung. Sie wird dem Text und Kontext übergeordnet. Auch diese Methode kann das Interesse an einer Erfahrungspsychologie wie der von C.G. Jung wecken oder fördern.

Jede Überbetonung und Orientierung an der Erfahrung bedeuten aber ein Betrüben des HERRN, der biblischen Glaubensgehorsam gegen Sein Wort sucht (Luk. 18,8; Röm. 1,5.17; 10,8; 16,26). Sie sind gleichzeitig eine offene Tür für die Beeinflussung durch die alte Natur und für die Manipulation durch verführerische Mächte. Biblische Erfahrung ist niemals losgelöst von biblischem Glaubensgehorsam gegen den Herrn und Sein Wort. Jede Erfahrung muß dem Wort Gottes untergeordnet werden und bleiben.

Jung postulierte, daß die Theologie, das christliche Dogma, eine Formulierung, ein Unterbau der Erfahrung im nachhinein ist. In ähnlichem Sinne meint der bekannte Schriftsteller und Pfingstler *John Sherrill* im Vorwort zu Kelseys Buch *«Encounter with God»*: «Es gibt der Erfahrung einen Unterbau an Theologie» (194). Pfr. *Larry Christenson* schrieb einen bejahenden Kommentar zu diesem irreführenden Buch, welches er aber als «die durchdachteste und bestdokumentierte Theologie, die jemals für Charismatiker entwickelt wurde», bezeichnet. Christenson zeigt übrigens auch darin seine Jung-Orientierung, indem er behauptet, der christliche Glaube sei auf Erfahrung gegründet, und die Theologie sei nur eine Auslegung dieser Erfahrung (195,40.77).

Jung und das sogenannte unmittelbare transzendente Wissen

Jungs Glaube an ein «unmittelbares transzendentes Wissen» hat den gleichen autobiographischen Hintergrund wie sein Glaube an die «unmittelbare transzendente Erfahrung».

Jung, der selbst außerordentlich viele Träume hatte und außerdem von Freud her kam, maß begreiflicherweise Träumen, «als Sprache der Seele» (196) und als einem seiner Kanäle unmittelbaren transzendenten Wissens und Kennens, so wie auch der Traumdeutung großen Wert bei. Er schrieb denn auch manches über Träume (u.a. 197; 198; 199).

Jung glaubte, es gebe *zwei Arten des Denkens* (200): das bewußte, logische, sprachliche Denken, das sich nach außen richtet, und das symbolische Traumdenken, das mythologische Denken oder das Phantasiedenken des Kindes.

Jungs Schüler *Morton Kelsey* behauptet ebenfalls, es gebe «zwei grundlegend verschiedene Wege, wie Menschen etwas von Gott wissen» können: den Weg der bewußten Vernunft und den des «unmittelbaren transzendenten Wissens» der nicht-physischen Welt. Der erstere gehe auf Aristoteles, der zweite auf Plato zurück. Während Kelsey den Weg des Glaubens an die Offenbarung Gottes in seinem Wort ignoriert, befürwortet er das scheinbar höhere, weil «unmittelbare» Wissen durch «Träume, Visionen, geistliche Intuitionen, Engel oder Reden in neuen Zungen» (184,207). Kelsey erkennt nicht, daß ein solches transzendentes Wissen ebenso indirekt ist — allerdings meistens aus ganz anderer Quelle als das Wissen durch das Wort Gottes.

Jungs Ideen über die Bedeutung und Deutung von *Träumen* üben eine Anziehungskraft auf Christen aus, die Gottes Wort durch Träume als «*Gottes vergessene Sprache*» (201) zu ergänzen versuchen. *Drewermann* will sogar «mit dem Traum, nicht mit dem Wort (Gottes) beginnen» und so von

Träumen her biblische Texte deuten (164).

In seinem Todesjahr 1961 erhielt Jung von *John A. Sanford* von der Trinity Episcopal Church in Los Angeles eine Predigt, die seiner eigenen Erfahrung entsprach. Jungs dankbare Antwort lautete:

> «Sie ist ein historisches Ereignis, denn Sie sind — soviel ich weiß — der erste, der die christliche Gemeinde darauf aufmerksam machte, daß Gottes Stimme immer noch vernommen werden kann. Die Kirche sollte die Traumlehre ernstnehmen... Von den Protestanten wurde sie arg vernachlässigt» (6,I,381).

Jede Vorstellung, die Bibel sei «nur» das «indirekte» Wort Gottes und dagegen seien Träume, Visionen, Weissagungen, sogenannte Zungenbotschaften oder eine «innere Stimme» das «unmittelbare» und «aktuelle» Reden Gottes, kann zu Jungs Psychologie führen. Durch diese könnte man im nachhinein eine vermeintliche wissenschaftliche Bestätigung für die eigenen Sonderoffenbarungen zu erhalten glauben und damit für die Sonderauffassung, Gottes Wort sei noch nicht abgeschlossen. Eine «charismatische» Erkenntnistheorie, nach der ein solches «unmittelbares Wissen» über den dreieinigen Gott, über einen Mitmenschen oder, aufgrund von Dämonenäußerungen, über Satan und seine Dämonen, möglich, ja sogar wünschenswert sei, kann das Interesse an der Zwei-Wege-Lehre der Jungschen und Transpersonalen Pychologie oder sonstigen Esoterik wecken oder fördern.

Nach seiner Konfrontation mit dem sogenannten kollektiven Unbewußten, die ihm mehrere transzendente Einsichten und Eingebungen lieferte, ordnete Jung das vermeintlich unmittelbare transzendente Wissen und Kennen — auch in bezug auf Gott — durch Träume, Visionen, Stimmen, Erscheinungen usw. dem kollektiven Unbewußten, dem Selbst, zu. Jeder Glaube an eine «unmittelbare» und «fortlaufende» Offenbarung Gottes kann zum Glauben an diese falsche Ortsbestimmung Jungs verleiten. Wer von Jungs Ansatz eines «kollektiven Unbewußten» ausgeht, kann in der Täuschung bleiben, als seien die heutigen «charismatischen» Phänomene die gleichen wie in der apostolischen Zeit, oder als hätten die religiösen auditiven und visionären Phänomene aller Zeiten und aller Religionen die gleiche (archetypische) Wurzel und Bedeutung.

Jung und die Selbstliebe

Ein beliebtes Thema bei Evangelikalen, Pfingstlern und Charismatikern ist das humanistische Evangelium des Selbstwertes, der Selbstannahme und der Selbstliebe (202; 203).

Jung verstand unter *Selbstannahme* die Annahme des «kollektiven Unbewußten» mit seinen Archetypen, besonders die bewußte Annahme des eigenen «negativen Schattens». Erst dann sei man in der Lage, andere mit «vorurteilsloser Objektivität» zu akzeptieren. Mit Recht erkannte aber Jung, daß «das Sich-Selbst-Annehmen ... der Kern einer ganzen Weltanschauung ist»! (204,187-190).

Im Zusammenhang mit seiner Deutung des Wortes Jesu über die Feindesliebe in der Bergpredigt, urteilte Jung, «daß der Feind selber in mir ist, ja..., daß ich mir selber der zu liebende Feind bin». Es sei das Allerschwierigste, sich selbst anzunehmen. Aber man solle dabei bedenken:

> «Christus hat sich des Sünders angenommen und ihn nicht verdammt. Die wahre Nachfolge Christi wird dasselbe tun..., so wird man sich auch des Sünders annehmen, welcher man selber ist... Durch Liebe bessert man, durch Haß verschlechtert man, auch sich selber» (205,54).

Bis heute gibt es Christen, die bei dieser Falschinterpretation Jungs anknüpfen und verkündigen, man müsse seine alte Natur «annehmen» und sein Ich als seinen Feind «lie-

ben». *Morton Kelsey* bezeichnet Jungs Aussagen als «eine
der eindrucksvollsten Stellungnahmen» zum Thema
«Selbstliebe» (187,78). Allerdings solle man beim Nachden-
ken über die eigene Häßlichkeit nicht seine «guten Seiten»
aus dem Auge verlieren. Kelsey gibt daraufhin eine «Übung
für alle, die lernen wollen, sich selbst zu lieben..., so wie
Christus uns geliebt hat»: Man müsse «sich täglich eine
Stunde Zeit nehmen», und zwar nicht um über Jesu uner-
meßliche, unverdiente Liebe zum Sünder (nicht zur Sünde!) nachzudenken, sondern um aufzuschreiben, «was es
an Positivem über die eigene Person zu sagen gibt... Die
Liste ist endlos»! (187,80). Kelsey denkt: «Die Kenntnis der
Typenlehre (Jungs, Anm. d. Verf.) hilft vielen Menschen,
sich selbst und andere zu lieben» (187,169). Auf dem Ein-
band seines Buches (187), zu dem *Arnold Bittlinger* ein Geleitwort schrieb, heißt es: «Aufbauend auf den Erkenntnissen C.G. Jungs will Kelsey die Psychologie für die Christen, für ein Leben voller Liebe fruchtbar machen», obwohl Jung nichts von der biblischen Liebe, sondern
allenfalls vom Eros wußte (26,355-56).

Zu denen, die Morton Kelsey beeinflußte, gehören Agnes Sanford und ihr Sohn *John A. Sanford,* der ein führender Mann der Bewegung der «Inneren Heilung» ist. John
Sanford fuhr sogar einmal mit Kelsey zum C.G. Jung-
Institut in die Schweiz. John übernahm auch einiges von
Jungs Psychologie, z.B. den Begriff Archetypen und die
Anima-Theorie. John benannte Anima und Animus um in
die weiblichen und männlichen Pole, etwas, das die Jungsche Herkunft verschleiern könnte. Zusammen mit sogenannten Offenbarungen Gottes über diese beiden «Pole»
an John Sanford, führte Jungs okkult inspirierter Anima-
Begriff zu einer pfingstlichen Heilungstechnik für Homo-
sexuelle (206,315).

Besorgt wird dann auch in bezug auf Kelsey und beide

Sanfords festgestellt:

> «Ihre zahlreichen Bücher, die seitdem entstanden sind, haben die Lehren Jungs noch ausgeweitet, sie in christliche Sprache gekleidet und sie dann an eine arglose Kirche weitergegeben» (207,231).

Jung und die aktive, kreative Imagination (Visualisierung)

Aktive oder kreative Imagination ist ein Mittel (Medium), um in direkte Verbindung mit der unsichtbaren Welt zu treten, die Jung verhängnisvollerweise «kollektives Unbewußtes» benannte. Diese kreative Bildvorstellung ist eine weltweite, uralte okkulte Methode, um damit etwas zu *erhalten*, z.B. Kraft, Macht, Erfolg, Geld bzw. Reichtum, höhere Erkenntnis oder Erleuchtung. Sie will außerdem etwas *bewirken*, z.B. Verwandlung, Heilung, Vereinigung der Gegensätze bzw. mystische Vereinigung mit dem Kosmos und sogar Gebetserhörung. Als solche bedeutet sie gedankliche Meisterung von Gegenwart und Zukunft, mentale Selbstgestaltung der Wirklichkeit nach eigener Vorstellung und nach eigenem Wunsch, eine gewollte Vorwegnahme zukünftiger Ereignisse, und zwar durch die «Macht des Geistes» (Gedankenmagie).

Hinduistische Visualisierung dient dazu, die sogenannte Vereinigung mit der Weltseele (Brahman) zu bewirken. Sie ist ein integraler Bestandteil des Tantra-Yoga.

Hermes Trismegistos oder «der dreifach größte Hermes» (der ägyptische Gott Thoth, der Gott der Weisheit; auch der fiktive Prophet aus dem 2. Jahrhundert und Urheber der Alchimie, der Symbolfigur des westlichen Okkultismus) lehrte, daß die sichtbare Welt durch geistige Bilder oder Gedanken verwandelt werden könne. Visualisierung wird von manchen als mentale, symbolische Alchimie betrachtet.

Kreative Imagination bzw. der «visionary factor» (Merylin Ferguson) wurde auch zum Schlagwort der *New-Age-Bewegung*. Die Visualisierungstechnik wird von einer wachsenden Zahl von Menschen aus verschiedenen Berufsgruppen eingesetzt, z.b. von Ärzten, Psychologen, Psychotherapeuten, Lehrern, Managern, Geschäftsleuten, Athleten und ebenfalls von Seelsorgern. In seinem Buch «Der neue Manager» enthüllt Gerd Gerken: «Das Thema Vision und Visualisieren von Visionen wird der Schlüsselpunkt neuer Konzeption der corporate culture sein» (58,149). In der *Wirtschaft* ist das magisch-gedankliche Kreieren bzw. Vorwegvisualisieren zukünftiger Ereignisse nicht zu verwechseln mit einem rationalen Vorwegerkennen durch Analyse und Prognose. Die Visualisierungstechnik ist der schnellstwachsende neue Trend in der *Psychologie, Psychotherapie* und *Pädagogik*. Weiter wird sie angewandt im *Okkultismus,* so wie in spiritistischen Kreisen, in der Satanskirche, bei magischen Ritualen und im Schamanismus.

Außerdem ist das Visualisieren in der *Neugeistbewegung* (New Thought), in der *Christlichen Wissenschaft* (Mary Baker Eddy) und in der *Unity School of Christianity,* die sich aus beiden bildete, bekannt. Diese drei Richtungen, die im vorigen Jahrhundert entstanden, sind von den Ideen und Praktiken des Magnetiseurs *Phineas Pankhurst Quimby* (1802-1866), der selbst vom Mesmerismus her kam, stark beeinflußt. Quimby, bekannt durch seine hypnotischen und telepathischen Versuche, lehrte: Die wahre Wirklichkeit der Welt und das eigentliche Wesen des Menschen ist «vollkommen»; alles Unvollkommene, Kranke ist Ausdruck der Furcht und der falschen Vorstellung bzw. Illusion. Krankheit müsse deshalb auf *mentalem* Wege geheilt werden, und zwar durch Übertragung «positiver Gedanken» (208,182ff.). Die «neue Medizin» für den «Kranken» ist ein «neues Denken» — diese neue Heilweise dementsprechend: «Heilung durch den Geist», d.h. weiße Magie. Diese drei Richtungen übernahmen außerdem Elemente aus dem Hinduismus, wie den Pantheismus, und dem Buddhismus, z.B. die Ideen Buddhas über Krankheit, Schmerz und Leid.

Manches aus Neugeist, Christlicher Wissenschaft und Unity findet seine Fortsetzung in den Theorien und Praktiken des *Positiven Denkens* (Norman Vincent Peale, Dr. Paul Yonggi Cho) oder des *Denkens in Möglichkeiten* (Robert Schuller) oder *in Wundern* (Yonggi Cho), des *Positiven Bekenntnisses* (E.W. Kenyon, Yonggi Cho) und der *Positiven Visualisierung* (Agnes Sanford, Yonggi Cho), vor allem innerhalb der Pfingst- und charismatischen Kreise und der Bewegung der *Inneren Heilung* oder *Heilung der Erinnerungen* (Rita Bennett, Ruth Carter Stapleton, John und Paula Sanford, Francis Mc Nutt). Auch durch die von Prof. Glenn Clark gegründete Bewegung «*Camp Farthest Out*» wird Neugeist-Gedankengut weitergetragen.

Die andere Wurzel der Visualisierungstechnik in christlichen Kreisen ist Jungs Methode der kreativen Imagination. Sie ist eine in Psychologie und Psychotherapie verhüllte Variante der alten schamanistischen Technik der gelenkten Bildvorstellung oder Phantasie. Sie stellt ein Kontaktmittel zum Reich der Finsternis dar, und zwar zur Erlangung «höherer Erkenntnis» aus dem «kollektiven Unbewußten» und zur Beherrschung und gedanklichen Integration desselben. Diese Vereinigung der Gegensätze bis hin zur kosmischen Vereinigung, die «Wirklichkeitsveränderung» bedeute, ist die «innere Heilung» nach Jungschem Konzept.

Agnes Sanford, eine in China geborene Tochter eines presbyterianischen Missionars und die Ehefrau eines episkopalen Rektors, «studierte und probierte jede Form der Heilung, die jemals bekannt wurde», schreibt Glenn Clark in seinem Vorwort zu ihrem Buch «*Heilendes Licht*» (209,VII). So wurde sie auch vom *Neugeist*, der «die Quelle ihrer Gebetstechnik» (210,159) ist, beeinflußt. Und so fand sie nichts Falsches in der *Christlichen Wissenschaft*, und empfahl sie auch *Unity*, und zwar «wegen ihrer metaphysischen Methoden, wodurch sie fähig sind, auf geistigem Wege die Kraft Gottes in Menschen zu projektieren» (210,127f.).

Agnes Sanford deutet den dreieinigen Gott praktisch um zu einer universalen «Energie» oder «geistigen Kraft» — sie spricht, wie der Okkultismus, oft von *Vibrationen* (Schwingungen) —, die sowohl durch Handauflegung als auch auf «geistigem Wege» von jedem Menschen und nach Belieben übertragbar sei.

Agnes Sanfords «Heilung durch den Geist», durch positives Denken, positives Reden und positive Visualisierung, die sie wie Jung «kreative Imagination» nennt, ist genauso Mesmerismus oder Schamanismus wie die Heilung des Magnetiseurs durch körperliche Berührung, durch seinen «magnetischen Blick» oder durch Telepathie, nur in frommem Gewande. Eine Variante dieser Gedanken-, Wort- und Bildmagie ist das *Autogene Training*, das Agnes Sanford zur Entspannung als Vorbereitung für das Gebet (..) empfiehlt (209,36).

Agnes Sanford, die außerdem «nachhaltig von Jungs Theorien beeinflußt wurde» (210,231), kleidete sowohl ihre «Gebets- und Heilungstechnik durch Imagination» als auch ihre unbiblischen Vorstellungen vom dreieinigen Gott, von Sünde und Erlösung in psychologische, besonders *Jungsche Terminologie.* So sei durch seine Menschwerdung Christus

> «in das kollektive Unbewußte der menschlichen Rasse, in den tiefen Geist jedes Individuums, wo er für Heilung und Hilfe verfügbar ist», gekommen (191,101).

Weiter behauptet sie, daß Jesus Christus

> «für immer ein Teil des kollektiven Unbewußten wurde ... ein Teil
> seines Bewußtseins ist für immer mit der Tiefe des menschlichen
> Geistes verbunden» (191,119).

Daß Gottes Sohn ein Teil der menschlichen «Kollektivseele» wurde, hatte, laut A. Sanford Folgen:

> «Seitdem er ein Teil des kollektiven Unbewußten der menschlichen
> Rasse wurde, starb ein Teil der menschlichen Rasse mit ihm, als
> er am Kreuz starb ... (und) eine gewisse Emanation oder unsicht-
> bare und personalisierte Energie unseres Geistes ist bereits mit ihm
> zum Himmel gefahren» (191,140-41).

Agnes Sanfords Vergottung der Seele und Vermenschli-
chung (Psychologisierung) Jesu Christi sind nur eine from-
me Variante der Jungschen Theorie des kollektiven
Unbewußten. Wie bei Jung, so ist auch bei ihr die Idee von
«Gott» bzw. «Christus in jedem Menschen» die Basis der
Selbsterlösung. Agnes Sanford kannte diese Erlösungsvor-
stellung auch von der Neugeistbewegung her, deren Ziel
«Selbsterlösung durch die Erkenntnis der innewohnenden
Göttlichkeit» ist.

Diese hinduistische, pantheistische Vorstellung, die sie
u.a. über Neugeist, Christliche Wissenschaft, Unity und
C.G. Jung integrierte und mit Jungs Konzept der Kollektivseele interpretierte, führte Agnes Sanford zur Entwicklung der sogenannten «Inneren Heilung» oder «Heilung
der Erinnerungen». Diese ist dementsprechend von ihrer
Orientierung an _Mesmerismus, Pantheismus, Synkretismus
und C.G. Jung_ durchsäuert. Der Kern ist ihre metaphysische Methode der «kreativen Visualisierung», die Agnes
Sanford nach dem zweiten Weltkrieg in christliche Kreise
einführte, «christianisierte» und nach ihrem Bibelverständnis interpretierte.

Morton Kelsey, Agnes und John Sanford beeinflußten
u.a. mit ihrer Jung-Orientierung besonders viele Führer der
Pfingst- und charismatischen Bewegung und der Bewegung
der Inneren Heilung; so z.B. die Pfarrer Larry Christen-

son und Arnold Bittlinger, den römisch-katholischen Priester Francis Mc Nutt, der Schüler in Agnes Sanfords «Schule der Seelsorge» war, und die Jesuiten-Priester, die Brüder
Dennis und Matthew Linn; und weiter u.a. Ruth Carter
Stapleton, Richard Forster und John Wimber.

Auch *Leanne Payne* hat ihre besondere Methode von
«Heilung der Erinnerung» bei Agnes Sanford, «der wunderbaren Bahnbrecherin des heilenden Gebets», gelernt
(211,7). Behauptete Jung, das Unbewußte sei nur über die
ihm eigene Bildersprache erreichbar, so könne Agnes Sanford laut Payne «in Bildersprache beten, die das Unterbe-
wußte erfassen» könne. Der Gebetspartner «beginnt dann,
von der unbewußten Ebene her, an dem Gebet teilzunehmen» (211,53). Gebetsgemeinschaft miteinander und Gemeinschaft mit Gott über die fiktive Kollektivseele?

Leanne Payne verkündigt, das durch Traumata verschüt-
tete «wahre Selbst» müsse hervorgeholt und zur Entfaltung
gebracht werden (211,44-45). Sie geht noch einen Schritt
weiter als Jung bzw. «christianisiert» Jungs Theorie und
behauptet, daß Jesus «auf die Tiefen unserer Persönlichkeit hinweist, die sowohl gute wie schlechte Eigenschaften
haben kann, mit denen wir den Kontakt verloren haben»
(211,139). Jesus sammle dann «all die zerstreuten Teile unserer Persönlichkeit, von denen wir abgetrennt waren» und
mache wieder «eine ganze Persönlichkeit» aus uns. Wie bei
Jung nimmt auch bei ihr das sogenannte Selbst die Stelle
Gottes ein. Auch im Blick auf die Träume die angeblich
«auf besonders gefährliches Material im Unterbewußtsein»
hinweisen (211,13), orientiert sie sich an Jung. Außerdem
verwendet sie die Imaginationstechnik.

Über Larry Christenson und besonders Arnold Bittlinger, der sich schon 1964 in seinem Vortrag auf einer Theo-
logentagung in Bad Sachsa auf Morton Kelsey berief (212),
kommt, von den meisten unbemerkt, Jungs Psychologie

in die Gemeinde Jesu hinein. Auch Heribert Mühlen und
Walter Hollenweger (213) weisen auf Morton Kelsey hin.
Durch solche Hinweise wird die Gemeinde Jesu ebenfalls
durch Jungs Psychologie infiziert.

Das gleiche geschieht durch die Bücher von Agnes Sanford, die von christlichen Verlagen herausgegeben, von
Christen empfohlen werden und auf christlichen Bücher-
tischen liegen. So empfahl *Corrie ten Boom* das irrefüh-
rende Buch «Heilendes Licht» und schrieb: «Ich bin
dankbar für das Buch von Agnes Sanford und will beten,
daß es ein Segen für Deutschland wird.» Ebenso trug Dr.
Dr. *Klaus Thomas*, Leiter des Oekumenischen St. Lukas-
Ordens für Krankenseelsorge, zur Verbreitung dieses Buches bei: «Es wurde unter die Veröffentlichungen des St.
Lukas-Ordens aufgenommen.» Der Psychotherapeut und
Baptistenpastor *Wilhard Becker* meinte zu «Heilendes
Licht»: «Es verändert also nicht nur unser Denken über
Gott (..), auch nicht nur den Bereich unseres gläubigen
Praktizierens, sondern auch unser Wesen (..). Und hier
scheint mir das Wesentliche für unser ganzes Leben zu lie-
gen.» Obwohl Oberkirchenrat *Werner de Boor* einige ern-
ste Bedenken wider dieses Buch von Agnes Sanford hatte,
schrieb er dennoch:

> «Was sie in ihrem Leben und Dienst erfahren hat, das sind einfach
> Tatsachen (..). Ihre praktischen Ratschläge für unser Beten und
> Glauben sind wichtig (..).»

Larry Christenson, der an der Entstehung der sogenannten charismatischen Bewegung in Deutschland maßgeblich
beteiligt war, schrieb in seinem Geleitwort im Blick auf Sanfords Ausführungen über das Gebet: «Das war für mich
eine neue Welt.»

Pfarrer *Wolfram Kopfermann*, der eine Zeit Leiter der
«Charismatischen Erneuerung» innerhalb der evangelischen
Kirche in Deutschland war, bis er sich 1988 von der Kir-

che trennte, empfiehlt auch die Literatur von Ruth Carter Stapleton, von den Brüdern Linn und von Francis McNutt, die ihrerseits von Agnes Sanford stark beeinflußt sind.

Alle diese Empfehlungen helfen (unbewußt), den Mesmerismus und Pantheismus, das Neugeist-Gedankengut und die Jungsche Psychologie in der Gemeinde Jesu zu verbreiten.

Auch die *Benediktinerabtei in Pecos,* New Mexico, ein römisch-katholisches, charismatisch geprägtes Freizeitzentrum, «das die gesamte Bewegung der Inneren Heilung sowohl auf katholischer als auch auf protestantischer Seite nachhaltig beeinflußt hat» (207,233), integrierte C.G. Jung nach Lehre und Praxis, obwohl dieser nicht biblisch orientiert, sondern im Gegenteil okkult inspiriert war.

> «Auf diesen «Lehren von Dämonen» (1. Tim. 4,1) und eben nicht auf der Heiligen Schrift sind viele der Praktiken der «Inneren Heilung» und der Meditations- und Visualisierungstechniken aufgebaut, die heute in der Gemeinde allgemein anerkannt werden» (207,233).

Wenn schon C.G. Jung durch aktive Imagination o h n e Visualisierung einer bestimmten Person mit sogenannten inneren Geistführern und anderen Dämonen, die er «Phantasiefiguren» nannte, konfrontiert wurde — wieviel mehr werden Christen durch bewußte Imagination konkreter und selbst verstorbener Menschen (Eltern, Kinder, Maria, «Heiligen») oder gar «Jesus» dämonisch verführt und gesteuert werden.

Die Visualisierungspraktiken von Agnes und John Sanford, Dr. Paul Yonggi Cho, Rita Bennet, Jim Forster, David Seamands und von vielen anderen können zu einer offenen Tür zu C.G. Jung werden. Umgekehrt laufen Christen, die sich nach der Psychologie ausstrecken, Gefahr, über Jung ins okkulte Fahrwasser der Imaginationstechnik, der «Inneren Heilung» bzw. der «Heilung der Erinnerungen» oder «Verletzungen» zu geraten.

Das Gemeinsame all der verschiedenen Varianten der kreativen Imagination ist, daß sie eine Ersatzquelle für Jesus Christus und Gottes Wort und damit Unabhängigkeit vom dreieinigen Gott bedeuten. Visualisierung psychologisch, geschäftstüchtig, christlich oder sonstwie verpackt ist in erster Linie ein auserlesenes Mittel für die gefallene Natur des Menschen, um biblische Bekehrung und Heiligung, einen Wandel im Glaubensgehorsam und unter der Zucht des Geistes zu umgehen und alles zu bekommen, was sie sich wünscht, und zwar nach dem Motto: « Mein Wille geschehe» oder «Alles ist möglich dem, der da imaginiert (visualisiert)»!

Wird diese Gedanken- und Bildmagie zur Veränderung anderer Menschen, z.B. in der Erziehung, verwendet, hat solche Fremdbeeinflussung nicht nur belastende, sondern auch «ethische Konsequenzen» (214). Hier wird die Versuchung «Ihr werdet sein wie Gott» konkretisiert in «Laßt uns Menschen machen nach unserem eigenen Bild und Gleichnis», manchmal mit Bibelversen getarnt.

Gal. 2,20 und Gottes Gebot: «Ihr sollt euch kein Bildnis machen» — auch nicht in Gedanken, im Gebet oder in der Meditation — wollen uns vor solchen ernsten Irrwegen bewahren.

Kapitel 16

C.G. Jung und die ganzheitliche Ethik

Die Ethik «als Untersuchungsmethode der philosophischen Forschung beschäftigt sich mit Ursprung, Wesen und Bedeutung von Gewissen, Gut und Böse und Schuld, mit Verantwortung und Willensfreiheit, mit Absolutheit und Relativität von Werten...» (214).

Jung äußerte sich auch zu ethischen Fragen, vor allem zum Problem des Bösen (71; 137; 215; 216). Einige haben sich mit dem Problem des Bösen und seiner Bewältigung bei Jung auseinandergesetzt (u.a. 123; 217; 218; 219).

Jungs ethische Konfliktanalyse ist von seinem typologischen und ganzheitlichen Vorurteil bestimmt. Sie bezieht sich auf die sog. konflikthafte Lebenskrise, d.h. auf die unbewußten Ursachen der ethischen Konflikte der Lebensmitte (220; 214,1168ff.).

Durch seine Orientierung an der fernöstlich-religiösen ganzheitlichen Philosophie und durch sein Konzept des kollektiven Unbewußten mit seinen Archetypen — vor allem Persona, Schatten und Selbst — wurde Jung zum Vorläufer und Wegbereiter einer neuen, d.h. ganzheitlichen, Ethik.

Eine Frucht dieses Samens von Jung sehen wir u.a. in der analytisch-psychologischen Betrachtungsweise der Ethik des jüdischen Jung-Schülers *Erich Neumann*. Die «neue Ethik» mit ihrer Umdeutung von Gott und Satan, Gut und Böse hat vor allem für Juden und Christen, die sich an Jung und Neumann meinen orientieren zu können, tiefgreifende Folgen. Deshalb sollten wir uns kurz mit Neumanns «neuer Ethik» (221) auseinandersetzen. Unbegreiflicherweise entwickelte er sie «während des 2. Weltkrieges und unter seinem Druck» (221,5).

Erich Neumann und die «neue Ethik»: Integration des Bösen

Das Problem des Bösen ist eines der zentralsten Probleme des modernen Menschen, so Neumann. Damit meint er wie Jung nicht die Sünde vor Gott, sondern das Böse als eine *psychische* Kategorie. Seine Frage lautet deshalb: Wie kann man mit der psychischen Natur fertig werden, so wie die Wissenschaft und Technik mit der physischen?

Nach der Sicht Jungs und Neumanns hat sich die «alte Ethik» des jüdisch-christlichen Zeitalters, die den abendländischen Menschen bestimmte und noch bestimmt, als «unfähig erwiesen, die zerstörenden Kräfte im Menschen zu bändigen». «Denn» sie ignorierte die «Kollektivseele», d.h. die primitive und vormenschliche (tierische) Schicht der Persönlichkeit des Menschen. Doch gerade diese unbewußte Schicht sei «von außerordentlicher Bedeutung für die Zukunft der Menschheit» (221,94). Die «alte Ethik» müsse darum durch die «neue Ethik» im Sinne von Jungs analytischer Psychologie erweitert oder gar auf- und abgelöst werden. Die schöpferischen Kräfte des kollektiven Unbewußten, das neue Wege zeigte, verlangten und bewirkten diese neue Ethik, behauptet Neumann. Welches sind die Bedenken wider die «alte Ethik»? Folgendermaßen wird argumentiert:

Die alte, jüdisch-christliche Ethik stammt *von außen,* vom Kollektiv, und zwar von einer Elite. Letztere ist es, die der Mehrheit die alte Ethik auferlegt und die Menschen damit überfordert. Jede Identifikation des Ichs mit äußeren, überpersönlichen Werten führt jedoch zum Untergang, wie Neumann an Hand der Mythologie zu zeigen versucht. Der alten Ethik mangelt die Identifikation mit der «inneren Stimme» des Unbewußten, dem Selbst. Und das ist «die wirkliche Ursache» der heutigen Ethikkrise. Ideologische, politische, soziologische und auch religiöse (jüdisch-christliche) Deutungen sind nur «Bewußtseinserklärungen».

Die alte Ethik ist *dualistisch*: Sie fußt auf dem Gegensatzprinzip Gut-Böse, Licht-Finsternis, rein-unrein, ja-nein, Gott-Teufel. Das Grundproblem der alten Ethik ist deshalb der *Kampf* der Gegensätze Gut-Böse, Licht-Finsternis usw. Jedoch:

> «Dieser Kampf ist unendlich, denn das verdrängte, unterdrückte und besiegte Dunkel steht immer wieder auf. Es sprechen keine Anzeichen dafür, daß das Dunkel je durch eine Übermacht des Lichts aufzulösen sei» (221,23).

Das Böse ist unüberwindbar — deshalb muß man es annehmen und integrieren. Und das schreibt Neumann «während des 2. Weltkrieges und unter dessen Druck»!

Die alte Ethik ist *einseitig*: In ihrem Vollkommenheitsideal verabsolutiert sie das Gute. Darum (über)entwickelt sie die Persona, die Anpassung des Bewußtseins oder des Ichs an das äußere Wertsystem. Dadurch entsteht das kollektiv, dualistisch und einseitig orientierte Gewissen — die Instanz, mit deren Hilfe sich die alte Ethik mit ihren absoluten, positiven Werten beim einzelnen durchsetzt.

Die alte Ethik ist demnach eine *Teilethik*, und zwar nur für einen Teil der Persönlichkeit, nämlich das Bewußtsein, dessen Zentrum das Ich ist. Ihr fehlt also die Ethik für das «kollektive Unbewußte» als die notwendige Ergänzung zum Bewußtsein. Und «das ist das Hauptproblem der Menschheitskrise». Die an Jung orientierte neue Ethik weist eine solche »Persönlichkeitsreduktion» ab und berücksichtigt die Kollektivseele mit dem Archetypus Schatten, der eben dem ethischen Wert des Bewußtseins nicht entspricht.

Die alte Ethik ist somit *gefährdend.* Denn ihre einseitige Betonung des Guten, ihre einseitige Entwicklung des Bewußtseins zur Außenorientierung, schließt das Böse und die Entwicklung des kollektiven Unbewußten zur Innenorientierung aus. So entsteht ein Ungleichgewicht zwischen Gut und Böse, Bewußtsein und Unbewußtem, Gewissen und innerer Stimme, Persona und Schatten. Da die alte Ethik das Böse verdrängt, unterdrückt und bekämpft, verdrängt, unterdrückt und bekämpft sie damit Persönlichkeitsteile wie den Schatten. Vor allem Verdrängung führt zur Stauung der verdrängten Inhalte der Kollektivseele. Dementsprechend sind die Folgen: Ausbrüche des Schattens (Kriege etc.), «Durchbrüche in Massenepidemien». Daran ist also die alte, jüdisch-christliche Ethik mit ihrer Verabsolutierung des Guten, mit ihrem Dualismus und ihrer Entwicklung des Bewußtseins und der Persona schuld.

Die *einseitige Identifikation des Ichs mit dem Guten* oder den positiven Werten, führt zur Spannung zwischen den äußeren Werten und der inneren Stimme, zwischen der Persona und dem Schatten (Bösen) in Gedanken, Phantasien, Träumen, Worten und Taten. So entstehen *Schuldgefühle.* Die Folgen sind Verdrängung und vor allem Unterdrückung des Schattens (Bösen). Die Abfuhr dieser Schuldgefühle geschieht durch *Schattenprojektion* auf andere. Denn der Schatten (das Böse), wird nicht als Teil der eigenen Persönlichkeit, nicht als «Eigenes drinnen» angenommen, sondern als «etwas Fremdes draußen» betrachtet.

Um das angeblich «Böse draußen» zu bekämpfen, wird ein Sündenbock eingesetzt. Das kann eine rassische, politische, soziale oder religiöse Minorität sein. Es kann aber auch ein «überwertiger» sein, nach

«der primitiven Tendenz, das Beste...stellvertretend rituell zu opfern und als Sündenbock zur eigenen Kollektivreinigung zu benutzen». Das läßt sich z.B. «an der Lehre vom Opfertod des leidenden Gottes aufzeigen» (221,39).

Sowohl bei den Durchbrüchen des verdrängten Schattens als auch in dieser *Sündenbockpsychologie* handelt es sich um «eine psychische Reaktion» auf einen «unbewußten Konflikt» zwischen Bewußtsein und Unbewußtem, zwischen Persona und Schatten.

Institutionen der Sündenbockpsychologie, «die im Gewande ethischen Verhaltens der eigenen Schattenseite die Möglichkeit geben, sich auszutoben», sind Abschreckung, Bestrafung, Gefängnis, Fürsorge, Schule und Familie (221,46).

Es kann auch eine *einseitige Identifikation mit dem Bösen* geben, «wie es in der Lehre von der Erbsünde, dem 'Bösesein des Menschen von Kind an' seine deutlichste Ausprägung findet». Sie führe ebenfalls zur Inflation des Ichs. Abwertend schreibt Neumann:

> «Die Verfallenheit an das Böse wird hier als so entscheidend erfahren, daß ihr nur die Erlösung durch den Gnadenakt der Gottheit abhelfen kann» (221,33-34).

An die Stelle der «alten Teilethik» für die Teilpersönlichkeit setzt Neumann seine *«neue», «ganzheitliche» Ethik* für die ganze Persönlichkeit. Sie impliziert:

— Relativierung des Bewußtseins, des Ichs, des Gewissens und vor allem der alten, jüdisch-christlichen Werte; Integrierung des kollektiven Unbewußten mit dem Selbst. «Das Ich muß vom Thron herabsteigen» zugunsten des Selbst, des «Ganzheitszentrums der Persönlichkeit».

— Veränderung der Orientierung des Ichs und damit der Wertorientierung des Gewissens in Richtung nach innen statt nach außen. Die Neuorientierung am Kollektivunbewußten ist die Orientierung am Selbst. Das Selbst «jenseits von Gut und Böse», die «innere Stimme», sei fortan das eigentliche Kriterium für Gut und Böse.

— Relativierung von Gut und Böse mit gleichzeitigem Abbau der Persona zugunsten des Schattens. Es umfaßt die

Bewußtmachung, Begegnung, Annahme, Eigenverarbeitung und Versöhnung mit dem eigenen Schatten (dem Bösen und der Primitivseite). Das heißt die Integration des «psychophysisch konstitutionell oder schicksalsmäßig zugeordneten Anteils am Bösen».

Dazu muß jeder Kampf gegen das Böse, jede Verdrängung oder Unterdrückung des Bösen im eigenen Leben aufgegeben werden. Dem Schatten, dem «dunklen Bruder» (..), muß man «Freiheit und Anteil am Leben geben» (221,75). Denn «um erwachsen zu werden, ist es notwendig, ein gewisses Maß an Bösem zu tun», was «die innere Stimme» verlangt (221,100). Das «Vollkommenheitsprinzip» muß zugunsten der Ganzheit geopfert werden (221,136). Gut und Böse, die gleichwertig und gleichberechtigt sind, müssen sich die Waage halten. Weder das Gute noch das Böse darf die Herrschaft bekommen. Bezeichnenderweise schreibt Neumann:

> «Charakteristischerweise steht die Neu-Orientierung immer wieder unter dem Symbol des Abstieges, ja des Teufels-Paktes. Das Bündnis zwischen Faust und Mephisto ist das Bündnis des modernen Menschen mit dem Schatten und dem Bösen, das ihm den Gang durch die Fülle des Lebens erst ermöglicht. Nicht ohne Schuld ... führt dieser Weg... Und in der Nachfolge Fausts taucht immer wieder aus dem Unbewußten des modernen Menschen die Panfigur auf, das entstellte Urbild des christlichen Teufels, und bringt den Schlüssel zur Tiefe als Bewahrer des Geheimnisses der Natur. Nicht abgelehnt wird der Versucher, sondern angenommen (..), denn es scheint so, als ob nur der heute erlöst werden kann, dessen strebendes Bemühen die Gefahr des Untergangs und des Chaos nicht meidet» (221,117).

— Relativierung des Bösen auch im Leben des Nächsten und somit «wirkliche Toleranz» ihm gegenüber. Die analytisch-psychologische Bewußtmachung der Projektion des Bösen auf den Mitmenschen — die Sündenbockpsychologie zur eigenen Rechtfertigung — hebt den Kampf gegen das Böse im Mitmenschen wie Bestrafung auf. Das ist «die Forderung des kollektiven Unbewußten».

Hauptanliegen der neuen Ethik ist eben nicht, daß das Individuum «gut», sondern daß es «seelisch autonom» und «ganz» wird (221,100). Ein «nicht geringer Teil» der an Jung orientierten Ethik liegt darin, «den Menschen in dieser Welt fähig zu machen, daß er den moralischen Mut bekommt, nicht nur nicht schlechter, sondern auch nicht besser sein zu wollen, als er ist» (221,110).

> «Erst indem ich mich auch (..) als dunkel — nicht als Sünder (..) — erfahre, gelingt es mir, das dunkle Ich des anderen anzunehmen» (221,93).

Erst «die Liebe zum eigenen Schatten und seine Annahme ist die Basis für eine ethische Haltung dem andern gegenüber» (221,92), also für Nächstenliebe.

— Eine neue Bewertung bzw. Umdeutung der Bewertung von Gut und Böse. Gut ist die Bejahung des eigenen Bösen — böse ist die Bekämpfung des Bösen, das ja der eigene Schatten ist. Gut ist das, was zur Ganzheit — böse all das, was zum Dualismus, zur Verabsolutierung des Guten führt. Integration des Bösen ist gut — Trennung von Gut und Böse ist böse.

> «Der moderne Mensch weiß von der unauflöslichen Zusammengehörigkeit beider Prinzipien» (221,128).
> «Die lebendige Ganzheit lebt von der Spannung der Gegensatzpaare, die in ihr zu einer übergeordneten Einheit verbunden sind, mögen diese Gegensätze gut-böse, männlich-weiblich, außen-innen, rational-irrational oder anders heißen» (221,129).

Jung und Neumann zeigen eine «ganzheitliche» Ignorierung des Wortes Gottes als höchster Autorität und absoluten Maßstabs — auch für Gut und Böse, für persönliche Verantwortung und Schuld. Dementsprechend nehmen beide Psychologen an, daß die gesamte Ethik — also auch die biblische — lediglich von Menschen, vom «Kollektiv» stamme. In ihrer Bewertung sind Gut und Böse nur das, was «man» oder was das jeweilige Individuum gut oder böse nennt. Damit wird auch Schuld zu einer rein subjektiven Angelegenheit und lediglich zu einem Schuld-«Gefühl». Gut und Böse sind wie Schuld bei ihnen eben eine rein psychologische, nicht eine biblisch-theologische Kategorie.

Die Psychologisierung und Relativierung von Gut und Böse und Schuld im pseudowissenschaftlichen Gewande der «neuen Ethik» haben ihre bedenklichen Folgen für die *Psychotherapie*. Das gilt vor allem Christen, die meinen, als Therapeut oder beratender Seelsorger das Problem von Sünde und Schuld im konkreten Fall nicht biblisch-theologisch, sondern «empirisch-psychologisch» angehen zu müssen.

In der an Jung orientierten Ethik ist das Böse nicht Erbsünde oder persönliche Sünde vor Gott. Es sei außerdem «nicht ganz» böse: Es sei auch das Primitive und das angeblich Animalische im Menschen.

Darüber hinaus zeigt die an Jung orientierte Ethik dem Patienten zugleich, daß er selbst «nicht ganz böse», sondern «auch gut» sei. Er habe nicht nur eine Schattenseite, sondern auch eine Lichtseite in seinem Schatten (219). Dadurch habe er in sich selbst auch die Möglichkeit der Veränderung. Die Psyche des Patienten sei zwar polar, wie die fernöstlichen Religionen sagen. Aber sie sei auch imstande, ihre Gegensätze zu harmonisieren und zur «psychischen Totalität», zu «höherer Ganzheit» zu vereinigen, wo das Individuum «den Gegensätzen nicht mehr unterworfen» sei (219,505).

Das ist gerade der Kern des Ärgernisses des 'christlichen' Jung, seines jüdischen Schülers Neumann und vieler anderer mit gleicher Einstellung, nämlich, daß Sünde nicht ein psychologisches Böses, sondern Schuld vor Gott ist. Der Mensch ist durch den Sündenfall durch und durch sündig

(Röm. 3,23; 7,18). «Nicht ein Tun oder Sein des Menschen» (221,34) vermag ihn zu erlösen. Das ist demütigend, aber auch befreiend.

Die vermeintlich notwendige Integration des Bösen bedeutet für den Patienten und jeden anderen Menschen, daß er «ethisch verantwortlich» für das *Nicht-Tun des Bösen* gemacht wird, und zwar gegenüber sich selbst. Sie ersetzt die biblische Tatsache, daß er für das Nicht-Tun des Guten sowie für das Tun des Bösen verantwortlich vor Gott ist.

So steht jegliche ganzheitliche Ethik, auch im Dienste der Psychotherapie, in krassem Widerspruch zu Gottes Wort.

Kapitel 17

C.G. Jung und die Pädagogik

Jung hat sich auch mit dem Thema «Kind und Erziehung» beschäftigt. Auf dem Internationalen Kongreß für Erziehung in London (1924) hielt er drei Vorträge über Psychologie und Erziehung. Sie wurden später bearbeitet und erweitert als «*Analytische Psychologie und Erziehung*» (222), zusammen mit Jungs Abhandlungen «*Über die Konflikte der kindlichen Seele*» (1910) und «*Der Begabte*» (1943). Schon ein Jahr zuvor referierte er auf dem Internationalen Kongreß für Erziehung in Montreux über «*Die Bedeutung der Analytischen Psychologie für die Erziehung*» (222).

In «*Auswirkungen der elterlichen Probleme auf das Unbewußte des Kindes*» (222) behauptet Jung, daß die psychischen Störungen des Kindes bis zur Pubertät «ausschließlich» die der Eltern seien. Denn bis dahin «existiert es psychisch noch gar nicht» und sei ganz und gar «Produkt der Eltern». Die Ursache der besonders eigenartigen, unfolgsamen und schwer erziehbaren Kinder müsse man darum nicht in deren «besonderen Individualität», sondern bei den Eltern suchen. Infolgedessen müsse man dann «immer die Eltern und ihren psychischen Zustand in Behandlung nehmen». Vom ersten Schuljahr an «ersetzen» die Lehrkräfte die Eltern. Somit ist dann ihr «psychischer Zustand» für die Kinder maßgeblich. Darum ist für Jung die Erziehung des Erziehers so wichtig. Sie besteht aus Jungscher Selbsterkenntnis (Erkenntnis der «Kollektivseele»), Jungscher Traumdeutung und Jungscher Individuation (Ganzheit).

Die analytisch-psychologisch orientierte *Entwicklungspsychologie* ist eine der verschiedenen psychodynamischen und eine der vielen Deutungen überhaupt. D i e Entwicklungspsychologie existiert ja nicht. Es gibt nämlich eine Reihe unterschiedlicher, widersprüchlicher und sich verändernder Entwicklungspsychologien. Zudem ist die Entwicklungspsychologie nicht wertneutral, auch nicht die an Jung orientierte. Sie ist u.a. *evolutionistisch* bedingt. Am Anfang steht bei Jung das «kollektive Unbewußte». Aus dem «unbewußten und tierähnlichen Zustand» entwickle sich dann das Bewußtsein des Kindes, und zwar «erst zu einer primitiven und dann allmählich zu einer zivilisierten Bewußtheit».

Die *ganzheitliche Kindbetrachtung* hat zur Folge, daß der Pädagoge sich auch mit der sogenannten Kollektivseele des Kindes und deren Archetypen zu beschäftigen habe. Er solle dem Kinde beibringen, sich an seinem «kollektiven Unbewußten» zu orientieren und aus dessen Kräften zu schöpfen.

Ein analytisch-*typologisch* orientierter Erziehungsstil ist aus verschiedenen Gründen problematisch:

— Andere Merkmale und Merkmalskombinationen drohen unter den Tisch zu fallen. «Typologien gehen von vornherein an der in der Realität vorfindbaren Variabilität menschlicher Verhaltensweisen vorbei» (223,329-356).

— Außerdem «verführen Typologien wegen ihrer Simplifizierung der Realität zu einem demagogisch-schlagwortartigen Mißbrauch dieser Konzepte» (223).

— Der Erzieher, der von Jungs erweiterter Typologie ausgeht, muß irrationale «psychische» Funktionen bei sich und dem Kinde berücksichtigen, ja sie entwickeln.

— Introvertiertheit heißt bei Jung: auf seine «Kollektivseele», deren Archetypen und Prozesse konzentriert sein. Solche gelenkte Introversion ist nicht nur illusorisch, sie ist auch gefährlich und vor allem unbiblisch.

— Darüber hinaus ist nach biblischer Sicht für die christliche Erziehung in Familie und Schule nicht entscheidend, ob das Kind «introvertiert» oder «extravertiert», sondern wie seine innere Einstellung zu Jesus Christus, zu Gottes Wort und zu Autoritätspersonen (Achtung, Gehorsam) ist.

An Jung orientierte *ganzheitliche Ethik* hat für die Pädagogik bedenkliche Auswirkungen. Sie schließt ein:

— Relativierung des an äußeren Maßstäben orientierten Gewissens und der Persona des Kindes. Die Erziehung zur «Gesellschaftsfähigkeit» bilde nur «Scheinpersönlichkeiten».

— Veränderung der Wertorientierung des Kindes nach seinem Innern, nach seiner eigenen «inneren Stimme».

— Relativierung der (biblischen) Begriffe Gut und Böse.

— Umdeutung von Gut und Böse. Böse sei die Bekämpfung des Bösen — gut sei dessen Integration durch das Kind.

Ganzheitliche Pädagogik bedeutet weiter:

— daß das Böse im Kinde (sein Schatten) betont, bewußt angenommen, entwickelt und integriert werden müsse. Dem Bösen müsse «Freiheit und Anteil am Leben» gegeben werden (221,75). Auch das Kind müsse eben seinen «psychophysisch konstitutionell oder schicksalsmäßig zugeordneten Anteil am Bösen» bejahen. Es müsse lernen, das Böse nicht zu bekämpfen.

— daß demzufolge das Böse im Kinde *nicht bestraft* werden kann und darf. Denn die ganzheitliche Ethik beinhaltet:

> «Ablehnung des Strafprinzips, das die Tendenz hat, das Negative auszurotten, zu unterdrücken und zu verdrängen» (221,112).

Bestrafung des Bösen habe nicht Veränderung der Persönlichkeit zum Ziel, sondern nur eine «teilethische oder illusionistische Veränderung des Bewußtseins». Deswegen ist die an Jung orientierte Ethik «nicht an der Bestrafung interessiert» (221,112).

Strafe sei außerdem «Abfuhr» der eigenen Schuldgefühle

des Erziehers in Form der «Schattenprojektion» im Sinne der «Sündenbockpsychologie». Solche *Sündenbockpädagogik,* in der der Erzieher sein eigenes Böses «an die Schwachen abschiebt», um es zu reinigen, sei ohnehin verwerflich.

Verheerend ist auch der Einfluß der «ganzheitlichen Ethik» auf die *Religionspädagogik.* Sie führt nicht nur zu einem neuen Menschenbild, sondern auch zu einem neuen Gottesbild und zu einer neuen religiösen Erfahrung in unbiblischem Sinne:

> «Gerade im Annehmen der dunklen Seite des Daseins brechen Möglichkeiten nicht nur neuer ethischer, sondern auch neuer religiöser Erfahrung auf» (221,133).

Die Assimilierung des Schattens umfasse, so Erich Neumann, nicht nur die persönliche und kollektive «Primitivschicht» mit dem moralischen Problem der Menschheit, sondern darüber hinaus auch «das Problem des Bösen in Gott» (221,134). Neumann erzählt, wie «im Traum eines heutigen Menschen die Stimme eines Unsichtbaren dem Träumer» zurief: «Gott liebt auch seine Pest.» Dieser Satz «zwingt das Ich zu einer neuen Orientierung» in bezug auf Gott und «seine Pest», nämlich «die Liebe» zu ihr der «Forderung des Unbewußten» entsprechend. Mit der «neuen Ethik»

> «und ihrer Forderung an den Menschen, als Einheit verantwortlich zu sein, wird das Vollkommenheitsprinzip zugunsten der Ganzheit geopfert. Die totale Ethik steht einer Unvollkommenheit gegenüber, welche Mensch, Welt und Gottheit einschließt, denn auch die Gottheit ist unvollkommen, weil und insofern sie das Gegensatzprinzip in sich enthält» (221,136).

Die Bedenken wider eine an Jung orientierte Religionspsychologie gelten ebenso der an Jung orientierten Religionspädagogik. Zusammenfassend sind es u.a.:

— die Reduzierung des Judentums und Christentums auf den Charakter einer Religion statt der Gottesoffenbarung;

— ihre Gleichschaltung mit den Religionen und die Gleichstellung von Jesus Christus mit z.b. dem verstorbenen Menschen Buddha und

— ihre Zurückführung auf das sogenannte kollektive Unbewußte, also auf eine menschliche, psychische Größe;

— die Betonung der subjektiven, religiösen Erfahrung, die außerdem nicht nach Quelle und Inhalt geprüft wird;

— die Relativierung des Wortes Gottes und des biblischen Glaubens durch ihre Zurückführung auf irgendeine subjektive, numinose Erfahrung;

— vor allem aber die Vermenschlichung des dreieinigen Gottes und die Vergottung der menschlichen Seele und somit des Menschen. Neumann prophezeit:

«Die Menschheit nimmt langsam aber fortschreitend die seelischen Projektionen zurück, mit denen sie in Hierarchien von Göttern und Geistern, Himmeln und Höllen die Leere der Welt ausgestattet hatte, und erfährt staunend die schöpferische Fülle des eigenen seelischen Urgrundes. Aus der Mitte dieses menschheitlichen Kreises, der sich aus dem Zusammenschluß aller Menschheitsteile zu bilden beginnt, tritt dieselbe schöpferische Gottheit ungestaltet und vielgestaltig nach innen, die vorher außen die Himmel und Sphären der menschlichen Welt erfüllte» (221,138).

So kann auch eine Religionspädagogik, die immer öfter die Bibelkritik der modernen Theologie durch die mit Hilfe Jungscher Interpretation ersetzt, den Kindern und Jugendlichen eine innere Vorbereitung auf den Antichristen und seine Selbstvergottung hin werden (2. Thess. 2,4).

Kapitel 18

Schlußgedanken

Es gibt sicherlich noch mancherlei Gebiete, auf die Jungs
archetypische, ganzheitliche Psychologie angewandt wird,
so z.B. auf die geistige Menschheitsgeschichte, die Kultur
und damit verbunden die *Archäologie* (224). Diese 17 Kapitel möchten nicht mehr als eine Andeutung sein, wie weit-
reichend der Einfluß Jungscher Psychologie ist — auch
unter Christen, obwohl sie evolutionistisch, holistisch, ja,
antibiblisch und antichristlich ist.

Längst ist die Jungsche Psychologie nicht mehr auf Menschen der Lebensmitte begrenzt. Viele junge Leute stoßen
auf Jung in ihrer Suche nach Erfahrung des eigenen Innern, nach ihrem vermeintlich gesunden, schöpferischen
Kern, nach Selbstverwirklichung, nach Ganzheit, nach
Transzendenz. Davon versprechen sie sich den Sinn des Lebens. Die äußere Welt sei angeblich so ziemlich erforscht
und entdeckt. Nun sei die innere Welt an der Reihe. Unter
Leitung von Jung möchten sie die innere Entdeckungsrei-
se wagen. Ihm vertrauen sie sich an, weil er, wie er bezeugte,
selber diesen Weg gegangen sei. So sei er «Garant», daß
die Reise nach Innen möglich, nötig und lebenswert sei.

Falsche Propheten mit einer verlockenden, aber wider-
biblischen ('Heils'-)Botschaft gibt es nicht nur im ausgesprochen religiösen, philosophischen oder ideologischen,
sondern auch im psychologischen und psychotherapeutischen Gewand — manchmal fromm getarnt. Jesus Christus warnt uns klar und deutlich, wenn er sagt:

> *«Hütet euch aber vor den falschen Propheten, die in Schafsklei-*
> *dern zu euch kommen, inwendig aber sind sie reißende Wölfe»*
> (Matth. 7,15; vgl. 24,11).

Es liegt eine große Bewahrung im Festhalten am biblischen Zeugnis «Jesus Christus allein, Gottes Wort allein, aus Gnade allein, aus Glauben allein», das wir in allen Lagen und Fragen des Lebens üben dürfen. Wir sind nicht nur für uns selbst verantwortlich, daß wir uns nicht verführen lassen (Matth. 24,5a; Eph. 4,14-15; Kol. 2,8; 1. Tim. 6,20). Wir haben auch eine Verantwortung für solche, die uns anvertraut sind (Apg. 20,28-30; Röm. 16,17; Eph. 5,12).

Es ist eigentlich unverständlich, daß Christen für ihr Schrift- und Religionsverständnis, für ihre Verkündigung und Seelsorge von Jung lernen könnten oder gar sollten. Hier sehen wir eher eine Illustration dafür, wie abgrundtief und hochmütig die alte Natur und wie verführerisch anziehend und irreführend verblendend die Machenschaften der Finsternis sind. Sie sind eine Herausforderung des heiligen Gottes.

Jung erkannte in seinem Leben Jesus Christus nie als Gottes Sohn und Erlöser an. Ihm war Gottes Wort nie Autorität und Maßstab. Stattdessen schuf er eine Therapie, eine Heilslehre und einen Heilsweg — auch für Christen und das Christentum. Für ihn liegt das Heil in der eigenen «Kollektivseele», die ihm «Dämon oder Gott» bedeutet, was bei ihm «Synonyme sind» (26,339).

> «In gewisser Hinsicht sind Freuds Materialismus und Rationalismus weniger schädlich für die christliche Wahrheit... Freud wollte den Dämon durch einen rationalen und bewußten Prozeß bannen; das tendiert dazu, den Menschen zu Gott zu machen. Aber im Gegensatz zu Jung machte er nicht den Dämon zum Erlöser» (225,11f.).

Darüber hinaus erdreistete sich Jung, Gott mit seiner Psychologie der Individuation zu «erlösen». So etwas finden wir nur bei dem 'christlichen' Psychiater und Psychologen C.G. Jung.

Was mangelt uns bei Jesus Christus, daß wir dem Rat von Nichtchristen folgen müßten? (1. Kor. 1,30; Eph.1,3). Wird Gott uns mit Christus nicht auch alles schenken? (Röm. 8,32).

Literaturverzeichnis Teil III

1. *Dieckmann, Hans und Jung, Eberhard:* Weiterentwicklung der Analytischen (Komplexen) Psychologie. In: Dieter Eicke (Hrsg.): Die Psychologie des 20. Jahrhunderts Bd. III, Freud und die Folgen II, Kassel (1977).
2. *Prokop, Heinz:* Erich Neumann in Israel. In: Die Psychologie des 20. Jahrhunderts Bd. III
3. *Hanefeld, Erhardt:* Vorwort zu Roberto Assagioli: Handbuch der Psychosynthesis. Angewandte transpersonale Psychologie. Freiburg/Br. (1978)
4. *Burney, Cecil E.:* Jungs Aktive Imagination: Eine westliche Meditationstechnik. In: *Grof, Stanislav* (Hrsg.): Alte Weisheiten und modernes Denken: Spirituelle Traditionen in Ost und West im Dialog mit der neuen Wissenschaft. München (1988)
5. *Connor, Peter O.:* Innere Welten. Jung verstehen — sich selbst verstehen. Hamburg (1985)
6. *Jaffé, Aniela und Adler, Gerhard (Hrsg.):* C.G. Jung-Briefe in 3 Bänden. Olten, Freiburg/Br. (1972-1973)
7. *Walsh, Roger und Vaughan, F.:* Psychologie in der Wende. Bern (1987)
8. *Grof, Stanislav (Hrsg.):* Siehe 4.
9. *Byron, T.:* The Dhammapada: The Sayings of the Buddha (1976)
10. *Alcoholics Anonymous:* Alcoholics Anonymous World Services, S. 26-27 (1967)
11. *Dürckheim, Graf Karlfried von:* Der zielfreie Weg. Im Kraftfeld. Initiatische Therapie. Freiburg (1982)
12. *Kast, Verena:* Die Bedeutung der Symbole im therapeutischen Prozeß. In: *Barz, Helmut/Kast, Verena/ Nager, Frank* (Hrsg.): Heilung und Wandlung. C.G. Jung und die Medizin. Zürich, München (1986).
13. *Kos-Robes, Marta:* Spiel als Therapie. In: Walter Spiel (Hrsg.): Die Psychologie des 20. Jahrhunderts Bd. XII/2, Konsequenzen für die Pädagogik (2). Wien (1980)
14. *Hemminger, Hansjörg:* Der alternative Psychomarkt. Ein Überblick. In: Materialdienst 1.8.1986
15. *Ziegler, Alfred:* Jung und die psychosomatische Medizin. In: Die Psychologie des 20. Jahrhunderts Bd. III
16. *Meier, C.A.:* Die Psychosomatik in Jungscher Sicht (1960). In: Experimente und Symbol. Olten (1975)
17. *Kindler, Nina:* G.R. Heyer in Deutschland. In: Die Psychologie des 20. Jahrhunderts Bd. III
18. *Heyer, Gustav Richard:* Komplexe Psychologie (C.G. Jung). In: *V.E. Frankl und V.E. von Gebsattel* (Hrsg.): Handbuch der Neurosenlehre und Psychotherapie. 5 Bände. München, Berlin (1959-1961)

19. *Nager, Frank:* C.G. Jung und die moderne Medizin. In: Heilung und Wandlung: C.G. Jung und die Medizin (1986) (Siehe Nr. 12).
20. *Zollinger, Dr. Heinrich (Hrsg.):* Vorwort In: C.G. Jung im Leben und Denken unserer Zeit. Vorträge zum 100. Geburtstag an der ETH Zürich. Olten, Freiburg/Br. (1975)
21. *Pauli, Wolfgang:* Der Einfluß archetypischer Vorstellungen auf die Bildung naturwissenschaftlicher Theorien. In: Naturerklärung und Psyche (1952), C.G. Jungs G.W.VIII
22. *Heisenberg, Werner:* Wolfgang Paulis Philosophische Auffassungen. In: Zeitschrift für Parapsychologie und Grenzgebiete der Psychologie III, Nr. 2/3 (1960)
23. *Lucadou, Walter von und Kornwachs, Klaus:* Parapsychologie und Physik. In: Gion Condrau (Hrsg.): Die Psychologie des 20. Jahrhunderts Bd. XV, Transzendenz, Imagination und Kreativität. Zürich (1979)
24. *Heisenberg, Werner:* Das Naturbild der heutigen Physik. Hamburg (1956)
25. *Fierz, Markus:* Symbole in der Wissenschaft, insbesondere in der Physik. In: Traum und Symbol. Zürich (1963)
26. *Jaffé, Aniela (Hrsg.):* Erinnerungen, Träume, Gedanken von C.G. Jung. Zürich (1984)
27. *Anrich, Ernst:* Moderne Physik und Tiefenpsychologie. Zur Einheit der Wirklichkeit und damit der Wissenschaft (1963). Stuttgart (1980)
28. *Köberle, Adolf:* Heilung und Hilfe. Christliche Wahrheitserkenntnis in der Begegnung mit Naturwissenschaft, Medizin und Psychotherapie. Darmstadt (1985)
29. *Haller, Michael:* Wir steigen in den Himmel. In: Der Spiegel Nr. 41 (10.10.1983)
30. *Capra, Fritjof:* Das Tao der Physik. Bern (1984)
31. *Peters, Hans Jürgen:* Ein neues Weltbild. In: «factum» 7/8 1984
32. *Capra, Fritjof:* Wendezeit. Bausteine für ein neues Weltbild. Bern (1982)
33. *Capra, Fritjof:* Das neue Denken. Bern (1987)
34. *Portmann, Adolf:* An den Grenzen des Wissens. Vom Beitrag der Biologie zu einem neuen Weltbild. Wien. (1974)
    Portmann, Adolf: Das Problem der Urbilder in biologischer Sicht. In: Eranos-Jahrbuch XVIII, Sonderband. Zürich (1950)
35. *Portmann, Adolf:* Biologie und Geist. In: Eranos-Jahrbuch, Sonderband. Zürich (1950)
36. *Young, Arthur:* Der kreative Kosmos: Am Wendepunkt der Evolution. München (1987)
37. *Pauli, Wolfgang:* Aufträge und Vorträge zur Physik und Er-

kenntnistheorie (1961). Neuauflage: Physik und Erkenntnistheorie. Braunschweig (1984)

38. *Marti, Hans:* Urbild und Verfassung. Eine Studie zum hintergründigen Gehalt einer Verfassung. Bern, Stuttgart (1959)

39. *Marti, Hans:* Geprägtes Recht (1975). In: Nr. 20

40. *Berens von Rautenfeld, Margarete:* Der Persona-Begriff von
C.G. Jung und seine Bedeutung für die Kriminalpsychologie.
Bern (1950)

41. *Jung, C.G.:* Techniken für einen dem Weltfrieden dienlichen
Einstellungswandel. Memorandum für die Unesco (1948),
GW.XVIII/2

42. *Moser, Helmut* (Hrsg.): Politische Psychologie. Politik im
Spiegel der Sozialwissenschaften. Weinheim, Basel (1979)

43. *Odajnyk, Wolodymyr W.:* C.G. Jung und die Politik (1975).
Vorwort von M.-L. von Franz. Stuttgart (1975)

44. *Herwig, Hedda J.:* Therapie der Menschheit. Studien zur
Psychoanalyse Freuds und Jungs (1969). Schriftenreihe zur
Politik und Geschichte. München (1969)

45. *Jung, C.G.:* Zeitgenössisches. Jungs Antwort auf den Artikel
von Dr. G. Bally vom 27.2.1934 (NZZ). In: NZZ
13/14.3.1934. GW.X

46. *Jaffé, Aniela:* Aus der Welt C.G. Jungs. Gedanken und Politik. Vier Aufsätze. Zürich (1979)

47. *Jung, C.G.:* Geleitwort zu Zentralblatt für Psychotherapie
und ihre Grenzgebiete VI,3,1933. GW.X

48. *Kästner, Erich:* Splitter und Balken. In: Neue Zeitung
3. (oder 8.) 2.1946

49. *Jung, C.G.:* Nachwort zu «Aufsätze zur Zeitgeschichte»
(1976). GW.X

50. *Alt, Franz:* Das C.G. Jung Lesebuch. Ausgewählt von Franz
Alt. Olten (1983)

51. *Alt, Franz:* Frieden ist möglich. Die Politik der Bergpredigt.
München (1986/22)

52. *Jung, C.G.:* Über die Psychologie des Unbewußten (1943).
GW.VII

53. *Alt, Franz:* C.G. Jung — Einsichten und Weisheiten. Einige
Bändchen. Zitat aus: Von Religion und Christentum. Olten
(1987)

54. *Wagner, W.:* Frieden ist ein Weg. Beiträge der Tiefenpsychologie C.G. Jungs zum Problem des Friedens

55. *Evers, Tilman:* Mythos und Emanzipation. Eine kritische Annäherung an C.G. Jung. Hamburg (1987)

56. *Mann, Rudolf:* Das ganzheitliche Unternehmen. München (1988)

57. *Gerken, Gerd:* Die Geburt einer neuen Kultur. Vom Industrialis-
mus zum Light Age. Düsseldorf (1988)

58. *Gerken, Gerd:* Der neue Manager. Freiburg (1986)
59. *Jaspert, Friedhelm:* Werbepsychologie. Grundlinien ihrer geschichtlichen Entwicklung. In: *François Stoll* (Hrsg.): Die Psychologie des 20. Jahrhunderts Bd. XIII, Anwendungen im Berufsleben. Zürich (1981)
60. *Meier, Carl A.:* Antike Inkubation und moderne Psychotherapie. Studien aus dem C.G. Jung-Institut. Mit einem Geleitwort von Jung (1949). Rev. Fassung: Der Traum als Medizin: antike Inkubation und moderne Psychotherapie. Zürich (1985)
61. *Jung, C.G.:* Die Lebenswende. In: Die Dynamik des Unbewußten. GW.VII
62. *Jung, C.G.:* Wandlungen und Symbole der Libido (1912). GW.V
63. *Jung, C.G.:* Das Typenproblem in der Dichtkunst. GW.VI (1960/9)
64. *Walder, Peter:* Mensch und Welt bei C.G. Jung. Die anthropologischen Grundlagen der Komplexen Psychologie. Zürich (1951)
65. *Rechsteiner, Peter:* Carl Gustav Jung und die Geschichte. Zürich (1981)
66. *Jung, C.G.:* Versuch zu einer psychologischen Deutung des Trinitätsdogmas (1940). GW.XI
67. *Jaffé, Aniela:* Der Mythus vom Sinn im Werk von C.G. Jung. Zürich (1967)
68. *Voegelin, Eric:* Die neue Wissenschaft der Politik. Eine Einführung. München (1959)
69. *Jung, C.G.:* Die Bedeutung der Psychologie für die Gegenwart (1934). GW.X
70. *Jung, C.G.:* Symbolik des Geistes. Psychologische Abhandlungen VI (1974)
71. *Jung, C.G.:* Aion. Beiträge zur Symbolik des Selbst (1952) GW.IX/2
72. *Fordham, Michael:* Die Analytische Psychologie in England. In: Die Psychologie des 20. Jahrhunderts Bd. III
73. *Hemminger, Manfred:* Menschheit und Geschichte. Untersuchungen zu Arnold Joseph Toynbees «A Study of History» (1967)
74. *Jung, C.G.:* Über die Beziehungen der Analytischen Psychologie zum dichterischen Kunstwerk (1922/1969). GW.XV
Jung, C.G.: Psychologie und Dichtung (1930/1950). GW.XV
75. *Dieckmann, Hans:* Archetypische Gesichtspunkte in der modernen Kunst. In: Psychologie des 20. Jahrhunderts Bd. XV
76. *Zeller, Bernhard:* Hermann Hesse: in Selbstzeugnissen und Bilddokumenten dargestellt. Reinbek b. Hamburg (1983)

77. *Ball, Hugo:* Hermann Hesse, sein Leben und Werk. Berlin 1927; Suhrkamp (1975)
78. *Serrano, Miguel:* Meine Begegnungen mit C.G. Jung und Hermann Hesse in visionärer Schau. Zürich (1968)
79. *Burkhardt, Heinrich und Vogt, Adolf M.:* Aufsätze und Reden von Karl Schmid. Zürich, München 1977 *Schmid, Karl:* Neue Aspekte der Geistesgeschichte. Zürich 1957
80. *Schmid, Karl:* Geheimnisse der Ergänzung. Zwei Reden über Schiller und Goethe. Zürich, Stuttgart 1960
81. *Dry, Avis Mary:* Zitat aus: The Psychology of Jung. A Critical Interpretation. London (1961)
82. *Creuzer, Friedrich:* Symbolik und Mythologie der alten Völker, besonders der Griechen. 4 Bände. Leipzig (1810-1812)
83. *Bauer, Wolfgang (Hrsg.):* Lexikon der Symbole. Mythen, Symbole und Zeichen in Kultur und Religion. Wiesbaden (1987/3)
84. *Kuberski, Jürgen:* Die Wiederkehr der Mythen. In: «factum» (Nov./Dez. 1988)
85. *Uhsadel, Walter:* Die tiefenpsychologische Deutung mythischer Gestalten. In: Die Psychologie des 20. Jahrhunderts Bd. XV
86. *Kuberski, Jürgen:* Märchen, Mythen und Magie. — C.S. Lewis und das Phantastische. Bonn (1987)
87. *Jung, C.G.:* Zur Phänomenologie des Geistes im Märchen (1946). Psychologische Abhandlungen VIII GW.IX/1
88. *Beit, Hedwig von:* Symbolik des Märchens Band I. Berlin 1975/5. Band II. Berlin 1972/3.
89. *Dieckmann, Hans:* Gelebte Märchen. Praxis der Analytischen Psychologie. Hildesheim (1983/2)
90. *Dieckmann, Hans:* Märchen und Symbole. Tiefenpsychologische Deutung orientalischer Märchen. Stuttgart (1977)
91. *Franz, M.-L. von:* Das Problem des Bösen im Märchen. In: Das Böse. Studien aus dem C.G. Jung-Institut Zürich, Bd. XIII. Zürich, Stuttgart (1961)
92. *Franz, M.-L. von:* Die Suche nach dem Selbst. Individuation im Märchen. München (1985)
93. *Franz, M.-L. von:* Erlösungsmotive im Märchen. München (1986)
94. *Gutter, Agnes:* Märchen und Märe. Psychologische Deutung und pädagogische Wertung. Solothurn (1968)
95. *Kast, Verena; Jacobi, Mario; Riedel, Ingrid:* Das Böse im Märchen. Fellbach-Oeffingen (1978)
96. *Lüthi, Max:* Märchen (1979/7). Vergl. auch *Lüthi, Max:* Psy-

chologie des Märchens und der Sage. In: Die Psychologie des 20. Jahrhunderts Bd.XV, 935-947

97. _Bausinger, H.:_ Die Gefahr, vorgefaßte Theorien in Märchen hineinzudeuten

98. _Cavendish, R. und Rhine, J.B.:_ Encyclopedia of the Unexplained. Magic, Okkultism und Parapsychology (1979)

99. _Bonin, Werner F.:_ Aktualität und Zukunft der Parapsychologie. In: Die Psychologie des 20. Jahrhunderts Bd.XV

100. _Dürr, Hans Peter_ (Hrsg.): Physik und Transzendenz. Die großen Physiker über ihre Begegnung mit dem Wunderbaren. Eine Sammlung Texte der Väter der modernen Physik. Bern (1987/4)

101. _Ferguson, Merylin:_ Die sanfte Verschwörung. Persönliche und gesellschaftliche Transformation im Zeitalter des Wassermanns. Vorwort von Fritjof Capra. München (1984/3)

102. _Heisenberg, Werner:_ Physics and Philosophy (1959)

103. _Bender, Hans:_ Von sinnvollen Zufällen. Zeitschrift für Parapsychologie und Grenzgebiete der Psychologie 15, 1973, S. 203-212

104. _Blofeld, J.:_ The Book of Change (1968)

105. _Nickel, Erwin:_ Das Paranormale im Rahmen unserer Weltordnung. In: Die Psychologie des 20. Jahrhunderts Bd. XV

106. _Gruber, Elmar:_ Zur Entwicklung der Parapsychologie. In: Die Psychologie des 20. Jahrhunderts Bd. XV

107. _Franz, M.-L. von:_ Zahl und Zeit. Psychologische Überlegungen zu einer Annäherung von Tiefenpsychologie und Physik. Frankfurt/M. (1970)

108. _Jung, C.G.:_ Zur Psychologie und Pathologie sog. okkulter Phänomene (1902). GW.I

109. _Holroyd, Stuart:_ PSI and the Consciousness Explosion (1977)

110. _Ostrander, Sheila und Schroeder, Lynn:_ PSI. Die wissenschaftliche Erforschung und praktische Nutzung übersinnlicher Kräfte des Geistes und der Seele im Ostblock. Bern, München (1976/13)

111. _Zitat aus:_ Neue Hochzeit mit einem Propheten. In: Der Spiegel Nr. 5.1987

112. _Wilson, Colin:_ Herr der Unterwelt. C.G. Jung und das 20. Jahrhundert. München (1907)

113. _Jung, C.G.:_ Ein moderner Mythus. Von Dingen, die am Himmel gesehen werden (1958), GW.X

114. _Mynarek, Hubertus:_ Die Vernunft des Universums. Auf der Suche nach den Lebensgesetzen von Kosmos und Psyche. München (1988)

115. Bewertung von «Psychologie heute» in: *Ken Wilber:* Halbzeit der Evolution. Der Mensch auf dem Weg vom animalischen zum kosmischen Bewußtsein. Bern (1988)

116. *Wilber, Ken:* Die drei Augen der Erkenntnis. Auf dem Wege zu einem neuen Weltbild. München (1988)

117. *Wilber, Ken* (Hrsg.): Das holographische Weltbild. Wissenschaft und Forschung auf dem Wege zu einem ganzheitlichen Weltverständnis. Bern (1986/2)

118. *Berman, Morris:* Wiederverzauberung der Welt. Am Ende des Newton'schen Zeitalters. Reinbek b. Hamburg (1985)

119. *Spies, Dieter:* Die religionspsychologische Bedeutung der Archetypenlehre C.G. Jungs. In: Die Psychologie des 20. Jahrhunderts Bd. XV

120. *Jung, C.G.:* Zur Psychologie westlicher und östlicher Religion GW.XI

121. *Heisig, J.W.:* Jung und die Theologie. Eine bibliographische Abhandlung. Analytische Psychologie Nr. 7. (1976) S. 177-220

122. *Spies, Dieter:* Das Weltbild der Psychologie C.G. Jungs. Die philosophische und religionswissenschaftliche Bedeutung der Analytischen Psychologie. Fellbach-Oeffingen (1984)

123. *Affemann, Rudolf:* Psychologie und Bibel. Eine Auseinandersetzung mit C.G. Jung. Stuttgart (1957)

124. *Bernet, Walter:* C.G. Jung und die Theologen. In: C.G. Jung im Leben und Denken unserer Zeit. Vorträge zum 100. Geburtstag an der ETH Zürich. Olten, Freiburg/Br. (1975)

125. *Keintzel, Raimar:* Das sog. Unbewußte in der theologischen Diskussion. In: Die Psychologie des 20. Jahrhunderts Bd. XV

126. *Bitter, Wilhelm* (Hrsg.): Psychotherapie und religiöse Erfahrung. Stuttgart (1965)

127. *Müller-Pozzi, Heinz:* Die Religionspsychologie im 20. Jahrhundert. Gegenstand und Methoden. In: Die Psychologie des 20. Jahrhunderts Bd. XV

128. *Wehr, Gerhard:* Esoterisches Christentum. Aspekte, Impulse, Konsequenzen. Stuttgart (1975)

129. *Gebser, Jean:* Asienfibel. Frankfurt/M. 1962. Neufassung: Asien lächelt anders. Ein Beitrag zum Verständnis östlicher Wesensart. Berlin, Frankfurt/M., Wien 1968

130. *Mann, Ulrich:* Einführung in die Religionsphilosophie. Einführungen in Gegenstand, Methoden und Ergebnisse ihrer Disziplinen. Darmstadt (1970)

131. *Mann, Ulrich:* Einführung in die Religionspsychologie. Darmstadt (1973)

132. *Neidhart, Walter:* Beziehungen zwischen Tiefenpsychologie

und evangelischer Theologie. In: Die Psychologie des 20. Jahrhunderts Bd. XV

133. *Eliade, Mircea:* The Forge and The Crucible (1962)
Eliade, Mircea: The Two and The One (1965)

134. *Homans, Peter:* C.G. Jung. In: Mircea Eliade (Hrsg.): The Encyclopedia of Religion, Vol. 8 (1987)

135. *Campbell, Joseph:* The Hero with a Thousand Faces (1968)

136. *Spengler, Ernst:* C.G. Jungs Religionspsychologie. In: Die Psychologie des 20. Jahrhunderts Bd. XV

137. *Jung, C.G.:* Psychologie und Religion (1940). GW.XI

138. *Fromm, Erich:* Psychoanalyse und Religion. München (1982/7)

139. *Jung, C.G.:* Geleitwort zu Victor White: Gott und das Unbewußte (1957). GW.XI

140. *Jung, C.G.:* Psychologischer Kommentar zu *Das Tibetische Buch der großen Befreiung* (1939), Hrsg. W.Y. Evans-Wentz. Jungs GW.XI

141. *Jung, C.G.:* Yoga und der Westen (1936). GW.XI

142. *Jung, C.G.:* Vorwort zu I Ging (1948). GW.XI

143. *Jung, C.G.:* Vorwort und Kommentar zu Bardo Thödol, das Tibetanische Totenbuch (1935). Hrsg. W.Y. Evans-Wentz. Jungs GW.XI

144. *Jung, C.G.:* Zum Gedächtnis Richard Wilhelms (1930). GW.XV

145. *Wehr, Gerhard:* C.G. Jungs Beziehung zum östlichen Geistesleben. Materialdienst Nr. 13 (1.7.1975)

146. *Jung, C.G.:* Vorrede und Kommentar zum chinesischen Text «Das Geheimnis der Goldenen Blüte». Ein chinesisches Lebensbuch (1929, 1974). Hrsg. Richard Wilhelm. Jungs GW.XIII

147. *Szasz, Thomas S.:* Geisteskrankheit — ein moderner Mythos? Olten, Freiburg/Br. (1974)

148. *Visser 't Hooft, Willem, A.:* Kein anderer Name. Synkretismus oder Universalismus. Basel (1965)

149. *Kraemer, Hendrik:* World Culture and World Religions (1960)

150. *Stein, Murray:* Leiden an Gott Vater. C.G. Jungs Therapie-Konzept für das Christentum (1988)

151. *Thurneysen, Eduard:* Die Lehre von der Seelsorge. Zollikon. Zürich (1946)

152. *Mann, Ulrich:* Buchbesprechung Eugen Drewermann: Tiefenpsychologie und Exegese. Bd. II: Die Wahrheit der Werke und der Worte (1986/2) In: Materialdienst 1, Stuttgart 1989, S. 25-32

153. *Wehr, Gerhard:* C.G.Jung und das Christentum. Olten, Freiburg/Br. (1975). Vergl. die neue Ausgabe: Stichwort: Damaskus-Erlebnis (1982)
154. *Affemann, Rudolf:* Tiefenpsychologie als Hilfe in Verkündigung und Seelsorge. Stuttgart (1965)
155. *Heidland, Hans Wolfgang:* Die Bedeutung der Analytischen Psychologie für die Verkündigung der Kirche. In: *Böhme, Wolfgang* (Hrsg.): C.G. Jung und die Theologen. Selbsterfahrung und Gotteserfahrung bei C.G. Jung. Stuttgart (1977)
156. *Unterste, Herbert:* Theologische Aspekte der Tiefenpsychologie von C.G. Jung. Düsseldorf (1977)
157. *Kassel, Maria:* Biblische Urbilder. Tiefenpsychologische Auslegung nach C.G. Jung. München (1980)
158. *Wehr, Gerhard:* Wege zu religiöser Erfahrung. Analytische Psychologie im Dienst der Bibelauslegung. Olten, Freiburg/Br. (1974)
159. *Sanford, John A.:* Das Gottesreich in uns. Meditationen über Worte Jesu. Olten, Freiburg/Br. (1974)
160. *Meves, Christa:* Die Bibel antwortet uns in Bildern. Tiefenpsychologische Textdeutungen im Hinblick auf Lebensfragen heute. Freiburg/Br., Basel, Wien 1977/8
161. *Rienecker, Fritz:* Das Evangelium des Lukas (1969). Die Wuppertaler Studienbibel
162. *Köberle, Adolf:* Seelsorge und Tiefenpsychologie. Ein Wort zur Aussöhnung. In: Materialdienst 1. Stuttgart (1989)
163. *Köberle, Adolf:* Christliches Denken. Hamburg (1962)
164. *Drewermann, Eugen:* Tiefenpsychologie und Exegese. Bd.I-II. Olten (1984-1985)
165. *Tillich, Paul:* Religiöser Symbolismus. In: Renate Albrecht (Hrsg.) Tillich GW.V Stuttgart 1959 ff.
166. *Tillich, Paul:* Systematische Theologie Bd. I-III. Stuttgart (1956-1966)
167. *Barz, Helmut:* Jung und Tillich. In: Zeitwende — die neue Furche. 43. Jhrg. (1972)
168. *Wehr, Gerhard:* Paul Tillich in Selbstzeugnissen und Bilddokumentationen. Reinbek b. Hamburg (1979)
169. *Doebert, Heinz:* Gabe und Aufgabe der geistlichen Krankenheilung in der Gemeinde. In: Die Bedeutung der Gnadengaben für die Gemeinde Jesu Christi. Marburg (1971/2)
170. *Wehr, Gerhard:* Carl Gustav Jung — Leben, Werk und Wirkung. München (1985)
171. *Jung, C.G.:* Vorwort zu Miguel Serrano: The Visits of the Queen of Sheba (1960). In: Jungs GW.XVIII/2
172. *Franz, M.-L. von:* Der kosmische Mensch als Zielbild des

Individuationsprozesses und der Menschheitsentwicklung. In: *W. Bitter* (Hrsg.): Evolution. Fortschrittsglaube und Heilserwartung. Stuttgart (1970)

173. *Jung, C.G.:* Der Gegensatz Freud und Jung. GW.IV
174. *Quispel, Gilles:* Gnosis als Weltreligion. Zürich (1972/2)
175. *Uhsadel, Walter:* Der Mensch und die Mächte des Unbewußten. Eine Studie zur Begegnung von Psychotherapie und Seelsorge. Mit der gedruckten Widmung: Hr. Prof. Dr. med. Dr. jur. h.c. Carl Gustav Jung dankbar zugeeignet. Kassel (1952). Vergl. auch *Uhsadel, Walter*: Evangelische Seelsorge. Praktische Theologie Band 3. Heidelberg (1966)
176. *Jentsch, Werner:* Der Seelsorger. Beraten, Bezeugen, Befreien. Grundzüge biblischer Seelsorge. Moers (1983/2)
177. *Gassmann, Lothar* (Hrsg.): Heil aus sich selbst? Seelsorge zwischen Selbstverwirklichung uund Christuswirklichkeit. In: Gefahr für die Seele. Neuhausen (1986)
178. *Wanner, Walter:* Signale aus der Tiefe. Basel (1975)
179. *Seitz, Manfred:* Überlegungen zum Verhältnis von Theologie und Psychotherapie. In: Friedhardt Gutsche (Hrsg.): Mut zur Seelsorge. Wuppertal (1974)
180. *Oden, Th.C.:* Freiheit und Lernen. In: W. Becher/A.V. Campbell / G.K. Parker (Hrsg.): Wagnis der Freiheit. Göttingen (1981)
181. *Zijlstra, Wybe:* Seelsorge-Training. Clinical Pastoral Training. München (1972)
182. *Zijlstra, Wybe:* Ein Beispiel einer Gesprächsanalyse aus dem allgemeinen Krankenhaus. In: Werner Becher (Hrsg.): Klinische Seelsorge-Ausbildung. Schriften der evang. Akademie in Hessen und Nassau, Heft 98 (1972).
183. *Griese, Erhard:* Ihr seid Gottes Haus. In: Erneuerung in Kirche und Gesellschaft. Heft 1. Paderborn (1977)
184. *Kelsey, Morton:* Zungenreden (1970). Mit einer Einführung von Kurt Hutten. Konstanz (1970)
185. *Kelsey, Morton:* Christo-Psychology (1982)
186. *Kelsey, Morton:* The Christian and the Supernatural (1976)
187. *Kelsey, Morton:* Liebe lernen. Metzingen (1987)
188. *Bittlinger, Arnold:* Und sie beteten in anderen Sprachen. Reihe Kirche und Charisma, Heft 2 (1979/4).
189. *Bittlinger, Arnold:* Glossolalia. Wert und Problematik des Sprachenredens. Schloß Craheim (1966/2)
190. *Mühlen, Heribert:* Das Sprachengebet. In: Erneuerung in Kirche und Gesellschaft, Heft 9. Paderborn (1981)
191. *Sanford, Agnes:* Healing Gifts of the Spirit. Fleming H. Revell, (1966)
192. *Rogers, Carl:* Entwicklung der Persönlichkeit. Stuttgart (1973)

193. *Carver, Nick:* Dreaming with Jung (1986)
194. *Kelsey, Morton:* Encounter with God (1972)
195. *Christenson, Larry:* Speaking in Tongues (1968)
196. *Dieckmann, Hans:* Träume als Sprache der Seele. Einfüh-
     rung in die Traumdeutung der Analytischen Psychologie
     C.G. Jungs. Fellbach-Oeffingen (1984/3)
197. *Jung, C.G.:* Allgemeine Gesichtspunkte zur Psychologie des
     Traumes (1928). GW.VIII
198. *Jung, C.G.:* Vom Wesen der Träume (1945). GW.VIII
199. *Jung, C.G.:* Symbole und Traumdeutung. Jungs Beitrag zu:
     Der Mensch und seine Symbole (1961). In: Das symbolische
     Leben, GW.XVIII/1
200. *Jung, C.G.:* Über die zwei Arten des Denkens (1911). In:
     Symbole der Wandlung, GW.V/I
201. *Sanford, John A.:* Gottes vergessene Sprache. Studien aus
     dem C.G. Jung-Institut Zürich (1966). Zürich, Stuttgart
     (1982)
202. *Brownback, Paul:* Selbstliebe — eine biblische Stellungnah-
     me. Asslar (1988)
203. *Nannen, E.:* Selbstannahme. Eine kritische Stellungnahme
     zu Erich Fromm, Walter Trobisch und Erwin Scharrer. Bi-
     bel und Gemeinde Nr. D37. Waldbronn (1985)
204. *Jung, C.G.:* Über die Beziehung der Psychotherapie zur
     Seelsorge (1932). GW.IX
205. *Jung, C.G.:* Psychologie und Alchemie (1944). GW.XII
206. *Sanford, John:* Transformation of the Inner Man (1982)
207. *Hunt, Dave:* Zurück zum biblischen Christentum. Bielefeld
     (1988)
208. *Hutten, Kurt:* Seher, Grübler, Enthusiasten. Stuttgart
     (1982/12)
209. *Sanford, Agnes:* Healing Light (1948). Deutsch: Heilendes
     Licht. Marburg (1984/4)
210. *Hunt, Dave:* Verführung der Christenheit. Bielefeld (1987)
211. *Payne, Leanne:* Das zerbrochene Bild. Kehl (1987)
212. *Bittlinger, Arnold:* Charismatische Gemeinde-Erneuerung,
     eine Zwischenbilanz. Reihe Kirche und Charisma. Heft 7/8
     (1983/2)
213. *Hollenweger, Walter J.:* Enthusiastisches Christentum. Wup-
     pertal (1969)
214. *Seidemann, Peter:* Tiefenpsychologie und Ethik. In: Die
     Psychologie des 20. Jahrhunderts Bd.XV, 1164-117
215. *Jung, C.G.:* Die Beziehungen zwischen dem Ich und dem
     Unbewußten (1934/2). GW.VII
216. *Jung, C.G.:* Gut und Böse in der Analytischen Psychologie
     (1958). GW.X

217. *Battke, Marion:* Das Böse bei Sigmund Freud und C.G. Jung. Düsseldorf (1978)
218. *Beck, Irene:* Das Problem des Bösen und seiner Bewältigung. Eine Auseinandersetzung mit der Tiefenpsychologie von C.G. Jung vom Standpunkt der Theologie und Religionspädagogik. Basel (1976)
219. *Frei, Gebhard:* Gut und Böse in der Analytischen Psychologie. In: *Wilhelm Bitter* (Hrsg.): Gut und Böse in der Psychotherapie. Ein Tagungsbericht der Stuttgarter Arbeitsgemeinschaft «Arzt und Seelsorger». Bd. 10, S. 498-510. Stuttgart (1966/2)
220. *Jung, C.G.:* Seelenprobleme der Gegenwart. Psychologische Abhandlungen III. Zürich (1950)
221. *Neumann, Erich:* Tiefenpsychologie und neue Ethik. Zürich (1980/4)
222. *Jung, C.G.:* Analytische Psychologie und Erziehung (1924). GW.XVII
   Jung, C.G.: Die Bedeutung der Analytischen Psychologie für die Erziehung (1923). GW.XVII
   Jung, C.G.: Auswirkungen der elterlichen Probleme auf das Unbewußte des Kindes (1924). GW.XVII
223. *Lukesch, Helmut:* Erziehungsstile. In: Walter Spiel (Hrsg.): Psychologie des 20. Jahrhunderts Bd. XI/1, Konsequenzen für die Pädagogik (1). Wien (1980)
224. *König, Marie E.P.:* Das Rätsel der Felsbilder. Bausteine der Kultur im archäologischen Material. In: C.G. Jung heute (1976). Mit Beiträgen von E. Field Hornie usw. Hrsg. Die Psychologische Gesellschaft Basel.
225. *Demant, V.A.:* zitiert nach H.L.Philip: Jung and the Problem of Evil.

Glossar

Ätiologie: Lehre der Krankheitsursachen; Ursachenlehre
Alchimie: Versuch der Verwandlung unedler Metalle in
    edle, vor allem Gold bzw. der Herstellung eines Geheim-
    mittels: des sog. Steins der Weisen und des Lebenselixiers
Amalgam: Quecksilberlegierung
Amplifikation: Erweiterung, Erhöhung
Anagramm: Buchstabenversetzung
Analysand: ein Mensch in psychoanalytischer Behand-
    lung
Anima: Personifikation der »weiblichen Natur« des
    Mannes; ein »Archetypus« im »kollektiven Unbewuß-
    ten« des Mannes
ante portas: vor den Toren, im Anmarsch
anthropomorph: menschförmig
anthropos: der Mensch. Bei Jung: Gottmensch (Gnostik)
Anthroposophie (Rudolf Steiner, 1861-1925): (esoterische)
    Weisheit (Erkenntnis) vom Menschen und seiner sog.
    Verflechtung mit übersinnlichen Wesenheiten
antizipieren: vorwegnehmen
aprioristisch: vorgegeben
Archetypen: Urbilder. Bei Jung: im »kollektiven
    Unbewußten« gelagerter transzendenter Hintergrund
    und Anordnungsfaktor der Materie, Psyche und des
    Verhaltens
Atman (Hind.): die Weltseele oder der göttliche Funke und
    somit das wahre höhere Selbst im Menschen
auctor rerum creatorum: Gott, der Schöpfer aller Dinge
autarkisch: selbstgenügsam, unabhängig
Brahman, das (Hind.): das unpersönliche, höchste, ewige

Prinzip oder die Weltseele, aus der alles hervorgeht und in welche alles zurückkehrt. Der Brahma: die höchste Gottheit (Schöpfergott) des Hinduismus

Chassidim: mystische Bewegung des Ostjudentums, die der starren Gesetzeslehre eine Verinnerlichung der jüdischen Religion entgegensetzt

chiliastisch: das tausendjährige Reich betreffend

Chiromantie: Wahrsagerei aus den Handlinien

coincidentia oppositorum: das Zusammenfallen der Gegensätze

complexio oppositorum: die Verschmelzung der Gegensätze

coniunctio oppositorum: die Vereinigung der Gegensätze zur paradoxen Einheit

consensus gentium: Übereinstimmung der Völker; soziale Billigung

contradictio in adiecto: ein Widerspruch im Zusatz

creatio continua: fortlaufende Schöpfung

cura animarum: die Heilung der Seele

Deus absconditus: der verborgene Gott

Deus et homo: Gott und Mensch, wobei der Mensch gleichwertiger Mitwirkender Gottes sei

Disidentifikation: Entidentifikation

don't interfere: schalte nicht dazwischen

Dualismus: Gegensätzlichkeit, Polarität. Die Lehre von wirklichen oder vermeintlichen Gegensätzen

Dualität: Zweiheit

ecclesia spiritualis: »Gemeinde des Geistes« im »Zeitalter des Geistes«, das Joachim von Fiora (12. Jahrh.) erwartete

eidos (Plato): Idee

eklektisch: wahlweise Ideen anderer verwendend

Emanation: Ausströmung

emphatisch: mit Nachdruck

Esoterik: nur Eingeweihten zugängliche Lehre,
    Geheimwissen
esoterisch: nur für Eingeweihte, geheim
exercitia spiritualia: Geistige Übungen (Ignatius von
    Loyola)
extra nos: außerhalb von uns
desavouieren: leugnen, nicht anerkennen
Gnosis: spekulative und sog. unmittelbare, mystische
    Erkenntnis
Guru, Geistiger: Geistlehrer, Kontrollgeist (Dämon)
habilitieren: sich die Lehrberechtigung an einer Hochschule
    erwerben
Halluzinationen: Visionen u.a. durch Alkohol, Drogen,
    Okkultismus, darunter Hypnose, hervorgerufen
hermetisch: bezogen auf die Lehren und Schriften, die auf
    den Gott der Weisheit Hermes Trismegistos zurückge-
    führt werden; häufig im Sinne von esoterisch oder ok-
    kult gebraucht
Hetaira (Hetäre): hochgebildete Freundin bedeutender
    Männer, geistige Gefährtin oder Begleiterin des Mannes
Hexagramm: Sechsstern aus 2 gekreuzten Dreiecken: ein
    magisches Symbol, das in der Alchimie, Freimaurerei,
    Kabbala und im Hexentum usw. eine große Rolle spielt
hierosgamos: die heilige Hochzeit
Homousie: Ähnlichkeit
homunculus: Menschlein; künstlich hergestellter Mensch
    (z.B. in Goethes Faust)
Horuskult: Kult um die ägyptische Sonnengottheit Horus
hybris: Vermessenheit
hypnogogisch: Visionen zwischen Schlaf- und Wachzu-
    stand
hypotasieren: vergegenständlichen, personifizieren
I Ging: chinesisches Wahrsagereibüchlein
Imagination, aktive oder kreative: gelenkte Bildvorstel-

lung, um etwas zu erhalten (z.B. Erkenntnis, Geld, Gesundheit, Macht) oder zu bewirken (Wirklichkeitsveränderung, z.B. Gebetserhörung, Gelingen, Gesundheit, Heiligung). Kontaktmittel mit dem Reich der Finsternis

incarnatio (Inkarnation) bei Jung: das Erscheinen eines unbewußten Vorgangs ins Bewußtsein; Projektion (eines Archetypus) der (unbewußten) Seele; Verwirklichung des Selbst

in consensu omnium: in Übereinstimmung aller

Individuationsprozeß: psychischer Reifeprozeß zur individuellen »Ganzwerdung«

Indologe: Wissenschaftler der indischen Sprache und Kultur

in facto: faktisch, tatsächlich

Kabbala: jüdische Geheimlehre

Kabiren: »große Götter«; Symbole des Schöpferischen

kairos Gottes: entscheidender Augenblick oder Zeitpunkt Gottes

Karma bei Jung: von den Eltern ererbtes Schicksal, ohne Verbindung mit Reinkarnation

Kista: Behälter für sakrale Gegenstände in den antiken Mysterien

koinzidieren: zusammenfallen

Komplex: gefühlsbetonte, autonome Vorstellung oder Erinnerung

Kontrollgeist: ein bestimmter Dämon, der eine Person führt und inspiriert

Kore: bekleidete Mädchenfigur der griechischen Kunst

Kosmogonie: Weltentstehungslehre

Lamaismus: Form des Buddhismus in Tibet und der Mongolei

mänadenhaft: wie eine ekstatisch-wilde Frau (Mänade)

Mandala (sanskrit): magischer Kreis. Ursprünglich ein

Meditationsdiagramm des Hinduismus. Dabei stellt die
Mitte das Brahman dar. Ein hinduistisches Symbol der
kosmischen Ganzheit. Bei Jung dagegen ist das Mandala ein Symbol des menschlichen »Selbst« als Zentrum
und der psychischen Ganzheit

mantisch: wahrsagerisch

Mercurius oder Merkur (Alch.): der überall im Stoff
vorhandene Geist, der seiner Erlösung aus dem Stoff
harrt. Bei Jung: Symbol der Vereinigung der Gegensätze, der Ganzheit, des »Selbst«

Mesmerismus: die an F.A. Mesmer (1734-1815)
orientierten Irrlehren und okkulten Heilweisen (Heilmag-
netismus, Hypnose)

metanoia: Umorientierung, Umkehr, Buße, Bekehrung. Bei
Jung: zur Introversion bzw. zum kollektiven Unbewußten und seinen Archetypen

metaphorisch: im übertragenen Sinne

Monismus: philosophisches System, in dem zur Erklärung
der Wirklichkeit alles auf *eine* Ursache, ein Prinzip zurückgeführt wird

Monotheismus: der Glaube an einen einzigen Gott

mysterium coniunctionis: das Geheimnis der Vereinigung
der Gegensätze

Nirdvandva: Freiheit von den Gegensätzen

nous: Geist

Numinosum (das Numinose): das Geheimnisvolle; der
unbewußte dynamische, superiore Faktor, der als mächtig, gefährlich oder hilfreich erfahren wird

obsolet: veraltet

Okkultismus: das verborgene Gebiet der nicht-göttlich
übernatürlichen und der nicht-kreatürlichen Begabungen, Kräfte und Erscheinungen

Oktopus: eine Art Tintenfisch mit 8 Armen

opus magnum (Alch.): das große Werk, nämlich die

alchimistische Verwandlung oder die Herstellung des Steins der Weisen und des Lebenselixiers als Arbeitsziel

Panfigur: griechische Naturgottheit, bocksbeinig und mit Hörnern dargestellt; auch als ein sterblicher Dämon aufgefaßt

Paracelsist: Anhänger des okkulten Arztes Paracelsus (1493-1541), dessen Hauptstreben die Erfindung des Steins der Weisen oder einer Universalmedizin war

paranormal: übernatürlich im okkulten Sinne

Parapsychologie: Lehre von den paranormalen Erscheinungen, Kräften und Begabungen, die fälschlicherweise der menschlichen Seele zugerechnet werden. Heute auch Paraphysik genannt.

par excellence: wie kein anderer

Pathogenese: Gesamtheit der an der Entstehung einer Krankheit beteiligten Faktoren

Pendant: Gegenstück

Pentagramm: Fünfstern; magisches oder Hexenzeichen; dient zur Anrufung oder Bannung von Dämonen

perhorrizieren: verabscheuen

Peripetien: entscheidende Wendepunkte

pisces: Fische

Plazet: Erlaubnis, Zustimmung

Polytheismus: der Glaube an viele Götter

Positivismus: philosophische Richtung oder Geisteshaltung, die jede Metaphysik ablehnt und nur das mit den Sinnen Wahrnehmbare als wirklich anerkennen und erforschen will

positivistisch: im übertragenen Sinne: vordergründig

Präambel: Einleitung

prädisponieren: vorherbestimmen

präexistent: vorher dagewesen

Präfiguration: Vorgestaltung

präformieren: vorbilden, vorzeichnen

Präkognition: eine paranormale Begabung des Vorher-
wissens

Prämisse: Voraussetzung

Präponderanz: Übergewicht

privatio boni: Beraubung (Fehlen) des Guten. Bei Jung
Bezeichnung für den Teufel, die er bekämpfte, in der
Dogmatik für die Sünde. Der Teufel war jedoch ein gutes
Geschöpf Gottes, das aber gegen Gott sündigte und so
das Gute verlor. Er ist Gott untergeordnet und kein ei-
genständiges Pendant von Gott

proavus: Urgroßvater

proprium: Eigentum. Hier: eigenes Arbeitsgebiet

Proskopie: eine paranormale Begabung des Vorher-
schauens

PSI: paranormale (magische) Beeinflussung der Materie
ohne Verwendung von Hilfsmitteln, fälschlicherweise der
Psyche zugeschrieben

Psychokinese: das paranormale (magische) Bewegen eines
Gegenstandes, ohne ihn zu berühren, fälschlicherweise
der Psyche zugeschrieben

Quaternität: Vierheit. Bei Jung: Inbegriff der Vollständigkeit, Totalität, Ganzheit

raison d'être: Existenzgrund, Lebenssinn, Sinnerfüllung

Refugium: Zufluchtsstätte

Reinkarnation: sog. Wiederverkörperung der Seele
(Seelenwanderung) nach dem Tode in einem Menschen
oder in anderen Lebewesen

rite d'entrée: Eintrittsritual, hier: zu paranormal inspirierten Gedanken, Bildern, Erscheinungen etc.

Rosenkreuzer: Anhänger der auf Christian Rosenkreutz
zurückgeführten Ideen. Aber auch von Rosenkreutz un-
abhängige theosophische Geheimgesellschaften

Rutengänger: Wahrsager mit Hilfe einer Wünschelrute

salvator mundi: der Erlöser oder Retter der Welt

Satori (Buddh.): Erleuchtung

Schaman: (nordasiatischer) Zauberpriester

sensu strictori: im strikten Sinne

Septem sermones ad mortuos: Sieben Predigten zu den Toten

sola experientia: die Erfahrung allein

sola fide: aus Glauben allein

sola scriptura: das geschriebene Wort Gottes allein

»somnambules Ich« des Mediums Helly Preiswerk: ihre sog. Nr. 2., einer ihrer Geistführer

soror mystica (Alch.): die mystische Schwester, Gehilfin beim alchimistischen opus magnum

spiritus rector: der treibende Geist

sub specie aeternitatis: im Blick auf die Ewigkeit

Summation: Berechnung der Summe

summum bonum: das Höchstgute (Gott)

Supervisor: Oberaufseher

Synchronizität: sog. psychophysischer, akausaler Paralellismus bei Wahrsagerei und Magie

Synkretismus: Religionsverschmelzung

tant bien que mal: schlecht und recht

Tao: der Weg. Grundbegriff der chinesischen Philosophie (Taoismus). Symbol für Einheit bzw. Vereinigung der Gegensätze oder Ganzheit

Taurus (Astr.): das Tierkreiszeichen Stier

Telesphorus: kleine verhüllte Gottheit der Antike, die einem zum Erreichen eines Zieles oder einer bestimmten Wirkung verhilft

Theosophie: sog. unmittelbare, esoterische Weisheit oder Erkenntnis (innere Schau, Erleuchtung) über Gott innerhalb einer zusammenhängenden Weltanschauung

transzendieren: Überschreiten des Natürlichen, Kreatürlichen

ubiquitär: allgegenwärtig, überall verbreitet

unio mystica: mystische Einheit von Gott und Individuum oder von der Weltseele und der individuellen Seele

unus lapis (Alch.): der eine Stein; der Stein der Weisen (lapis philosophorum), Symbol der Verwandlung ins »höhere Selbst«

unus mundus: die eine Welt, Einheitswelt oder Einheit allen Seins (Kosmos, Natur und Mensch) als Ursprung. Auch als Ziel: die geeinte Welt, in der alle Gegensätze vereint sind

via regia: der königliche Weg

Virgo (Astr.): das Tierkreiszeichen Jungfrau

Vishnu: 2. Person der Hindu-Gottheit neben Brahma und Shiva

Visualisation: siehe aktive Imagination

Zodiakalzeichen: Tierkreiszeichen

In dieser Reihe sind bereits erschienen:

Wissenschaft
im Vergleich mit
christlichem Vertrauen:

«factum» erscheint 9mal jährlich
**mit Fakten und Analysen
zum Verständnis unserer Zeit.**

Bestellen Sie ein Abonnement
Fr. 35.20, DM 45.—, öS 350.— (inkl. Versandspesen)
oder verlangen Sie eine kostenlose
Probenummer bei:

«factum», Rosenberg, CH-9442 Berneck
«factum», Postfach 108, A-6890 Lustenau
«factum», Friedrichsgrüner Strasse 83, DO-9654 Hammerbrücke